AF594851

LA MEMORIA DELLE STAZIONI / THE MEMORY OF STATIONS

LA MEMORIA DELLE STAZIONI
/
THE MEMORY OF STATIONS

a cura di / edited by
CHIARA SBARIGIA

fotografie di / photographs by
ANNA DI PROSPERO

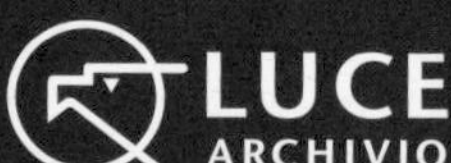

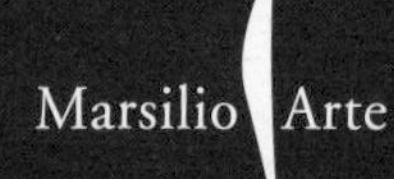

THE UNIFYNG MEANING OF STATIONS. STATIONS OF THE PAST, TOURISM OF THE FUTURE!

For the Fondazione FS it is an honour to have collaborated with the Archivio Luce Cinecittà in the realisation of The Memory of Stations *photographic exhibition. When the proposal came from Cinecittà President Chiara Sbarigia to collaborate in the realisation of the exhibition, there was immediately a* de facto *recognition of each other as narrators of Italian history and national customs. The theme of stations, as they were designed and conceived in the beauty of their original architectures, belongs intimately to the Fondazione FS. Our* Binari senza tempo [Timeless Tracks] *project, through which railway lines that have been abandoned and are no longer interesting from the landscaping perspective are given a renewed experiential, sustainable tourism vocation, is based precisely on the architectural restoration of stations. The ancient buildings thus return to being collective centres for exchange and sharing placed in the urban context and points of reference for tourists, travellers seeking infrastructures on a human scale. Events such as* The Memory of Stations *make it possible to show our work behind the scenes, because at the basis of any process of reorganisation there is precise documentary research work. The conservation, safeguarding, management and dissemination of the historical sources have always been a central activity of the Fondazione FS. The archives of the Ferrovie dello Stato, the Italian State Railways, are living materials and the activities of cataloguing and digitisation are the sole instruments to reconstruct the fabric of a human narration made of people, feelings and community events. The documentary heritage of the Ferrovie dello Stato describes the evolution of this country through a story of business initiative, all intended to serve Italians. The memory of this continuous technical evolution that is our railways is a unique heritage that we have a duty to share and make available for all to enjoy. Enterprise culture, in our case, means telling how and why today a train can travel at 300 km per hour, what stages of improvement we have passed through, and telling this story through the negatives of a photograph or a project now faded to yellow.*
We are, in effect, the protagonists of a constant journey through the Italy of stations. A journey consisting of photographic images of buildings, travellers, trains, people; all have changed their appearance, sometimes improving, sometimes deteriorating.
For us railway workers this exhibition is like a family photo album. Images, photographs and stories that merge to form a whole with the history of FS stations large and small, those lost and those restored.
In the collective imagination, what remains, always, is the perennial search for something new, because going to the station to catch a train is like chasing a dream, immersing yourself in a new state of mind made of encounters, occasions, loves and trips, new landscapes ready to be discovered through the carriage window behind every curve, tunnel and station.
It would be impossible to imagine many phases of our reality and existence without trains winding their way through the provinces of Italy and not remember the gazes of our fellow countrymen in the compartments of the long night trains crossing Italy from South to North. Fast trains, express trains full of hopes and dreams.
I have felt and cultivated the passion for trains and railways ever since, as a boy, I was accompanied by my father to see the trains in the small stations of Chiuduno or Montello on the Bergamo–Brescia line. Mine was a childhood spent dreaming of locomotives, carriages, mysterious intersections on shiny tracks, admiring the trains' manoeuvres over the station switches, peering at the movements and commands of the railwaymen in their uniforms, dreaming of one day becoming one of them. A dream that, step by step, became a reality. However, the family atmosphere that I breathed in those small stations in the 1980s with the drinking fountains, the bars, the newspaper kiosks, the stationmasters who also sold the tickets, has changed. In this case we have lost everything in the transformation towards modernity. Therefore in ideal terms the Archivio Luce Cinecittà and the Fondazione FS met up at the station to take a trip together, in the same compartment of a traditional carriage, rocked by the same movement of a historic train. There is plenty of space: come and join us.
All that remains is for me to wish you a pleasant journey among our images, always a unique experience, that of the train departing or arriving at a station!

LUIGI CANTAMESSA
Director General, Fondazione FS Italiane

IL SIGNIFICATO UNIFICANTE DELLE STAZIONI. STAZIONI DEL PASSATO, TURISMO DEL FUTURO!

Per la Fondazione FS è un onore aver collaborato con l'Archivio Luce Cinecittà alla realizzazione della mostra fotografica La memoria delle stazioni. *Quando è giunta la proposta della presidente di Cinecittà Chiara Sbarigia per collaborare alla realizzazione della mostra, c'è stato di fatto un riconoscersi subito a vicenda come narratori della storia italiana e del costume nazionale. Il tema delle stazioni, così come furono disegnate e concepite nella bellezza delle loro architetture originali, appartiene intimamente alla Fondazione FS. Il nostro progetto* Binari senza tempo *tramite il quale le linee ferroviarie abbandonate e più interessanti dal punto di vista paesaggistico vengono restituite a una nuova vocazione turistica, esperienziale, sostenibile, si basa proprio sul recupero architettonico delle stazioni. Gli antichi fabbricati tornano così ad essere centri aggregativi, di scambio e condivisione, inseriti nel contesto urbano e punto di riferimento per i turisti, viaggiatori che cercano infrastrutture a misura d'uomo.*
Eventi come La memoria delle stazioni *permettono di mostrare il dietro le quinte del nostro lavoro, perché alla base di un qualsiasi processo di riordino c'è un preciso lavoro di ricerca documentaria. La conservazione, tutela, gestione e divulgazione delle fonti storiche è da sempre un'attività centrale della Fondazione FS. Gli archivi delle Ferrovie dello Stato sono materia viva e le attività di catalogazione e digitalizzazione sono gli unici strumenti per ricostruire il tessuto di una narrazione umana, fatta di persone, sentimenti, vicende collettive.*
Il patrimonio documentale delle Ferrovie dello Stato descrive l'evoluzione del nostro Paese attraverso una storia di intraprendenza aziendale, tutta volta al servizio degli italiani.
La memoria di questa continua evoluzione tecnica che sono le nostre ferrovie costituisce un patrimonio unico che abbiamo il dovere di condividere e rendere fruibile a tutti. La cultura d'impresa significa, nel nostro caso, narrare come e perché un treno può oggi viaggiare a 300 Km orari, per quali stadi di perfezionamento siamo passati e narrarlo tramite i negativi di una foto o un progetto ingiallito.
Siamo, in effetti, i protagonisti di un viaggio costante attraverso l'Italia delle stazioni. Un viaggio costituito da immagini fotografiche di fabbricati viaggiatori, treni, persone, che hanno mutato aspetto talvolta migliorando, talvolta decadendo.
Per noi ferrovieri questa esposizione è come un album di famiglia. Immagini, foto e storie che si fondono in un tutt'uno con la storia delle stazioni FS, grandi e piccole, quelle perdute come quelle recuperate. Nell'immaginario comune ciò che rimane, sempre, è la perenne ricerca di qualcosa di nuovo, perché andare in stazione e prendere un treno è come inseguire un sogno, immergersi in uno stato d'animo nuovo fatto di incontri, occasioni, amori e viaggi, nuovi paesaggi pronti a essere scoperti dal finestrino dietro ogni curva, galleria e stazione.
Sarebbe impossibile figurarsi molte fasi della nostra realtà ed esistenza senza lo snodarsi dei treni attraverso le province d'Italia e non ricordare gli sguardi dei nostri connazionali negli scompartimenti dei lunghi convogli notturni che percorrevano l'Italia da Sud a Nord. Treni rapidi, Espressi pieni di sogni e di speranze.
La passione per i treni e le ferrovie l'ho avvertita e coltivata sin da quando, bambino, mi facevo accompagnare da mio padre a vedere i treni nelle piccole stazioni di Chiuduno o Montello sulla linea Bergamo–Brescia. Un'infanzia la mia trascorsa a sognare locomotive, carrozze, incroci misteriosi su lucenti binari, ad ammirare le manovre dei convogli sugli scambi delle stazioni, a sbirciare i movimenti e i comandi dei ferrovieri nelle loro divise sognando un giorno di diventare uno di loro. Un sogno che passo dopo passo è diventato una realtà. È cambiata tuttavia, l'atmosfera familiare che respiravo in quelle piccole stazioni negli anni ottanta con la fontanella, il bar, l'edicola, il capostazione che faceva anche i biglietti. In questo caso abbiamo perso tutti nella trasformazione verso la modernità.
L'Archivio Luce Cinecittà e la Fondazione FS si sono incontrati quindi idealmente in stazione per intraprendere un viaggio insieme, nello stesso scompartimento di una carrozza tradizionale, cullati dallo stesso movimento di un treno storico. Lo spazio non manca: potete unirvi a noi. Non mi resta che augurarvi un buon viaggio tra le nostre immagini, esperienza sempre unica, quella del treno che parte o arriva in una stazione!

LUIGI CANTAMESSA
Direttore Generale Fondazione FS Italiane

Ringrazio Sergio Garufi che ha condiviso
con me l'ideazione di questa mostra. /
I wish to thank Sergio Garufi, who devised
the concept for this exhibition with me.
C.S.

Fotografie di / Photographs by
Anna Di Prospero
pp. 18, 36-37, 38-39, 40, 64-65, 66-67, 68,
90-91, 92-93, 94, 116-117, 118-119, 120, 144-145,
146-147, 148-149, 150-151, 152, 186-187, 188-189,
190-191, 192, 210-211, 212-213, 214, 230-231,
232-233, 234-235, 236-237

In copertina / Cover
Stazione Centrale,
Milano / Milan, 1931
Archivio Storico Luce, Fondo Attualità

In quarta di copertina / Back cover
Anna Di Prospero, Messina, 2020

Traduzioni di / Translations by
Leslie A. Ray
per / for Language Consulting Congressi – Milan

Prima edizione settembre 2022
First edition September 2022

ISBN 979-12-5463-074-7

www.marsilioeditori.it

INDICE / CONTENTS

Chiara Sbarigia

THE REASONS BEHIND THE EXHIBITION

The Memory of Stations is the first exhibition that, as President of Cinecittà, I have curated in its entirety, from its conception to the curatorship proper, from the choice of materials to that of the contributors. I find it important particularly for this reason, but also because this exhibition sums up well the guidelines that have characterised my cultural project for Cinecittà, starting with the central role played by the Luce Archive, a stock of images and films of inestimable value that must be divulged, showcased, enriched and above all placed in dialogue with other archives and other artistic expressions, always being faithful to the principle whereby an inactive wealth is an inert truth. In the past there has too often been recourse to convenient solutions, to "anniversary exhibitions" that do not require explanation and that seem to promote an idea of culture as something that is commemorated, rather than something that is done.
More than once, during the first year of my presidency, when I was illustrating a cultural initiative, I heard myself asking the question: "what has this got to do with it"? For example, what have railway stations got to do with cinema?
The cultural points of reference that guide my action and that I have chosen over the years since my university studies have all had a comparative and multidisciplinary approach: from the art historian Federico Zeri, who abhorred the *hortus conclusus*, in other words, culture understood as a jealous sphere of expertise that precludes non-specialists, to the Anglicist Mario Praz, who always invited us to seek the common link between different artistic expressions, to the late lamented Roberto Campari, who explained a banal yet often neglected truth, namely that cinema cannot be understood solely with cinema, but that painting, music and literature are also needed. After all, this is the nature of the seventh art, which contains so many of the others because a film is a work of collaboration, composed of a screenplay, a soundtrack, lights, costumes, scenography...
So what have stations got to do with it? I could answer that they have an enormous amount to do with cinema; indeed, that cinema was actually born in a small station in Provence on 6th January 1896, with the famous film by the Lumière brothers *Arrival of a Train at La Ciotat Station*, which impressed the public hugely, demonstrating the enormous potential of this new language. And I could go on to cite

Chiara Sbarigia

LE RAGIONI DI UNA MOSTRA

La memoria delle stazioni è la prima mostra che da presidente di Cinecittà ho curato interamente, dall'ideazione alla curatela, dalla scelta dei materiali a quella degli autori. Ci tengo particolarmente per questo, ma anche perché questa mostra riassume bene le linee guida che hanno improntato il mio progetto culturale per Cinecittà, a partire dal ruolo centrale che riveste l'Archivio Luce, un patrimonio inestimabile di immagini e filmati che deve essere divulgato, valorizzato, arricchito e soprattutto messo in dialogo con altri archivi e altre espressioni artistiche, fedele al principio secondo il quale una ricchezza inattiva è una verità inerte. Troppo spesso in passato si è ricorsi a soluzioni di comodo, a "mostre-anniversario" che non serve spiegare e che sembrano promuovere un'idea della cultura come qualcosa che si commemora, più che qualcosa che si fa.
Più di una volta, nel corso del primo anno della mia presidenza, quando illustravo un'iniziativa culturale, mi sono sentita rivolgere la domanda: «che c'entra?». Per esempio, che c'entrano le stazioni ferroviarie col cinema?
I punti di riferimento culturali che guidano la mia azione e che mi sono scelta negli anni fin dagli studi universitari avevano tutti un approccio comparatistico e multidisciplinare: dallo storico dell'arte Federico Zeri, che aborriva l'*hortus conclusus*, ossia la cultura intesa come un geloso ambito di competenza precluso ai non addetti ai lavori, all'anglista Mario Praz, che invitò sempre a cercare il vincolo comune delle diverse espressioni artistiche, fino al compianto Roberto Campari, che spiegava una verità banale ma spesso negletta, e cioè che il cinema non si capisce solo con il cinema, ma servono anche la pittura, la musica, la letteratura. In fondo questa è la natura della settima arte, che ne compendia tante perché un film è un'opera di collaborazione, composto da una sceneggiatura, una colonna sonora, delle luci, dai costumi, dalle scenografie...
Che c'entrano allora le stazioni? Potrei rispondere che col cinema c'entrano eccome, anzi che il cinema nasce proprio in una piccola stazione della Provenza il 6 gennaio 1896, col celebre filmato dei fratelli Lumière *L'arrivo di un treno alla stazione di La Ciotat*, che tanto impressionò il pubblico facendo capire le enormi potenzialità di questo nuovo linguaggio. E potrei continuare citando un'infinità di nomi illustri come Howard Hawks, Alfred Hitchcock, Francis Ford

countless illustrious names, such as Howard Hawks, Alfred Hitchcock, Francis Ford Coppola, Terry Gilliam, Brian De Palma, Sergio Leone and Martin Scorsese, or, to come to Italy, unforgettable scenes such as the arrival of Totò and Peppino at Milan Central Station or the disrespectful slaps of *Amici miei*, but the truth is that there is much more.

As Camilla Baresani has expressed very well, railway stations are the most phantasmagorical concentration of human beings imaginable. People of every geographical origin and every cultural and social extraction pass through stations: the rich executive travelling first class on the Frecciarossa, the foreign tourist, the student away from home, the commuters crushed together during rush hour and the homeless people begging and sheltering from the bad weather under the platform roofs, because the station is also the abode of those with no fixed abode.

It is also for this reason that I wanted this to be a polyphonic exhibition representing our whole country, from Trieste to Messina, passing through Venice, Milan, Bologna, Florence, Rome and Naples, in which the best Italian writers tell of the station of their city through their personal memories, in line with the educational mission of the Luce Institute, which, it is important to repeat, was born as an acronym: L'Unione Cinematografica Educativa [The Educational Cinematographic Union].

Sandro Veronesi, Melania Mazzucco, Tiziano Scarpa, Nadia Terranova, Mauro Covavich, Enrico Brizzi, Valeria Parrella and Gaia Manzini are names who need no introduction; however, there is a need for me to devote a few words to thanking them for having taken this task to heart. That they are excellent writers, and that it was therefore permissible to expect some fine stories from them, goes without saying, but it was not at all to be taken for granted that they would write such touching and heartfelt stories. Perhaps it depends on the fact that some authors are the children of railway workers, something of which I was initially unaware, or more simply that railway stations are places where all of us have experienced special moments, such as departures, farewells, meetings and separations, which reflect the very structure of our experience of the world, continually interwoven with flashbacks and a sense of anticipation, of regrets and expectations, of memory and projects. In every case the result has been surprising, and the major commitment made can already be noted from the length of the texts, which have often exceeded the number of keystrokes originally agreed upon.

For Valeria Parrella the expression "The Memory of Stations" sounds rather like an oxymoron, as stations are places of impermanence, but at times something remains of these fleeting passages. As in the case of Modesta Valenti, one of these phantasms who sometimes come to mind when I pass through Stazione Termini in Rome. Modesta

Coppola, Terry Gilliam, Brian De Palma, Sergio Leone, Martin Scorsese, o, per venire in Italia, a scene indimenticabili come l'arrivo alla Stazione Centrale di Milano di Totò e Peppino o gli schiaffi irriverenti di *Amici miei*, ma la verità è che c'è molto di più.
Come ha detto bene Camilla Baresani, le stazioni ferroviarie sono il più fantasmagorico concentrato di esseri umani immaginabili. Dalle stazioni transitano persone di ogni provenienza geografica e di ogni estrazione culturale e sociale: il ricco manager che viaggia in prima classe sul Frecciarossa, il turista straniero, lo studente fuori sede, il pendolare pressato nelle ore di punta e i clochard che chiedono l'elemosina e si riparano dalle intemperie sotto le pensiline, perché la stazione è anche la dimora dei senza fissa dimora.
Anche per questo ho voluto che fosse una mostra polifonica rappresentativa di tutto il nostro Paese, da Trieste a Messina passando per Venezia, Milano, Bologna, Firenze, Roma e Napoli, in cui i migliori scrittori italiani raccontassero la stazione della loro città attraverso dei ricordi personali, in linea con la missione didattica dell'Istituto Luce, che giova ripetere nacque come acronimo: L'Unione Cinematografica Educativa.
Sandro Veronesi, Melania Mazzucco, Tiziano Scarpa, Nadia Terranova, Mauro Covavich, Enrico Brizzi, Valeria Parrella e Gaia Manzini sono nomi che non hanno bisogno di presentazioni, però c'è bisogno che io spenda qualche parola in più per ringraziarli di come hanno preso a cuore questo incarico. Che fossero ottimi scrittori, e che quindi fosse lecito da loro aspettarsi dei bei racconti, va senza dire, ma che scrivessero delle storie così toccanti e sentite non era per niente scontato. Forse dipende dal fatto che alcuni autori sono figli di ferrovieri, cosa che all'inizio ignoravo, o più semplicemente che le stazioni ferroviarie sono luoghi in cui tutti noi abbiamo vissuto dei momenti speciali come partenze, addii, incontri e separazioni che riflettono la struttura stessa della nostra esperienza del mondo, continuamente intessuta di flashback e di anticipazioni, di rimpianti e di attese, di memoria e di progetti. In ogni caso il risultato è stato sorprendente, e il grande impegno profuso lo si nota già dalla lunghezza dei testi, che spesso hanno superato il numero di battute concordato.
Per Valeria Parrella l'espressione «La memoria delle stazioni» suona un po' come un ossimoro, essendo le stazioni i luoghi dell'impermanenza, ma a volte qualcosa resta di questi fugaci transiti. Come nel caso di Modesta Valenti, uno di questi fantasmi a cui talvolta penso quando passo dalla Stazione Termini. Modesta era un'anziana senzatetto triestina che bazzicava la stazione romana campando di elemosina. Morì una mattina di gennaio di quarant'anni fa dopo aver passato l'ennesima notte all'addiaccio, perché si sentì male e nessuna ambulanza volle soccorrerla a causa dei pidocchi. Così, con un nobile atto riparatorio, il Comune di Roma le ha reso omaggio

was an elderly homeless woman from Trieste who hung around the station begging. She died one January morning forty years ago after spending her umpteenth night sleeping rough, because she was unwell and no ambulance wanted to respond to the emergency because of lice. So, with a noble act of reparation, the Municipality of Rome paid homage to her by naming a fictitious street near to the station after her where the homeless like her could reside, to enable them to access services such as health care and registration for the Italian National Health Service.

The Memory of Stations is also made of these small absences, of these invisible commemorative plates that prompt silent contemplation, such as the Japanese station of Seiryu Miharasi Eki, a simple metal platform with views of a river and a wood without either entrance or exit, to which access is gained solely by getting off a train and which you leave solely by getting onto the next one. A small station apparently without a purpose, but that in reality is a warning, because its true function is to remind travellers of the importance of and the need for stopping.

However, in weaving these stories together I wanted not only to form a dialogue between writing and images, but also to compare private memory and public memory, thanks also to the contribution of other important archives, such as that of the Italian State Railways, and these connections give energy to the entire story of the stations, as in the case of the news of the abduction of Aldo Moro, which the university student Veronesi learned when alighting at Santa Maria Novella Station in Florence arriving from Prato, or as in Enrico Brizzi's reference to the stopped clock at Bologna Station.

Last but not least, to represent the stations today, I am also particularly proud to have chosen a talented young photographer, Anna Di Prospero, who has shown herself to be more than equal to the task entrusted to her, delivering highly original photographs with a timeless lyrical quality to us. Her figure seen from behind with a red dress seems to interact with the buildings of the stations as a dreamlike and disquieting presence, and in a certain sense for her this project represents a return to her origins, since she began her career by winning a photography prize on the topic of *Home, Meeting, Journey*. Di Prospero will not remain an isolated case. Since the Luce Archive holds millions of images, taken solely by men over the course of almost a century, I set myself the task of filling this void and starting to also collect female gazes and works; with Anna I feel I have set out on the right track: it will be a long and demanding journey, but we acted immediately to change course.

To those who wish to immerse themselves in the memory of the major Italian stations, I hope you experience the same pleasure that I have in conceiving and realising it, hoping that visitors reach the palingenetic destination of their ideal journey.

intitolandole una strada fittizia vicino alla stazione dove far risiedere i clochard come lei, per consentir loro di usufruire di servizi come l'assistenza sociale e l'iscrizione al Servizio sanitario nazionale.
La memoria delle stazioni è fatta anche di queste piccole assenze, di queste invisibili placche commemorative che sollecitano il raccoglimento, come la stazione giapponese di Seiryu Miharasi Eki, una semplice piattaforma metallica con vista su un fiume e un bosco senza né entrata né uscita, alla quale si accede solo scendendo da un treno e dalla quale si esce solo salendo sul treno successivo. Una piccola stazione apparentemente priva di scopo, ma che in realtà è un monito, perché la sua vera funzione è quella di ricordare ai viaggiatori l'importanza e la necessità della sosta.

Intrecciando però queste storie non volevo solo far dialogare scrittura e immagini, ma pure mettere a confronto memoria privata e memoria pubblica grazie anche al contributo di altri importanti archivi come quello delle Ferrovie dello Stato, e queste connessioni innervano tutto il racconto delle stazioni, come nel caso della notizia del rapimento Moro, che lo studente universitario Veronesi apprese scendendo a Santa Maria Novella proveniente da Prato, o come per il riferimento di Enrico Brizzi all'orologio fermo della stazione di Bologna.
Last but not least, sono particolarmente orgogliosa anche di aver scelto, per rappresentare le stazioni oggi, una giovane fotografa di talento come Anna Di Prospero, che si è dimostrata all'altezza del compito affidatole, consegnandoci degli scatti originalissimi e dal taglio lirico e atemporale. La sua figura di spalle col vestito rosso sembra interagire con gli edifici delle stazioni come una presenza onirica e perturbante, e in un certo senso per lei questo progetto rappresenta un ritorno alle origini, dato che iniziò la sua carriera vincendo un premio fotografico sul tema *Casa, incontro, viaggio*.
Di Prospero non resterà un caso isolato. Poiché l'Archivio Luce custodisce milioni di immagini, scattate soltanto da uomini nell'arco di quasi un secolo, mi sono ripromessa di colmare questa lacuna e cominciare a raccogliere anche sguardi e opere femminili; con Anna sento di aver cominciato col piede giusto: sarà un viaggio lungo e impegnativo, ma abbiamo agito subito per modificarne la rotta.
A chi invece vorrà intraprendere questo viaggio nella memoria delle maggiori stazioni italiane, auguro lo stesso piacere che ho provato io nel concepirlo e realizzarlo, augurando al visitatore di raggiungere la meta palingenetica del viaggio ideale.

Ferrara station does not exist. Even the voice coming out of the loudspeakers when people get on or off the trains deceives you: "Ferara, Ferara station [in typical Ferrara accent!]. Passengers are kindly asked to assist the train staff by closing the carriage doors carefully."
There is – this is true – that fog so thick and impenetrable that it makes you believe it is concealing the tracks, the underpasses, the platforms, but there is nothing, neither the station nor the city.
Because Ferrara too does not exist and for this reason the memories of those who have been there are inaccurate and out-of-focus like dreams, which vanish an instant after waking.
The trains arrive from Bologna, from Ravenna, from Mantua and for kilometres and kilometres through the carriage window the passenger see only fog, yet they know that beyond are the fields of the endless lowland. And they imagine it.
The passengers arriving from Padua, on the other hand, understand that the train is about to reach Ferrara because in the fog they recognise the noise of the train crossing the iron bridge on the Po. And they imagine it, the great river that flows slowly and silently towards the far-off sea.
The people that get onto the train, in the few minutes while it stops, are the same ones who got off the previous train a little earlier.
They are stoic and disconsolate because they have found nothing.
Only fog.

DARIO FRANCESCHINI
Minister of Culture

La stazione di Ferrara non esiste. Ti inganna anche la voce che esce dagli altoparlanti quando le persone salgono o scendono dai treni: «Ferara, stazione di Ferara [con accento ferrarese!]. I signori viaggiatori sono pregati di coadiuvare il personale viaggiante chiudendo con precauzione le porte delle vetture».
C'è, questa sì, quella nebbia così fitta e impenetrabile che ti porta a credere di stare nascondendo i binari, i sottopassaggi, le pensiline ma invece non c'è nulla, né la stazione, né la città.
Perché anche Ferrara non esiste e per questo i ricordi di chi ci è stato sono imprecisi e sfuocati, come i sogni, che evaporano un attimo dopo il risveglio.
I treni arrivano da Bologna, da Ravenna, da Mantova e i viaggiatori per chilometri e chilometri dal finestrino vedono soltanto nebbia però sanno che oltre ci sono i campi della pianura infinita. E la immaginano.
I passeggeri che arrivano da Padova capiscono invece che il treno sta per arrivare a Ferrara perché nella nebbia riconoscono il rumore del treno che attraversa il ponte di ferro sul Po. E lo immaginano, il grande fiume che scorre lento e silenzioso verso il mare lontano.
Le persone che salgono sul treno, nei pochi minuti in cui si ferma, sono le stesse che erano scese poco prima dal convoglio precedente.
Sono rassegnate e sconsolate perché non hanno trovato nulla.
Solo nebbia.

DARIO FRANCESCHINI
Ministro della Cultura

16

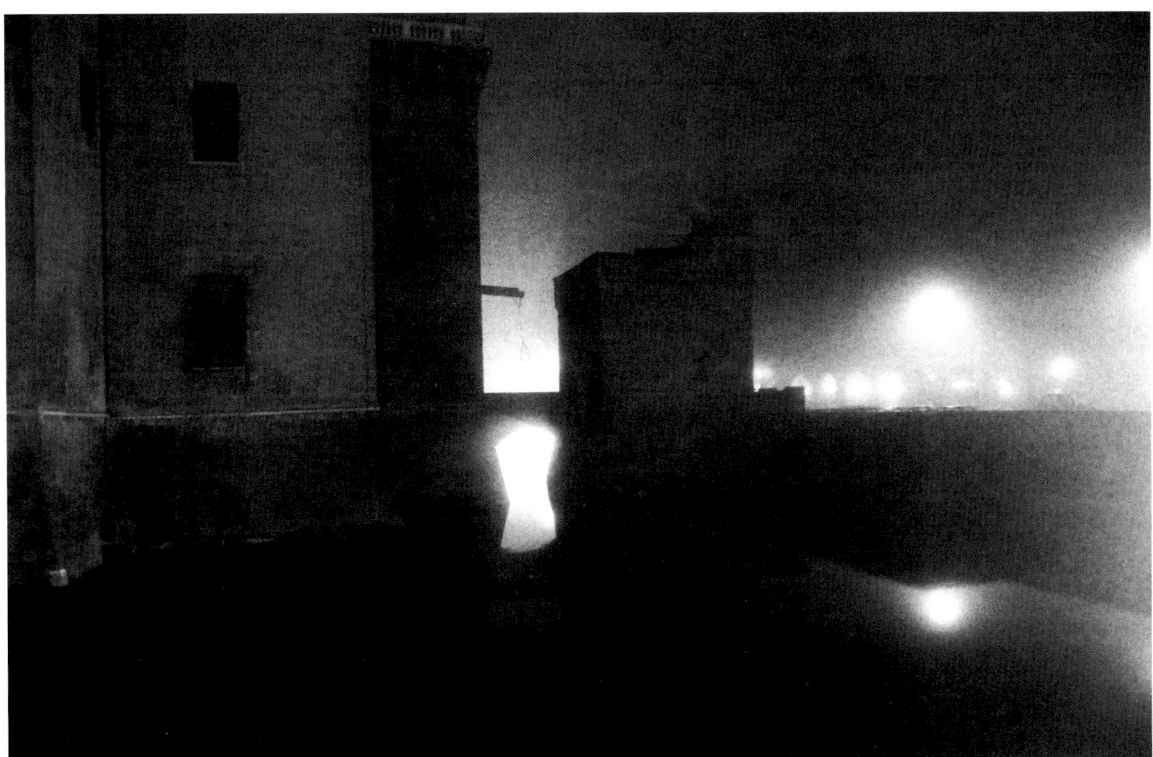

FERDINANDO SCIANNA
La nebbia di notte / Fog at night
14/6/1992
Ferrara
Magnum Photo\Contrasto

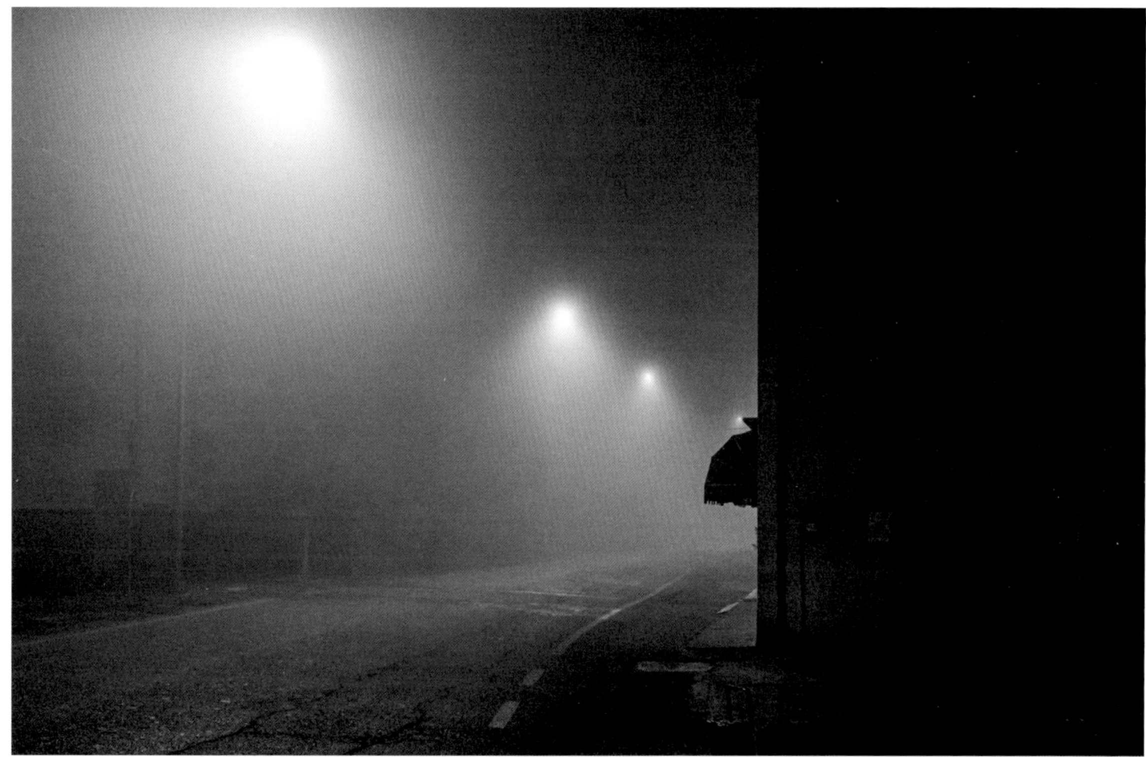

MATTEO FABBRI
Strada deserta illuminata da un lampione /
Deserted street lit by a streetlamp
Ferrara
Getty Images

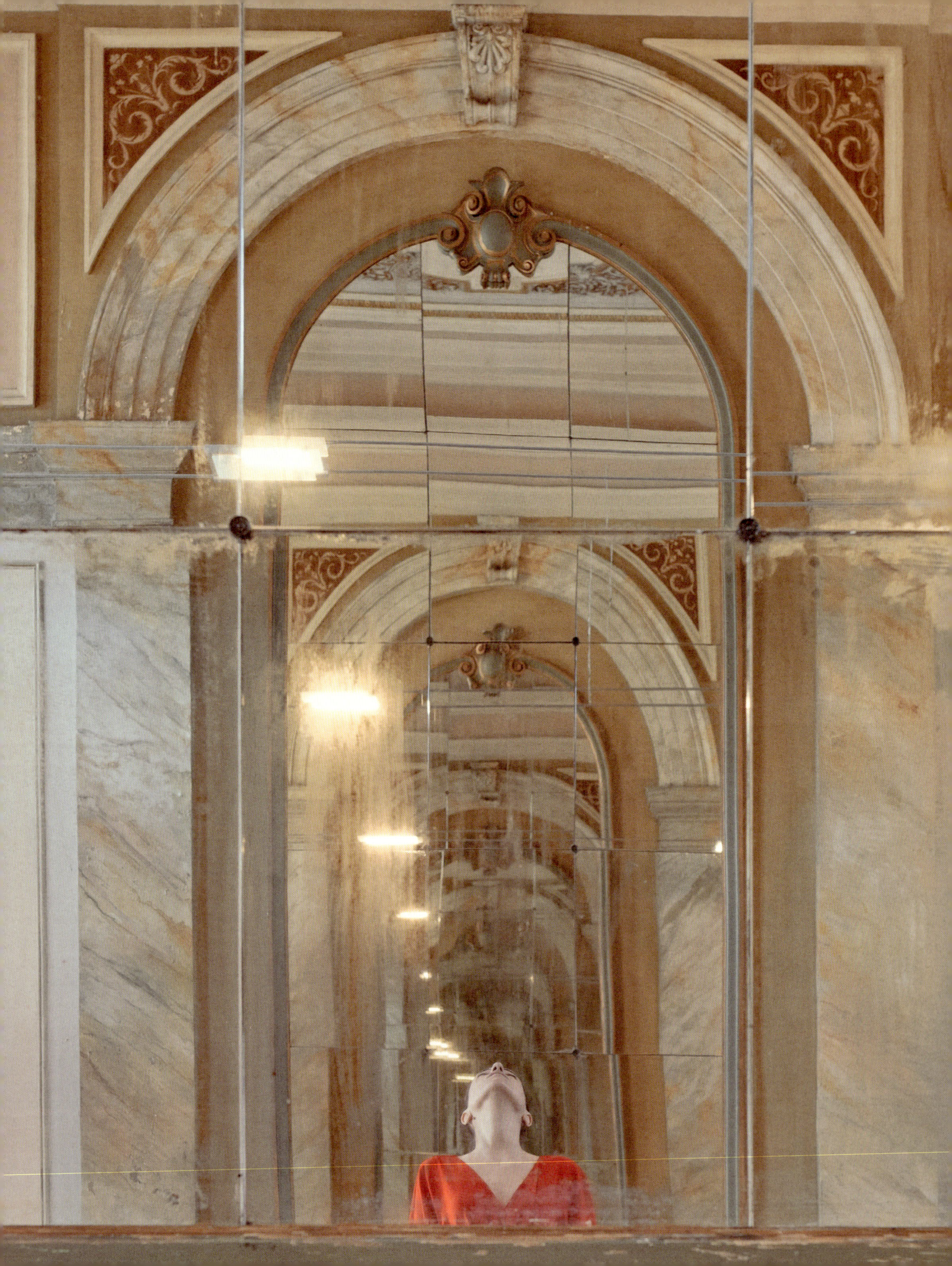

Mauro Covacich

LIBERA

«Certe persone comparivano all'improvviso,
bussavano alla porta con un fagotto in mano,
certe altre sparivano per sempre».
/
"Certain people appeared unexpectedly,
knocked at the door with a bundle in their hands,
some others disappeared forever."

Maybe Libera will arrive tonight. My grandmother told her that every evening. And my mother believed it; why not believe it? Any evening could be the right one. She remembers the expectation well, sitting beside my grandfather and grandmother, the rails that squeezed together on that railroad disappearing on the horizon and that multiplied on the stones of the ballast with their snake's heads, there, right under her eyes, driving the trains inside the cement platforms as though they could bring that whole iron smell into the entrance hall, even onto the road. My mother remembers this: they went to see the trains. There were walks on summer evenings in a city they did not know, where they had just arrived. From the sea, not from the station. A family of Istrians, who had landed at the docks in Trieste in one of the many boats in the years of the exodus, camped in a room in the old rope factory used as a refugee camp, people who counted their days sitting on the fruit boxes and breaking the monotony of the long interregnum that separated them from future life, allowing themselves an evening visit to the station. It was an attraction worthy of note, all those people who arrived from who knows where, dressed better than them, almost always with a precise destination, a house, a hotel. Trains that entered the city with their clanking power, or departed towards locations written on those rotating signs, legendary names, Rome, Milan, or names verging on absurdity, the exotic slipping into an imponderable unknown land, Nice, Vienna, Reggio Calabria.

In 1949 my mother was a nine year-old girl with coal-black eyes and bob-styled hair. She followed her parents obediently, but the visits to the station must have been rather boring, so my grandmother tricked her, or perhaps it would be more correct to say that she deluded her, with the possible arrival of Libera. If everything was vague and unknown around her – what were they doing in this new city? Why had they left home? What had happened to her uncles and aunts, to her cousins, to her schoolmates? –, there was at least the certainty that Libera would join them.

My mother has clear memories, which become detached from deep down and surface unexpectedly during our talks; details, movie stills, Libera in the garden picking the chicory in her tight lamé dress, Libera slouching writing a letter, her elbow resting on the windowsill, while my grandmother cooks. They live in the same region; they are still at home, the small stone house from where you can see the dock at Vrsar. Libera spent a lot of time with them; she was the only adult who knew how to write. My grandmother asked her to tell the relatives who had left first the latest news. Her aunt had ended up in Kansas City, for instance, the one whose daughter had made love with an American soldier in Trieste, who, thanks to a sense of responsibility that is still rather surprising to me today, had taken both on. The aunt in Kansas City was the oldest sister of

Magari stasera arriva Libera. Glielo diceva ogni sera, mia nonna. E mia madre ci credeva, perché non crederci? Ogni sera poteva essere quella buona. Se la ricorda bene l'attesa, seduta accanto a mio nonno e mia nonna, le rotaie che si stringevano in quella via persa all'orizzonte e si moltiplicavano invece sulle pietre della massicciata con le loro teste di serpente, lì, proprio sotto i suoi occhi, guidando i convogli fin dentro le banchine di cemento come se potessero portare tutto quell'odore di ferro anche nell'atrio, anche sulla strada. Si ricorda questo, mia madre, andavano a vedere i treni. Erano passeggiate nelle sere estive in una città che non conoscevano, in cui erano appena arrivati. Dal mare, non dalla stazione. Una famiglia di istriani, approdati al molo di Trieste con uno dei tanti barconi negli anni dell'esodo, accampati in una stanza della vecchia corderia adibita a campo profughi, gente che contava i giorni seduta sulle cassette della frutta e rompeva la monotonia del lungo interregno che li separava dalla vita futura concedendosi una visita serale alla stazione. Era un'attrazione degna di nota, tutte quelle persone che arrivavano da chissà dove, vestite meglio di loro, quasi sempre con una destinazione precisa, una casa, un albergo. Treni che entravano in città con la loro potenza sferragliante, oppure partivano verso località scritte su quei cartelli roteanti, nomi leggendari, Roma, Milano, oppure prossimi all'assurdo, l'esotico che scivolava in un'imponderabile terra incognita, Nizza, Vienna, Reggio Calabria.

Nel 1949 mia madre era una bambina di nove anni con gli occhi di carbone e i capelli a caschetto, seguiva ubbidiente i genitori, ma le soste alla stazione dovevano essere parecchio noiose, allora mia nonna la ingannava, o forse sarebbe più giusto dire che la illudeva, con il possibile arrivo di Libera. Se tutto era vago e ignoto intorno a lei – cosa ci facevano in questa nuova città?, perché avevano lasciato casa?, dove erano finiti gli zii, i cugini, i compagni di scuola? – c'era almeno la certezza che Libera li avrebbe raggiunti.

Mia madre ha ricordi netti, che si sganciano dal fondo e vengono a galla all'improvviso durante la nostra chiacchierata, dettagli, inquadrature cinematografiche, Libera nell'orto che raccoglie il radicchio fasciata nel suo vestito di lamé, Libera che scrive una lettera seduta sghemba, il gomito appoggiato al davanzale, mentre mia nonna cucina. Vivono nella stessa contrada, sono ancora a casa, la piccola casa di pietra da cui si vede il porticciolo di Orsera. Libera passava molto tempo insieme a loro, era l'unica adulta che sapeva scrivere. Mia nonna le chiedeva di aggiornare i parenti che erano partiti per primi. La zia finita a Kansas City, ad esempio, quella la cui figlia aveva fatto l'amore con un militare americano a Trieste che, grazie a un senso di responsabilità per me ancora oggi piuttosto sorprendente, se le era accollate entrambe. La zia di Kansas City era la sorella maggiore di mia nonna, il cui fratello minore si

my grandmother, whose little brother had married Libera. They had met in a way that was not very clear, perhaps in Pula, perhaps even in Split, and the mystery of their meeting increased that girl's charm in my mother's eyes. An ex-ballerina, it was said, she appeared from nowhere alongside Uncle Domenico, known as Menego, a woman a few years older than him, with dark hair, eyelashes so long that they seemed false, and a hint of madness in her gaze. She would put all her thoughts down in the letters, seasoning them with details of her day, often even just minor facts that occurred during his work as a clerk. Now Menego has come in with the squid. Or: Giovanna (my grandmother) has just put the pasta in the pan. Or: Edda (my mother) says hello, she's learned how to tell if the hens have an egg. For my grandmother these were strange letters. But why ever do you talk about this nonsense?, she told her. What interest do you think this has for Maria (the aunt in Kansas City)? Write what I tell you. It was a mixture of modesty and ignorance. For my grandmother the letters had to be a kind of report with all the essential information on the family and about the latest steps taken towards the exodus; difficult communications, in some ways dramatic, on a destiny that was still uncertain, that could perhaps take them all overseas, or in any case to a far-off place. The stretch of sea that separated them from the coasts of Trieste seemed endless, down there they spoke Italian – unbelievable, their own language –, even if it was not really Italy: in the days of those letters Trieste was a protectorate under the control of the allied military government and so it would remain until 1954.
She had had little time, no more than a year, to grow fond of Libera, yet my mother still remembers how important it was for her, in those summer evenings spent at the station, to be able to rely on the idea of rejoining her new aunt. It did not cross her mind that Libera would remain there together with Menego, nor that, in the event that she actually came, she would certainly not have done so by train. At the age of nine you do not know the railways; after all, everything seems possible, all the more so in a city of which you are only aware of the vastness and that appears to you to be suspended in some elsewhere, an island without a name, perhaps a cloud, to which you can arrive by any means, trains, boats, buses. Or else it is just a dream, she thought, and we will all wake up again back there in Vrsar.
The evenings at the station were long. Soon, after the last local trains that brought the commuters home for dinner time, nothing happened until the express train that left Rome at around eleven, midnight, with the elegant people, the gentlemen in first class who called for the porters. In the middle there was an interval, which was eternal in my mother's memory, who tried to pass the time by playing at being at home, even dusting the bench with a handker-

era sposato Libera. Si erano conosciuti in modo non molto chiaro, forse a Pola, forse addirittura a Spalato, e il mistero del loro incontro acuiva il fascino di quella ragazza agli occhi di mia madre. Una ex ballerina, si diceva, comparsa dal nulla accanto allo zio Domenico, detto Menego, una donna con qualche anno più di lui, mora, le ciglia così lunghe da sembrare finte, e una scintilla di follia nello sguardo. Nelle lettere ci metteva del suo, le condiva con i dettagli della giornata, spesso anche solo dei fatterelli che accadevano durante il suo lavoro di scrivano. Ecco, ora è entrato Menego con i calamari. Oppure: Giovanna (mia nonna) ha appena buttato la pasta. Oppure: ti saluta Edda (mia madre) che ha imparato a sentire se le galline hanno l'uovo. Per mia nonna erano lettere strane. Ma perché mai racconti queste sciocchezze, le diceva, cosa vuoi che interessino a Maria (la zia di Kansas City), scrivi quello che ti dico. Era un misto di pudore e ignoranza. Per mia nonna le lettere dovevano essere una specie di verbale con le informazioni essenziali sulla famiglia e sugli ultimi passi compiuti verso l'esodo, comunicazioni difficili, per certi versi drammatiche, sul destino ancora incerto, che forse avrebbe potuto portarli tutti oltreoceano, o comunque in un posto lontano. Il braccio di mare che li separava dalle coste triestine sembrava infinito, laggiù si parlava italiano – incredibile, la loro stessa lingua –, anche se non era proprio Italia: nei giorni di quelle lettere Trieste era un protettorato sotto il controllo del governo militare alleato e così sarebbe rimasta fino al 1954.

Aveva avuto poco tempo, non più di un anno, per affezionarsi a Libera, eppure mia madre ricorda ancora quanto fosse importante per lei, in quelle sere estive trascorse alla stazione, poter contare sul ricongiungimento con la sua nuova zia. Non la sfiorava l'idea che Libera rimanesse di là insieme a Menego, né che, nel caso fosse davvero venuta, non l'avrebbe certo fatto col treno. A nove anni non conosci le linee ferroviarie, in fondo tutto ti sembra possibile, a maggior ragione in una città di cui avverti solo la vastità e che ti appare sospesa in un altrove, un'isola senza nome, forse una nuvola, a cui si può arrivare con ogni mezzo, treni, barche, pullman. Oppure è solo un sogno, pensava, e ci sveglieremo tutti di nuovo a Orsera.

Erano lunghe le serate alla stazione. Presto, dopo gli ultimi locali che riportavano a casa i pendolari per l'ora di cena, non succedeva niente fino all'espresso che saliva da Roma verso le undici, mezzanotte, con la gente elegante, i signori della prima classe che chiamavano i facchini. In mezzo c'era un intervallo, eterno nel ricordo di mia madre, che ingannava il tempo giocando alla casa, magari spolverando la panchina con un fazzoletto mentre i genitori osservavano i binari vuoti scambiandosi poche, pochissime parole. Quella stazione, che era stata l'avamposto più meridionale dell'impero austroungarico e poi la testa di ponte fascistissima del Regno

chief while her parents observed the empty platforms, exchanging few, very few words. That station, which had been the most southern outpost of the Austro-Hungarian Empire and then the very Fascist bridgehead of the Kingdom of Italy towards the steppes of the accursed Slavs (that is, towards my other grandfather, but nobody knew that yet) and now acted as a railway hub of an edge of Europe freed and occupied in patches partly by Tito and partly by the Americans, was a concentration of 20th-century history in which everyone was unaware – and how could they have been otherwise? –, including my grandparents, who sat for a while there, always on the same bench, perhaps to pass the time, perhaps to think better about the right direction for their future.

Forty years earlier, on a bench in the tree-lined garden in the Station Square, James Joyce had had Nora sit there, after a tiring journey from Zurich, while he had headed towards the streets of the centre looking for the Berlitz School without even knowing the address. The girl was twenty years old, she could not speak any other languages apart from English. Who can imagine her anguish during those endless hours of waiting, left alone, without two coins to rub together, in a city where she had ended up almost by chance and of the existence of which, until a week earlier, she was unaware? In twelve years he also learned Triestino, she just a few words of Italian, always thinking that the next day she would be leaving again.

And my grandparents? Would they go to Kansas City? Would they move to the refugee camps in Brescia? Would they settle in Trieste? And would Libera and Menego join them there or, as they used to say among the exiles, would they allow the Communists to get their hands in their bowl?

My mother does not remember what Menego thought of the Communists. She knows that he had been imprisoned in Russia and he now enjoyed a small veteran's pension, but for how much longer would Italy pay him these so-called emoluments in a foreign land? Would he too not have to decide to climb onto a boat (my mother thought a train) together with that crazy wife?

On the subject of hands in the bowl, my mother recalls an episode that had shaken her and now makes her laugh. My grandmother often sent her to the happy couple with some dish just out of the oven, usually fish, but once when she had gone upstairs to her uncle and aunt with some fried anchovies, pandemonium broke out before her eyes. Libera loved to eat with her hands and to lick her fingers, so she started nibbling the anchovies, fishbone included, making Menego furious; without saying a word, he threw the tray out of the window. A strange reaction for a mild uncle with an ever smiling gaze (even if, as mother now remembers, there were a few shadows on it). The survivor of a prison camp was certainly not squeamish, if anything it was about good manners: before the war had emp-

d'Italia verso le steppe dei maledetti slavi (cioè, verso l'altro mio nonno, ma ancora nessuno lo sapeva) e ora fungeva da nodo ferroviario di un lembo d'Europa liberato e occupato a macchia di leopardo un po' da Tito e un po' dagli americani, era un concentrato della storia del Novecento in cui tutti passavano ignari – e come avrebbero potuto fare diversamente? –, compresi i miei nonni che si sedevano per un po' lì, sempre sulla stessa panchina, forse per distrarsi, forse per pensare meglio alla direzione su cui mettere il loro futuro.

Quarant'anni prima, su una panchina del giardino alberato nella piazza della stazione, James Joyce aveva fatto sedere Nora, dopo uno sfiancante viaggio da Zurigo, e si era diretto verso le vie del centro in cerca della Berlitz School senza neppure saperne l'indirizzo. La ragazza aveva vent'anni, non conosceva altre lingue che l'inglese, chissà l'angoscia in quelle interminabili ore di attesa, lasciata sola, senza il becco di un quattrino, in una città in cui era finita quasi per caso e di cui, fino a una settimana prima, ignorava l'esistenza. Lui imparò anche il triestino, lei giusto qualche parola di italiano, dodici anni sempre pensando che il giorno dopo sarebbero ripartiti.

E i miei nonni? Sarebbero andati a Kansas City? Li avrebbero trasferiti al campo profughi di Brescia? Si sarebbero stabiliti a Trieste? E Libera e Menego li avrebbero raggiunti davvero o, come dicevano tra esuli, avrebbero accettato di farsi mettere le mani nel piatto dai comunisti?

Su come la pensasse Menego, a proposito di comunisti, mia madre non lo ricorda. Sa che era stato prigioniero in Russia e ora godeva di una piccola pensione di reduce, ma quanto ancora l'Italia gli avrebbe erogato i cosiddetti emolumenti in terra straniera? Non avrebbe dovuto decidersi anche lui a montare su un barcone (mia madre pensava un treno) insieme a quella moglie fuori di testa?

A proposito di mani nel piatto, a mia madre viene in mente un episodio che l'aveva scossa e ora la fa ridere. Spesso mia nonna la mandava dagli sposini con qualche piatto appena sfornato, di solito pesce, ma una volta che era salita dagli zii con un po' di alici fritte successe il finimondo sotto i suoi occhi. Libera amava mangiare con le mani e succhiarsi le dita, così si mise a mordicchiare le alici con tutta la lisca facendo imbestialire Menego che, senza dire una parola, scaraventò il vassoio fuori dalla finestra. Una reazione strana per uno zio mite, dallo sguardo sempre sorridente (anche se, ora mamma ricorda, attraversato dalle ombre). Il reduce di un campo di prigionia non poteva certo essere schizzinoso, semmai si trattava di educazione: prima che la guerra svuotasse cassapanche, doppifondi e conigliere, erano stati contadini ricchi, una stirpe di bifolchi semianalfabeti convinti di doversi dare un tono usando forchetta e coltello.

Un giorno Menego bussò alla porta della corderia. Era solo. Di

tied their chests, their trunks with false bottoms and rabbit hutches, they had been farmers, a clan of semi-literate hicks convinced that they had to set the right tone by using a knife and fork.
One day Menego knocked on the door of the room in the rope factory. He was alone. Little was said of Libera in the family, even afterwards. At the time my mother's questions were brushed off with some senseless rubbish, at least that is what she reports. She would occasionally pick up something from the adults' conversations before they realised she was there. In this case too the memory proceeds like movie stills. Libera found at dawn in the middle of the pinewood in Vrsar, her clothes shed along the route, her stretched out naked staring at the sky smiling (but at whom, at what?). Libera admitted to an asylum, all bones and eyes, succeeding somehow in putting on her make up for her husband's visits (so there were even kind nurses among the Communists?). Libera's trunk, with the lamé dress inside it, sold at the inn of the port for a decent dinner before the voyage.
Now some might think that Libera is a name invented with an evocative intent – Libera tamed, Libera confined – but nothing that I am telling here is from the imagination. While my mother was waiting sitting at the station, on the opposite shore of the gulf Libera was going slowly mad. A last memory is the round dance with the partisans, called *druzi*, who danced the *Tito Kolo*, a kind of sirtaki in which the child and her aunt had also been involved. What a beautiful chorus, what joy, I still know the words, my mother says, and she hums in a language that I do not know. So why did you leave? She takes a drag on the cigarette and looks at me without answering. She seems to have returned to that station where people arrived in the trains, in the ships, in anything, the opalescent cloud in which she played at being home while waiting to wake up. Certain people appeared unexpectedly, knocked at the door with a bundle in their hands, some others disappeared forever. She does not remember when Trieste stopped being a cloud to become her city; life spent here is compacted in a stone that escapes time and the constant workings of the memory. I do know, however, that her difficulty in finding places on the world map, a defect that has never stopped tormenting her, certainly comes from those evenings on the bench.

Libera si parlò poco in famiglia, anche dopo. All'epoca le domande di mia madre venivano liquidate con qualche sciocchezza senza senso, così almeno riferisce lei. Ogni tanto le capitava di cogliere qualcosa dalle conversazioni dei grandi prima che si accorgessero della sua presenza. Anche in questo caso la memoria procede per inquadrature cinematografiche. Libera ritrovata all'alba in mezzo alla pineta di Orsera, i vestiti sparsi lungo il sentiero, lei distesa nuda che fissa il cielo sorridendo (ma a chi? a cosa?). Libera ricoverata in manicomio, tutta ossa e occhi, che riesce chissà come a truccarsi per la visita del marito (quindi c'erano anche infermiere gentili tra i comunisti?). Il baule di Libera, con dentro il vestito di lamé, venduto alla locanda del porto per una cena decente prima del viaggio.

Ora qualcuno potrà pensare che Libera sia un nome inventato con intenti suggestivi – Libera domata, Libera rinchiusa – ma niente di ciò che racconto qui è frutto di fantasia. Mentre mia madre aspettava seduta alla stazione, sulla sponda opposta del golfo Libera impazziva piano piano. Un ultimo ricordo è il girotondo con i partigiani detti druzi che ballavano *Tito Kolo*, una specie di sirtaki in cui erano state coinvolte anche la zia e la bambina. Che bel coro, che allegria, so ancora le parole, dice mia madre, e canticchia in una lingua che non conosco. Ma allora perché ve ne siete andati? Dà un tiro alla sigaretta, mi guarda senza rispondere. Sembra tornata in quella stazione a cui si arrivava coi treni, con le navi, con qualsiasi cosa, la nuvola opalescente in cui giocava alla casa in attesa di svegliarsi. Certe persone comparivano all'improvviso, bussavano alla porta con un fagotto in mano, certe altre sparivano per sempre. Non si ricorda quando Trieste ha smesso di essere una nuvola per diventare la sua città, la vita trascorsa qui si è compattata in un sasso che sfugge al tempo e al lavorio della memoria. Io so però che la sua difficoltà di collocare i posti sulla carta del mondo, un difetto che non ha mai smesso di affliggerla, viene di sicuro da quelle sere sulla panchina.

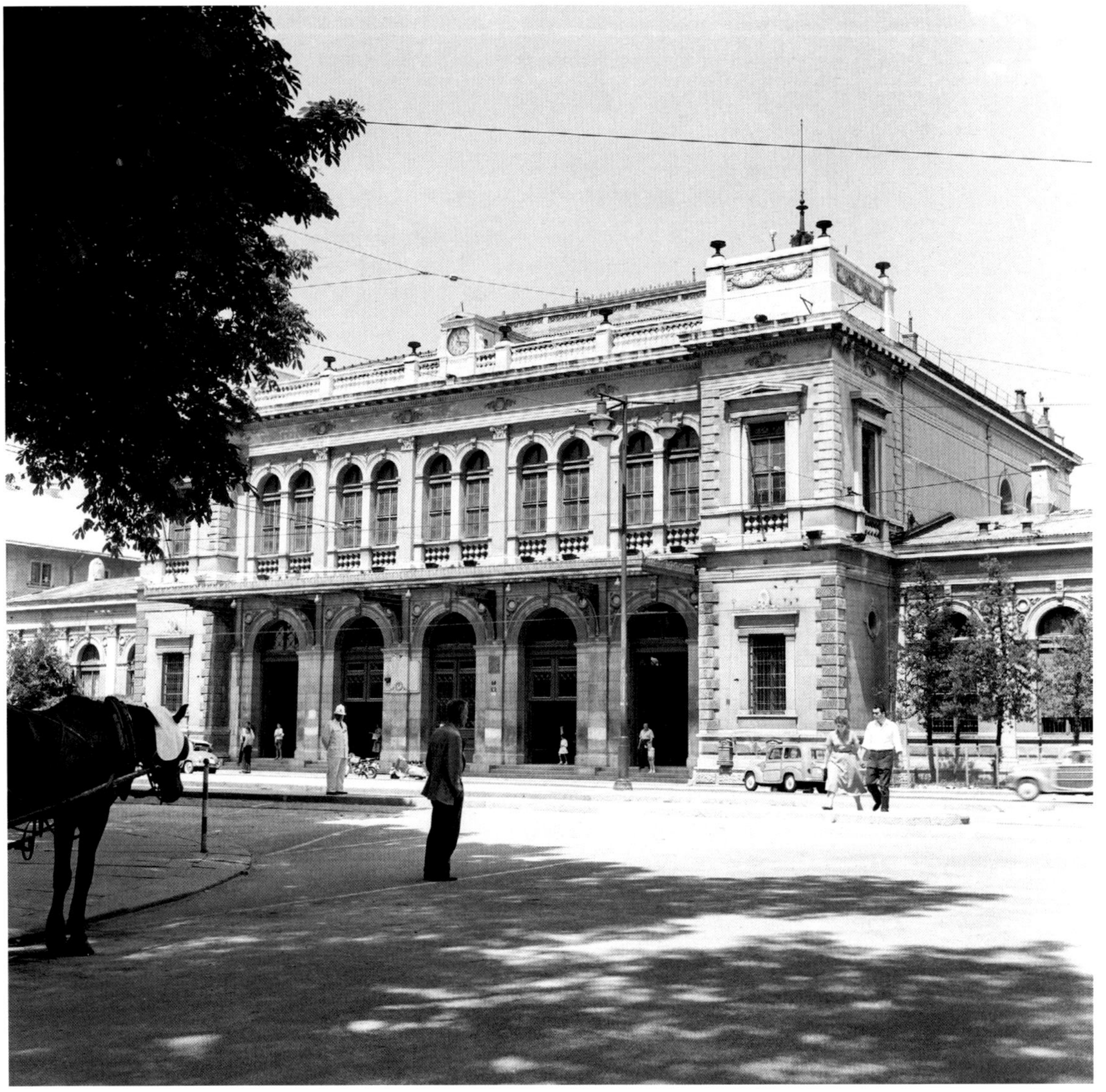

La facciata esterna del fabbricato viaggiatori
su piazza della Libertà /
The external façade of the station building
in Piazza della Libertà
Trieste, 1955
Fondazione FS Italiane, Fondo Fototeca Centrale FS

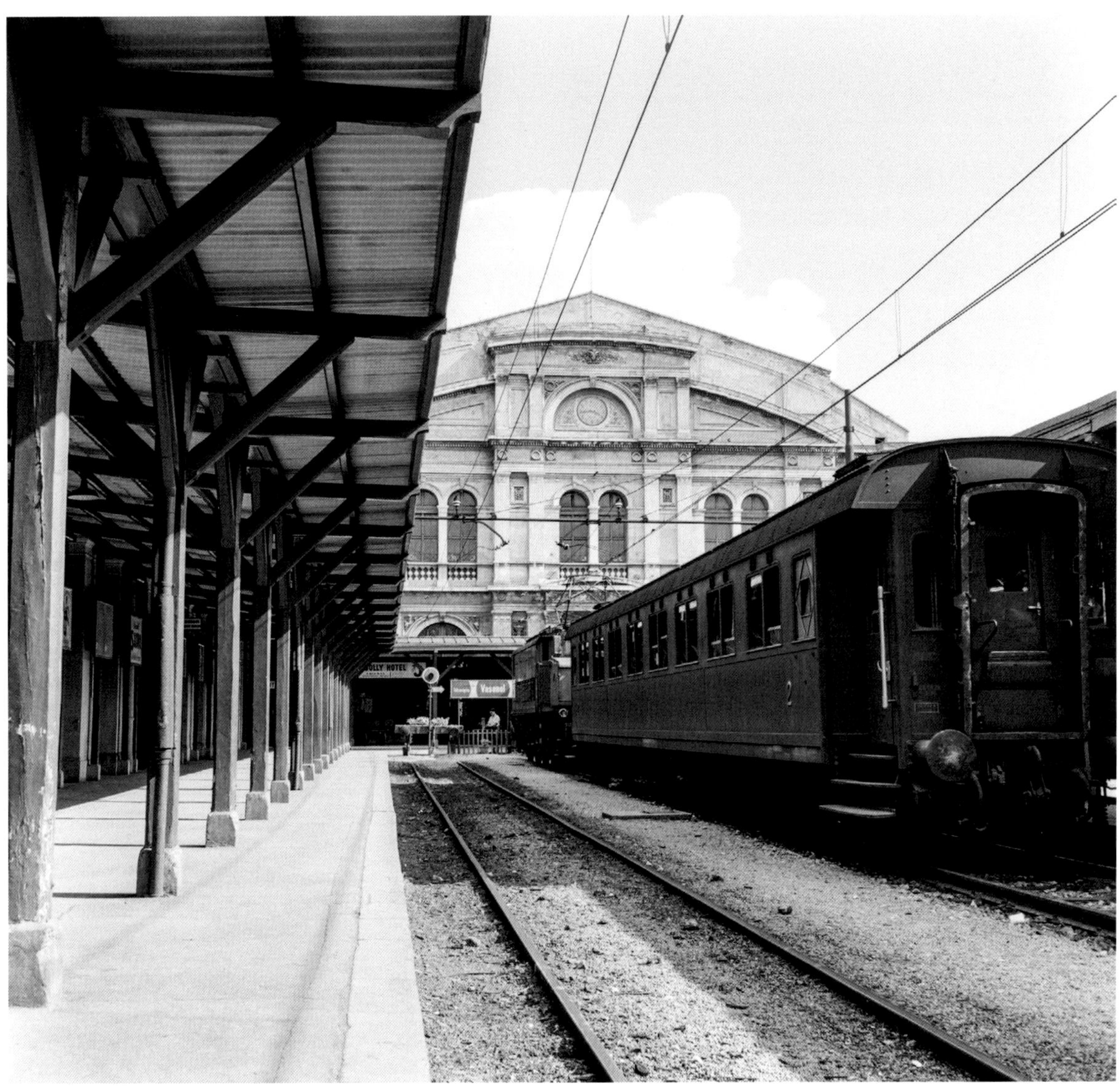

Il piazzale interno della stazione con la banchina coperta da una tettoia in legno, un treno in sosta e la facciata del fabbricato viaggiatori /
The internal square of the station with platform covered by a wooden canopy roof, stationary train and façade of the station building
Trieste, 1955
Fondazione FS Italiane, Fondo Fototeca Centrale FS

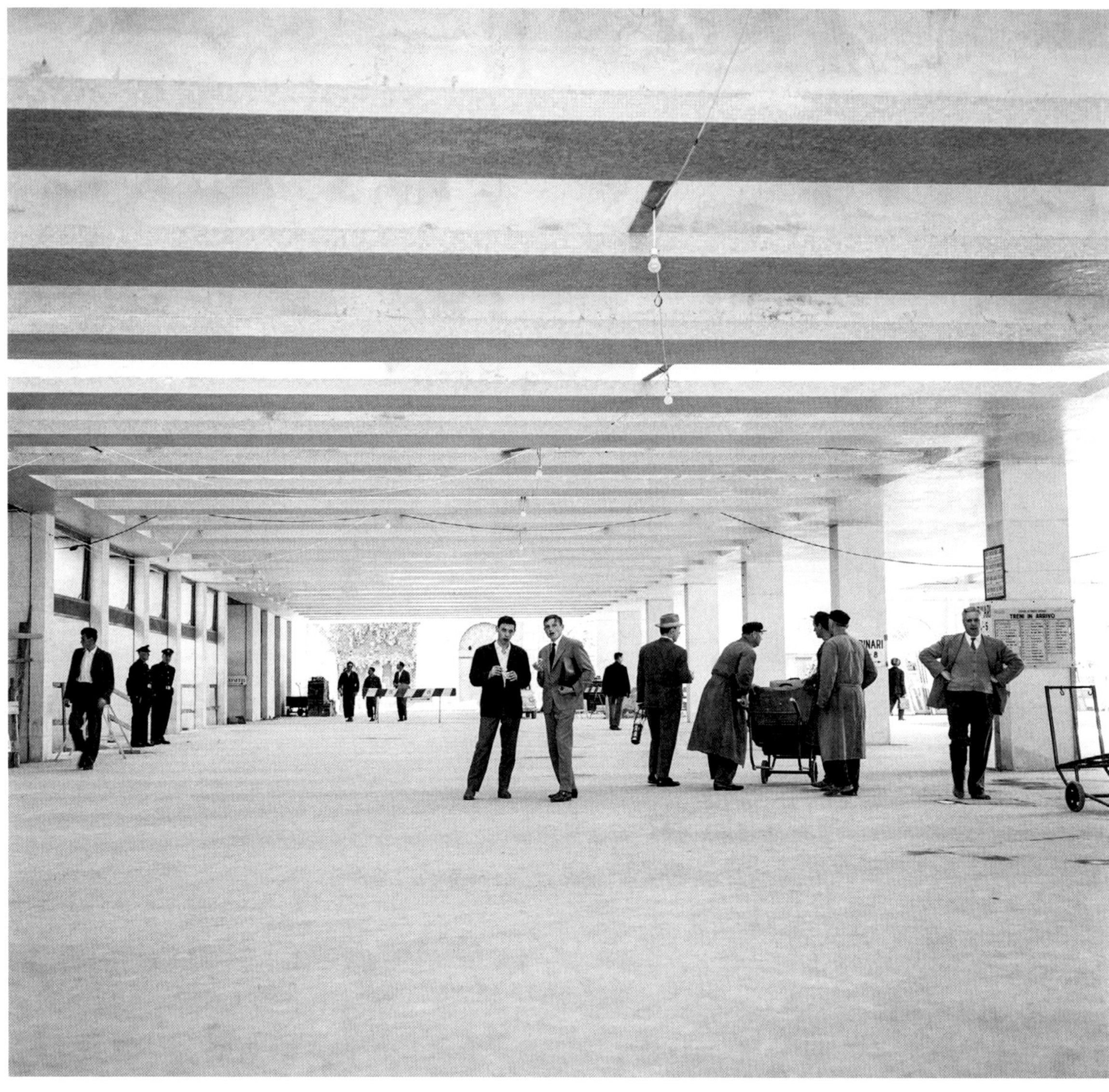

SPARTACO APPETITI
La nuova galleria di testa del fabbricato viaggiatori in fase di ultimazione. L'opera è stata realizzata nell'ambito dei lavori di ampliamento e riqualificazione della stazione terminati nel giugno 1961 /
The new main gallery of the station building in the completion phase. It was part of the work to expand and upgrade the station completed in June 1961
Trieste, 1960
Fondazione FS Italiane, Fondo Fototeca Centrale FS

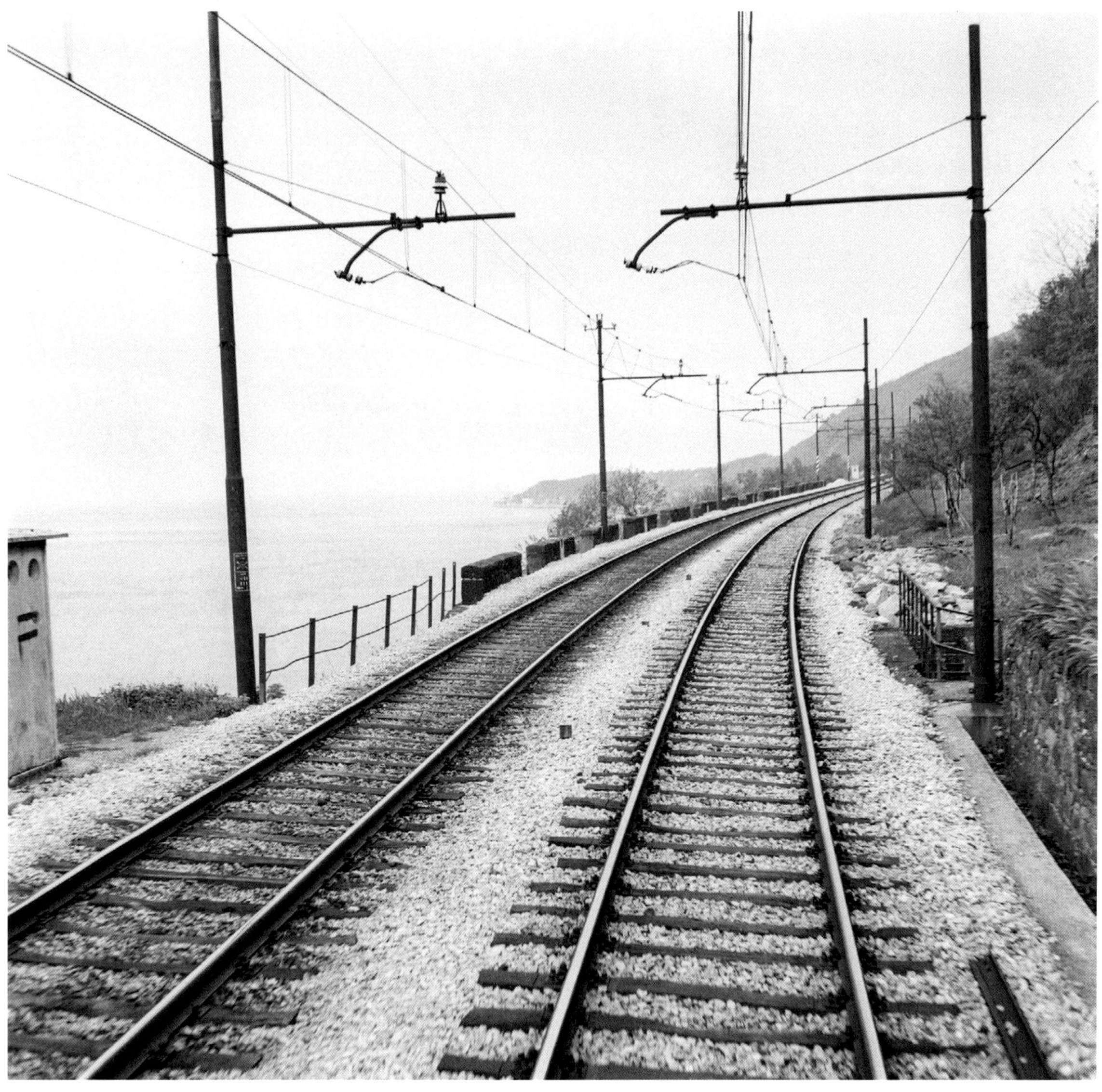

Un tratto della linea Venezia-Trieste-Villa Opicina
a doppio binario nei pressi di Trieste /
A stretch of the double-track Venice-Trieste-Villa
Opicina line near Trieste
Trieste
Fondazione FS Italiane, Fondo Fototeca Centrale FS

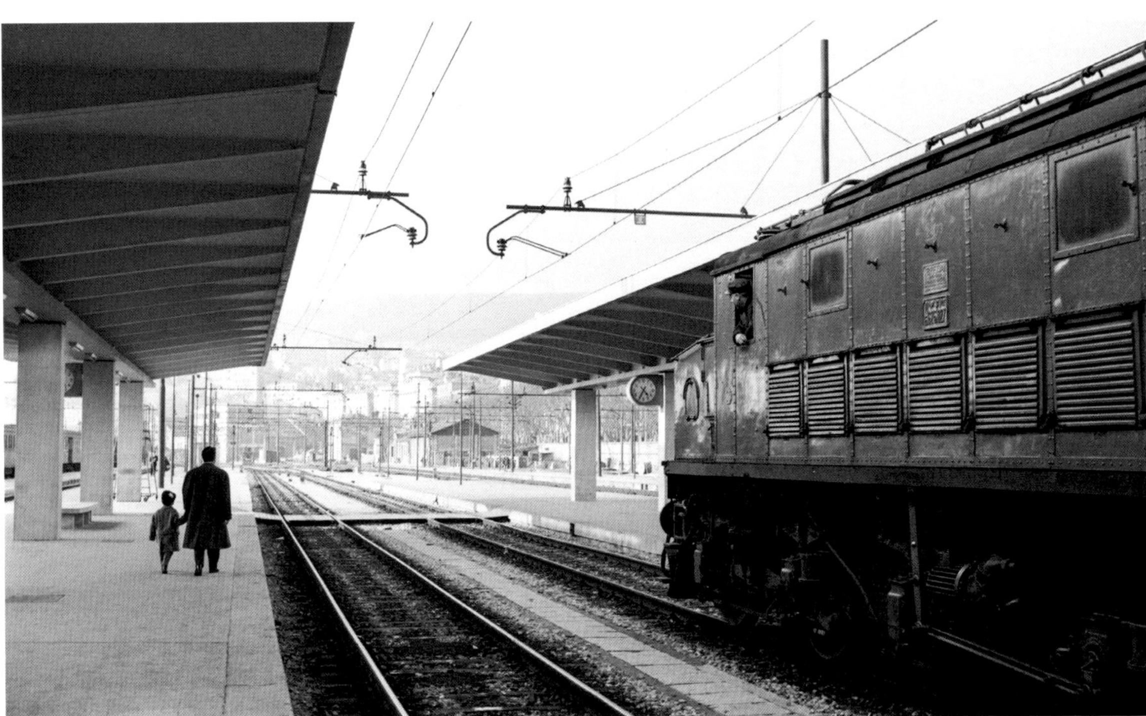

JOSIP CIGANOVIC
Il piazzale interno della stazione con banchine coperte da nuove pensiline in cemento realizzate nell'ambito dei lavori di ampliamento della stazione e terminati nel giugno 1961 con l'inaugurazione del rinnovato impianto /
The internal square of the station with platforms covered with new cement roofs built as part of the work to enlarge the station completed in June 1961 with the inauguration of the renovated plan
Trieste, 1959
Fondazione FS Italiane, Fondo Fototeca Centrale FS

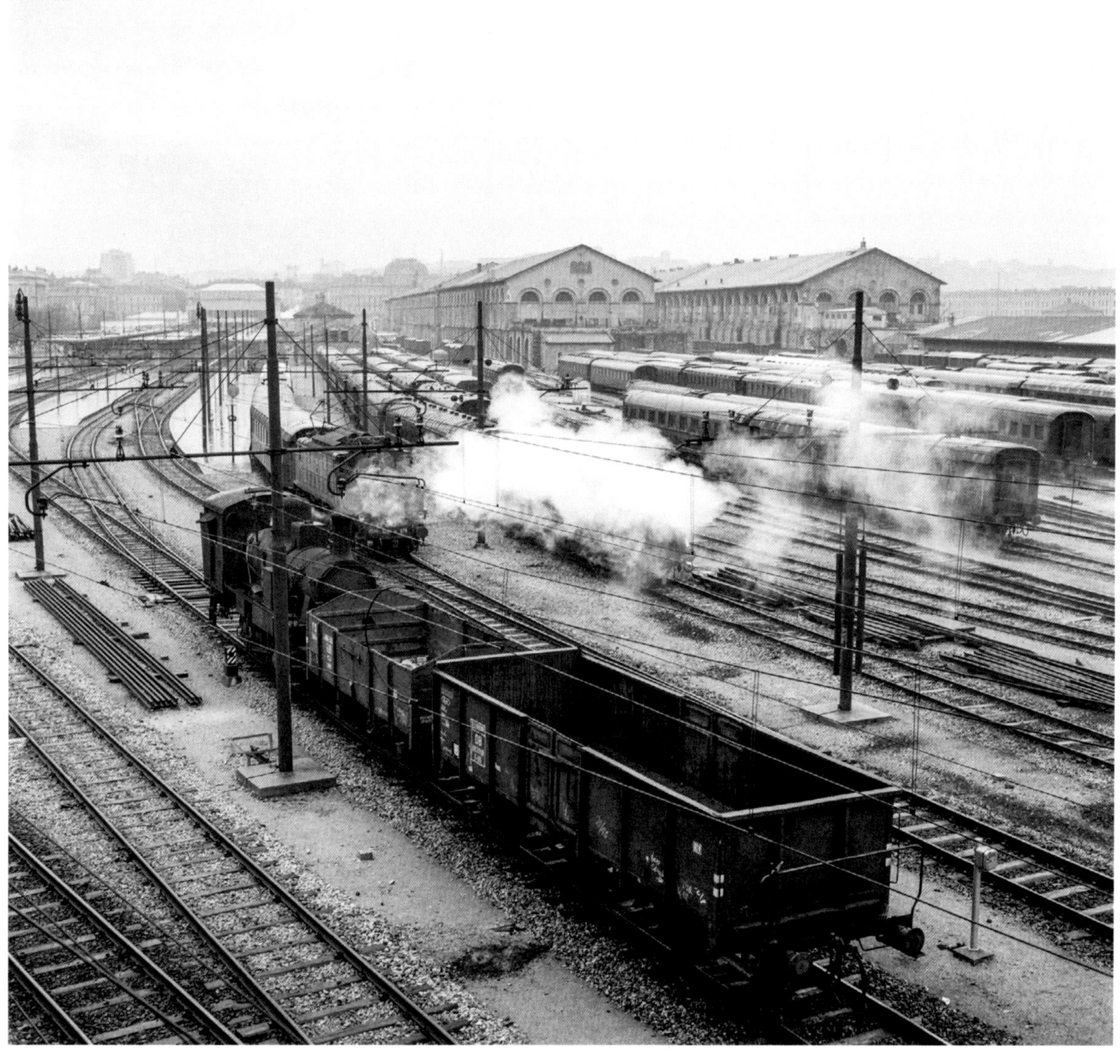

DUILIO SCHERBI
Locomotiva a vapore in spinta a due carri merci, un tipo L e un tipo E delle DB (Deutsche Bahn), nel piazzale della stazione e treni viaggiatori fermi sui binari /
Steam locomotive pushing two goods wagons, one type L and one type E, of the DB (Deutsche Bahn), in the station yard and with passenger trains stationary on the tracks
Trieste, 1962
Fondazione FS Italiane, Fondo Fototeca Centrale FS

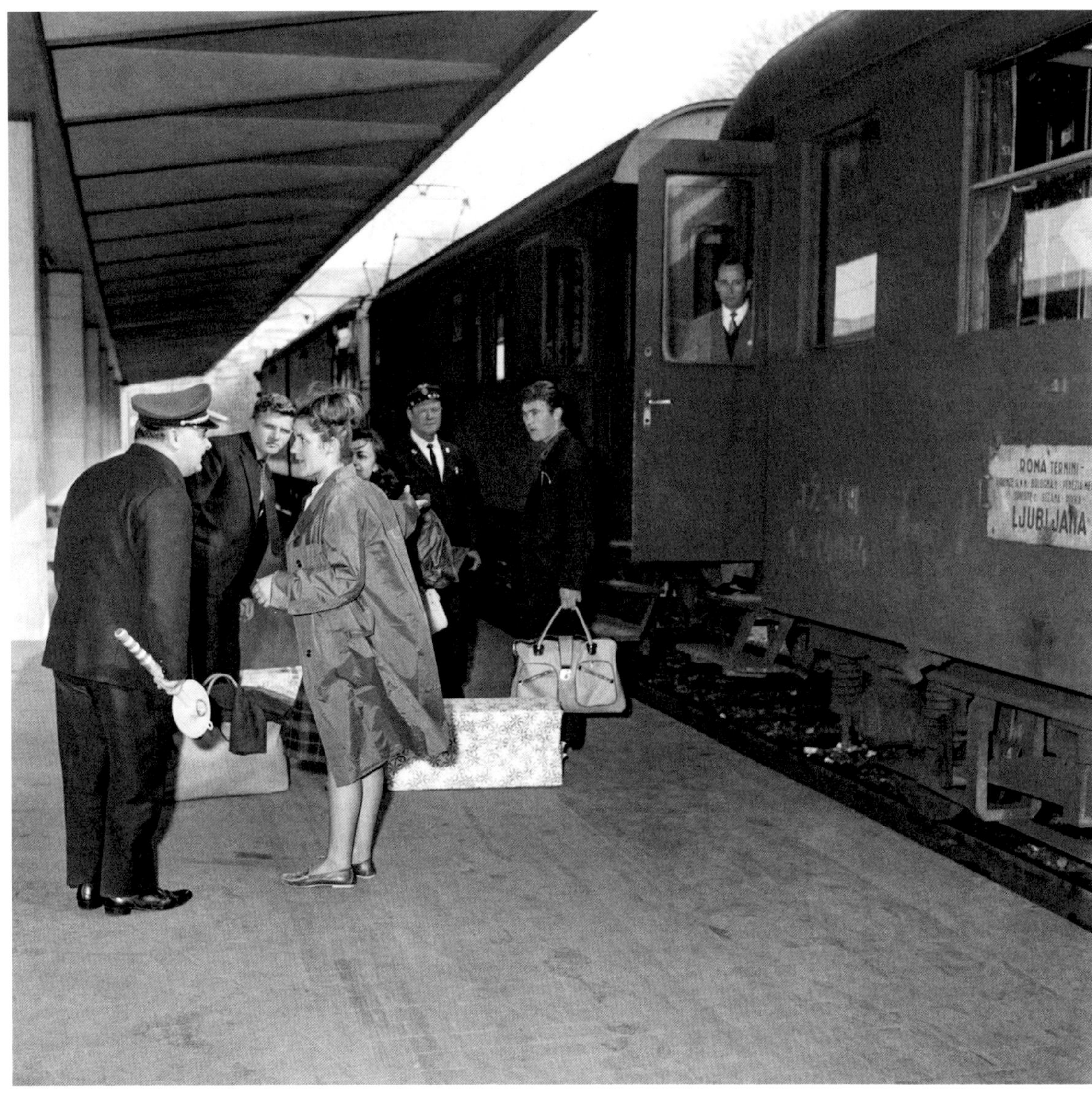

DUILIO SCHERBI
Movimento viaggiatori nella stazione di Trieste /
Movement of passengers in Trieste station
Trieste, 1964
Fondazione FS Italiane, Fondo Fototeca Centrale FS

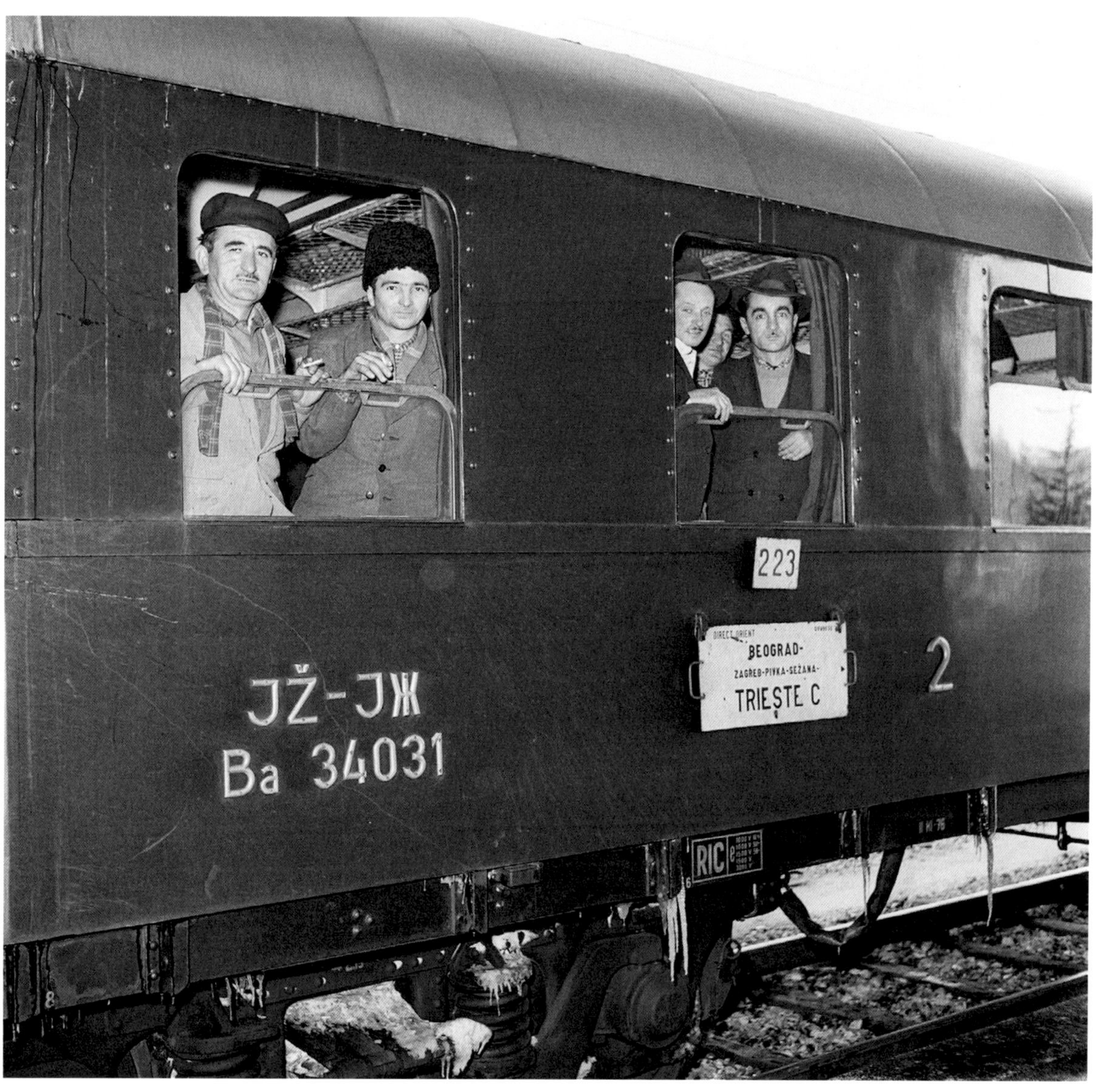

Viaggiatori affacciati ai finestrini di una carrozza della compagnia JŽ dell'ex Jugoslavia in sosta nella stazione di Poggioreale del Carso / Travellers leaning out of the windows of a carriage of the JŽ company in the former Yugoslavia standing in Poggioreale del Carso station
Trieste
Fondazione FS Italiane, Fondo Fototeca Centrale FS

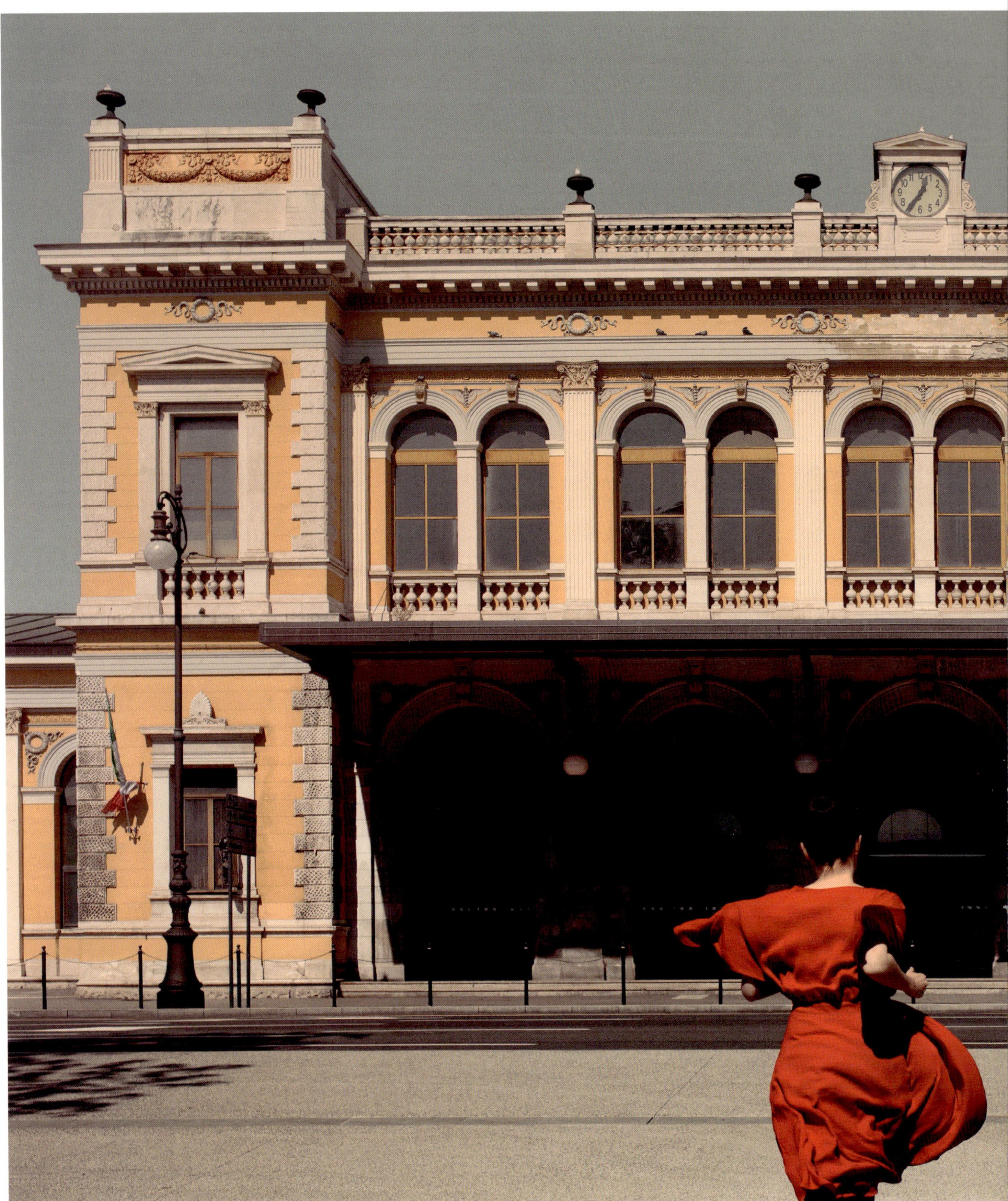

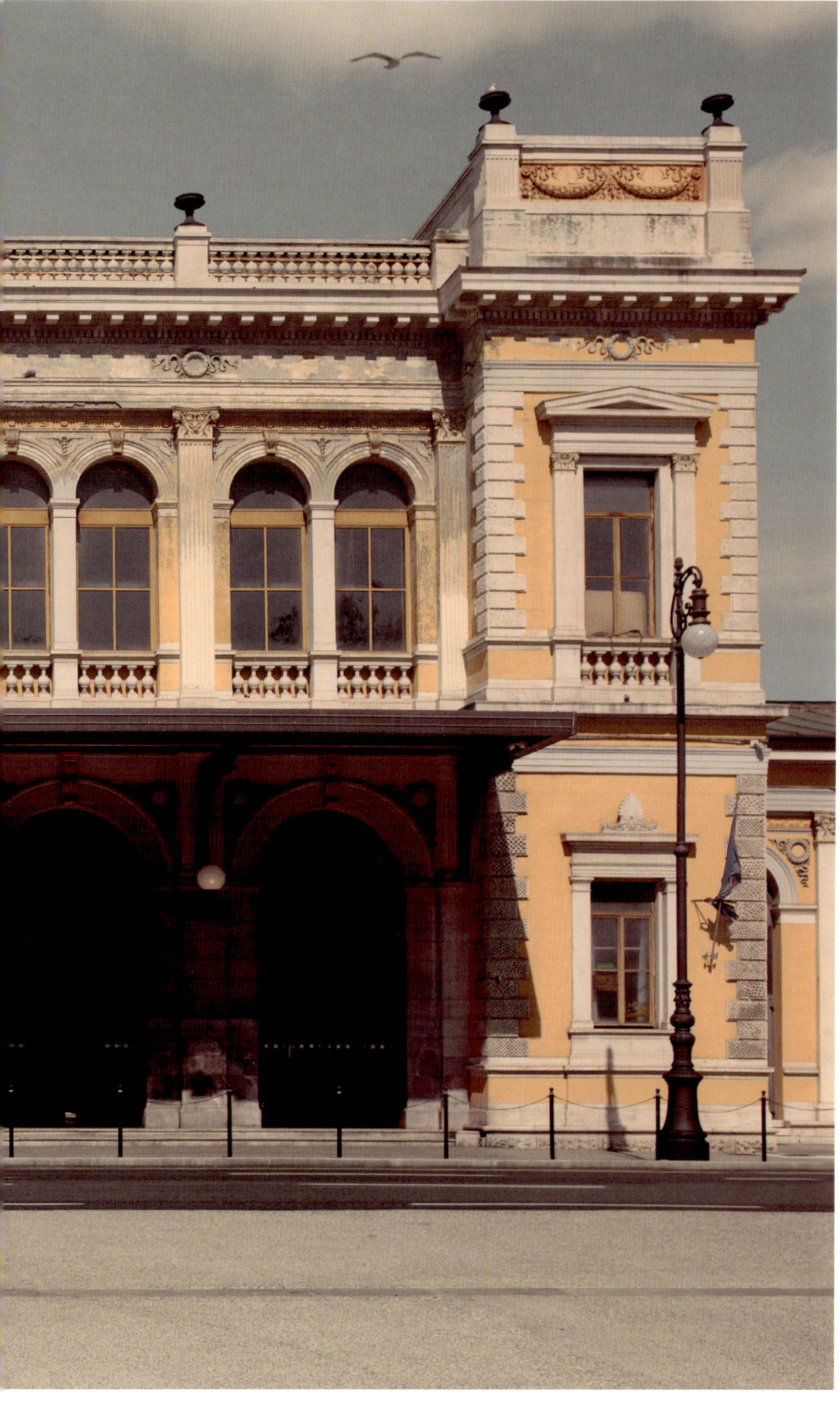

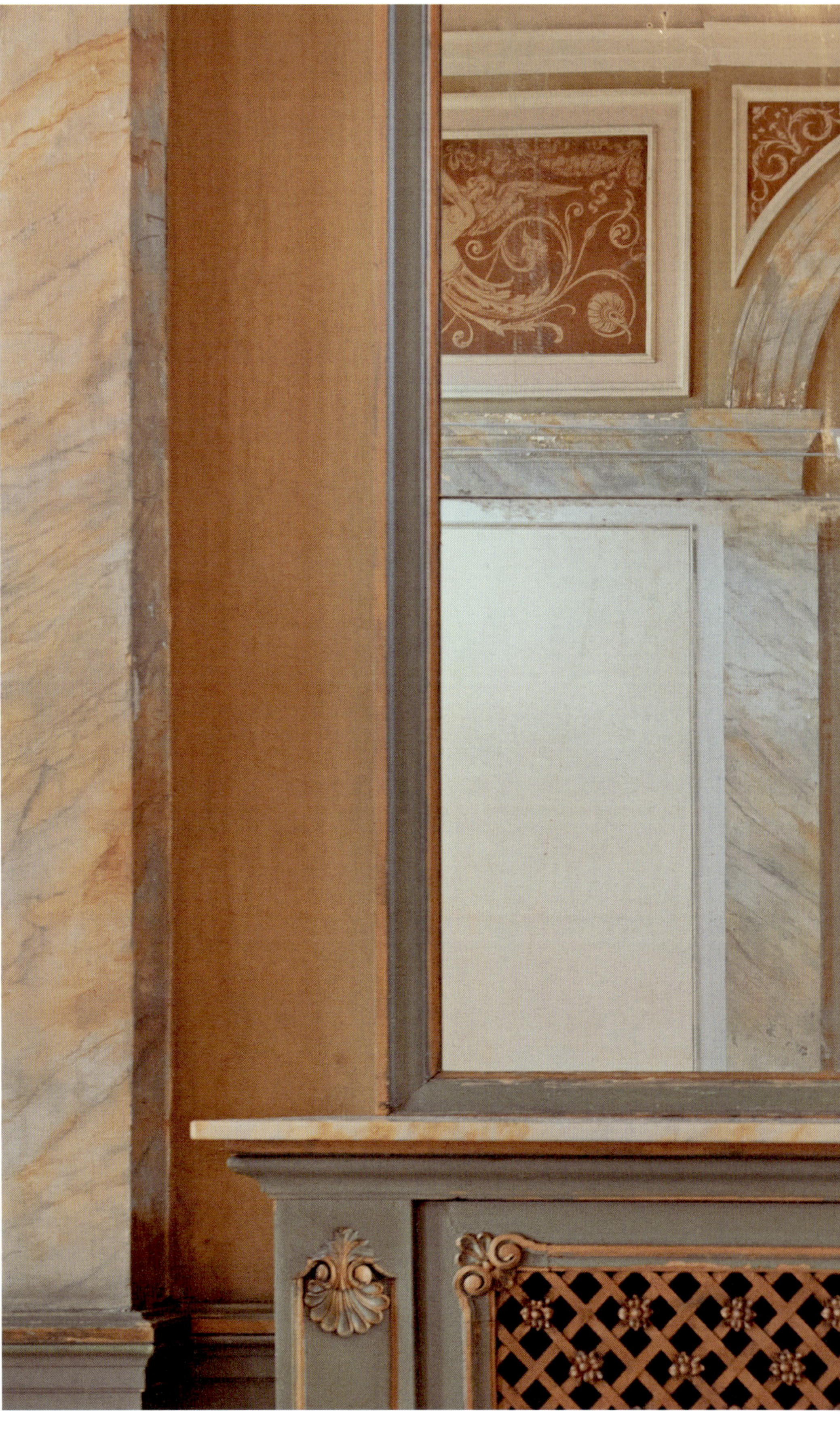

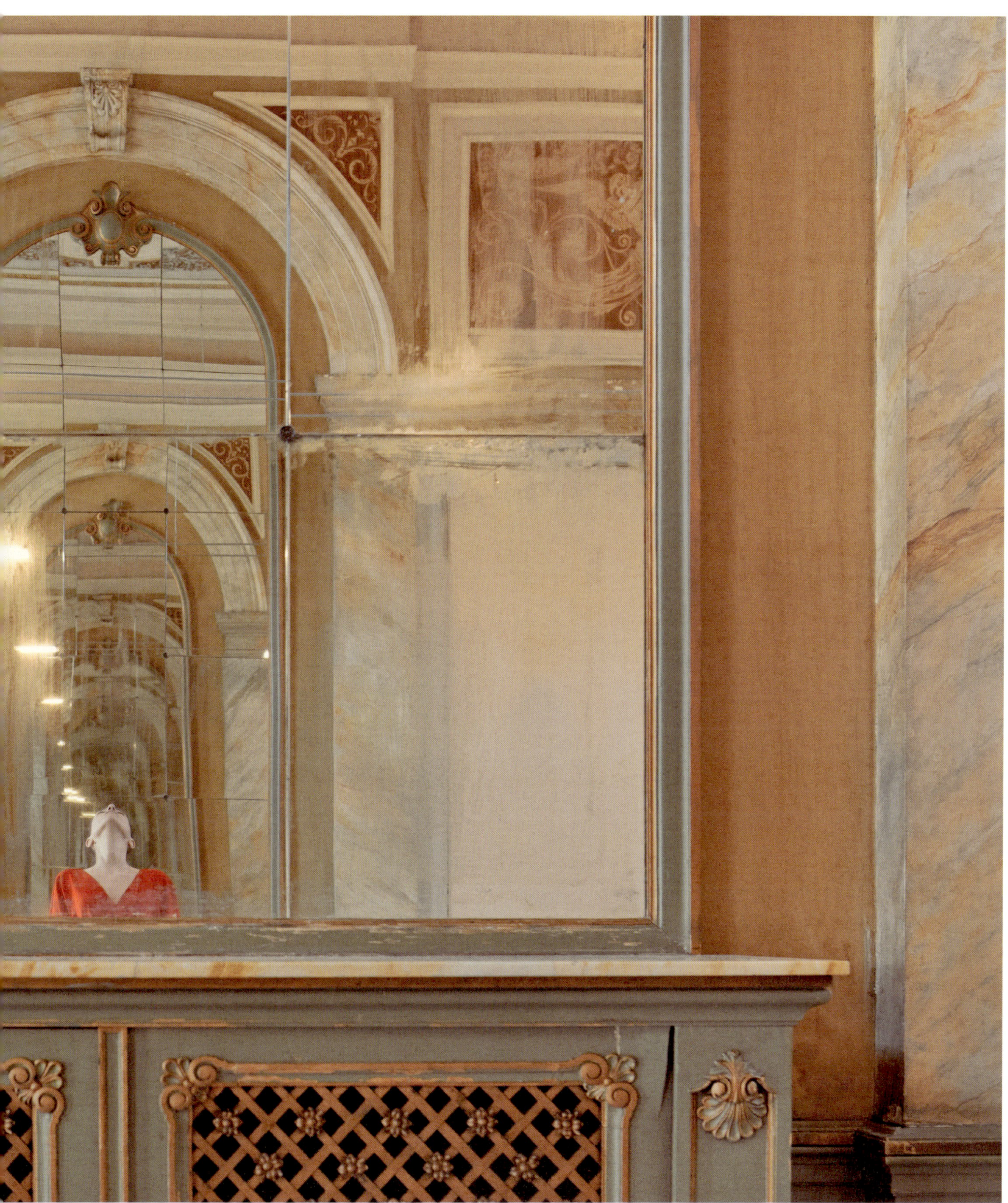

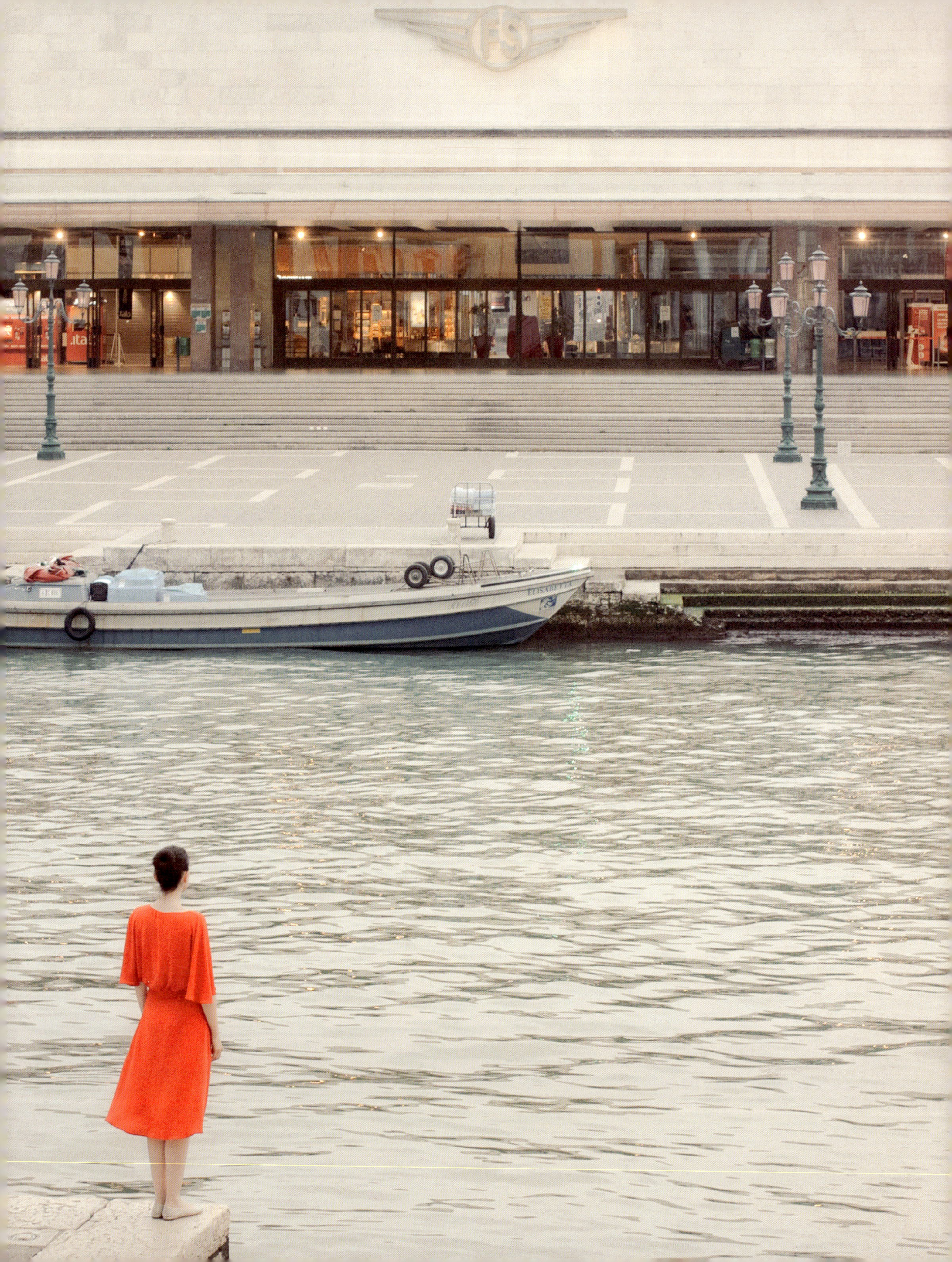

Tiziano Scarpa

VENEZIA SANTA LUCIA / VENICE SANTA LUCIA

«Viaggiatori, passeggeri in partenza e in arrivo,
qual è il rito che officiate di corsa, entrando
e uscendo dal tempio ferroviario di Santa Lucia?
Che religione professate? Qual è il vostro dio?»
/
"Travellers, passengers departing and arriving,
what is the rite that you officiate on the run,
entering and exiting the railway temple of Santa Lucia?
What religion do you profess? What is your god?"

Ponte della Libertà joins Venice to mainland, crossing four kilometres of the lagoon between Marghera and the district of Cannaregio. Originally it was exclusively a railway connection; it was the Austrians who built it in the mid-19th century. And in this way they upset the urbanistic equilibria of Venice, because they transformed a peripheral zone of the city into an entrance gate. Around eighty years later, in the 1930s, the Fascist government doubled the bridge in width, placing an asphalt road for cars alongside the rails. Seen from above, from a satellite or on a map, Ponte della Libertà looks like the needle of a syringe. Its function is ambivalent: does it inject something into the fabric of Venice or does remove a sample of something? But the bridge could also be the cannula that is planting an embryo in the lagoon's amniotic fluid. In effect, Venice must be the fruit of an act of assisted procreation, otherwise its birth cannot be explained: it cannot have emerged spontaneously, according to the natural processes of filiation.

It is also possible, through the injection made by the bridge, that the rest of the world has injected modernity into Venice. We only need take a stroll around: the most recent buildings are concentrated in that zone of the city; Calatrava Bridge, the municipal garage in Piazzale Roma, the new site of the court, the districts for students, the social housing. But first there was the 19th-century station, which was subsequently joined by the Fascist station; on the other side there are various buildings for logistics uses, warehouses, as well as a building that was once at the disposal of the railway workers, standing on columns, the so-called 'dopolavoro ferroviario,' the after-work recreational building for railway employees: an austere, angular building, made of bricks and horrible blinds. As a child I always found this combination of work and after-work bizarre. I asked my father what that building was, with that massive bronze bas-relief stuck on its façade.

"It's the old Habsburg station," he told me. "Once people caught the train by entering from here."

"And that?"

"It's the after-work recreational building for railway employees."

"What's that for?"

"When they finish work, the railway workers go to spend their time there."

"And what do they do?"

"Well, I don't know: they play, they relax."

So I lost myself in imaginings of what happened when the trains arrived: drivers, ticket inspectors, train inspectors getting off the locomotives and carriages, and immediately going into the building beside there; the interior is full of electric trains and toy railway tracks that climb up the staircases, wind around the bunks where the railway workers stretch out for a nap and dream of their next journey. I applied the same criterion to the whole world: I imagined a double re-

Il Ponte della Libertà unisce Venezia alla terraferma attraversando per quattro chilometri la laguna fra Marghera e il sestiere di Cannaregio. In origine era un collegamento esclusivamente ferroviario; a metà Ottocento furono gli austriaci a costruirlo. E in questo modo stravolsero gli equilibri urbanistici di Venezia, perché trasformarono in porta d'ingresso una zona periferica della città. Un'ottantina d'anni dopo, negli anni trenta del Novecento, il governo fascista raddoppiò in larghezza il ponte, affiancando alle rotaie una corsia d'asfalto per le automobili. Visto dall'alto, da un satellite o su una mappa, il Ponte della Libertà sembra l'ago di una siringa. La sua funzione è ambivalente: inietta qualcosa nei tessuti di Venezia o le fa un prelievo?
Ma il ponte potrebbe essere anche la cannula che sta impiantando un embrione nell'amnio lagunare. In effetti, Venezia dev'essere il frutto di una procreazione assistita, la sua nascita non è spiegabile altrimenti: non può essere scaturita spontaneamente, secondo i processi naturali della filiazione.
È anche possibile che, attraverso l'iniezione fatta dal ponte, il resto del mondo abbia inoculato dentro Venezia la modernità. Basta fare un giro lì intorno: gli edifici più recenti si concentrano in quella zona della città; il ponte di Calatrava, il Garage Comunale a Piazzale Roma, la nuova sede del tribunale, i comprensori per studenti, le case popolari.
Ma prima ci fu la stazione ottocentesca, che in seguito venne affiancata dalla stazione fascista; dall'altro lato ci sono vari edifici per usi logistici, depositi, e anche un casamento che un tempo era a disposizione dei ferrovieri, sospeso su colonne, il cosiddetto "dopolavoro ferroviario": una palazzina austera e spigolosa, fatta di mattoni e orride tapparelle. Da bambino ho sempre trovato bizzarro questo accostamento fra lavoro e dopolavoro. Chiedevo a mio padre cosa fosse quel palazzo con un massiccio bassorilievo di bronzo appiccicato sulla facciata.
«È la vecchia stazione asburgica», mi diceva. «Una volta la gente prendeva il treno entrando da qui».
«E quello?»
«È il dopolavoro ferroviario».
«A cosa serve?»
«Quando finiscono di lavorare, i ferrovieri vanno a passare il tempo lì».
«E cosa fanno?»
«Mah, non lo so: giocano, si riposano».
Così io mi perdevo a immaginare cosa succedeva quando arrivavano i treni: macchinisti, controllori dei biglietti, capitreno che smontano dalle locomotive e dai vagoni, e subito vanno nell'edificio lì a fianco; l'interno è pieno di trenini elettrici e binari giocattolo che salgono su per le rampe di scale, avviluppano le brande dove i

ality, in which for every job there was an after-work building beside it: the restaurant after-work building, the waste collection after-work building, the builders' after-work building. Every craftsman, manual worker, professional, had his or her place of employment and, nearby, his or her place of after-work.

Opposite the current station, on the other side of Canal Grande, if you venture alongside the church of San Simeone, you come to some 19th-century dwellings: they are "the railway workers' houses." My mother always pointed them out to me, with a grimace of envy over those apartments that at one time had been offered to the workers of the Ferrovie dello Stato (Italian State Railways) at advantageous prices. She could never avoid naming them, "Look, the railway workers' houses;" every time we passed nearby, she added disdainful comments, "Well, they've certainly sorted themselves out well!," a kind of obligatory caption, a Pavlovian reflex of annoyance that bubbled up from the depths of her poverty; she regretted never having been able to have a house all of her own.

The needle of the syringe of modernity has truly implanted both embryos and uteruses in the city; and not metaphorically. But to explain how, I have to start from far away.

Opposite the station, on the other side of the Canal, a relative of mine had opened up a bar with an epic name, the Bar Novecento. It is worthwhile telling about the premises of that opening. My relative, whom I will call Adelmo, had made a little money in Africa at the time of the Italian colonialism; crooked deals, some said; behind his back, they called him 'slave-trader,' without beating around the bush. He was the brother of a very well thought of and influential priest, one of those who once had the power to change people's destinies, making recommendations and finding people jobs. In any event, Adelmo had married someone whom I will call Nonna Flora, my grandmother's sister, and therefore my great-aunt. They were well known in the city because she had left Biancade, a village in the Veneto countryside in the province of Treviso, and had come to work in Venice as a maid and then as the governess of a rich family. This had not happened by chance: the rich Venetian family had a villa in Biancade, and it was there that they had gotten to know Nonna Flora. That family has gone down in history for having given Venice mayors, intellectual, playwrights and artists.

At Nonna Flora's house, many years later, there was still a painting by an illustrious exponent of the family: it depicted a young woman seated, naked, viewed from behind, in the act of arranging her hair. Some said that the model was actually her, Nonna Flora, who as a girl had allowed herself a few afternoons of aesthetic audacity, and perhaps something more, in the company of the young painter. She denied this, shaking her shoulders with an austere frown.

I met her when she was by now elderly; she was a highly devout woman,

ferrovieri si stendono a fare un pisolino e sognano il loro prossimo viaggio. Applicavo lo stesso criterio a tutto il mondo: immaginavo una realtà doppia, in cui per ogni lavoro ci fosse affiancato un dopolavoro: il dopolavoro cucinario, il dopolavoro netturbinico, il dopolavoro muratoriale. Ogni artigiano, operaio, professionista, aveva il suo posto di lavoro e, accanto, il suo posto di dopolavoro.
Di fronte alla stazione attuale, dall'altro lato del Canal Grande, inoltrandosi di fianco alla chiesa di San Simeone, si incontrano dei caseggiati ottocenteschi: sono «le case dei ferrovieri». Me le faceva notare sempre mia madre, con una smorfia di invidia per quegli appartamenti che a suo tempo erano stati offerti a prezzi vantaggiosi ai lavoratori delle Ferrovie dello Stato. Non poteva mai fare a meno di nominarle, «guarda qua, le case dei ferrovieri»; ogni volta che ci passavamo accanto aggiungeva commenti sprezzanti, «come si sono piazzati bene!», una specie di didascalia obbligata, un riflesso pavloviano di stizza che le veniva su dal fondo della sua povertà; si rammaricava di non aver mai potuto avere una casa tutta sua.
L'ago della siringa della modernità ha impiantato davvero in città sia embrioni che uteri; e non metaforicamente. Ma per spiegare come, devo partire da lontano.
Di fronte alla stazione, dall'altra parte del Canale, un mio parente aveva aperto un bar dal nome epocale, il Bar Novecento. Vale la pena raccontare le premesse di quell'apertura. Il mio parente, che chiamerò Adelmo, aveva fatto un po' di soldi in Africa, ai tempi del colonialismo italiano; affari loschi, diceva qualcuno; dietro le spalle gli davano senza tanti giri di parole del «negriero». Era fratello di un sacerdote molto stimato e influente, di quelli che un tempo avevano il potere di cambiare i destini delle persone, facendo raccomandazioni e procurando posti di lavoro. A ogni modo, Adelmo aveva sposato quella che chiamerò nonna Flora, la sorella di mia nonna, dunque mia prozia. Si erano conosciuti in città perché lei aveva lasciato Biancade, un paesino nelle campagne venete in provincia di Treviso, ed era venuta a lavorare a Venezia come domestica e poi governante di una ricca famiglia. Non era successo per caso: la famiglia veneziana ricca aveva una villa a Biancade, ed era lì che avevano conosciuto nonna Flora. Quella famiglia è passata alla storia per aver dato a Venezia sindaci, intellettuali, commediografi e artisti.
A casa di nonna Flora, tanti anni dopo, c'era ancora un quadro dipinto da un esponente illustre della stirpe: raffigurava una giovane seduta, nuda, di schiena, nell'atto di acconciarsi i capelli. Qualcuno diceva che la modella fosse proprio lei, nonna Flora, che da ragazza si era concessa qualche pomeriggio di audacia estetica, e forse qualcosa di più, in compagnia del giovane pittore. Lei negava scrollando le spalle, con un cipiglio austero.
Io l'ho conosciuta quando ormai era già anziana; era una donna devotissima, non mancava mai una messa, diceva ogni giorno il rosario,

she never missed mass, said the rosary every day, and would never have admitted that she had posed for such an image: which makes it even stranger that she kept that painting in the house, which jarred with her Catholic morality; by her principles, it was equivalent to having a pornographic poster hanging in the living room.

I am dwelling in the telling of these details because they have been of a certain importance for me: they led to my birth. I come from those drawers with false bottoms, from those reticences, from those question marks on the knotty backgrounds of the life forces that make people come into the world. I am not exaggerating, because when her husband, Adelmo, opened the Bar Novecento in the 1950s, Nonna Flora arranged for her nieces from Biancade to come to Venice, including offering a place to my mother, her sister's daughter.

So the syringe of the bridge over the lagoon injected my mother's uterus into the city, preparing the fateful fertilization. At the age of fifteen she was catapulted over the lagoon and placed behind a counter to make coffees and cappuccinos; she quickly learned to say "Bitte," "Good morning" and "Merci beaucoup." The Bar Novecento was opened there precisely because it could exploit its position opposite the station, not far from Ponte degli Scalzi: it intercepted those passing by on the bank of Canal Grande, the commuters arriving in the city by train and those going to collect them. One day, among millions of coffee drinkers, my father entered the Bar Novecento.

I was born thanks to Venice railway station.

The other function of the needle of the syringe is that of pulling in the opposite direction, of suction.

I live in a conglomerate of small islands surrounded by water. The only escape route from my city is the bridge over the lagoon. I am in a fairytale city: for tourists it is an enchantment; for the teenagers and young people who live there, sooner or later all this enchantment can crush you: very beautiful, yes, but it prevents you from living in your age, from fully breathing in the smoke of the car exhausts, from delighting in the colours of the traffic lights, from feeling synchronised with the world, immersed in a truly *contemporary* life.

The real world was pulsating over there, beyond the lagoon, beyond the Venetian pretence; the gate to enter there was a double one: Piazzale Roma and the railway station. In Piazzale Roma, as a child, I took the bus with my mother, when she would take me with her on Saturday mornings to do the shopping at the market in Marghera. I wandered around incredulously on the asphalt crust of the world. But these were ephemeral excursions, raids that lasted a few hours. The other gate that catapulted me into the parallel reality, where the tenants of the non-Venetian planet Earth lived, was the station, a true space-time sinkhole, a wide open mouth like the Park of Monsters in Bomarzo.

The first trains onto which I been climbed without being accompanied by my parents transported me to two destinations of initiation.

e non avrebbe mai ammesso di avere posato per un'immagine simile: a maggior ragione, era strano che si tenesse in casa quel quadro, che strideva con il suo moralismo cattolico; per i suoi princìpi, equivaleva a tenere appeso un poster porno nel salotto di ricevimento.
Mi attardo a raccontare questi dettagli perché sono stati di una certa rilevanza per me: mi hanno fatto nascere. Io provengo da quei doppi fondi, da quelle reticenze, da quei punti di domanda sui retroscena scabrosi delle forze vitali che fanno venire al mondo la gente.
Non sto esagerando, perché quando suo marito, Adelmo, aprì il Bar Novecento negli anni cinquanta, nonna Flora fece venire a Venezia da Biancade le sue nipoti, e offrì un posto anche a mia madre, che era figlia di sua sorella.

Così la siringa del ponte translagunare ha iniettato in città l'utero di mia madre, preparando la fecondazione fatale. A quindici anni fu catapultata in laguna e messa dietro un bancone a fare caffè e cappuccini, imparò alla svelta a dire «Bitte», «Good morning», «Merci beaucoup». Il Bar Novecento venne aperto lì proprio perché poteva sfruttare la sua posizione di fronte alla stazione, poco distante dal Ponte degli Scalzi: intercettava i passanti sulla riva del Canal Grande, i pendolari che arrivavano in città in treno e quelli che andavano a prenderlo. Un giorno, fra milioni di bevitori di caffè, nel Bar Novecento entrò mio padre.
Io sono nato grazie alla stazione ferroviaria di Venezia.
L'altra funzione dell'ago della siringa è quella che tira nella direzione opposta, il risucchio.
Vivo in un conglomerato di isolette circondate dall'acqua. L'unica via di fuga dalla mia città è il ponte translagunare. Sto in una città fiabesca: per i turisti si tratta di un sortilegio; per gli adolescenti e i giovani che ci abitano, prima o poi tutto questo incanto può schiacciarti: bellissimo, sì, ma ti impedisce di vivere nella tua epoca, respirare a pieni polmoni il fumo dei tubi di scappamento, bearti dei colori dei semafori, sentirti sincronizzato col mondo, immerso in una vita davvero *contemporanea*.
Il mondo reale pullulava laggiù in fondo, oltre la laguna, al di là della finzione veneziana; la porta per entrarci era doppia: Piazzale Roma e stazione ferroviaria. A Piazzale Roma, da bambino, prendevo l'autobus con mia madre, quando mi portava con sé a fare la spesa al mercato di Marghera, il sabato mattina. Mi aggiravo incredulo sulla crosta d'asfalto del mondo. Ma erano sortite effimere, incursioni che duravano qualche ora. L'altra porta che mi catapultava nella realtà parallela, in cui vivevano gli inquilini del pianeta Terra extraveneziano, era la stazione, vero inghiottitoio spazio-temporale, bocca spalancata di Bomarzo.
I primi treni su cui sono salito senza essere accompagnato dai miei genitori mi hanno trasportato a due destinazioni iniziatiche.
Ricordo in particolare le mie gite in prima media. Una era stata

I remember in particular my trips in the first year of middle school. One was organised by our Italian teacher. He was a priest, he had arranged for us to meet at the station: it was rather alienating to find him there, in the street, away from school. He had decided to give a gift to all those who had gained good marks in his subjects. He paid for the train tickets for all of us: he took us to a spa water swimming pool near to the Euganean Hills, in order to be able to look at us naked in the shower. A year later they removed him from the school, without any scandal, with discretion.
On another occasion it was not a trip but an 'outing', as the scouts called them. I had recently joined AGESCI, the Italian Association of Catholic Guides and Scouts, were I was one of the youngest in the age band of the 'explorers;' the boys who were older than me, who belonged to the same unit, were in the third year of middle school, heading towards fourteen years of age: they had asked our scout leaders – a man and a woman who undoubtedly seemed to me to be adults, but were actually two twenty-four-year-old medicine students – to organise the 'outing' to investigate a topic that was close to their hearts. So, instead of climbing up muddy paths and roasting meat on a spit in a clearing in the middle of the woods, I found myself enclosed in a big room, while the sun was shining outside, on a Sunday afternoon, in front of a blackboard, where a twenty-four year-old boy and girl, serious and bespectacled, drew graphs and charts to illustrate the fertile days of the cycle, compared the effectiveness of the various methods of contraception, answering all the questions: how to stimulate the female sexual organs, what difference there is between vaginal orgasm and clitoral orgasm, what methods to use to make 'fellatio' (always called that during the explanation, never using vulgar terms) more satisfying. You could not hear a pin drop in the room; the youngsters followed them very attentively.
I did not know that those first railway experiences would prove to be prophetic; years later, when I began to catch the train more often using my own initiative, I did so to reach sensual destinations. A little like in those boorish metaphors in films, where you see a couple going to bed and, immediately afterwards, a row of carriages entering a tunnel (even the great Hitchcock was guilty of that one). In my case, however, the sequence was in reverse: first the train, then the bedsheets: catching the train was always very promising. I went to the station through love; I set off to meet up with girls who lived in other cities. The station, in a certain sense, was the first layer of their inguinal openings, the first threshold to cross, at a distance from their bodies spread so far as to reach me and opening wide its entrance slit in my own city.
I must admit that I have never loved Venice Station very much. I think it is one of the ugliest of Italy's railway stations. We have been very unfortunate, compared with Florence or Milan. And it is even one of the worst of the architectural subset of Fascist stations.

organizzata dal nostro professore di italiano. Era un sacerdote, ci aveva dato appuntamento alla stazione: era straniante ritrovarlo lì, per la strada, lontano dalla scuola. Aveva deciso di fare un regalo a chi aveva preso buoni voti nelle sue materie. Pagò il biglietto del treno per tutti: ci portò in una piscina di acqua termale vicino ai Colli Euganei, per poterci guardare nudi in doccia. Un anno dopo lo cacciarono dalla scuola, senza scandali, con discrezione.

Un'altra non fu una gita ma una "uscita", come le chiamavano gli scout. Mi ero iscritto da poco all'AGESCI, Associazione Guide e Scout Cattolici Italiani, ero uno dei più piccoli della fascia d'età degli "esploratori"; i ragazzini più grandi di me, che facevano parte dello stesso reparto, erano in terza media, veleggiavano verso i quattordici anni: avevano chiesto ai nostri capi scout – un uomo e una donna che a me apparivano decisamente adulti, ma erano due ventiquattrenni studenti di medicina – di organizzare l'"uscita" per approfondire un argomento che gli stava a cuore. Così, invece di inerpicarmi per sentieri fangosi e arrostire uno spiedino nelle radure in mezzo ai boschi, mi ritrovai chiuso in uno stanzone, mentre fuori splendeva il sole, di domenica pomeriggio, di fronte a una lavagna, dove un ragazzo e una ragazza di ventiquattro anni, seri e occhialuti, disegnavano grafici e tabelle per illustrare i giorni fertili del ciclo, comparavano l'efficacia dei diversi metodi contraccettivi, rispondevano a tutte le domande: come stimolare gli organi sessuali femminili, che differenza c'è fra orgasmo vaginale e orgasmo clitorideo, con quali accorgimenti rendere più appagante una «fellatio» (chiamata durante la spiegazione sempre così, mai con termini triviali). Nello stanzone non volava una mosca, i ragazzi li seguivano attentissimi.

Non lo sapevo che quelle prime esperienze ferroviarie si sarebbero rivelate profetiche; anni dopo, quando cominciai a prendere il treno più spesso di mia iniziativa, lo facevo per raggiungere destinazioni sensuali. Un po' come in quelle becere metafore dei film, dove si vede una coppia che va a letto e, subito dopo, una fila di vagoni che entrano in una galleria (perfino il grande Hitchcock ci è cascato). Nel mio caso, però, la sequenza era in ordine inverso: prima il treno, poi le lenzuola: prendere il treno prometteva sempre bene. Andavo alla stazione per amore, partivo per raggiungere delle ragazze che abitavano in altre città. La stazione, in un certo senso, era la propaggine delle loro aperture inguinali, la prima soglia da varcare, a distanza dal loro corpo che dilagava fino a raggiungermi e spalancava nella mia città la sua feritoia d'ingresso.

Devo ammettere che non ho mai amato molto la stazione di Venezia. Penso che sia una delle più brutte fra le stazioni ferroviarie italiane. Ci è andata decisamente male, rispetto a Firenze o Milano. Ed è una delle peggiori anche del sottoinsieme architettonico delle stazioni fasciste.

Squashed by the sky, oppressed, almost flattened into the ground, impersonal, insipid. The interior is also insignificant; on a wall, high up, a bland modernist mosaic conveys a sense of melancholy.

Of course, it does not help having the splendid façade of the church of the Scalzi nearby. Those who designed it – Angiolo Mazzoni and Virginio Vallot – perhaps realised this, and set it back; they did not make it look out over Canal Grande too close to the bank. The small square it has in front of it, between the steps and the water of the canal, is crowded periodically with demonstrations, strikes, tourists in masks. Yes, this I do appreciate, the fact that the two architects forced it to take a step back, a little like – if it is permissible to make these comparisons – the Seagram Building by Mies van der Rohe in New York, which is not aligned with the other skyscrapers on Park Avenue. The façade of the old Austrian station, on the other hand, is a few metres from the edge of the Canal. Now, let us consider the position of this building: it could be mistaken for one of the many buildings, in various styles and from various periods, parading along the Canal Grande: adding together the lengths of the two banks, there are more than seven kilometres of sumptuous houses, one next to the other. Except that this railway building, at the mouth of the Canal, was not a residence, like the other aristocratic residences of the city's main street of water. It was a *transitive mansion*: it made the new collective form of being in the world inaugurated by modernity concrete; never stop, always move on. To live *passing*. We have been used to calling it this because the trains stop and *stay*, but its true name is not *station*, it is *motion*, *a motion-drome*.

The current station is called Venice Santa Lucia because it replaced the church and the convent that stood there (the remains of the saint from Siracusa are conserved not far away, in the church of San Geremia), and this too is a symbol of the way in which modernity has injected itself into the city, replacing one religion with another, the stone columns and arches with cement and steel. Travellers, passengers departing and arriving, what is the rite that you officiate on the run, entering and exiting the railway temple of Santa Lucia? What religion do you profess? What is your god?

Schiacciata dal cielo, oppressa, quasi spiattellata a terra, impersonale, insulsa. Anche l'interno è insignificante; su una parete, in alto, uno scialbo mosaico modernista mette malinconia.
Certo, non la aiuta avere accanto la splendida facciata della chiesa degli Scalzi. Chi l'ha progettata – Angiolo Mazzoni e Virginio Vallot – forse se ne rendeva conto, e l'ha retrocessa sullo sfondo, non l'ha fatta affacciare sul Canal Grande troppo a ridosso della riva. Il piccolo piazzale che ha davanti, fra i gradini e l'acqua del canale, viene affollato periodicamente da manifestazioni, scioperi, turisti in maschera. Ecco, questo lo apprezzo, che i due architetti l'abbiano costretta a fare un passo indietro, un po' come – se è lecito fare questi confronti – il Seagram Building di Mies van der Rohe a New York, che non è allineato con gli altri grattacieli di Park Avenue.
La facciata della vecchia stazione austriaca, invece, si trova a pochi metri dall'orlo del Canale. Ora, consideriamo la posizione di questo edificio: poteva essere scambiato per uno dei tanti palazzi, di vari stili ed epoche, che sfilano lungo il Canal Grande: sommando la lunghezza delle due rive, ci sono più di sette chilometri di case sontuose, accostate una accanto all'altra. Solo che quel palazzo ferroviario, all'imboccatura del Canale, non era una residenza, come le altre abitazioni aristocratiche della principale via d'acqua cittadina. Era una *magione transitiva*: rendeva concreta la nuova forma collettiva di stare al mondo, inaugurata dalla modernità; mai sostare, sempre transitare. Abitare *passando*. Siamo abituati a chiamarla così perché i treni si fermano e *stanno*, ma il suo vero nome non è *stazione*, è *mozione*, *movisterio*.
La stazione attuale si chiama Venezia Santa Lucia perché ha sostituito la chiesa e il convento che sorgevano lì (le spoglie della santa siracusana sono conservate poco distanti, nella chiesa di San Geremia), e anche questo è un simbolo del modo in cui la modernità ha inoculato se stessa in città, sostituendo una religione con un'altra, le colonne e gli archi di pietra con il cemento e l'acciaio. Viaggiatori, passeggeri in partenza e in arrivo, qual è il rito che officiate di corsa, entrando e uscendo dal tempio ferroviario di Santa Lucia? Che religione professate? Qual è il vostro dio?

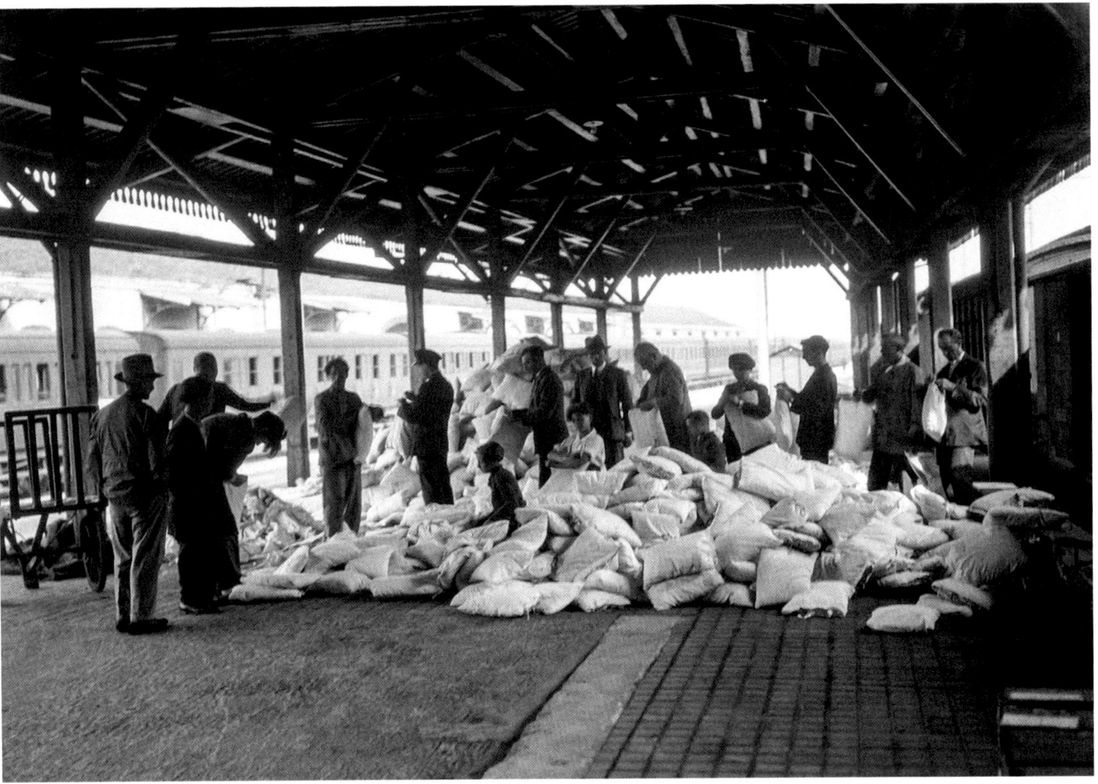

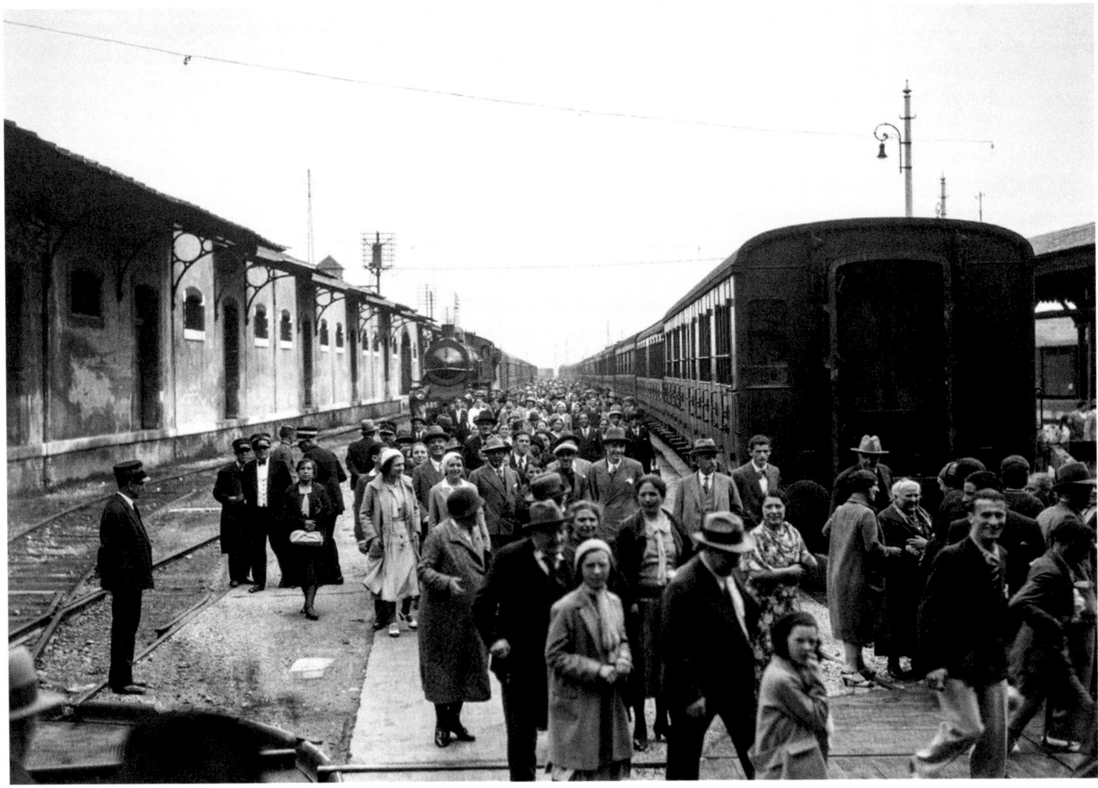

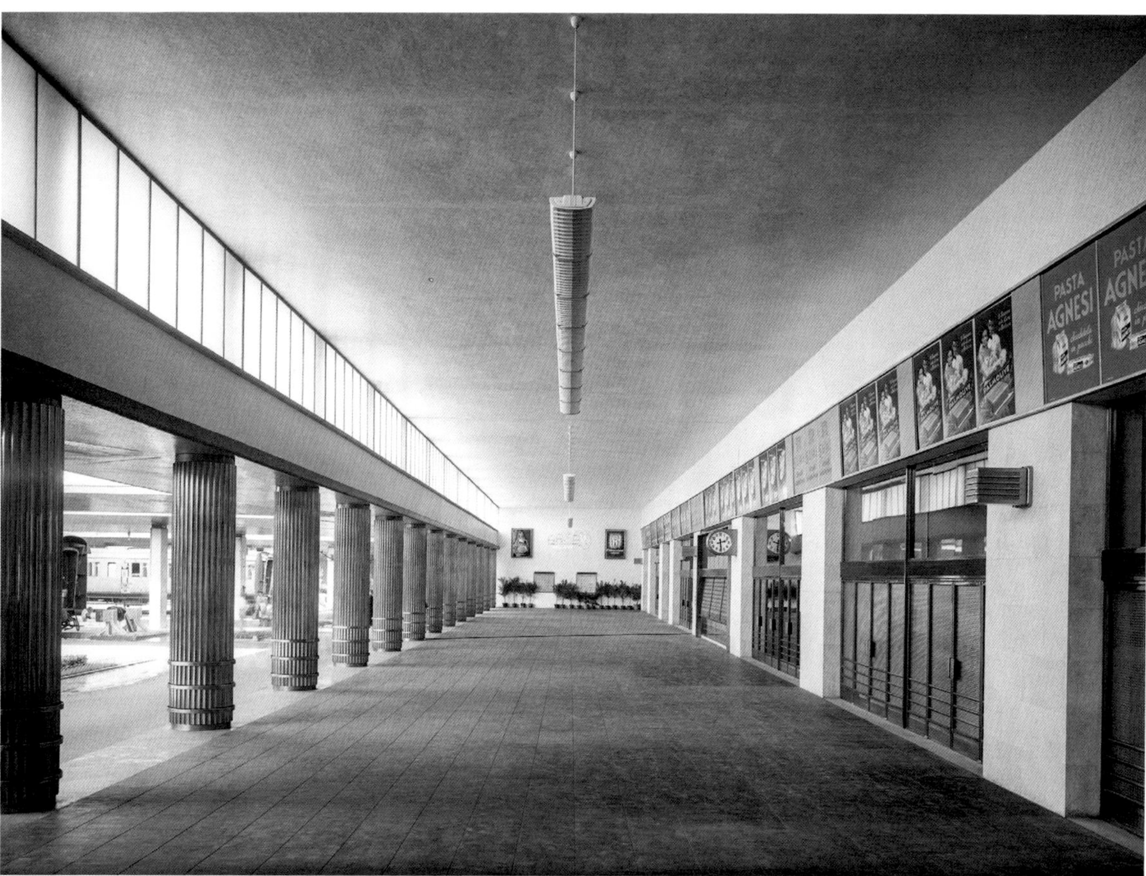

L'arrivo del treno popolare a Venezia.
Alcune persone controllano i cuscini lasciati
sotto a una tettoia della stazione /
The arrival of the third class train in Venice.
Some people check the cushions left under
a canopy roof of the station
Venezia / Venice, 1932
Archivio Storico Luce, Fondo Attualità

L'arrivo del treno popolare a Venezia.
La folla di viaggiatori cammina tra due treni
alla stazione sotto lo sguardo di alcuni ferrovieri /
The arrival of the third class train in Venice.
The crowd of travellers walks between two trains
at the station beneath the gaze of some railway workers
Venezia / Venice, 1932
Archivio Storico Luce, Fondo Attualità

La galleria di testa del fabbricato viaggiatori /
The main gallery of the station building
Venezia / Venice, 1954
Fondazione FS Italiane, Fondo Fototeca Centrale FS

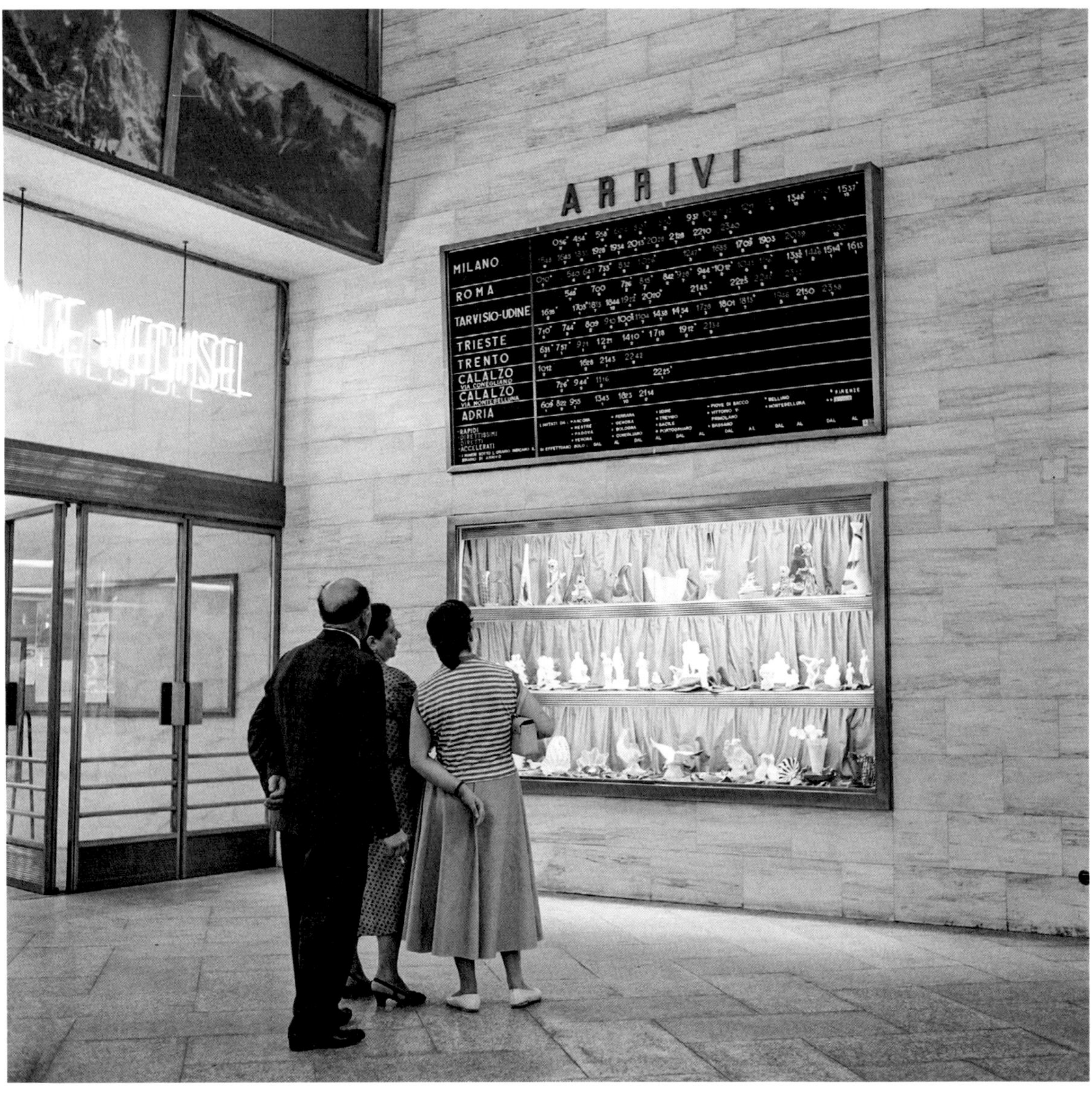

JOSIP CIGANOVIC
Il tabellone degli "arrivi" dei treni /
The display board of arrivals of the trains
Venezia / Venice, 1957
Fondazione FS Italiane, Fondo Fototeca Centrale FS

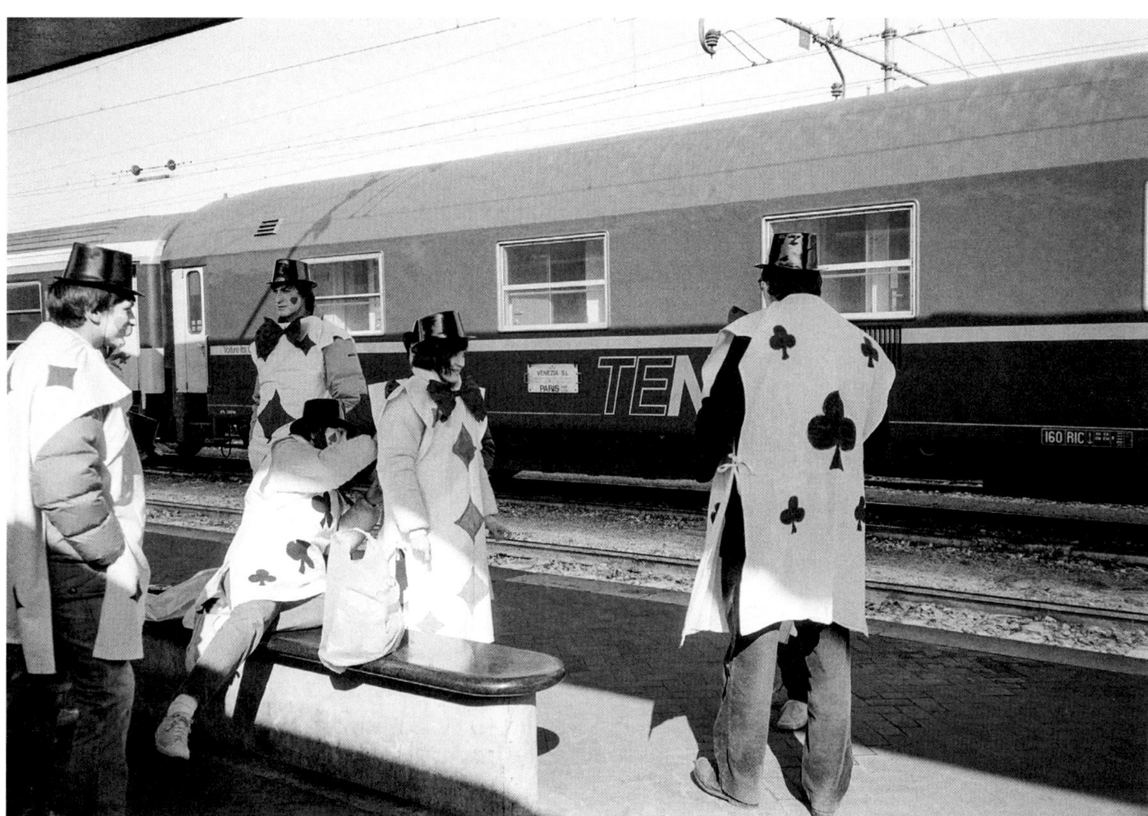

LUIGI ZANCAN
Alcuni viaggiatori mascherati durante il Carnevale /
Some travellers in costume during the Carnival
Venezia / Venice, 1985
Fondazione FS Italiane, Fondo Fototeca Centrale FS

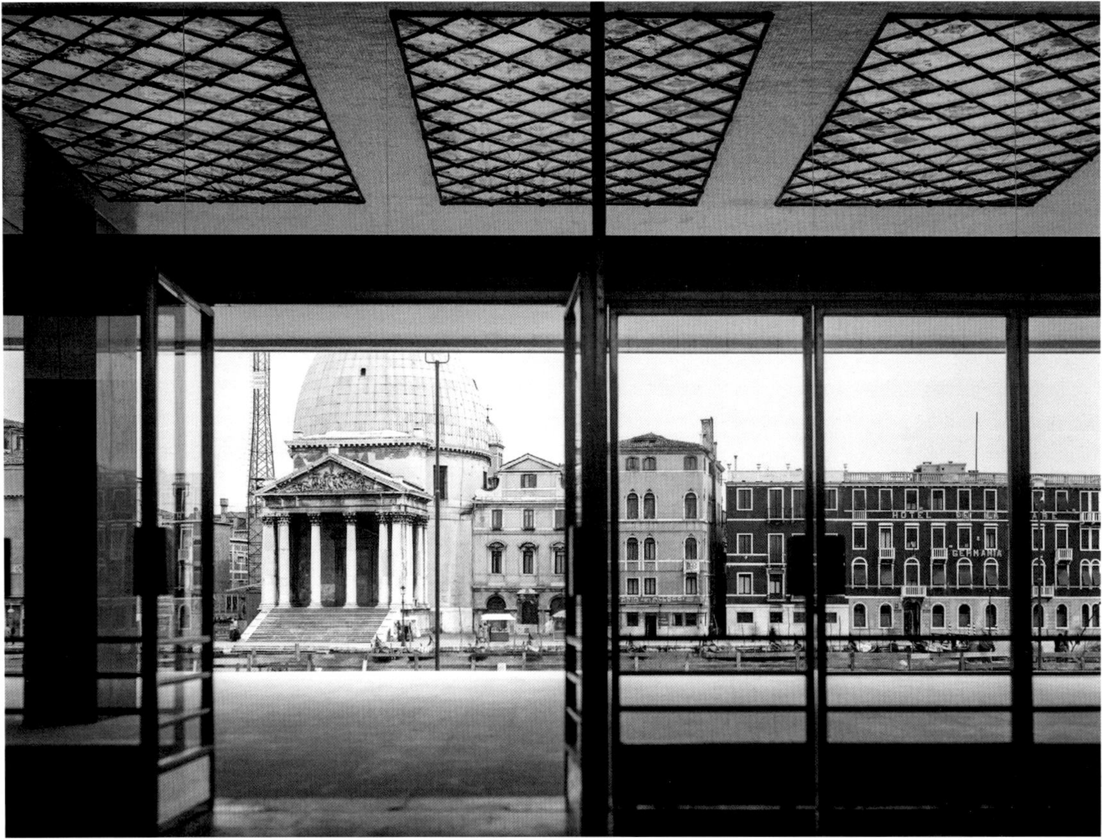

La chiesa di San Simeon Piccolo vista dall'ingresso coperto dalla pensilina per l'accesso all'atrio della biglietteria del fabbricato viaggiatori / The church of San Simeone Piccolo seen from the covered entrance of the access porch to the atrium of the ticket office of the station building
Venezia / Venice, 1954
Fondazione FS Italiane, Fondo Fototeca Centrale FS

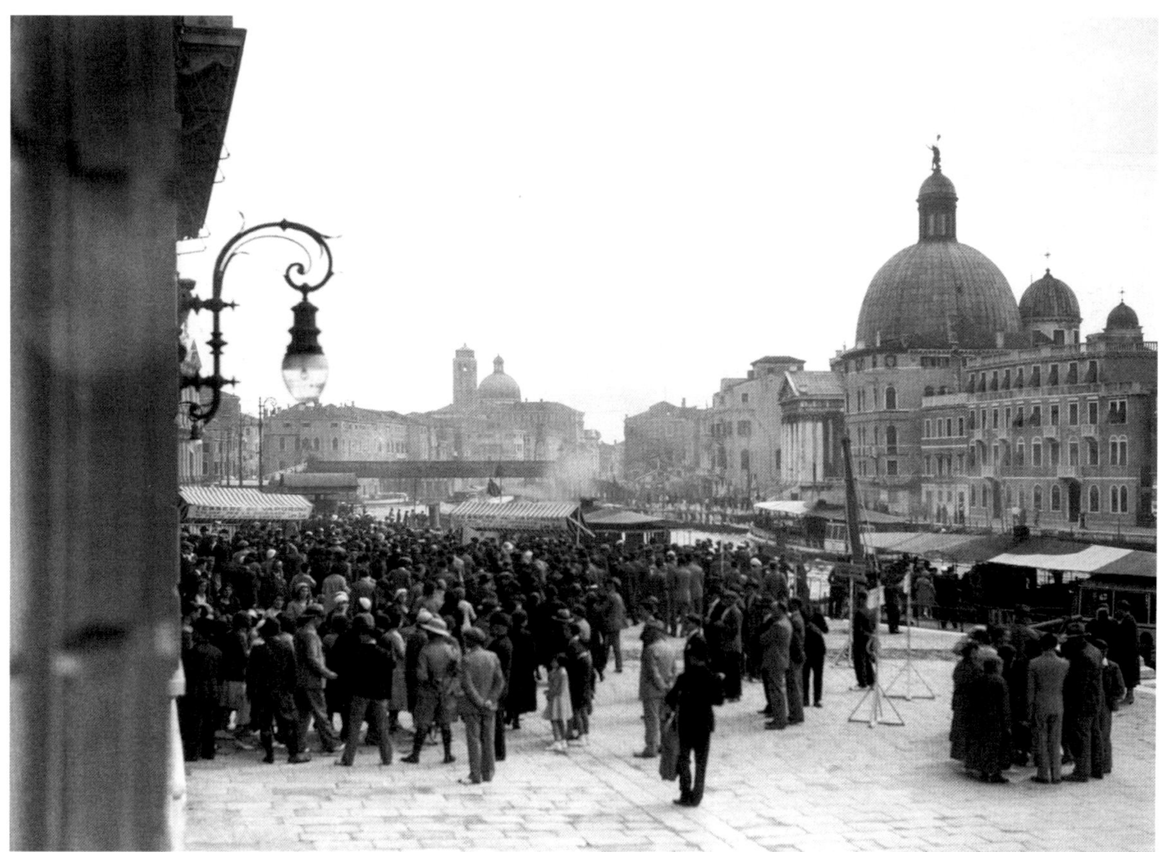

Dopo l'arrivo del treno popolare a Venezia,
i viaggiatori affollano il piazzale antistante alla stazione /
After the arrival of the third class train in Venice,
travellers crowd the square outside the station
Venezia / Venice, 1932
Archivio Storico Luce, Fondo Attualità

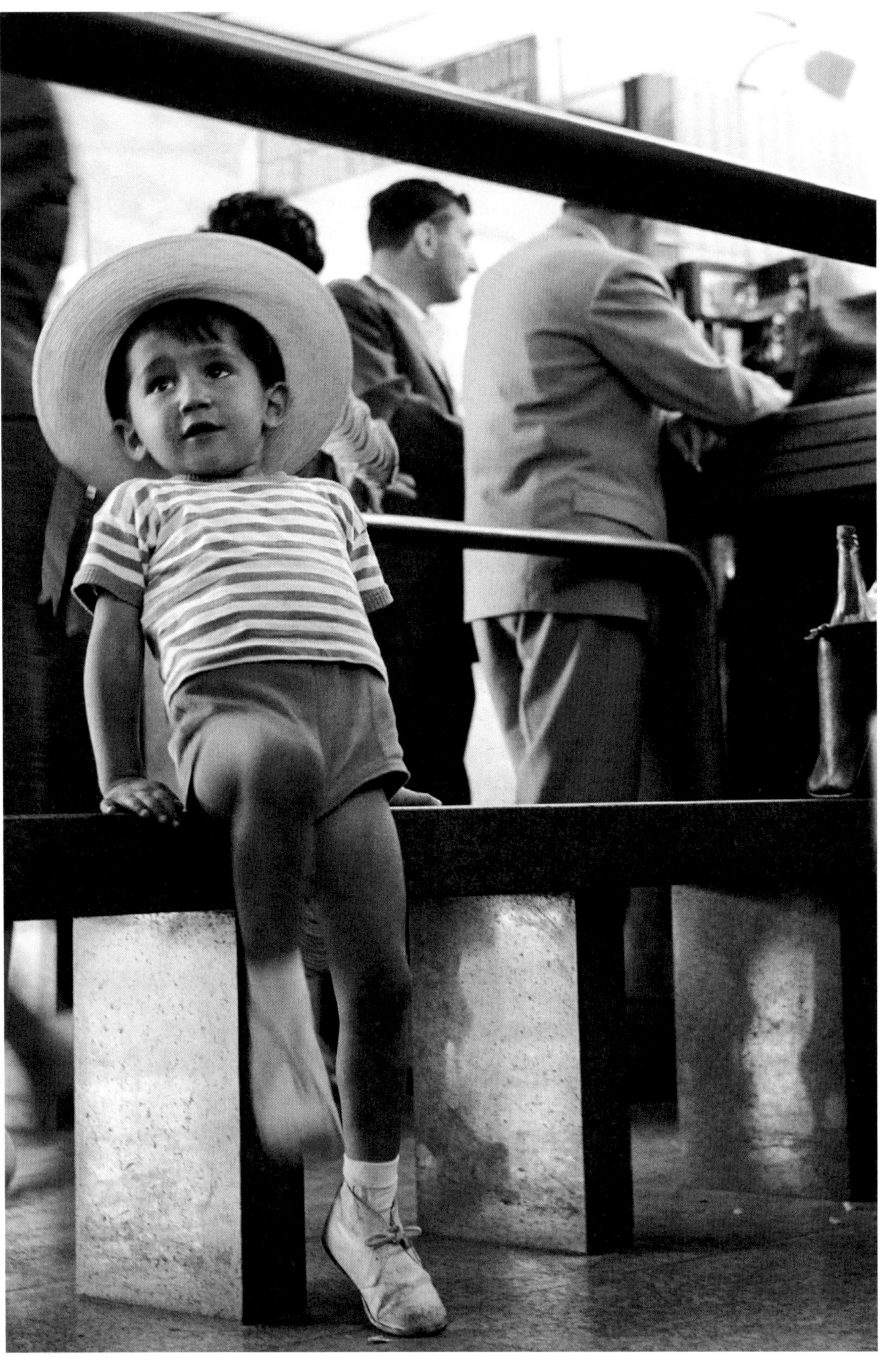

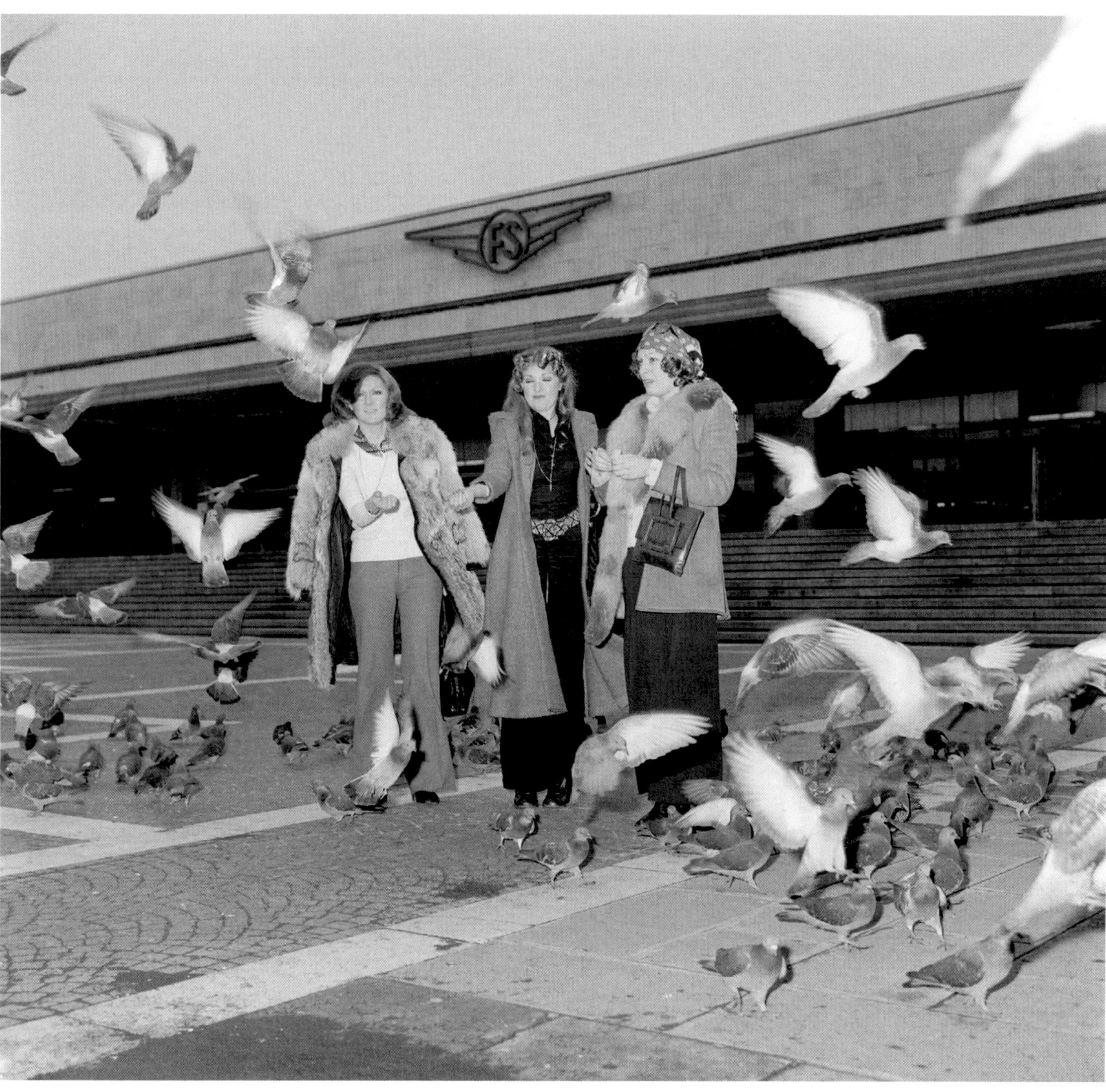

JOSIP CIGANOVIC
Un bambino nell'atrio della biglietteria /
A child in the atrium of the ticket office
Venezia / Venice, 1957
Fondazione FS Italiane, Fondo Fototeca Centrale FS

ANASTASIO GRILLINI
Viaggiatrici sul piazzale esterno della stazione
mentre danno da mangiare ai piccioni /
Female travellers on the external square
of the station feeding the pigeons
Venezia / Venice, 1972
Fondazione FS Italiane, Fondo Fototeca Centrale FS

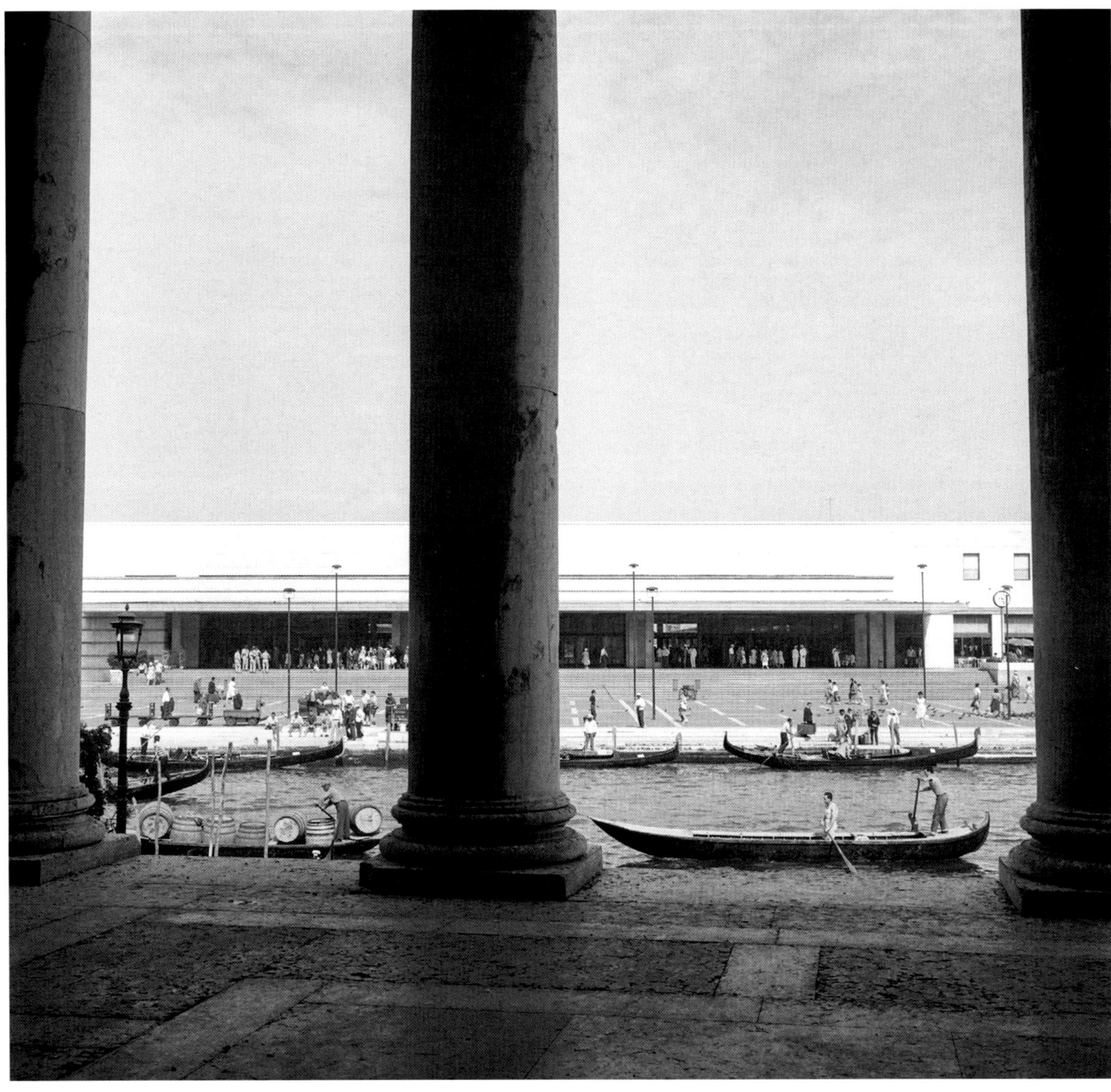

SPARTACO APPETITI
La facciata principale del fabbricato viaggiatori e la scalinata visti dalla chiesa di San Simeon Piccolo / The main façade of the station building and the steps seen from the church of San Simeone Piccolo
Venezia / Venice, 1961
Fondazione FS Italiane, Fondo Fototeca Centrale FS

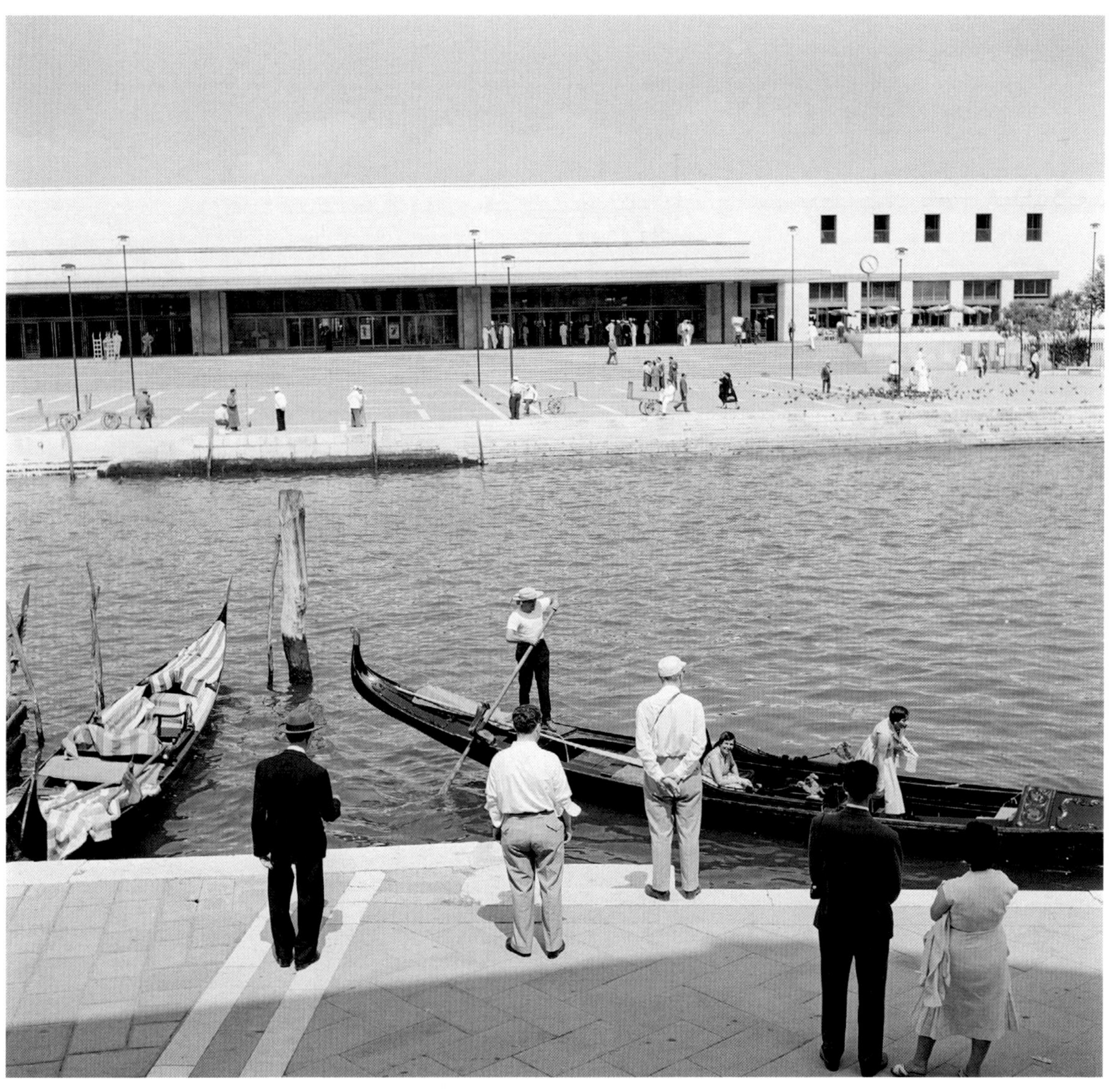

JOSIP CIGANOVIC
Il piazzale antistante la stazione e facciata principale del fabbricato viaggiatori dalla sponda opposta del Canal Grande /
The square outside the station and main façade of the station building from the opposite bank of the Canal Grande
Venezia / Venice, 1957
Fondazione FS Italiane, Fondo Fototeca Centrale FS

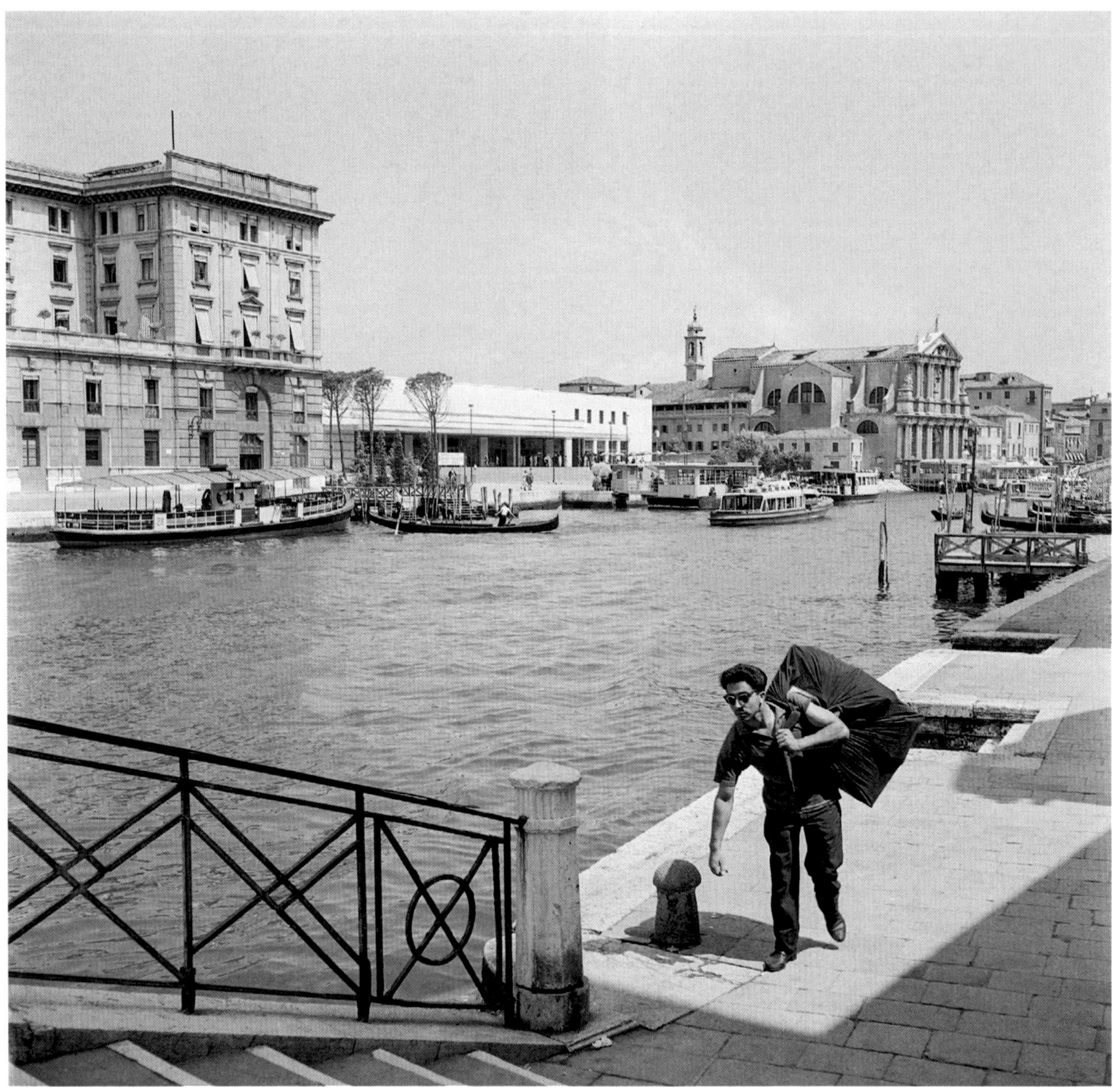

JOSIP CIGANOVIC
Il Canal Grande con la stazione ferroviaria sullo sfondo /
The Canal Grande with the railway station in the background
Venezia / Venice, 1957
Fondazione FS Italiane, Fondo Fototeca Centrale FS

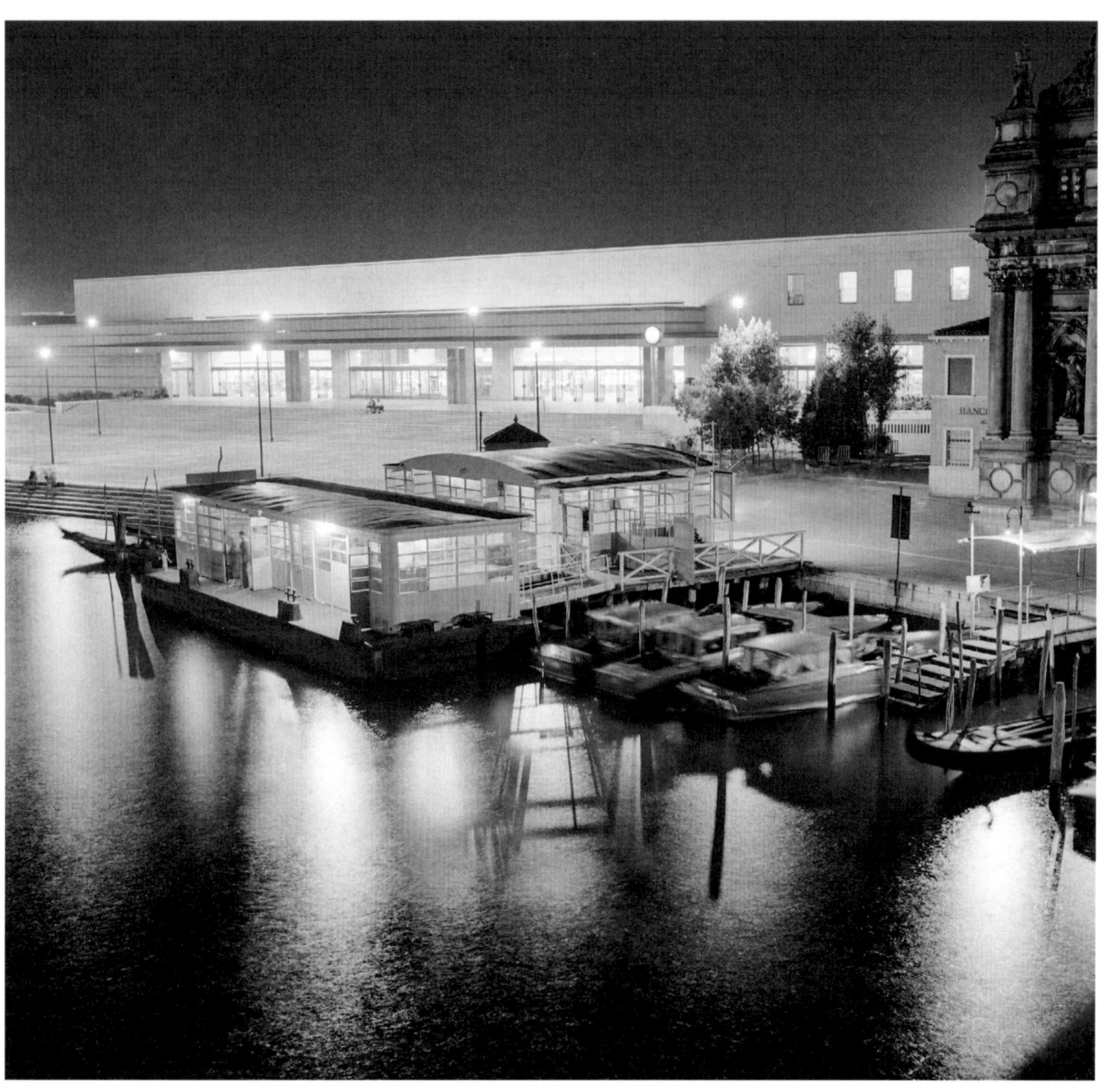

JOSIP CIGANOVIC
Il piazzale antistante la stazione e la facciata principale del fabbricato viaggiatori inquadrati dal Canal Grande con il pontile per l'accesso ai vaporetti in primo piano / The square outside the station and the main façade of the station building framed by the Canal Grande with the quay for access to the vaporettos in the foreground
Venezia / Venice, 1957
Fondazione FS Italiane, Fondo Fototeca Centrale FS

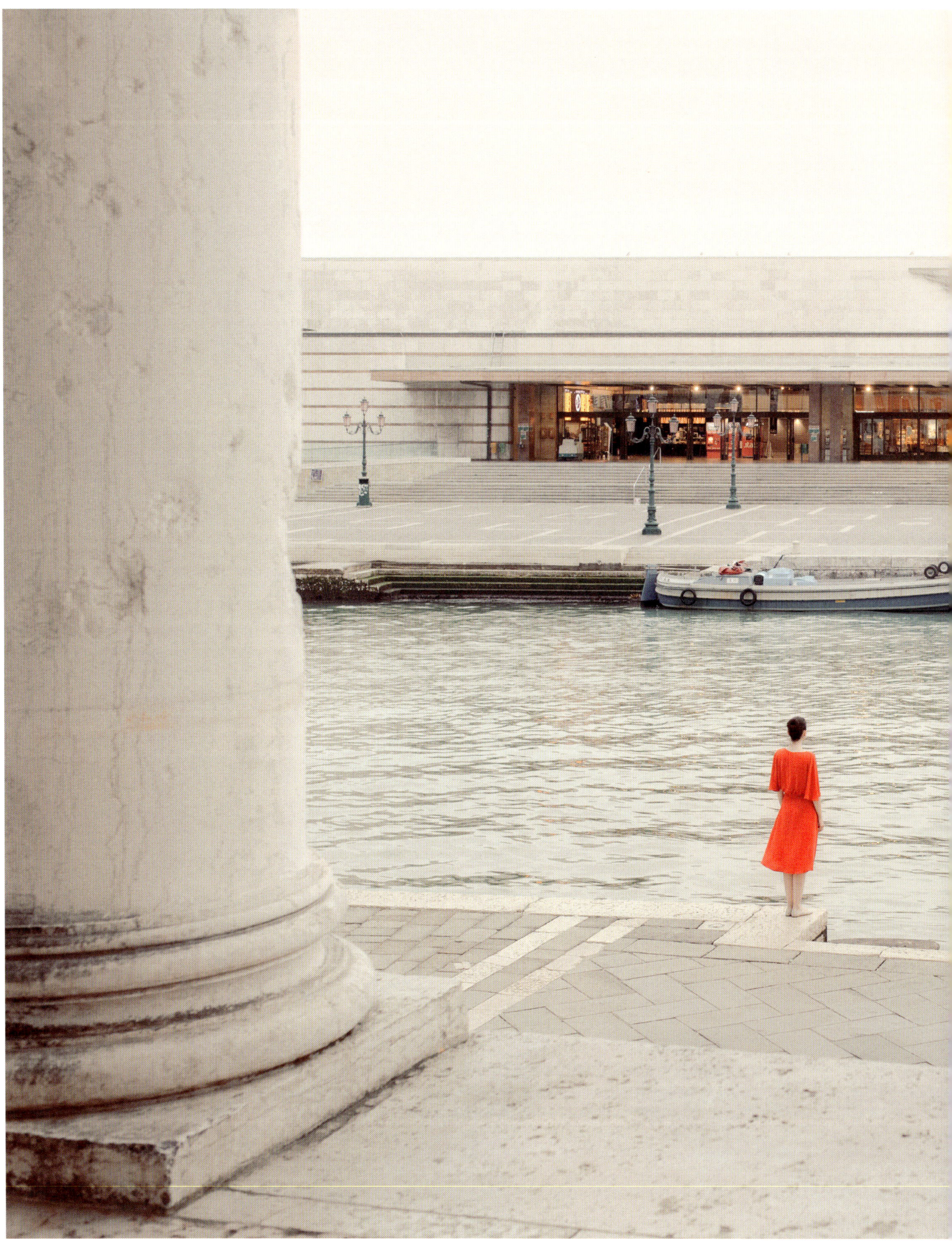

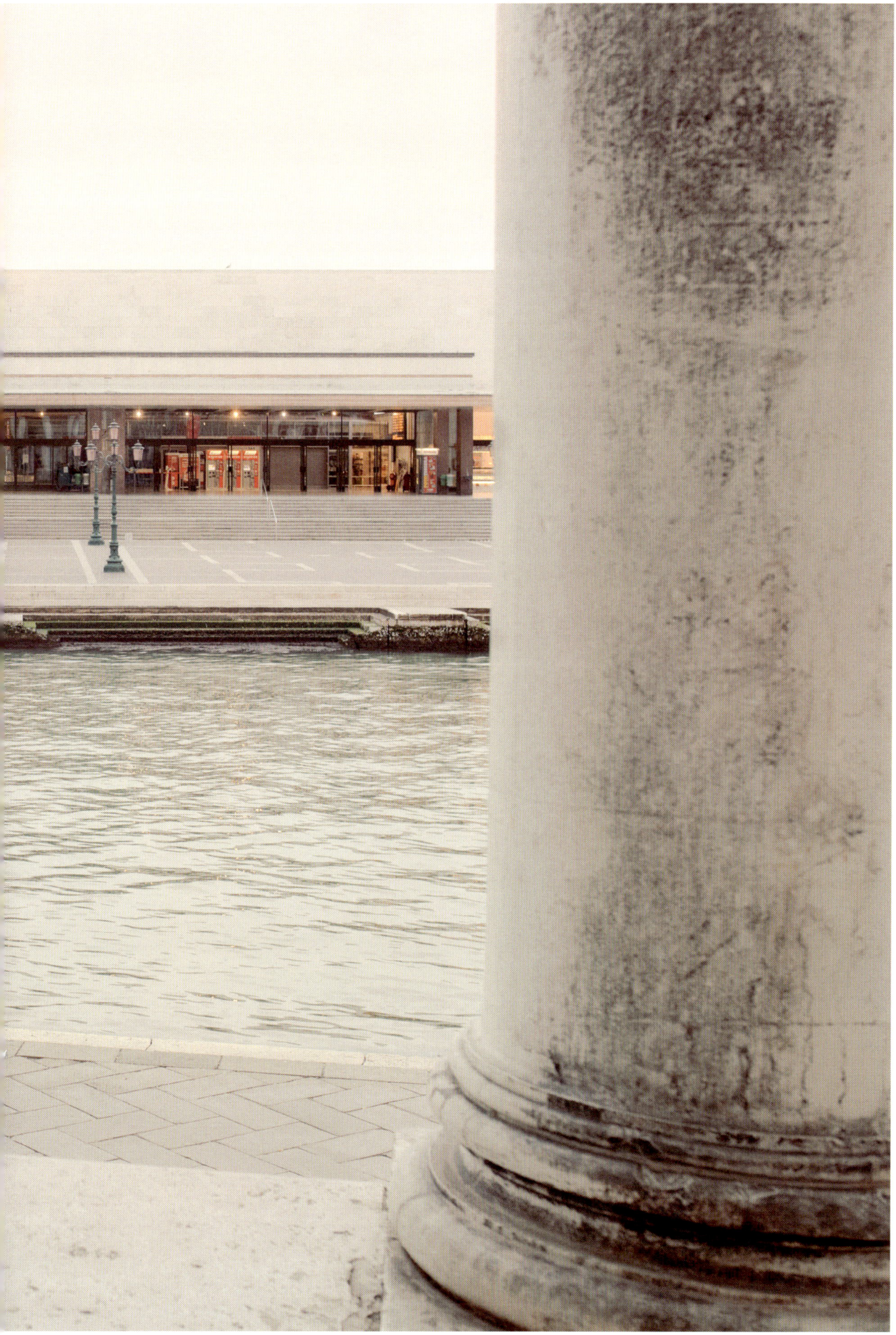

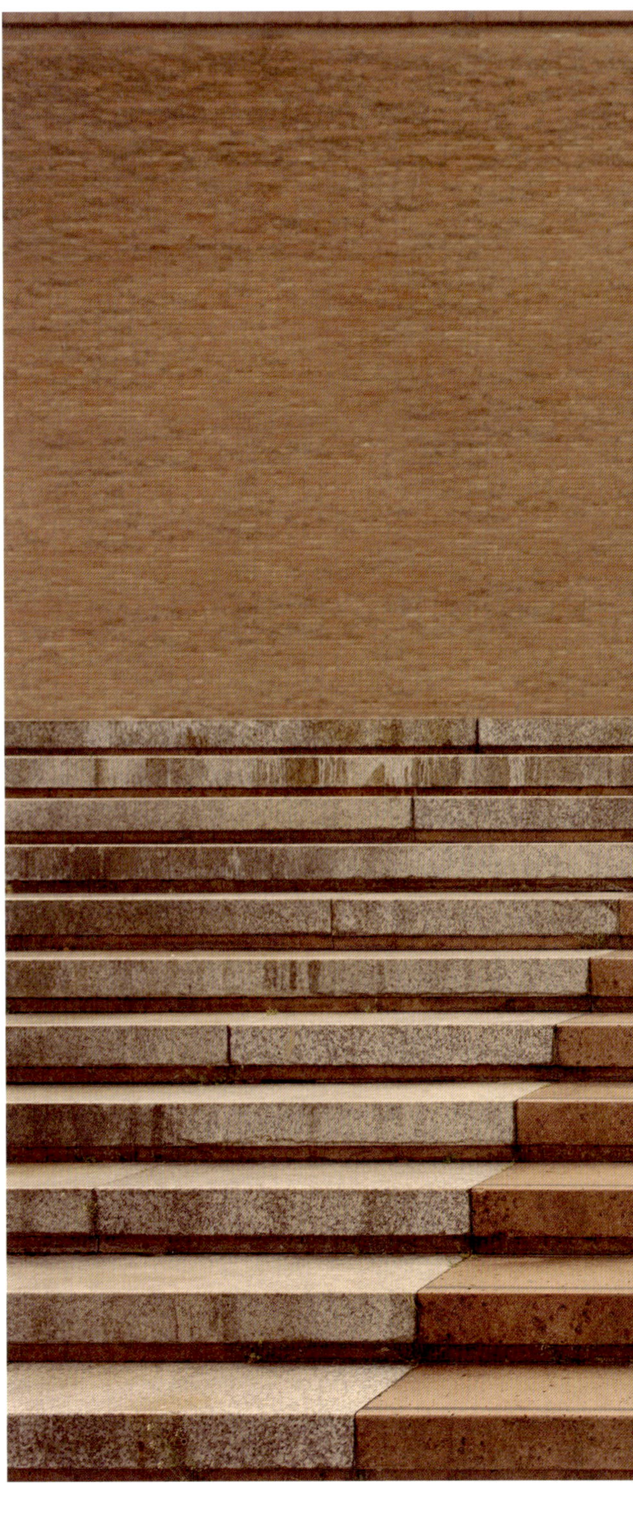

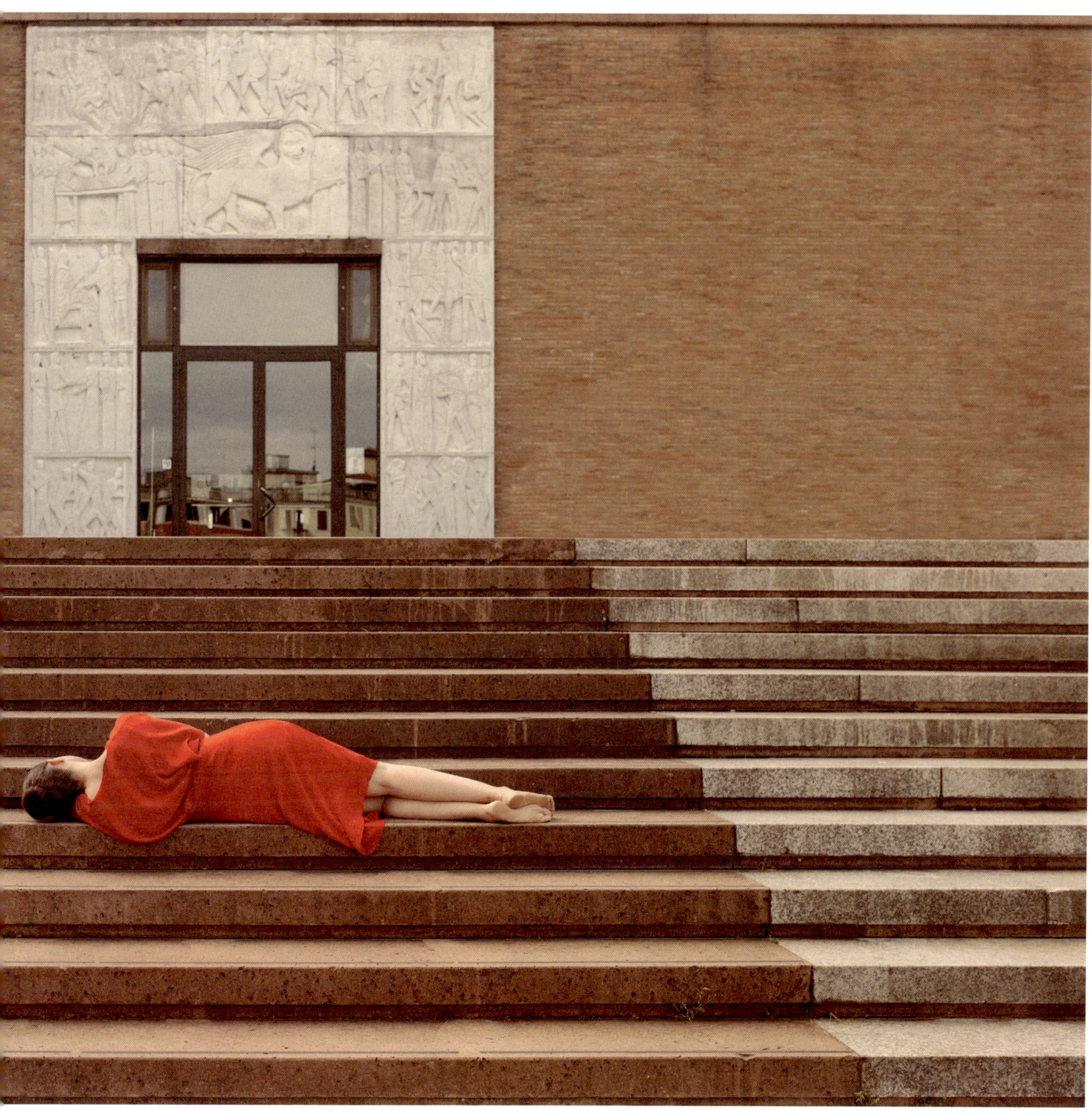

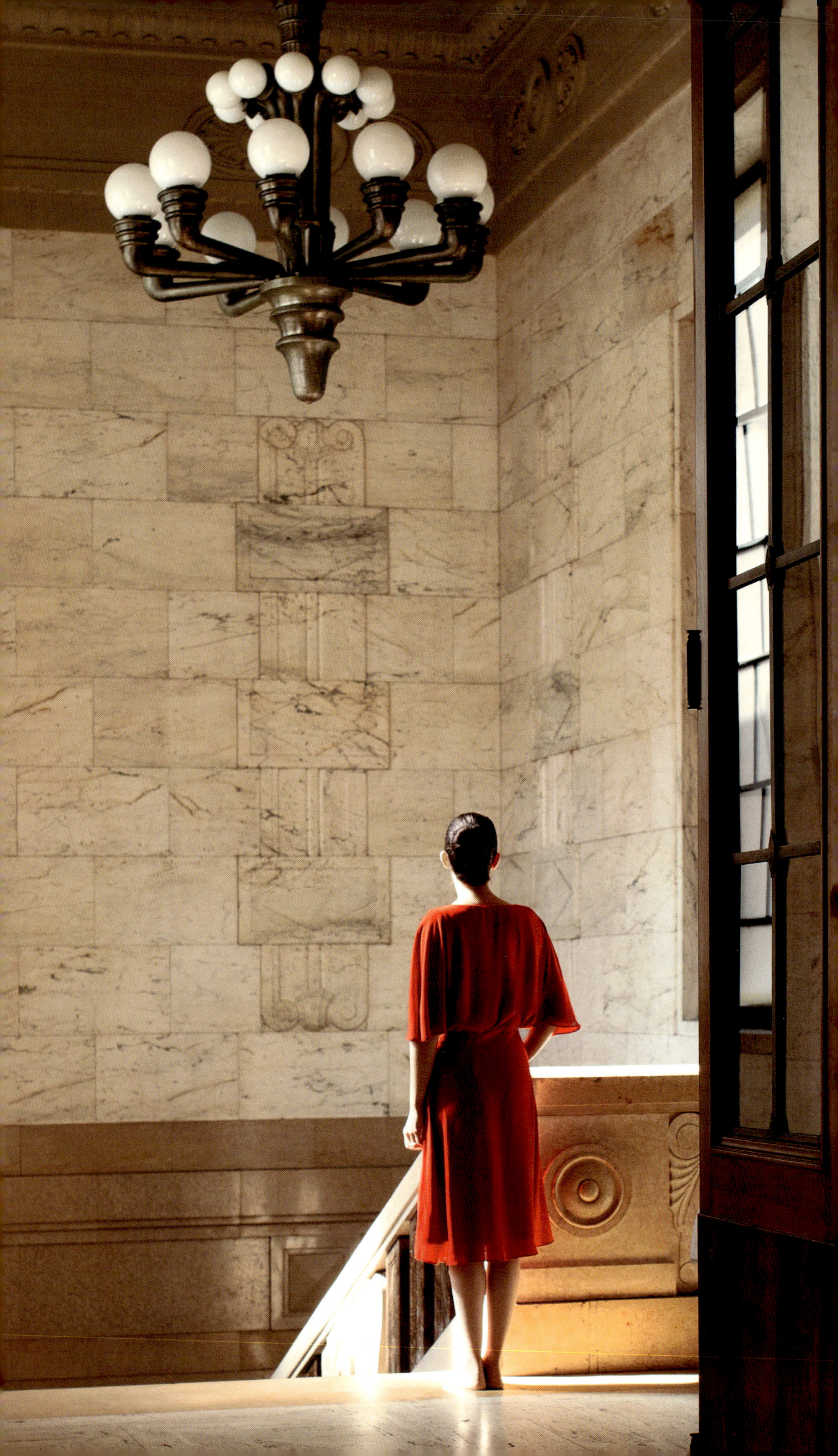

Gaia Manzini

UN GIORNO ALLA STAZIONE CENTRALE
/
A DAY AT THE CENTRAL STATION

«L'anonimato che regala una stazione è libertà, accelerazione di cambiamenti e mutazioni».
/
"The anonymity that a station gives is freedom, acceleration of changes and mutations."

He had arrived there on foot, crossing the meadows around there, careful not to be seen by anybody because he knew he looked like a tramp. He had been wearing the same clothes for months. The monk who had helped him in Padua had given him a pair of shoes, used but sturdy, with no holes, like those he had walked from Austria in. My grandfather Lorenzo was returning after a few months to Milan Central Station, the same place where he had been captured in September 1944. Now it was much colder; now he resembled a desperate man, homeless, dirty and hungry. He had arrived at the station months earlier as second-in-command of his Garibaldi Brigade. In Milan he was supposed to meet another partisan, someone who, like him, had worked at the Banco di Roma. But someone had betrayed him and, by the massive stone chimera that decorated the station, he had found the Germans waiting for him. They had taken him to San Vittore. They had tortured him, but he had not talked. From those terrible days his ears would no longer be able to hear hardly anything; but he was alive, and he had his dentist to thank for that.

Lorenzo wandered around the great hall of the ticket-office; he wanted to catch the first train for Turin, then from there he would find a way to reach Le Langhe and Cairo Montenotte, where his wife and their daughters had fled to. The dentist was called Pietro, by now he and Lorenzo called each other by their first names. He used to go there on foot from the Banco di Roma in Cordusio where he worked; he went there often because his teeth were not in good condition, they always ached. Pietro came from an important Milanese family and had studied in Germany, in Hamburg. For this reason he knew German and was passionate about Thomas Mann. Lorenzo had never understood what his political views were; he only knew that the dentist had kept on working during the war, he had even worked in the air-raid shelters during the bombing raids. Lorenzo would find out all the details much later. At that moment at the station he held his hand over his jaw because there was a tooth that needed to be taken out, but who knows when he would manage to get it extracted. On 22 September 1944, a high-ranking Gestapo officer, responsible for the interrogations taking place in San Vittore, had visited Pietro the dentist to have an abscess treated. Pietro had treated him as he would do with any other patient: the delicate touch, the speed, the precision of the suture. The Gestapo officer had shaken his hand in gratitude and Pietro had not let it go for some time. He had told him that a friend of his called Lorenzo had been captured: he was not an important partisan, just a hothead; it was pointless to waste time with him. How did Pietro know that Lorenzo was in prison? The story my aunts told me is full of gaps. There is only one sure fact: from a certain point onwards the Germans had stopped questioning my grandfather. Instead of

Ci era arrivato a piedi attraversando i prati lì intorno, attento a non farsi vedere da nessuno perché sapeva che il suo aspetto era quello del vagabondo. Erano mesi che indossava gli stessi vestiti. Il frate che lo aveva aiutato a Padova gli aveva fatto avere un paio di scarpe usate ma solide, non bucate come quelle con cui aveva camminato dall'Austria. Mio nonno Lorenzo tornava dopo qualche mese alla Stazione Centrale di Milano, lo stesso luogo in cui era stato catturato nel settembre del 1944. Ora faceva molto più freddo; ora lui assomigliava a un disperato senza casa, sporco e affamato. Era arrivato in stazione mesi prima in qualità di vicecomandante della sua Brigata Garibaldi. A Milano avrebbe dovuto incontrare un altro partigiano, uno che come lui aveva lavorato al Banco di Roma. Ma qualcuno lo aveva tradito e, all'altezza di una massiccia chimera di pietra che decorava la stazione, aveva trovato i tedeschi ad aspettarlo. Lo avevano portato a San Vittore. Lo avevano torturato, ma lui non aveva parlato. Da quei giorni terribili le sue orecchie non avrebbero più sentito quasi nulla; ma era vivo, e di quello doveva ringraziare il suo dentista.

Lorenzo si aggirava nel grande salone della biglietteria, voleva prendere il primo treno per Torino, poi da lì si sarebbe arrangiato per arrivare nelle Langhe e a Cairo Montenotte dove erano sfollate sua moglie e le loro figlie. Il dentista si chiamava Pietro, con Lorenzo ormai si davano del tu. Ci andava a piedi dal Banco di Roma in Cordusio dove lavorava; ci andava spesso perché i suoi denti non erano buoni, gli facevano sempre male. Pietro veniva da un'importante famiglia milanese e aveva studiato in Germania, ad Amburgo. Per questo conosceva il tedesco ed era appassionato di Thomas Mann. Lorenzo non aveva mai capito di che opinione politica fosse, sapeva solo che il dentista aveva continuato a lavorare durante la guerra, operava anche durante i bombardamenti nei rifugi antiaerei. Lorenzo avrebbe saputo tutti i dettagli molto più avanti. In quel momento in stazione si teneva una mano all'altezza della mandibola perché c'era un dente che andava tolto, ma chissà quando sarebbe riuscito a farselo estrarre. Il 22 settembre del 1944, da Pietro il dentista si era presentato per curare un ascesso un alto ufficiale della Gestapo, responsabile degli interrogatori che si svolgevano a San Vittore. Pietro lo aveva trattato come era solito fare con qualsiasi paziente: il tocco delicato, la velocità, la precisione della sutura. L'ufficiale della Gestapo gli aveva stretto la mano con gratitudine e Pietro non l'aveva lasciata per qualche minuto. Gli avevano detto che un suo amico di nome Lorenzo era stato catturato: non era un partigiano importante, era solo una testa calda, era inutile perdere tempo con lui. Come sapeva Pietro che Lorenzo era in carcere? Quella che mi hanno raccontato le mie zie è una storia piena di lacune. C'è solo un fatto sicuro: da un certo punto in poi i tedeschi avevano smesso di interrogare mio nonno. Invece di uc-

killing him, they had put him on a train together with some other prisoners, a train bound for a prison camp across the border. Then the tracks the train was travelling on had been bombed; there were wounded everywhere, wagons opened up like toys, run, run, run. Lorenzo had run, then walked for days without eating and had returned to Italy. Now it was just the last stretch to return home. Except that he was afraid. He felt like a different man, something animal-like had reawakened in him; he howled in the heart of his meekness. Something else had died forever; it would rest in that station that had always seemed like an imposing mausoleum to him. Someone bumped in him. He started, thinking the Germans were still there. Instead, standing in front of him was a big chap asking for a light. Lorenzo moved the match towards the face of that man, who had his coat collar raised up to his cheeks. He kept looking at him: his strange gait, his heavy feet inside farmer's shoes; a suitcase in one hand that seemed very heavy. He stopped suddenly beneath a mosaic depicting Mussolini, but then moved away almost in annoyance. He smoked and meanwhile he read a piece of paper he had taken from his coat pocket.

Luciano Bianciardi arrived at Milan Central Station in 1954. He had prepared a suitcase with his warmest clothes and had noted down the name of the guesthouse where he had booked a room on a piece of paper. He had never set foot in that city; he was from Grosseto and had almost never moved from Tuscany. Yet now he was coming to Milan to live. He had been summoned by Giangiacomo Feltrinelli, who had just founded a publishing house and was looking for men like him: cultured men, men who would put together an initial catalogue of titles. He certainly knew the importance of books: he was director of the Chelliana Library in Grosseto, and would load the books onto the bookmobile and take them out to those who had no time to get to the city centre; he took them to the farmers and then to the miners. His miners had been killed. Forty-three of them had died on 4th May of that same year due to an explosion in the mine. They had laid them out one beside the other in the movie theatre in the village as they gradually found them in the tunnels. Bianciardi himself had decided on the calendar of films, discussing it with a committee of miners at the Ribolla Mine, with whom he had become firm friends over the years. Yes, they had been killed: in his eyes it was the fault of Montecatini, of the executives who wanted to skimp on the safety checks, on the physicians, on the aeration channels. Murderers! Capitalists, criminals! He had to leave Grosseto, he had also told Maria – his secret love. He had to get away, to leave his wife and child, to leave the lacerating wound that that tragedy had left on his land and in his heart. So why was he coming to Milan? He was coming there to work, sure, but also for another reason. They had told him that the big buildings

ciderlo lo avevano messo su un treno insieme ad altri prigionieri, un treno che puntava oltreconfine a un campo di prigionia. Poi le rotaie di quel treno erano state bombardate, feriti dappertutto, vagoni aperti come giocattoli, corri, corri, corri. Lorenzo aveva corso, poi camminato per giorni senza mangiare niente ed era tornato in Italia. Ora mancava l'ultimo pezzo per tornare a casa. Solo che aveva paura. Si sentiva un uomo diverso, qualcosa di animale si era risvegliato in lui, ululava nel cuore della sua mitezza. Qualcos'altro era morto per sempre, avrebbe riposato in quella stazione che gli era sempre sembrata un imponente mausoleo.

Qualcuno lo urtò, trasalì pensando che fossero ancora i tedeschi, invece davanti a lui c'era un ragazzone che gli stava chiedendo da accendere. Lorenzo avvicinò un fiammifero alla faccia di quell'uomo che teneva il bavero del cappotto alzato fino alle guance. Rimase a guardarlo: il suo incedere strano, i piedi pesanti dentro scarpe da contadino; la valigia in una mano che sembrava pesantissima. Si era fermato a un certo punto sotto un mosaico che raffigurava Mussolini, ma poi se n'era scostato quasi infastidito. Fumava e intanto leggeva un biglietto che aveva estratto dalla tasca del cappotto.

Luciano Bianciardi arrivò a Milano Centrale nel 1954. Aveva preparato una valigia con i vestiti più caldi e si era appuntato su un foglio il nome della pensione dove aveva prenotato una stanza. In quella città non ci aveva mai messo piede; lui era di Grosseto e non si era quasi mai spostato dalla Toscana. Invece ora a Milano ci veniva a vivere. Era stato chiamato da Giangiacomo Feltrinelli che aveva appena fondato una casa editrice e cercava uomini come lui: uomini colti, uomini che avrebbero messo insieme un primo catalogo di titoli. Certo che conosceva l'importanza dei libri: lui che dirigeva la biblioteca Chelliana di Grosseto, i libri li caricava sul bibliobus e li portava a chi non aveva tempo di arrivare fino in centro; li portava ai contadini e poi ai minatori. Gliel'avevano ammazzati i suoi minatori. Erano morti in quarantatré il 4 maggio di quello stesso anno per un'esplosione nella miniera. Li avevano sistemati uno di fianco all'altro nella sala cinema del villaggio, man mano che li trovavano nelle gallerie. La programmazione cinematografica l'aveva decisa lui, Bianciardi, discutendo con un comitato di minatori della miniera di Ribolla con cui negli anni erano diventati amici. Sì, gliel'avevano ammazzati: ai suoi occhi la colpa era della Montecatini, dei dirigenti che volevano risparmiare sui controlli, sui medici, sui canali di aereazione. Assassini! Capitalisti, criminali! Doveva andarsene da Grosseto, gliel'aveva detto anche Maria – il suo amore clandestino. Doveva andarsene, allontanarsi dalla moglie e dal figlio, dalla ferita lacerante che quella tragedia aveva lasciato sulla sua terra e nel suo cuore. Quindi a Milano perché ci stava venendo? Ci veniva per lavorare, d'accordo, ma anche per un altro motivo. Gli avevano detto che i palazzoni – i torracchioni, così

– the 'torracchioni"' (meaning 'keeps'), as he called them – of the major industrial firms were just a kilometre from the station. The headquarters of Montecatini was there too. He would have so much liked to blow it to bits.
Bianciardi too was a man in transformation, a man who was about to experience a metamorphosis. He was not fond of progress, nor of consumerism and the loss of values to which it condemned people, and for this reason he would come to hate Milan: but he would never leave it. He would be seduced by that capacity of the metropolis to ignore you, and then to exalt you for your talent, to acclaim you without ever growing fond of you; to cultivate your solitude, not to judge you and to make you feel free, even to die. Luciano Bianciardi arrived in Milan thinking that he could embody the image of the committed intellectual, as he had always done, but he was wrong. He left the station behind him, after smiling at the winged horse that watched over the arriving and departing passengers from the façade, and set off with dynamite in his thoughts. He didn't even notice when the man with a chair under his arm bumped into him.
Giovanni Testori was walking together with Franco Branciaroli one evening in December 1988. They were heading for the entrance corridor of the Central Station. They had agreed that Franco would throw himself onto a staircase and the show would begin. Testori would be a few metres from him, sitting on his chair. *In exitu* was an explosive text: it had made its debut in Spoleto, then there had been some reruns in Florence accompanied by the shocked reactions of the audience; but the station was the ideal place for it to be performed. Nobody was supposed to realise that the performance was the result of imagination and artistic elaboration: at the station the spectators would grasp the realism of the performance; they would experience repulsion, and then they would identify with the outcasts, with those rejected by society.
After admiring the beautiful mosaics of the upper gallery, mosaics with open views of Italian cities, the arriving passengers who were descending from the west stairway were plunged into a tunnel made of broken words, dialect, curses, swearwords, desperation. The violet night, the rotten night, the city grieving, humiliated, abandoned. He shouts loud, Franco Branciaroli: in the play staged on the stairways of the Central Station is Gino Riboldi, a young drug addict, a homosexual, who sells his body and has now reached the end of his existence. The passenger with his suitcase does not know what to think, there were so many drug addicts at the station in the 1980s. Why were the people sitting down to witness that last death struggle? What is happening? The insistent language seems like a rattle; it is a prayer in reverse; there is the inconsolable pain of a man and of wounded and humiliated youth; an unspeakable pain. The passenger with the suitcase takes his place among the audience,

li chiamava lui – delle grandi industrie stavano lì a un chilometro dalla stazione. La sede della Montecatini era lì. Avrebbe tanto voluto farla saltare in aria.

Anche Bianciardi era un uomo in trasformazione, un uomo che stava per conoscere una metamorfosi. Il progresso non gli piaceva, non gli piaceva il consumismo e la perdita di valori a cui condannava le persone, e per questo avrebbe odiato Milano: ma non se ne sarebbe più andato. Sarebbe stato sedotto da quella capacità della metropoli di ignorarti, e poi di esaltarti per il tuo talento, di osannarti senza mai affezionarsi a te; di coltivare la tua solitudine, di non giudicarti e farti sentire libero, anche di morire. Luciano Bianciardi arrivava a Milano pensando di poter incarnare l'immagine dell'intellettuale impegnato, come aveva sempre fatto, ma si sbagliava. Si lasciò la stazione alle spalle, dopo aver sorriso al cavallo alato che dalla facciata vegliava sui passeggeri in arrivo e in partenza, e si avviò con la dinamite nei pensieri. Quando l'uomo con una sedia sotto un braccio l'urtò, non se ne accorse neanche.

Giovanni Testori camminava insieme a Franco Branciaroli una sera di dicembre del 1988. Puntavano all'androne della Stazione Centrale. Erano d'accordo che Franco si sarebbe buttato su una scalinata e avrebbe dato inizio allo spettacolo. Testori sarebbe stato a pochi metri da lui seduto sulla sua sedia. *In exitu* era un testo esplosivo: aveva debuttato a Spoleto, c'erano state delle repliche a Firenze accompagnate dalle reazioni scandalizzate del pubblico; ma era la stazione il luogo ideale della sua rappresentazione. Nessuno doveva pensare che lo spettacolo fosse frutto di fantasia ed elaborazione artistica: in stazione gli spettatori avrebbero colto il realismo della rappresentazione; avrebbero provato repulsione, e poi si sarebbero immedesimati nei reietti, nei rifiutati dalla società.

I passeggeri in arrivo che scendevano dalla scalinata ovest, dopo aver ammirato i mosaici bellissimi della galleria superiore, mosaici con le vedute aperte delle città italiane, piombavano in un cunicolo fatto di parole spezzate, di dialetto, imprecazioni, bestemmie, disperazione. La notte viola, la notte marcia, la città contristata, umiliata, derelitta. Grida forte, Franco Branciaroli: nella pièce messa in scena sulle scalinate della Centrale è Gino Riboldi, giovane tossico, omosessuale, che si prostituisce e ora è arrivato alla fine della sua esistenza. Il passeggero con la sua valigia non sa cosa pensare, di tossici in stazione negli anni ottanta ce n'erano tantissimi. Perché le persone si sono sedute ad assistere a quella agonia? Cosa sta succedendo? La lingua martellante sembra un rantolo; è una preghiera al contrario; c'è il dolore inconsolabile di un uomo e della gioventù ferita e umiliata; un dolore impronunciabile. Il passeggero con la valigia si siede anche lui tra il pubblico, guarda quel ragazzo agonizzante che è un attore, ma anche molto di più. Sembra un Cristo, buttato lì mezzo spogliato, a mostrare quanto

he looks at that boy in agony who is an actor, but also much more. He seems like a Christ, lying there half naked, showing how great his suffering is. Greater than the marble column that rises up imposingly a step away from them, greater than the art deco lamps that seem like the lanterns of a cyclopic underground. The passenger with the suitcase leaves when everyone is applauding; he leaves with a change that has exploded inside his chest.

The anonymity that a station gives is freedom, acceleration of changes and mutations. One day in December 2009, a man with a suitcase in his hand helped me carry mine up the station stairway. "Why don't you take the escalators?" he had asked me, but I did not know how to answer. I perhaps only wanted to give that trip a certain solemnity. I was pregnant with my daughter and I was pursuing my dream of love. I was going to Rome and would stay there for ten years. I would not have the same job again; I would get to know new people, I would become a new person. I was following the movement of life without asking myself too many questions. I moved like all the people around me, like my grandfather, Bianciardi, Testori; like the strangers that came and went from the Central Station. I left one life and entered another, which was nevertheless always mine.

sia grande la sofferenza. Più grande della colonna di marmo che s'innalza imponente a un passo da loro, più grande delle lampade déco che sembrano lanterne di un sottosuolo ciclopico. Se ne va, il passeggero con la valigia, quando tutti applaudono; se ne va con un cambiamento esploso al centro del petto.
L'anonimato che regala una stazione è libertà, accelerazione di cambiamenti e mutazioni. Un giorno di dicembre del 2009, un uomo con in mano una valigia mi aiutava a portare la mia su per la scalinata della stazione. «Perché non prende le scale mobili?» mi aveva chiesto, ma io non avevo saputo rispondere. Forse volevo solo dare solennità a quel viaggio. Ero incinta di mia figlia e inseguivo il mio sogno d'amore. Andavo a Roma per rimanerci dieci anni. Non avrei più avuto lo stesso lavoro di prima, avrei conosciuto nuove persone, sarei diventata una persona nuova io stessa. Seguivo il movimento della vita senza pormi troppe domande. Mi muovevo come tutte le persone intorno a me, come mio nonno, Bianciardi, Testori; come gli sconosciuti che andavano e venivano dalla Centrale. Uscivo da una vita e entravo in un'altra che era pur sempre la mia.

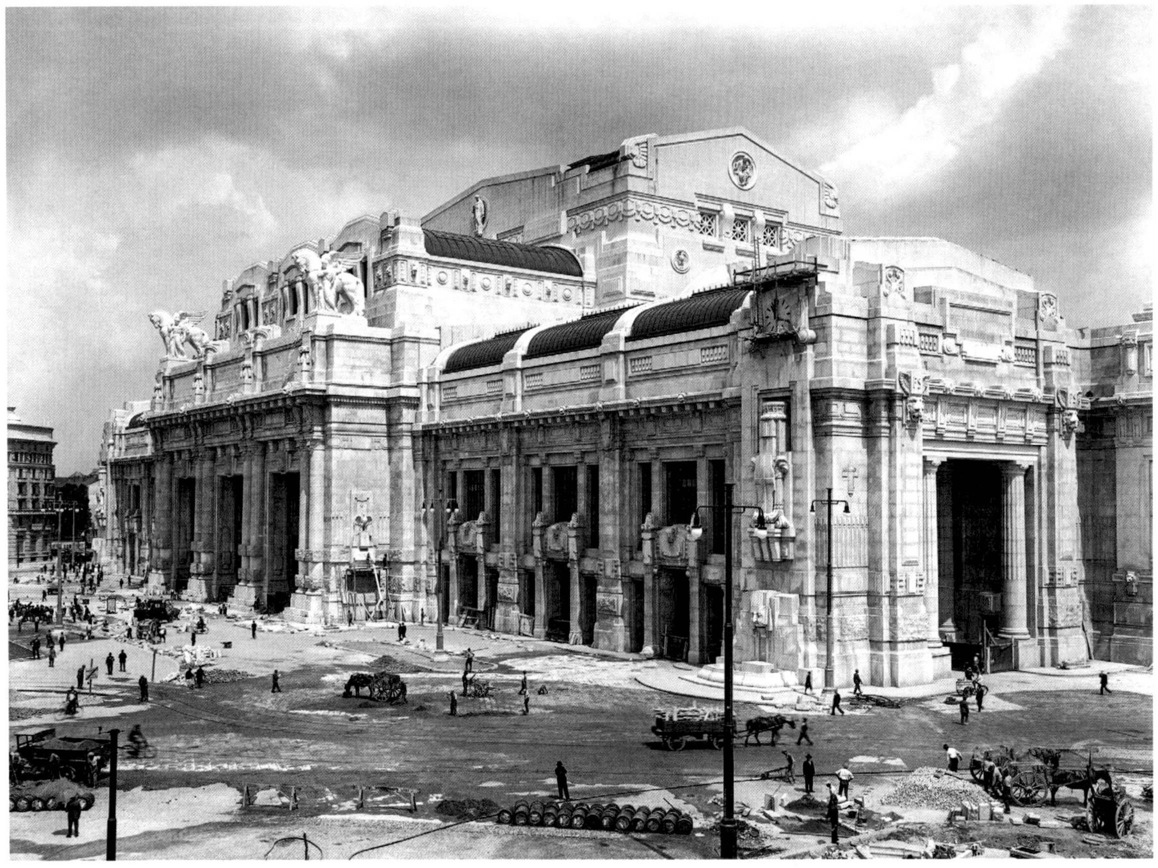

Veduta dell'edificio verso la fine dei lavori /
View of the building towards the end
of the construction work
Milano / Milan
Fondazione FS Italiane, Fondo Fototeca Centrale FS

Inaugurazione della Stazione di Milano.
La monumentale scalinata, illuminata
da un lucernario, ripresa dal basso.
Un uomo, colto di spalle, sale i gradini /
Inauguration of Milan station.
The monumental stairway, illuminated
by a skylight, photographed from below.
A man, seen from behind, walks up the steps
Milano / Milan, 1931
Archivio Storico Luce, Fondo Attualità

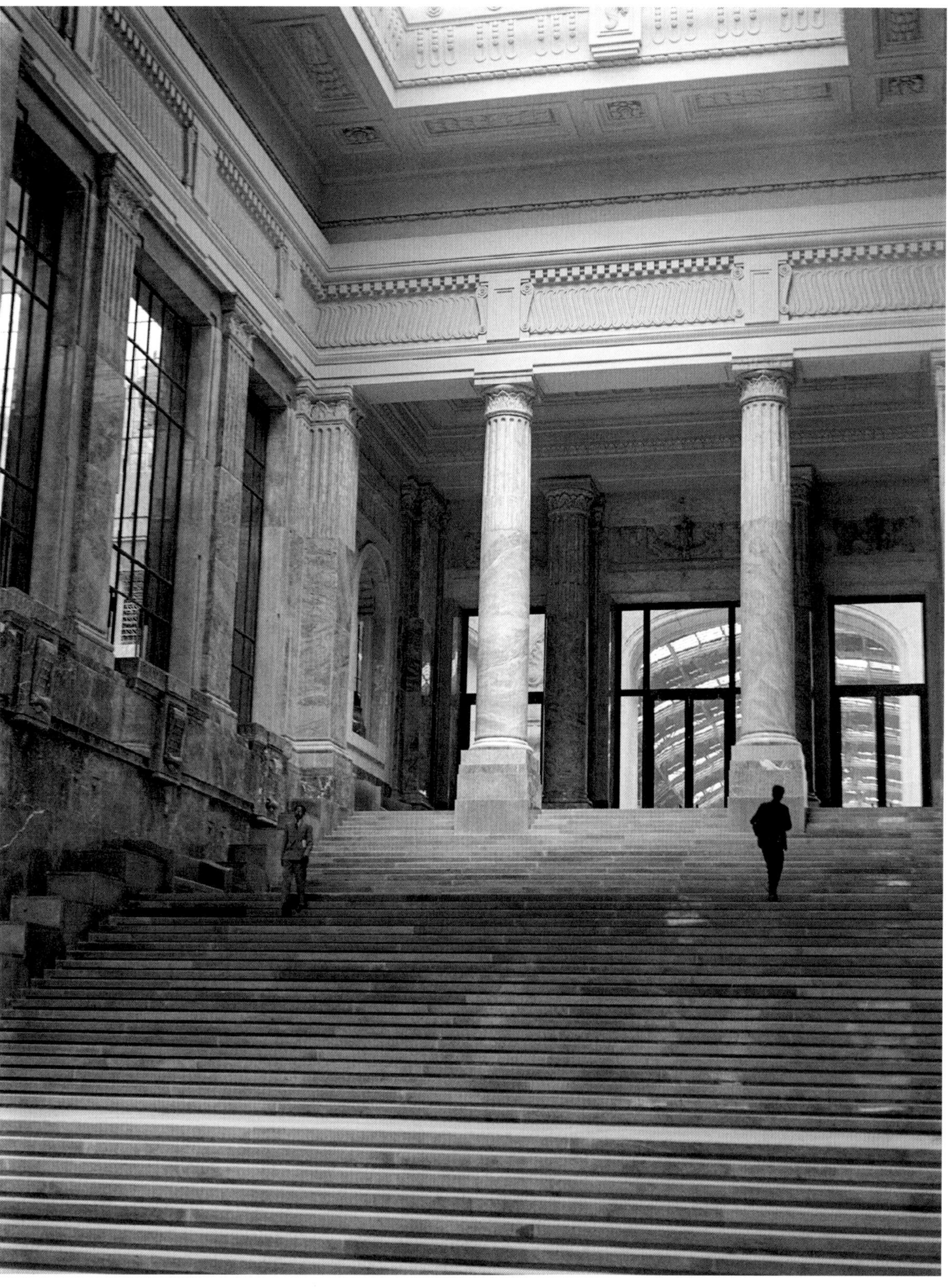

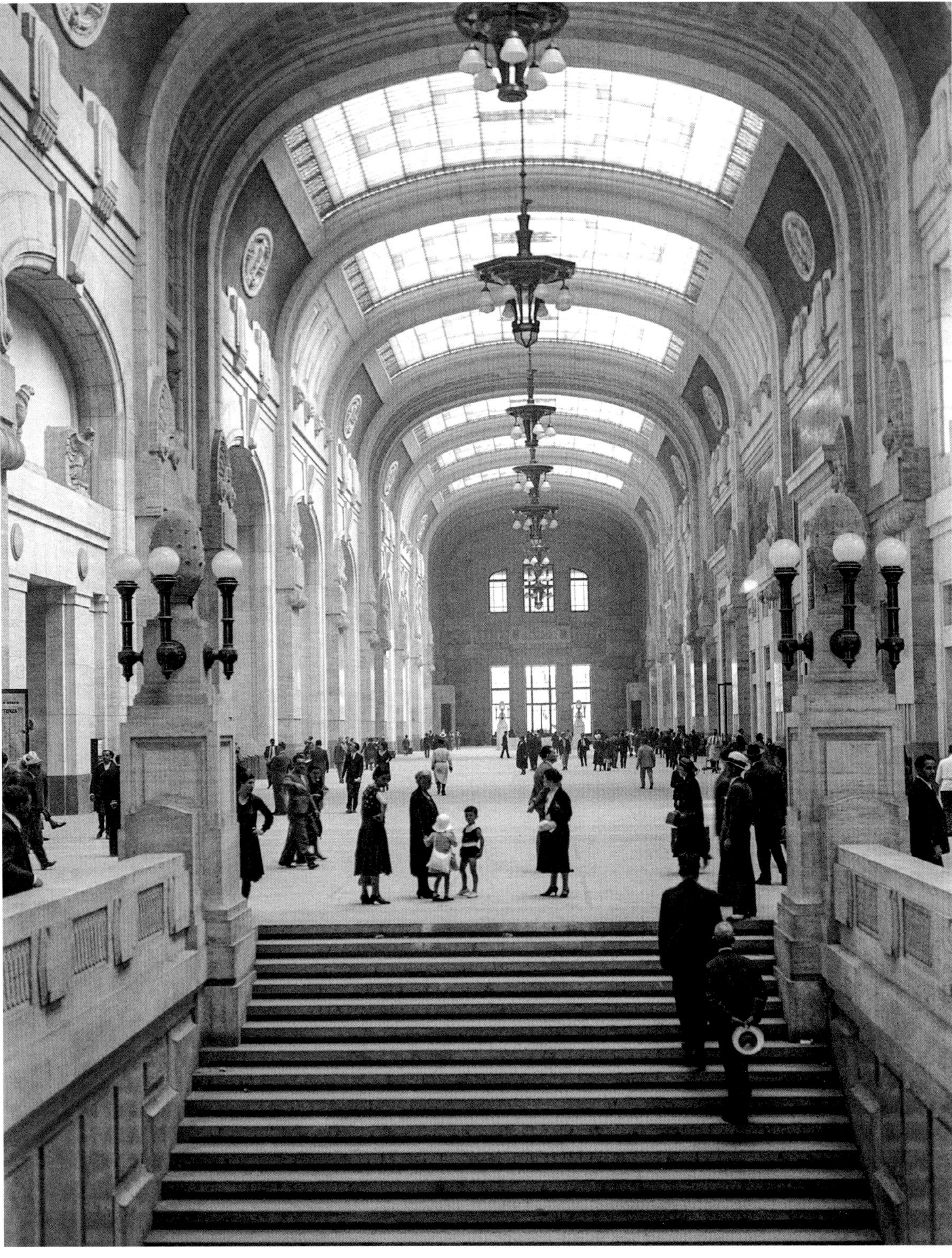

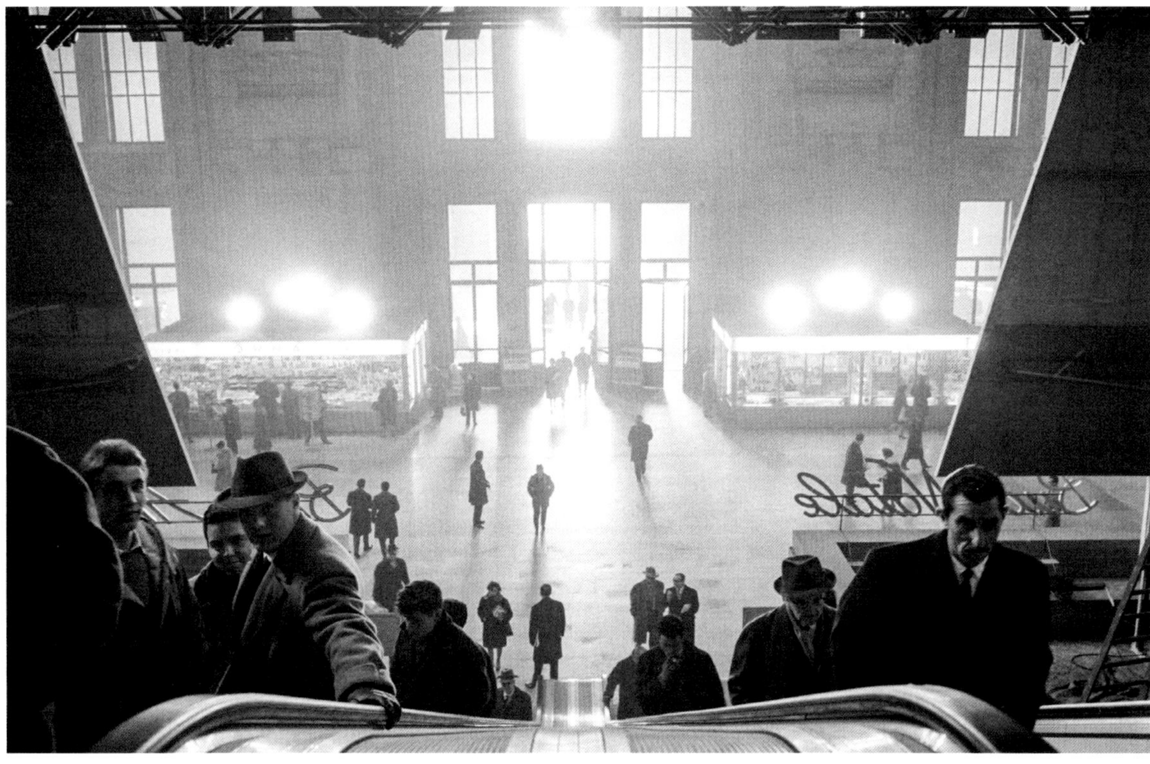

La lunga e alta galleria interna, ornata da rilievi scultorei e coperta da una volta a padiglione con lucernari vista dall'affaccio su una delle scalinate di accesso. Alcuni viaggiatori attraversano l'ampio spazio /
The long, high internal gallery, adorned with sculptural reliefs and covered by a cloister vault with skylights, seen from the area overlooking one of the access stairways. Some travellers crossing the wide space
Milano / Milan, 1931
Archivio Storico Luce, Fondo Attualità

CAIO MARIO GARRUBBA
Veduta notturna di una delle scalinate d'accesso con i viaggiatori sulle scale mobili /
Nighttime view of one of the access stairways with the travellers on the escalators
Milano / Milan, 1954
Archivio Storico Luce, Fondo Caio Mario Garrubba

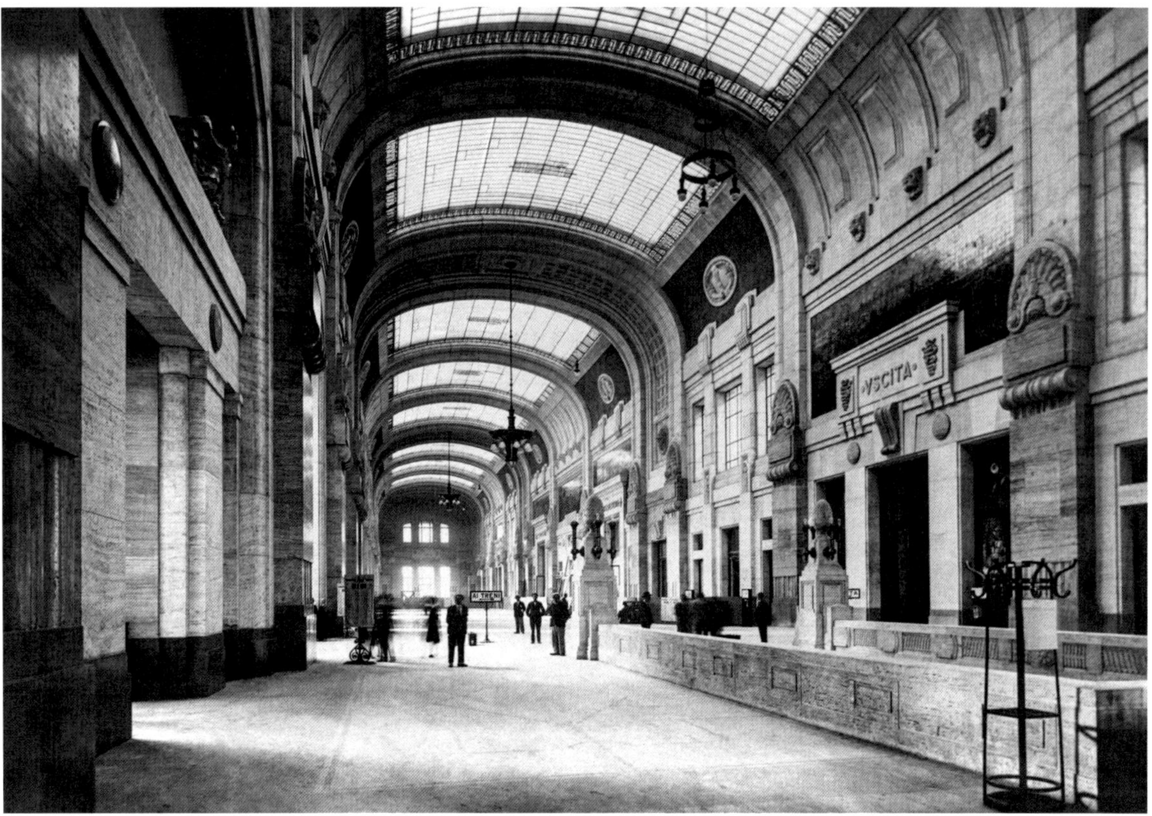

La lunga e alta galleria di testa dei binari, coperta da soffitto a volta con lucernari, e decorata da pannelli e rilievi, vista in prospettiva da uno dei lati brevi. Alcuni viaggiatori transitano nel grande spazio interno /
The long, high main gallery of the platforms, covered by a vaulted ceiling with skylights and decorated by panels and reliefs, seen in perspective from one of the short sides. Some travellers moving through the large internal space
Milano / Milan, 1931
Archivio Storico Luce, Fondo Attualità

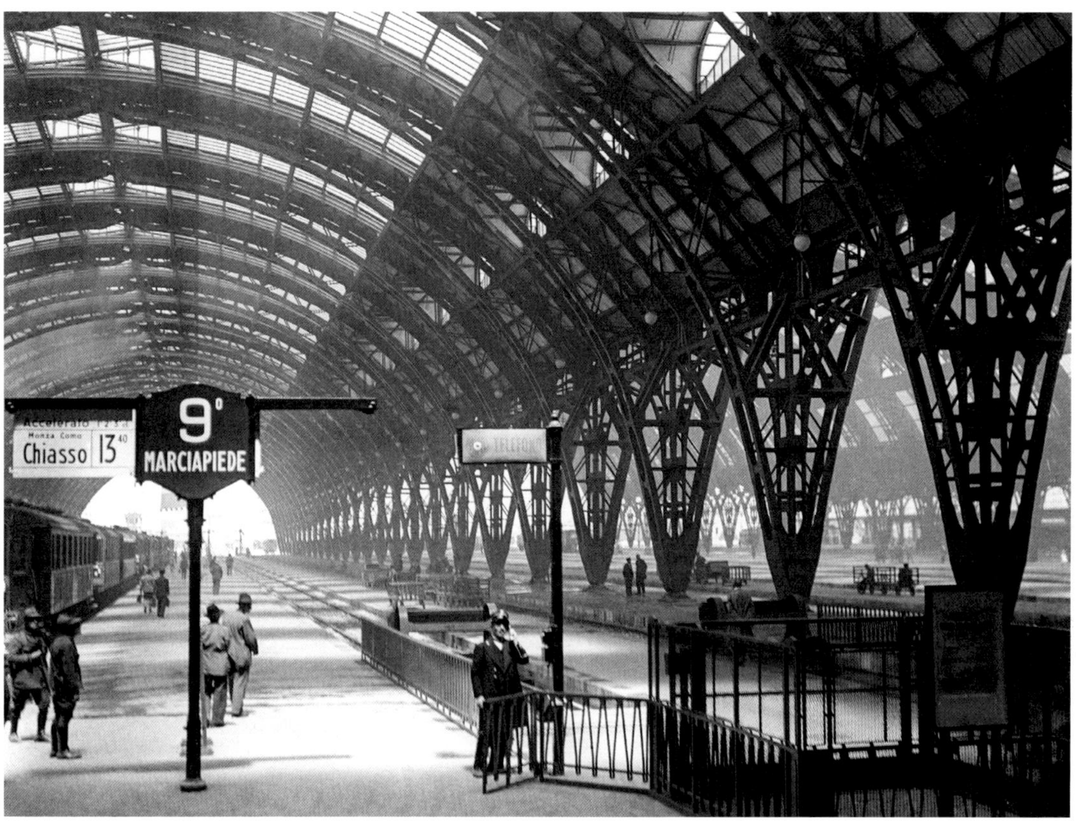

Il tunnel centrale in acciaio e vetro della stazione
visto dal binario numero 9 con treno in transito
e viaggiatori in attesa sulla banchina /
The central steel and glass tunnel of the station seen
from platform number 9 with train in transit
and passengers waiting on the platform
Milano / Milan, 1931
Archivio Storico Luce, Fondo Attualità

pagine successive / following pages

I tecnici sono ripresi davanti
a una lunga consolle di comando /
Technicians photographed in front
of a long control console
Milano / Milan, 1930
Archivio Storico Luce, Fondo Attualità

La Cabina A degli apparati centrali
a cavallo dei binari nel piazzale smistamento /
Central Interlocking Cabin A astride
the tracks in the shunting yard
Milano / Milan 1931
Fondazione FS Italiane, Fondo Fototeca Centrale FS

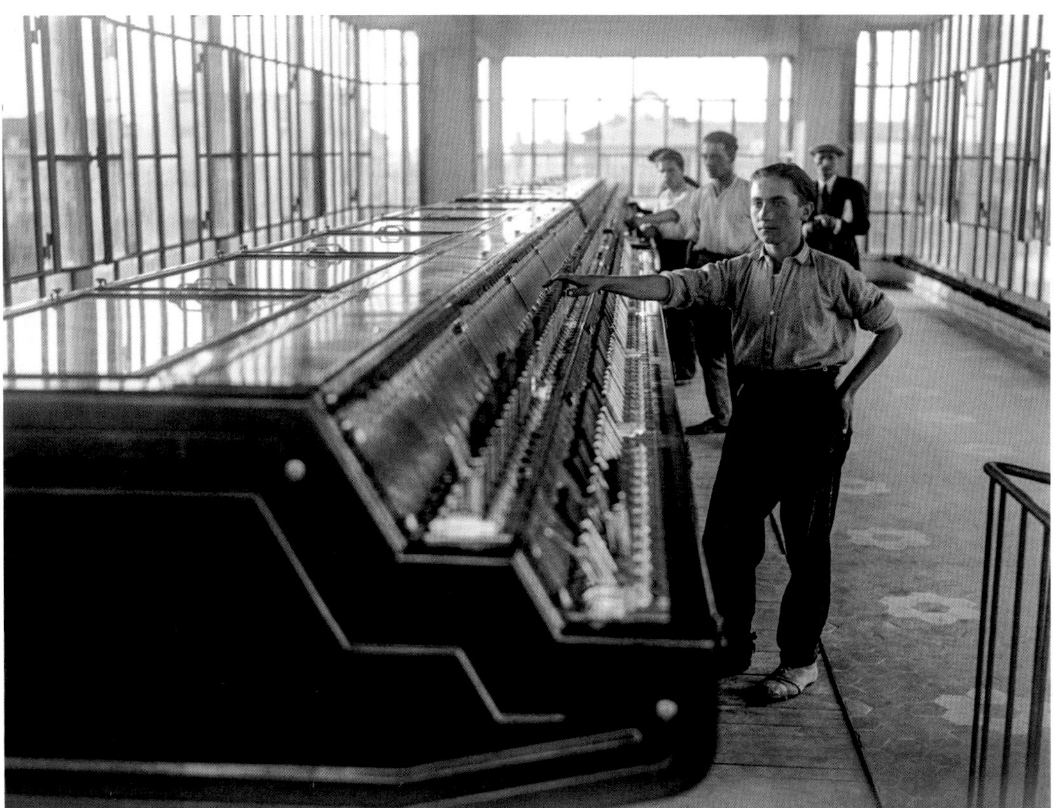

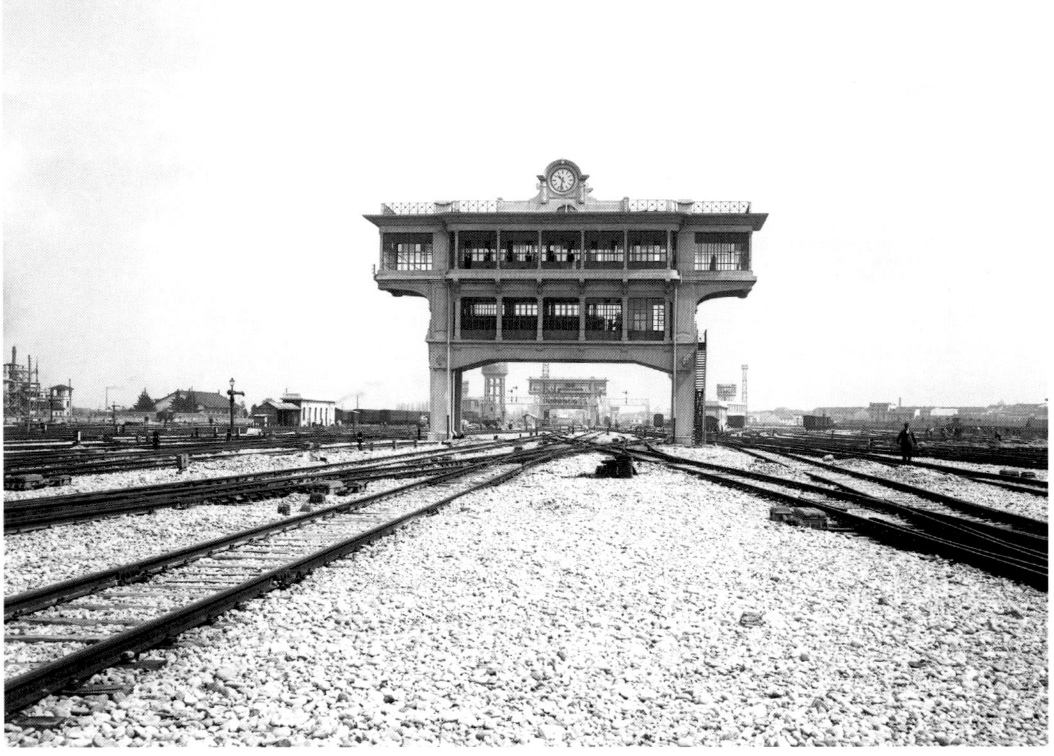

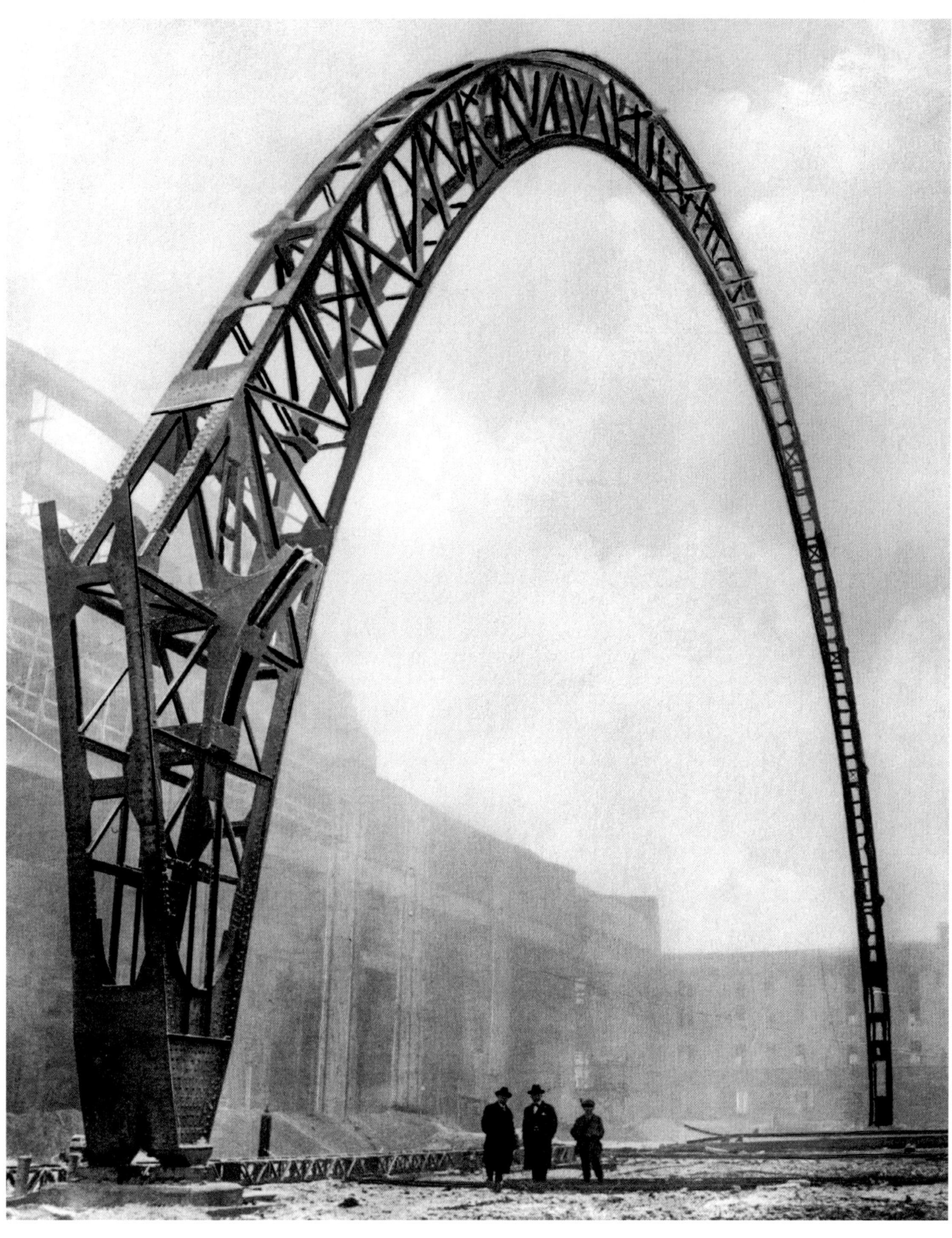

Il montaggio della prima centina della tettoia centrale /
The assembling of the first ribs of the central canopy roof
Milano / Milan
Fondazione FS Italiane, Fondo Fototeca Centrale FS

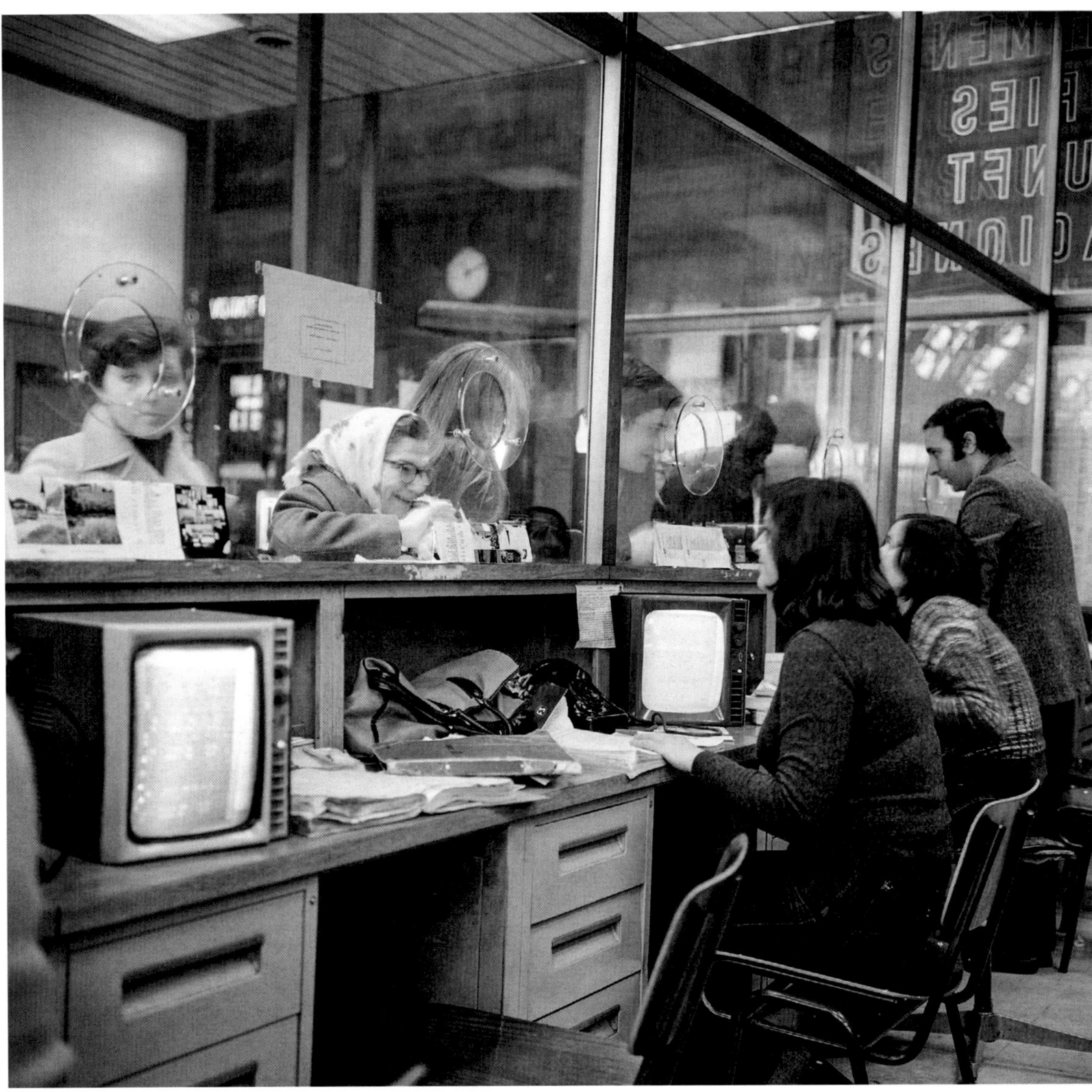

ANASTASIO GRILLINI
Viaggiatori all'Ufficio informazioni /
Travellers at the information office
Milano / Milan, 1976
Fondazione FS Italiane, Fondo Fototeca Centrale FS

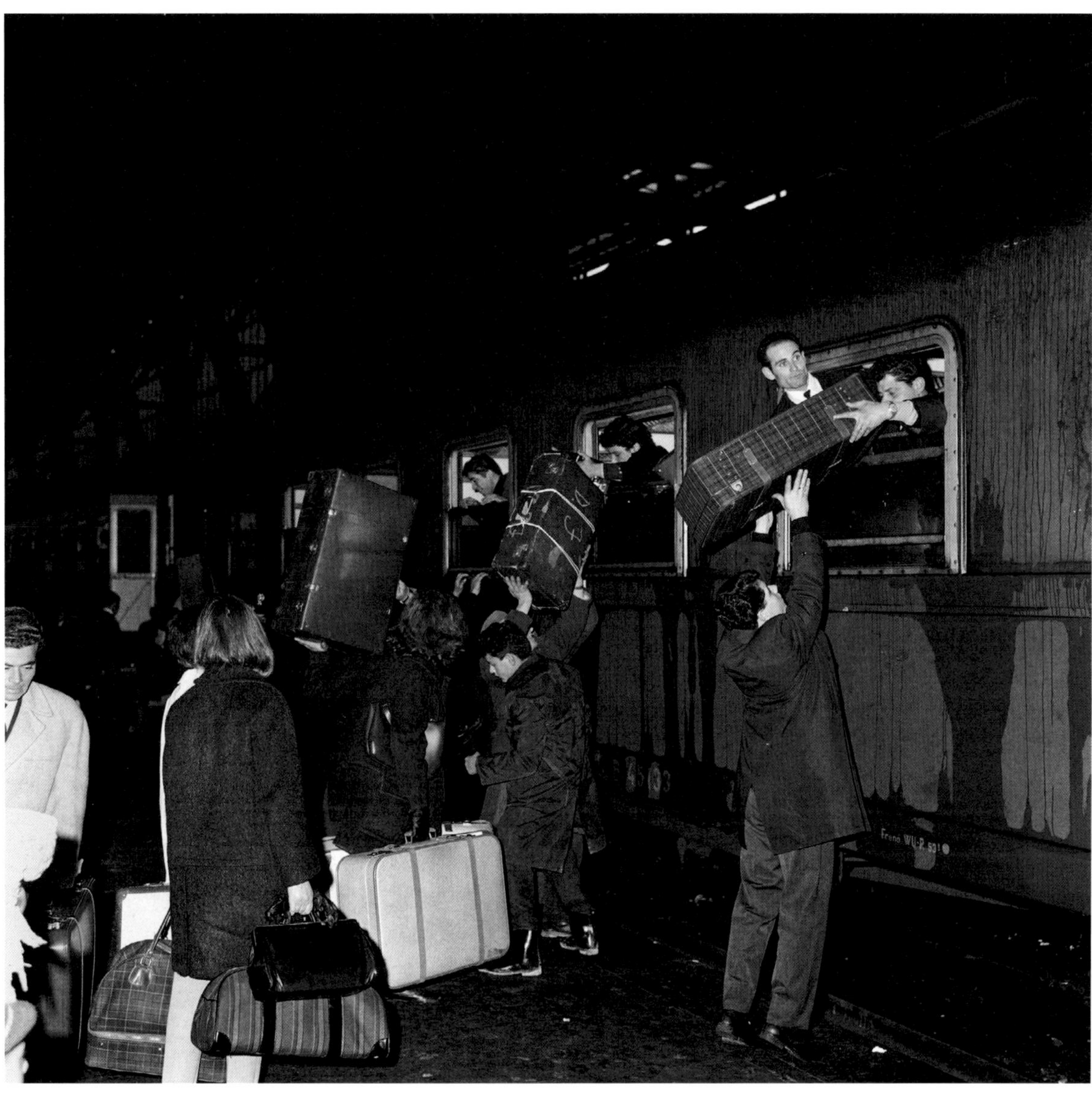

GINO COPPA
Viaggiatori in partenza per le festività natalizie /
Travellers departing for the Christmas holidays
Milano / Milan, 1964
Fondazione FS Italiane, Fondo Fototeca Centrale FS

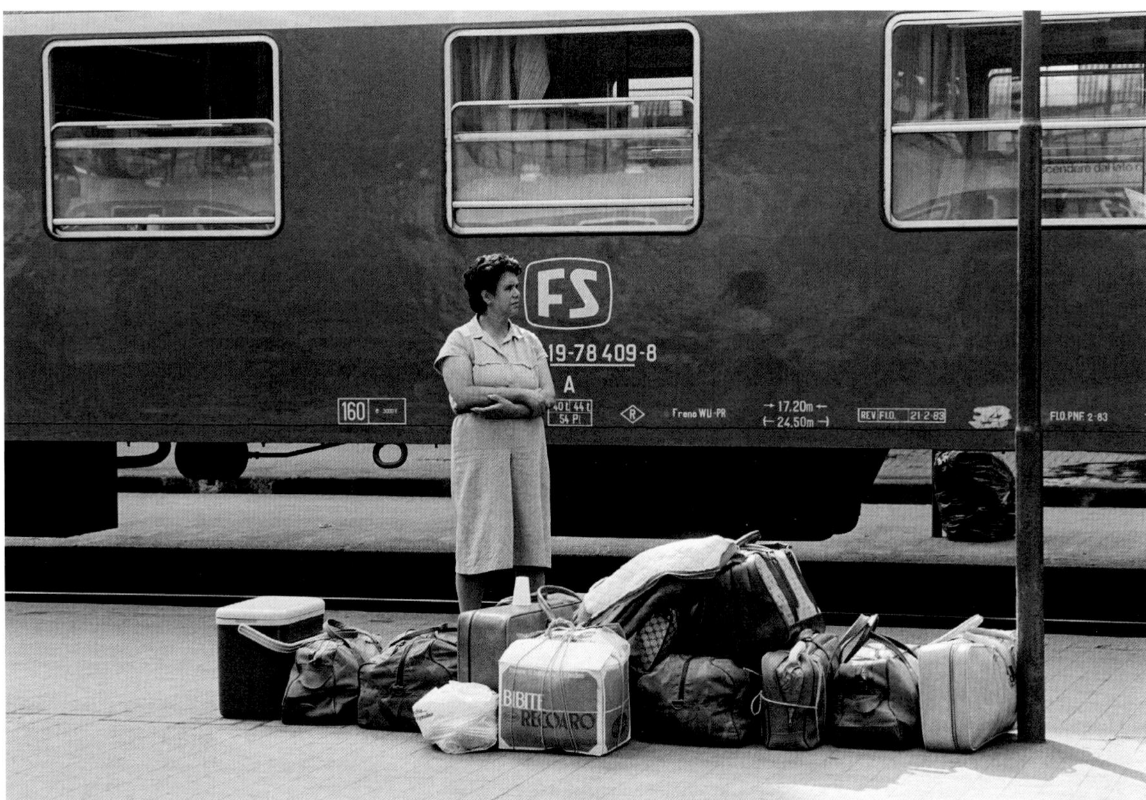

EFREM FESTARI
Una viaggiatrice con vari bagagli in attesa
su un marciapiedi della stazione /
A female passenger with some luggage waiting
on a platform at the station
Milano / Milan, 1984
Fondazione FS Italiane, Fondo Fototeca Centrale FS

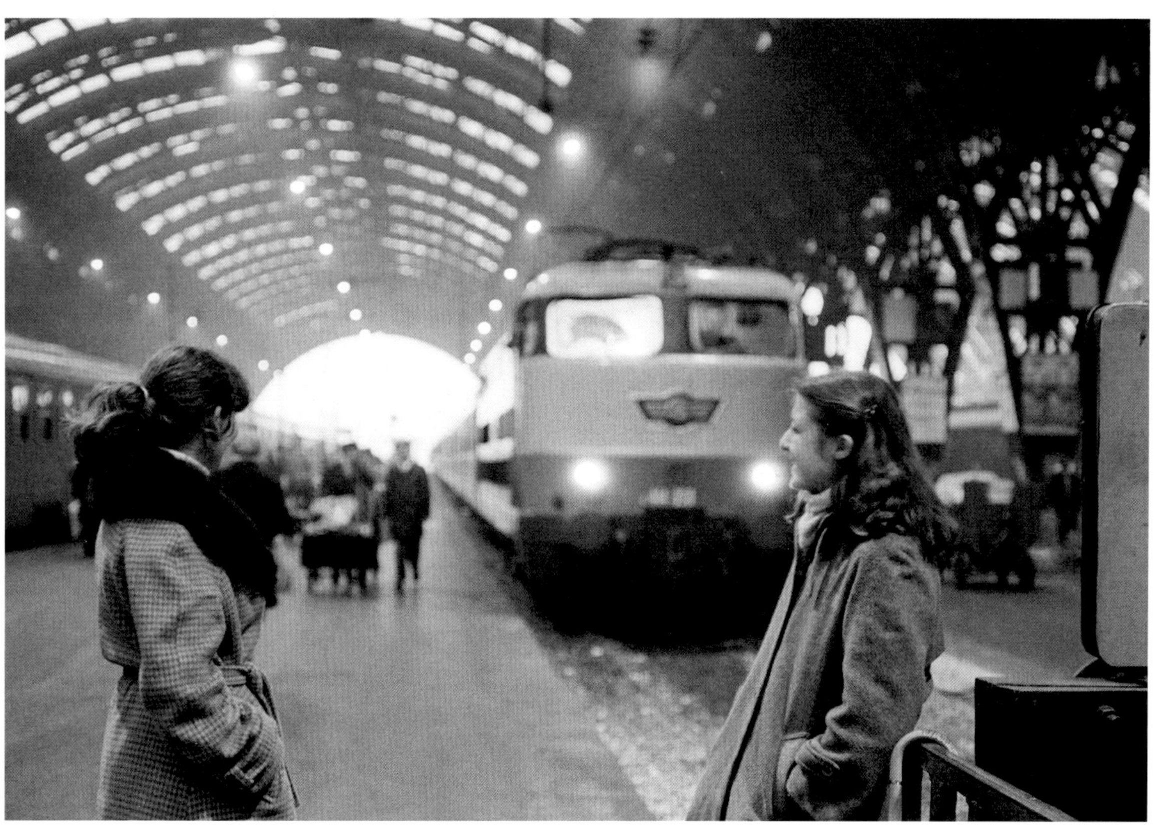

ANASTASIO GRILLINI
Alcuni viaggiatori in attesa al marciapiedi della stazione /
Some passengers waiting on the station platform
Milano / Milan, 1978
Fondazione FS Italiane, Fondo Fototeca Centrale FS

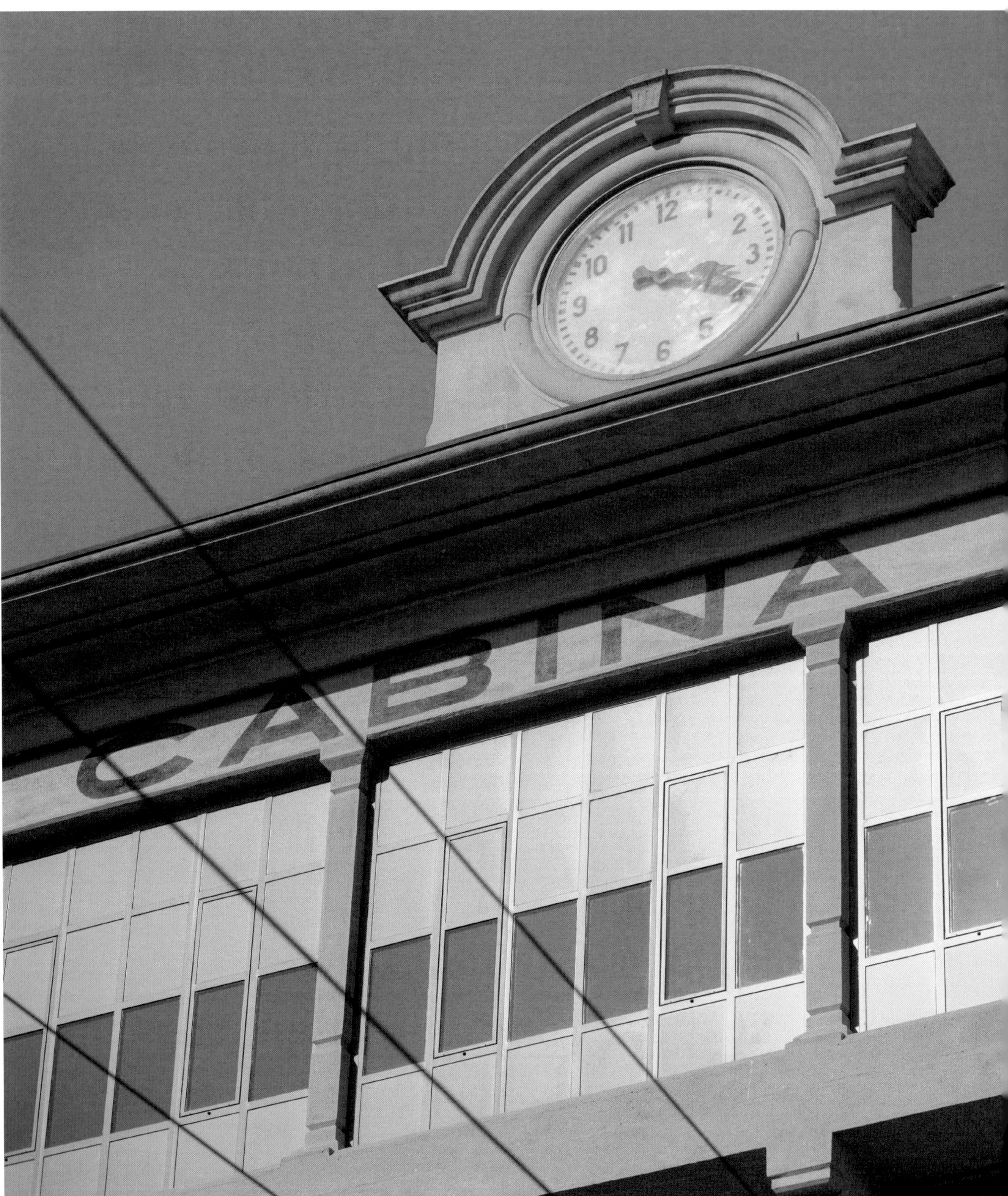
CABINA

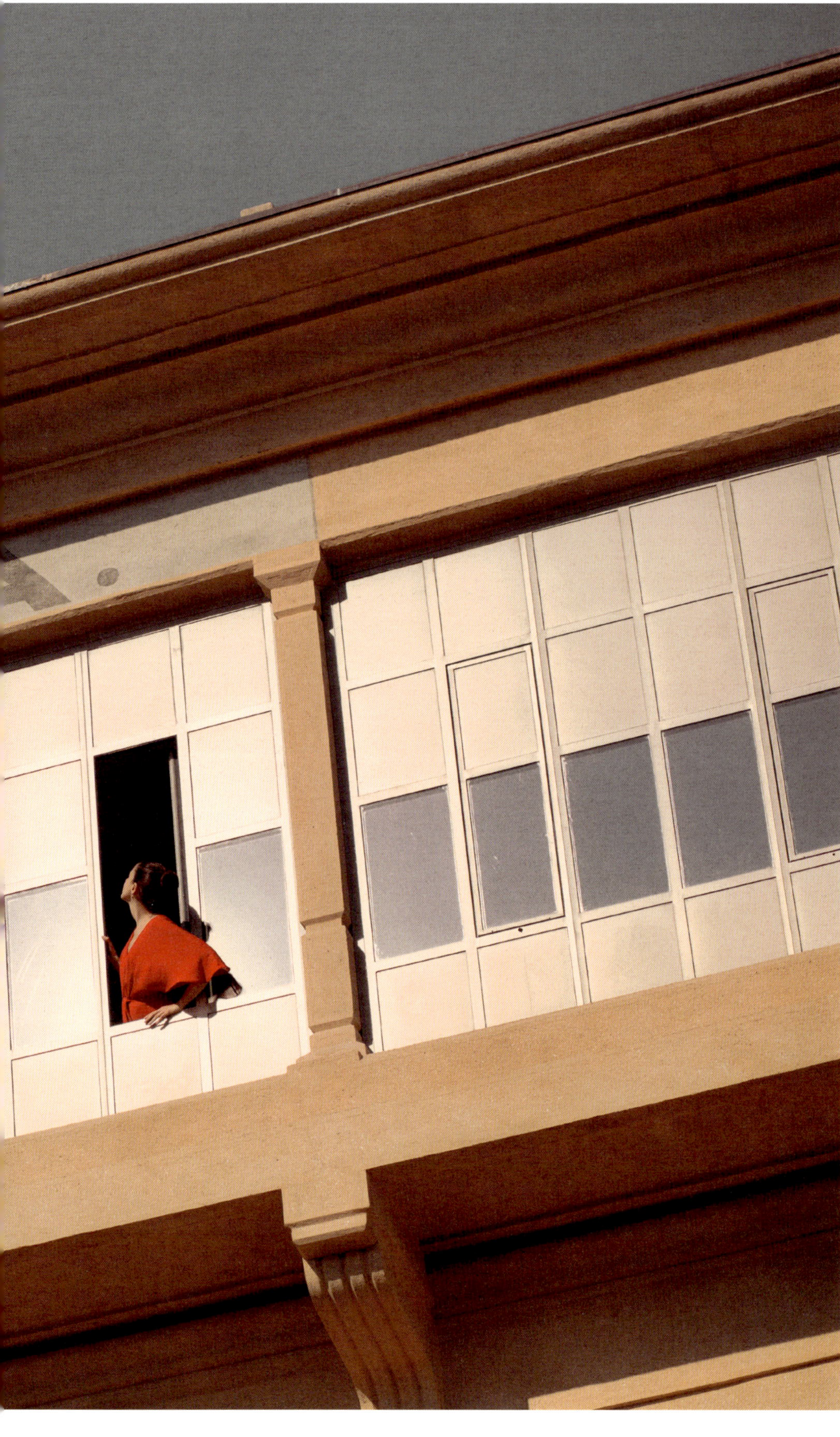

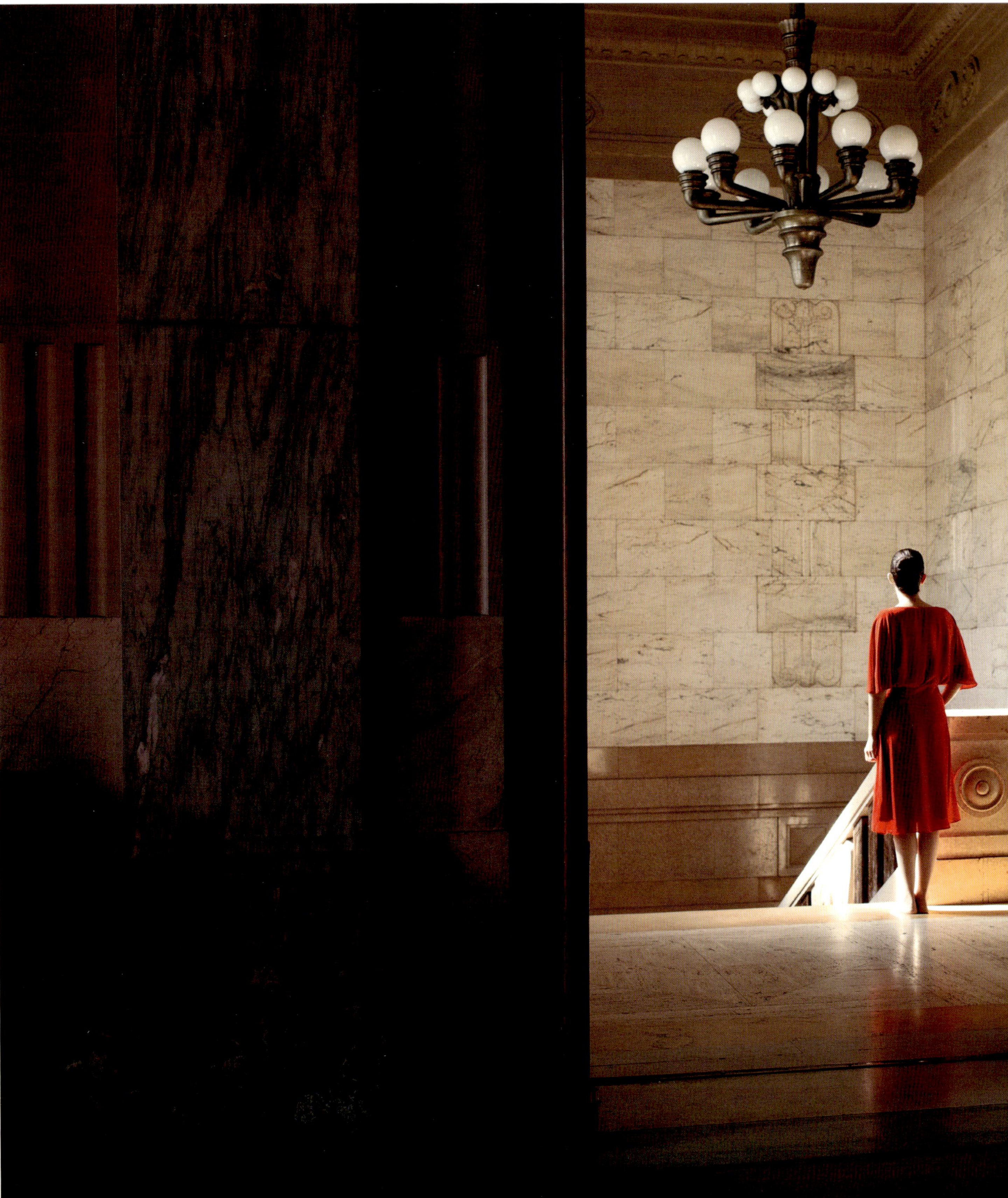

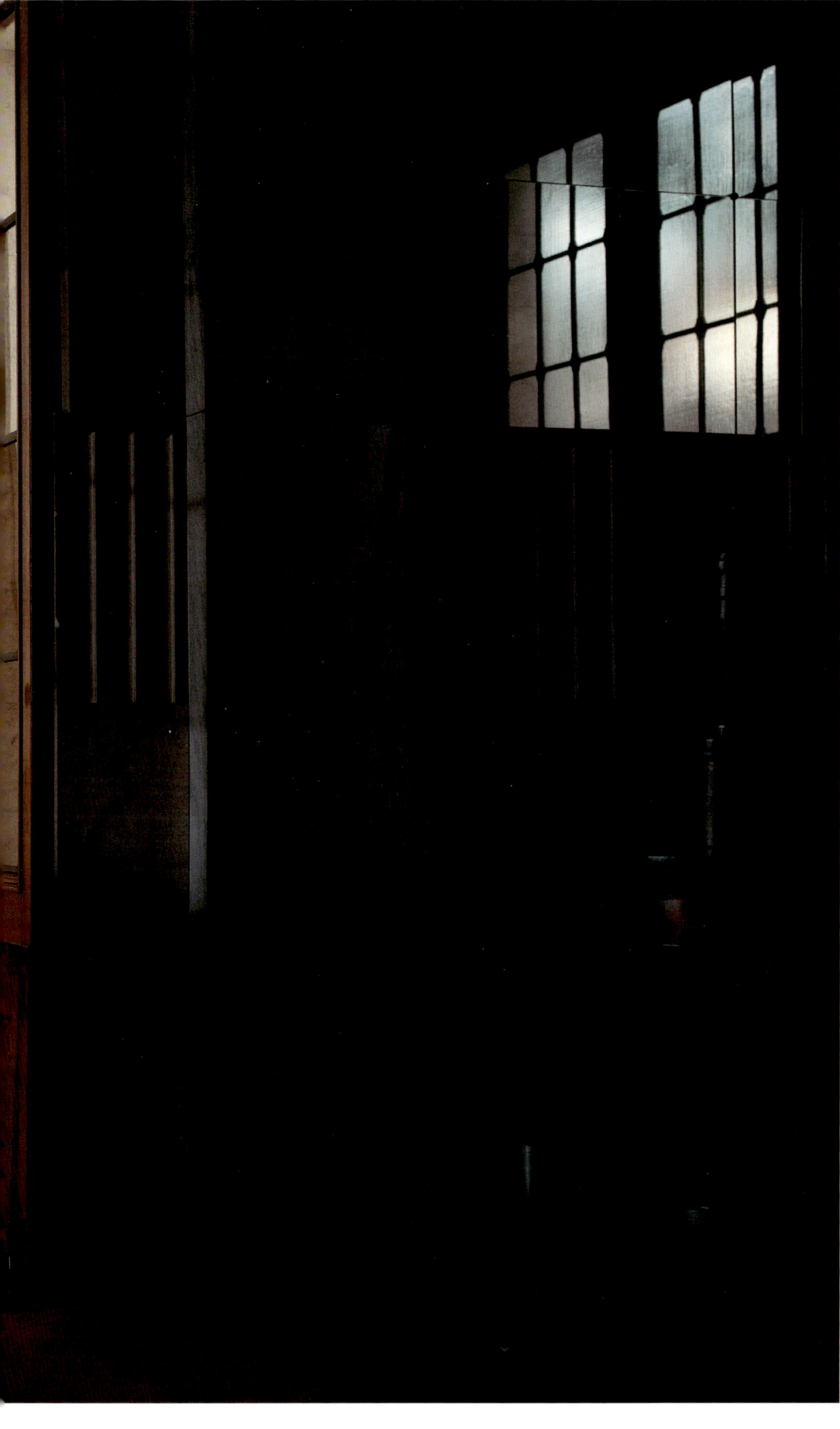

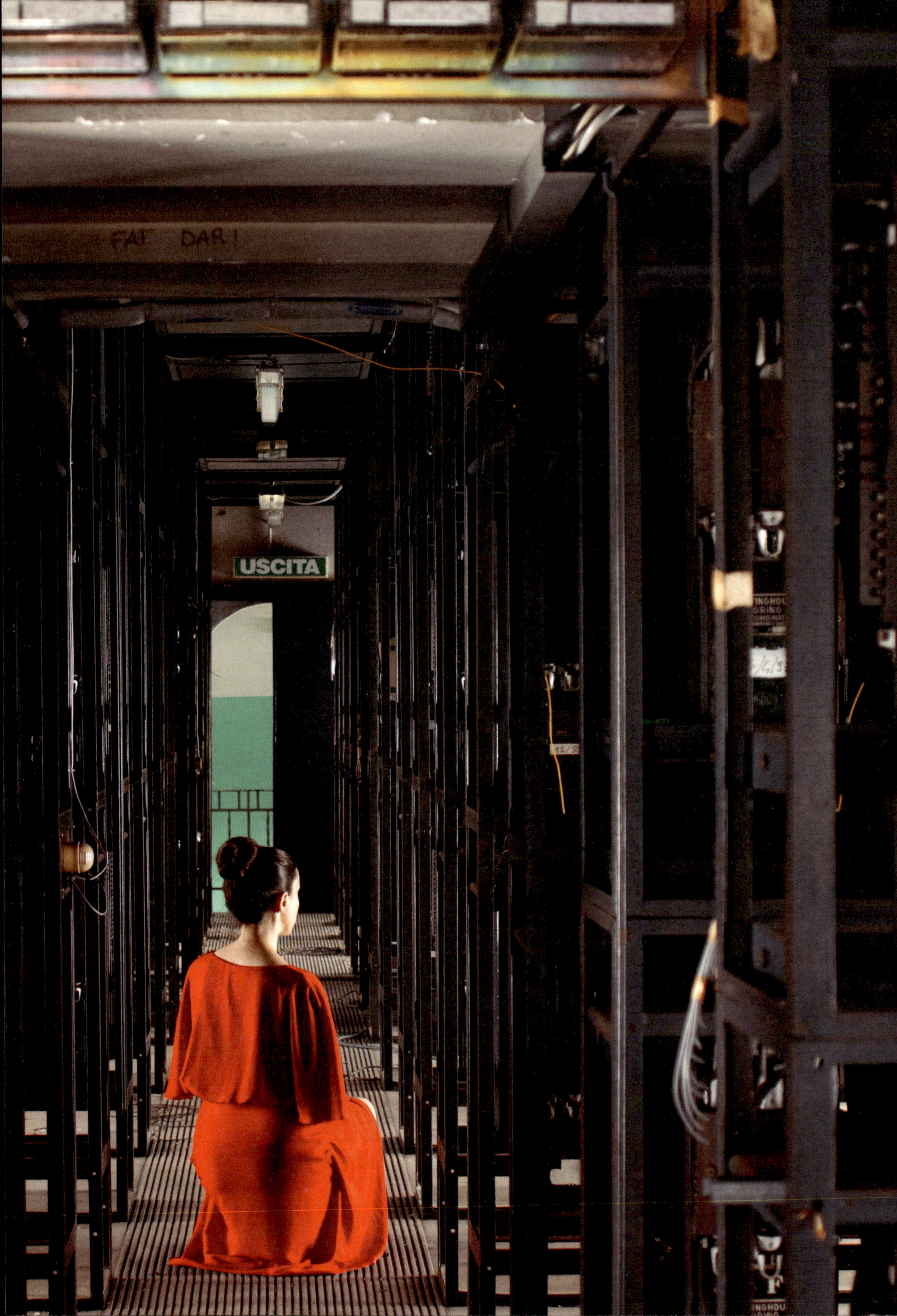
FAI DAR!
USCITA

Enrico Brizzi

IL FISCHIETTO DEL CAPOTRENO
/
THE TRAIN INSPECTOR'S WHISTLE

«Bastava osservare una carta della rete ferroviaria nazionale per rendersi conto di quale snodo insostituibile rappresentasse Bologna Centrale; più volte avevo sentito mio padre far presente che, se per qualche motivo fosse rimasta paralizzata, l'Italia si sarebbe trovata tagliata in due».

/

"You only needed to look at a map of the national railway network to realise what an irreplaceable hub Bologna Central Station was; on more than one occasion I had heard my father point out that, if for some reason it were to be paralysed, then Italy would be cut in two."

In Bologna the word for 'dad' is 'babbo,' and mine was a railway workers.
When he was still young he took his place among the ranks of the on-board staff, so ever since I was small I was accustomed to seeing him depart and return according to ever different rhythms, dictated by the development of the seasonal train timetable and by the logic of shift work.
The uneven diary of his work had nothing to do with that, implacable in its repetitiveness, of Mum or my friends' parents. It was practically impossible to guess if Babbo would be present at my school concert or at the finals of the minibasket tournament, but to my eyes that unpredictability appeared to be the unequivocal sense of his manly devotion to the cause. Like Tex and Pecos Bill, the Italian comic book characters, he was always ready to set off on new adventures, and I could be sure that, sooner or later, he would return to our ranch in Via Andrea Costa with a load of stories to tell.
Babbo was a man who was proud of his work; of course an engineer or an executive earned more, but only the on-board staff could show off the gilded decorations on their berets and on the jackets of their uniforms. To my child's eyes, those emblems were proof of the ancient nobility of his work: if drivers were essential to make the train move, they were not authorised to depart without conductors or train inspectors.
For this reason, punctuality was an essential part of his professional ethics. His journeys always departed from the same place, Bologna Central Station, and ended there at the most disparate of times. It was, quite clearly, a special place, inhabited by its own very special magic: disembarking there in the city were the commuters arriving on the Porrettana line and on the lines of the plain, from there you departed heading for the sea, Milan, Florence, Venice or the mountains of Trento. It was there that the control room was sited, which managed so precisely the local traffic, the destinations of the express trains intent on reaching the four corners of Italy and the trains of sleeper cars heading to Paris, Germany and further beyond.
You only needed to look at a map of the national railway network to realise what an irreplaceable hub Bologna Central Station was; on more than one occasion I had heard my father point out that, if for some reason it were to be paralysed, then Italy would be cut in two. That image of the Boot ripped like a sheet of tissue paper was frightening, and it was the first one that came into my mind on that hot, sticky morning in summer when the station blew up.
I was six years old and was playing with my second-hand Lego, stretched out on the cool floor of my bedroom; suddenly a distant thud, similar to an applause by giants, had made the glass of the French windows shudder. For a moment a huge silence had descended on the city, then an inferno of sirens and agitated shouts

A Bologna "papà" si dice "babbo", e il mio faceva il ferroviere. Si era inserito ancora giovane nei ranghi del personale viaggiante, così che ero abituato fin da piccolo a vederlo partire e rientrare secondo ritmi sempre diversi, dettati dall'evolversi dell'orario stagionale dei treni e dalla logica dei turni.

L'agenda dispari del suo lavoro non aveva nulla a che fare con quella, implacabile nella sua ripetitività, di Mamma o dei genitori dei miei amici. Era praticamente impossibile indovinare se Babbo avrebbe presenziato alla mia recita scolastica o alle finali del torneo di minibasket, ma quell'imprevedibilità appariva ai miei occhi il senso inequivocabile della sua virile dedizione alla causa. Come Tex e Pecos Bill, era sempre pronto a partire verso nuove avventure, e potevo stare certo che, prima o poi, sarebbe tornato al nostro ranch di via Andrea Costa carico di storie da raccontare.

Babbo era un uomo che andava fiero del suo mestiere; certo un ingegnere o un dirigente guadagnavano di più, ma solo il personale viaggiante poteva sfoggiare fregi dorati sul berretto e sulla giacca dell'uniforme. Ai miei occhi di bambino, quegli stemmi erano la prova dell'antica nobiltà del suo lavoro: se i macchinisti erano indispensabili a far muovere i convogli, senza controllori o capotreni non erano autorizzati a partire. Per questo la puntualità era una parte essenziale della sua etica professionale. I suoi viaggi partivano sempre dallo stesso luogo, la Stazione Centrale, e lì si concludevano agli orari più disparati. Si trattava, con ogni evidenza, di un posto speciale, abitato da una magia particolarissima: lì sbarcavano in città i pendolari in arrivo sulla linea Porrettana e su quelle di pianura, da lì si partiva per il mare, per Milano, Firenze, Venezia o le montagne di Trento. Sempre lì aveva sede la sala di controllo che gestiva con esattezza il traffico locale, il destino dei Direttissimi votati a raggiungere i quattro angoli d'Italia, e quello dei convogli di vagoni-letto che si sarebbero spinti a Parigi, in Germania e ancora più in là.

Bastava osservare una carta della rete ferroviaria nazionale per rendersi conto di quale snodo insostituibile rappresentasse Bologna Centrale; più volte avevo sentito mio padre far presente che, se per qualche motivo fosse rimasta paralizzata, l'Italia si sarebbe trovata tagliata in due.

Quell'immagine dello Stivale lacerato come un foglio di carta velina era spaventosa, e fu la prima che mi venne alla mente il mattino appiccicoso d'estate in cui la stazione saltò in aria.

Avevo sei anni e giocavo coi miei Lego di seconda mano, sdraiato sul pavimento fresco della mia cameretta; all'improvviso un tonfo lontano, simile a un applauso di giganti, aveva fatto tremare i vetri della portafinestra. Per un momento sulla città era sceso un gran silenzio, poi s'era scatenato un inferno di sirene e grida concitate da un balcone all'altro.

from one balcony to the other was triggered. At the time Babbo was doing a refresher course at the railway workers' school beside the East station square, at the end of which he would have the right to the whistle and the stripes of the official train inspector, so as soon as Mum realised what had happened, she burst into tears and ran desperately to the telephone in the living room.

The woman who governed my existence had gone crazy, out of control as I had never seen her before. She refused to explain to me what news had reduced her to that state; she did not want me near her, as though she no longer recognised me, and her pleas to the girl on the switchboard to put her in contact with Babbo ended up making me cry too.

A terrible misfortune had occurred, by now I had understood that, but only when I heard it screamed down in the courtyard that a bomb had caused a massacre at the station did I realise why my mother had been plunged into terror to that point: Babbo's worst nightmare had become a reality, Italy had been broken in two, fractured at the point of our city as if caused by a disastrous earthquake, and he ran the risk of being among those who had fallen into the fissure that had opened up. I saw him struggling, with his fingernails and his teeth, to climb up the steep slope of bare earth at the bottom of which the lava of the volcanoes was boiling.

I was exiled with my Lego, confined blamelessly to my room, and an age went by before the telephone rang; then I heard my father's name cried out in relief. "Babbo is okay!" Mum announced, laughing and crying together, but only when she had put the phone down did she truly recognise me again.

We went out to get an ice cream at the kiosk outside San Paolo di Ravone church, comforted by the promise that my father would return home soon; while I was ordering my three hundred lire cone of strawberry and lemon ice cream, I imagined that Babbo had succeeded in scrambling back up to the surface to find a portion of Italy saved from the disaster and to locate a telephone box. It was only with time that I would have a more realistic and unvarnished idea of what had happened.

At 10.25am on that accursed 2nd August, my father had been surprised by the bang right in the middle of his course; for hours, he and his colleagues had done nothing but dig down in the rubble in search of anyone still alive. Babbo had returned home in the late afternoon, covered head to foot in debris dust and in what, there and then, had seemed to me to be workshop grease or tar, but was in fact dried blood; stunned and slow-moving, he had refused to touch me and had locked himself with Mum in the bathroom. I peered through the keyhole and was surprised to see him naked and trembling, sobbing locked in an embrace with my mother like an inconsolable little boy.

All'epoca Babbo seguiva un corso d'aggiornamento alla scuola ferrovieri affacciata sul piazzale Est, al termine del quale avrebbe avuto diritto al fischietto e ai galloni di capotreno titolare, così appena comprese cos'era accaduto, Mamma scoppiò a piangere disperata e si attaccò al telefono del salotto.
La donna che governava la mia esistenza era impazzita, fuori controllo come non l'avevo mai vista. Si rifiutava di spiegarmi quale notizia l'avesse ridotta in quello stato, non mi voleva vicino a sé come non mi riconoscesse più, e le sue invocazioni alla signorina del centralino affinché la mettesse in contatto con Babbo finirono per far piangere anche me.

Era successo un guaio terrificante, ormai l'avevo capito, ma solo quando sentii strillare giù in cortile che una bomba aveva fatto una strage alla stazione, realizzai perché mia madre era sprofondata sino a quel punto nel terrore: il peggiore incubo di Babbo era diventato realtà, l'Italia era rimasta spezzata in due, fratturata all'altezza della nostra città come per effetto di un disastroso terremoto, e lui rischiava di essere fra quanti erano precipitati nella spaccatura che si era aperta. Me lo vidi lottare per risalire, con le unghie e con i denti, il versante scosceso di terra nuda in fondo al quale ribolliva la lava dei vulcani.
Venni esiliato coi miei Lego, recluso in camera senza colpa, e passò un tempo lunghissimo prima che suonasse il telefono; allora la sentii gridare di sollievo il nome di mio padre. «Il Babbo sta bene!» annunciò, ridendo e piangendo insieme, ma solo quando ebbe riattaccato tornò davvero riconoscermi.
Uscimmo a prendere un gelato al chiosco di fronte a San Paolo di Ravone, confortati dalla promessa che mio padre sarebbe tornato presto a casa; mentre ordinavo la mia cestina da trecento lire fragola e limone, immaginavo che a forza d'arrampicarsi Babbo era riuscito a tornare in superficie, guadagnare una porzione d'Italia risparmiata dal disastro e trovare una cabina telefonica. Solo col tempo mi sarei fatto un'idea più realistica e cruda di quel che era accaduto.
Alle 10 e 25 del maledetto 2 agosto, mio padre era stato sorpreso dal boato nel bel mezzo del suo corso; per ore, lui e i suoi colleghi non avevano fatto altro che scavare fra le macerie alla ricerca di qualcuno ancora vivo.
Babbo era rientrato a casa nel tardo pomeriggio, coperto da capo a piedi di polvere di calcinacci e di quello che, lì per lì, m'era parso grasso da officina o catrame, e invece era sangue rappreso; inebetito e lento nei movimenti, s'era rifiutato di toccarmi ed era andato a chiudersi in bagno con Mamma. Nell'accostare l'occhio alla serratura m'ero sorpreso di vederlo nudo e tremante, che singhiozzava stretto in un abbraccio a mia madre come un ragazzo sconsolato.
Quel trauma era scivolato ogni giorno più lontano, declassato a incubo occasionale.

That trauma had slipped a little further away each day, downgraded to an occasional nightmare.
Babbo was safe and sound, and now he had earned himself the whistle of the official train inspector; together with his colleagues and with the officers of the Railway Police, he kept the situation under control so people could return to travelling without worrying that another bomb might go off.
To my primary school pupil's eyes, the world of the railways exuded fascination: I was enthused by the miracle of the tracks that ran for hundreds of kilometres in parallel, by the sudden darkness of the tunnels and the relief that you felt on seeing the sunlight again, by the liveries of the carriages and the hermetic initials carefully painted on the sides.
The engines, which the profane call locomotives, had affectionate and imaginative nicknames such as Tiger, Crocodile and Chameleon, Polyphemus and Pirate, and pulled the trains not only from one city to the other, but also through the ages.
The wooden benches of the diesel-rail cars still in service on the coastal line were polished shiny by generations of bums; the age-old names of far-off cities engraved above the rough headrests of the fast trains told of the now lost season of the travels of Phileas Fogg, a mysterious past in which you were invited to immerse yourself with curiosity and respect.
When, on the other hand, Babbo talked animatedly and enthusiastically about the Pendolino with its tilting body that was the envy of the whole world, or boasted of the new orange high-speed train that sped towards Paris, it was clear that the railways were similar to arrows aimed towards the future.
The access door to that world was, as ever, the Central Station, which had arisen from its ruins prouder and more hard-working than ever.
The times when I accompanied Babbo to work, he left me free to wander around among the benches and underpasses of that special place, which seemed to sum up the prerogatives of the rocket launch pad and the kasbah.
The operators sitting in front of the luminous panels in the control room organised the train traffic with admirable precision, but a few steps from that Cartesian environment all manner of opportunities presented themselves. You could enjoy reading the signboards inserted into the sign-holders on the sides of the wagon-lits, exotic destinations printed in imposing type followed by short bursts of intermediary destinations, or linger beneath the large display board of arrivals and departures, observing the words changing automatically accompanied by the music of a thousand fans. You could order an ice lolly at the buffet bar and spy on the wealthy people sitting in the restaurant room, or even look around the lost property office,

Babbo era sano e salvo, e ormai si era guadagnato il fischietto del capotreno titolare; insieme ai suoi colleghi e agli agenti della Polfer teneva la situazione sotto controllo, così si poteva tornare a viaggiare senza temere che scoppiasse un'altra bomba.
Ai miei occhi di scolaro delle elementari, il mondo delle strade ferrate grondava fascino: mi appassionavano il miracolo dei binari che correvano per centinaia di chilometri in parallelo, il buio improvviso delle gallerie e il sollievo che si provava nel rivedere la luce del sole, le livree dei vagoni e le ermetiche sigle dipinte con cura sulle fiancate.

Le motrici, che i profani chiamano locomotive, portavano soprannomi affettuosi e immaginifici come Tigre, Coccodrillo e Camaleonte, Polifemo e Pirata, e trascinavano i convogli non solo da una città all'altra, ma anche attraverso le epoche.
Le panche in legno delle littorine ancora in servizio sulla linea costiera erano tirate a lucido da generazioni di chiappe; le antiche incisioni di città remote che sormontavano i ruvidi poggiatesta dei treni rapidi raccontavano della stagione ormai perduta dei viaggi di Phileas Fogg, un passato misterioso nel quale eri invitato a immergerti con curiosità e rispetto.
Quando invece Babbo s'infervorava a parlare del Pendolino a cassa oscillante che tutto il mondo ci invidiava, o magnificava il nuovo treno arancione ad alta velocità che sfrecciava verso Parigi, risultava evidente come le strade ferrate fossero simili a frecce rivolte verso il futuro.
La porta di accesso a quel mondo era come sempre la Stazione Centrale, risorta dalle sue rovine più fiera e operosa che mai. Le volte in cui accompagnavo Babbo al lavoro, mi lasciava libero di gironzolare fra banchine e sottopassaggi di quel luogo speciale, che pareva riassumere in sé le prerogative della rampa di lancio spaziale e della casbah.
Gli operatori seduti di fronte ai pannelli luminosi della sala di controllo regolavano con ammirevole esattezza il traffico dei convogli, ma a pochi passi da quell'ambiente cartesiano ribollivano le opportunità più disordinate. Potevi divertirti a leggere i cartelli sistemati nei portatarghe sulle fiancate dei wagon-lits, destinazioni esotiche stampate in corpo perentorio seguite dalle brevi raffiche delle destinazioni intermedie, o indugiare sotto il grande tabellone degli arrivi e delle partenze, a osservare le scritte che cambiavano in automatico accompagnate dalla musica di mille ventagli. Potevi ordinare un ghiacciolo al buffet e spiare i ricconi seduti nella sala del ristorante, o ancora curiosare all'ufficio degli oggetti smarriti, sonnecchiare in cappella con la scusa di una preghiera, addirittura farti tagliare i capelli a un prezzo convenientissimo dal barbiere Furio.
La stazione era anche il luogo ideale per studiare le mosse degli im-

doze in the chapel with the excuse of a prayer, or even have your hair cut at a convenient price by the barber Furio.

The station was also the ideal place to study the moves of the pick-pockets, as wicked as Sykes and Fagin in my *Oliver Twist* comic book, but in flesh and blood; it was not hard to come across the sinister exchanges between drug dealers and addicts, or realise how the unwary were relieved of their wallets. According to some rumours, you could even be abducted, shut up inside a suitcase and taken off to Yugoslavia.

Yet I did not need to feel intimidated by that crowd; at the station everyone knew my father and, in case of emergency, I could count on the help of anyone wearing a uniform with the gilded decoration of the glorious Italian State Railways.

So I moved at my ease in that feverish atmosphere, blessed by the idea that the world was varied and rich in opportunities, especially for the first-degree relatives of railway workers, who were entitled to a card that was valid as a second class ticket on all the trains in Italy. The possibility of travelling free turned out to be useful for my trips with Mum, going to Venice and Florence for the day or for longer adventures to visit the Colosseum in Rome or the Egyptian Museum in Turin, always accompanied by an abundant supply of sandwiches from home.

Once on board, then, you ran into people of all kinds.

There were silent travellers, who seemed intent on memorising *Panorama* or *Guerin Sportivo* magazines, and others determined to chat at all costs; you met couples who retained the strictest composure and others who, come the first tunnel, could not resist the temptation to French kiss. And then old ladies in tears who had lost their suitcases; soldiers just out on leave with their berets studded with non-regulation stars; bearded hippies shamelessly stretching out their filthy feet on other people's seats; priests, nuns and owners of cages inside which parrots and Indian mynah birds were imprisoned, graciously prepared to conquer the boredom of the journey by teaching the feathered ones to greet you by name.

Passed along the corridors were gallantries and offensive phrases pronounced with the accents of every part of Italy, polite requests for information and cantankerous complaints, the haughty pride of the young rebels who gathered to smoke at the back of the carriage and the good intentions of the female students sitting on the folding seats, the crying of babies and the furtive conversations of strangers, in all likelihood secret agents.

Over that diverse community of travellers, the train inspector reigned with benevolence and absolute power; if the genie had popped out of the lamp to ask what job I wanted to do when I grew up, I would not have had the shadow of a doubt.

Time flies, and many years have passed since my father last wore the

broglioni, cattivi come Sykes e Fagin nel mio *Oliver Twist* a fumetti, però in carne e ossa; non era difficile incrociare i traffici loschi fra spacciatori e tossici, o rendersi conto di come gli ingenui si facevano alleggerire del portafoglio. A sentire certe voci, poteva addirittura capitare di essere rapiti, chiusi dentro una valigia e condotti in Jugoslavia.

Io, però, non dovevo lasciarmi impressionare da quella folla; in stazione mio padre lo conoscevano tutti e, in caso di emergenza, potevo contare sull'aiuto di chiunque indossasse una divisa col fregio dorato delle gloriose Ferrovie dello Stato.

Così mi muovevo a mio agio in quell'atmosfera febbrile, beato all'idea che il mondo fosse vario e ricco di opportunità, in special modo per i parenti di primo grado dei ferrovieri, ai quali spettava una tessera valida come biglietto di seconda classe su tutti i treni d'Italia.

La possibilità di viaggiare gratis tornava utile per le mie gite con Mamma, puntate in giornata verso Venezia e Firenze, o avventure più lunghe alla volta d'un Colosseo o d'un Museo Egizio, sempre accompagnati da una robusta scorta di panini portati da casa.

Una volta a bordo, poi, s'incontrava gente di ogni risma.

C'erano viaggiatori silenziosissimi, che parevano votati a mandare a memoria «Panorama» o il «Guerin Sportivo», e altri decisi a chiacchierare a ogni costo; incontravi coppie ispirate alla più severa compostezza e altre che, alla prima galleria, non resistevano alla tentazione di baciarsi con la lingua. E poi vecchie in lacrime che avevano perduto la valigia; militari freschi di congedo dai baschi tempestati di stellette fuori ordinanza; hippie barbuti che allungavano senza vergogna i piedi luridi sui posti altrui; preti, suore e persino proprietari di gabbie dentro cui erano prigionieri pappagalli e gracule indiane, graziosamente disposti a vincere il tedio del viaggio ammaestrando i pennuti a salutarti per nome.

Lungo i corridoi si rincorrevano galanterie e offese pronunciate con gli accenti d'ogni parte d'Italia, garbate richieste d'informazioni e bizzosi reclami, l'orgoglio altero dei giovani ribelli radunati a fumare sul fondo del vagone e i buoni propositi della studentesse sedute sugli strapuntini, pianti di bimbi ed ermetiche chiacchiere di forestieri, con ogni probabilità agenti segreti.

Su quella variegata comunità in viaggio, il capotreno regnava con benevolenza e potere assoluto; se il genio della lampada fosse spuntato a chiedermi quale mestiere volevo fare da grande, non avrei avuto l'ombra di un dubbio.

Il tempo vola, e sono parecchi anni che mio padre non porta più il berretto rosso da capotreno, né io l'ho ereditato. La vita ha disposto per me altri piani, ma la stazione di Bologna Centrale, così diversa da com'era un tempo, con le scale mobili che scendono al piano Kiss & Ride e, da quello, ai binari sotterranei dell'alta velo-

red beret of the train inspector, and yet I have not inherited it. Life had other plans for me, but Bologna Central Station, so different from how it once was, with its escalators descending to the Kiss & Ride floor and, from there, to the underground platforms of the high-speed trains, continues to be the gate that Bologna holds open to the world.

The passage of seven hundred trains and of one hundred and sixty thousand people a day make it in its way a city within the city, the capital of a republic of modern nomads of which I hold full citizenship. Not a week passes without my slipping quickly from Piazzale Medaglie d'Oro beneath the colonnade of the main volume, or emerging above ground to deceive the expectation of a coincidence, listening to the accents of my people mixed with a hundred others.

Life always flows in the same direction, towards the future, but you only need take a look at the clock stopped at 10.25 to see the ribbon of time twist back onto itself.

More than forty years have gone by since the morning when I imagined Babbo struggling to climb up the abyss that had broken Italy in half.

No matter how crazy it may sound, we still do not know the whys and wherefores of those responsible for that disaster, but one thing is certain: Bologna does not forget, and only on the day when those names are written in the History books will it find its peace.

cità, continua a essere la porta che Bologna tiene aperta sul mondo. Il transito di settecento convogli al giorno e il passaggio quotidiano di centosessantamila persone la rendono a suo modo una città nella città, la capitale d'una repubblica di nomadi moderni della quale detengo a pieno titolo la cittadinanza. Non passa settimana senza che dal piazzale Medaglie d'oro m'infili a passo svelto sotto il colonnato del corpo principale, o che sbuchi in superficie per ingannare l'attesa d'una coincidenza ascoltando l'accento della mia gente mescolato a cento altri.

La vita scorre sempre nella stessa direzione, verso l'avvenire, ma basta uno sguardo all'orologio fermo sulle 10 e 25 perché il nastro del tempo si riavvolga su se stesso.

Sono trascorsi più di quarant'anni dal mattino in cui immaginai Babbo intento a risalire la voragine che aveva spezzato l'Italia a metà. Per quanto suoni pazzesco, ancora non conosciamo per filo e per segno i nomi dei colpevoli di quel disastro, ma una cosa è certa: Bologna non dimentica, e solo il giorno in cui saranno scritti sui libri di Storia troverà la sua pace.

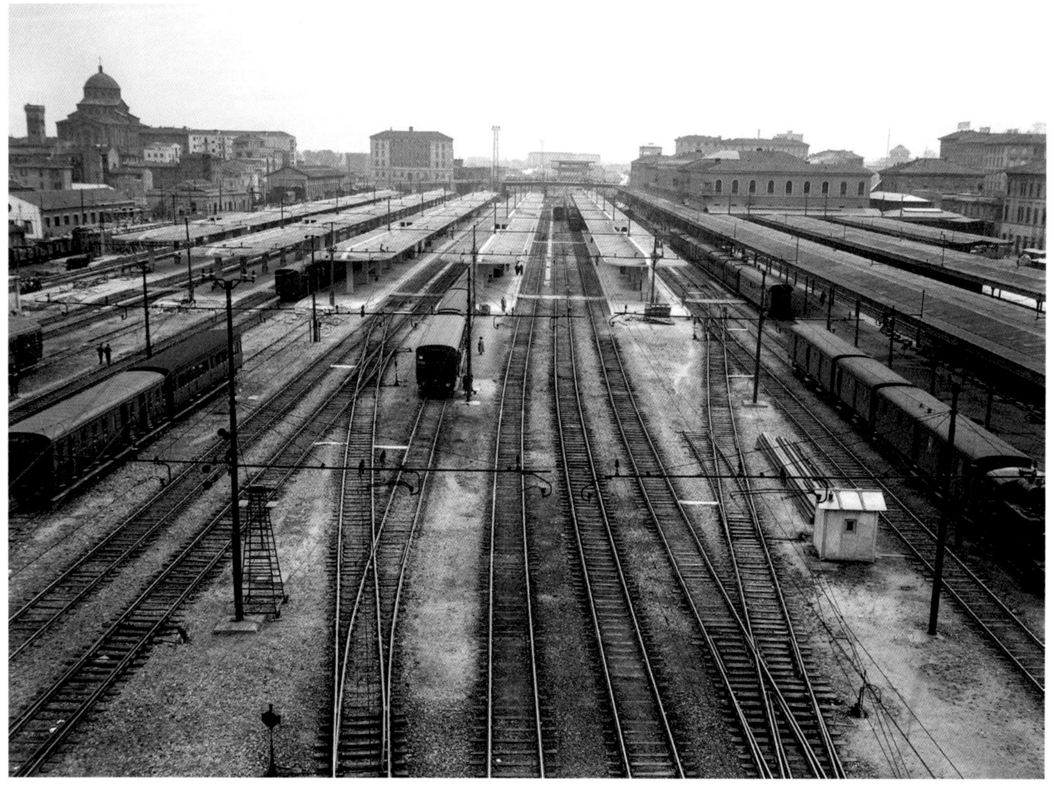

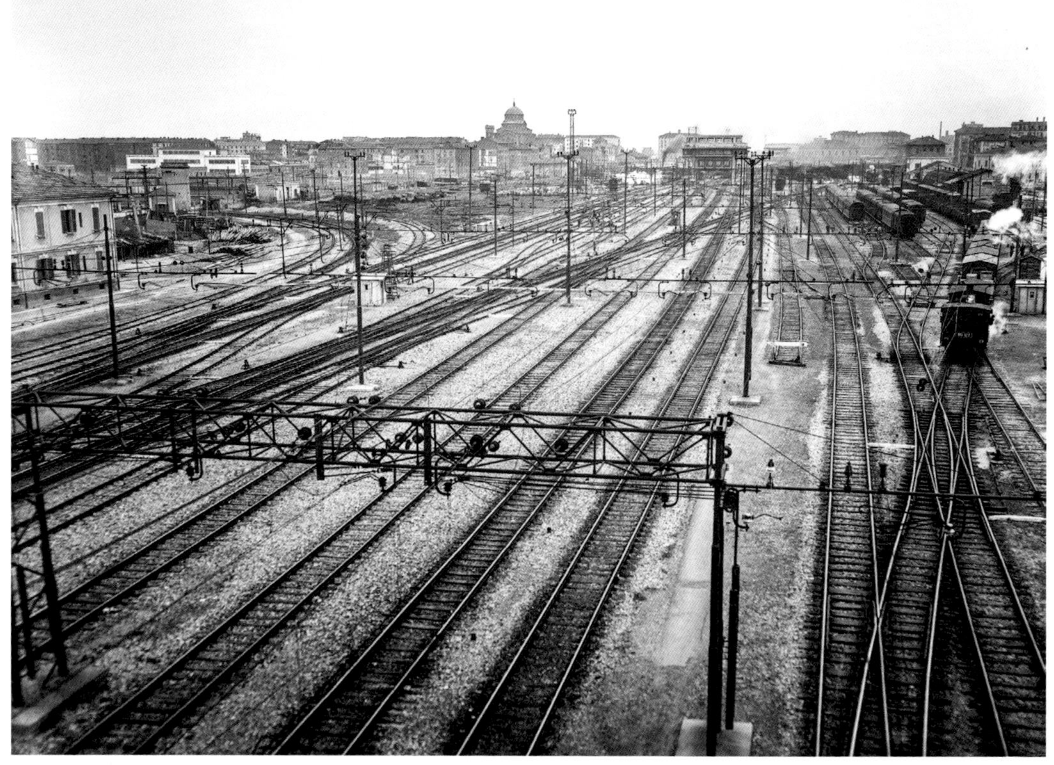

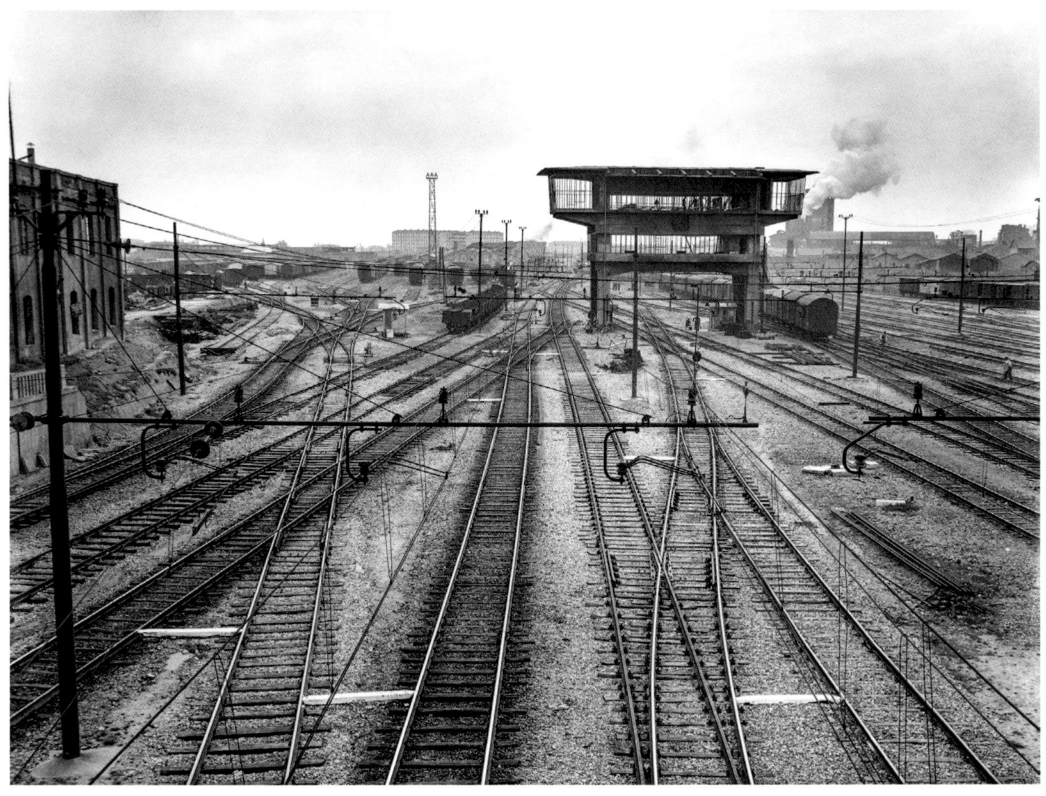

Panoramica sul piazzale con alcuni treni
in sosta e di passaggio /
Panoramic view of the station yard
with some stationary and moving trains
Bologna, 1949
Fondazione FS Italiane,
Fondo Fototeca Centrale FS

Panoramica sul piazzale della stazione dal lato
del quartiere Lame; la traversata per la stazione
viaggiatori ovest e il raccordo per Bologna Arcoveggio /
Panoramic view of the station yard from the side of the
Lame district; the crossing point for the west passenger
station and the connection for Bologna Arcoveggio
Bologna, 1949
Fondazione FS Italiane, Fondo Fototeca Centrale FS

Panoramica sul piazzale della stazione
dal lato del quartiere Mascarella; comunicazioni
per il parco merci della Mascarella e partenze
per le linee per Ancona e per Firenze /
Panoramic view of the station yard from the side
of the Mascarella district; communications
for the Mascarella freight yard and departures
for the lines to Ancona and Florence
Bologna, 1949
Fondazione FS Italiane, Fondo Fototeca Centrale FS

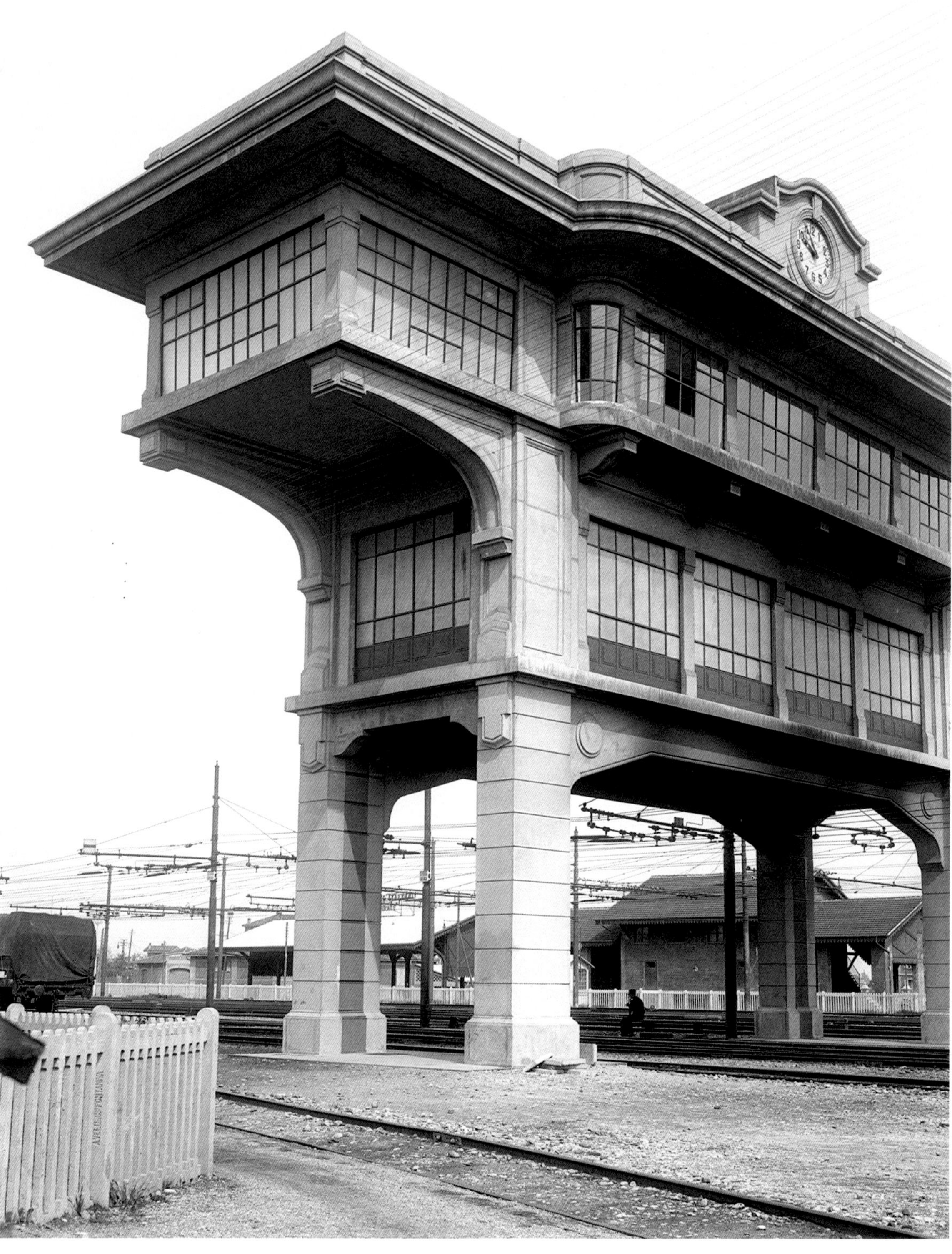

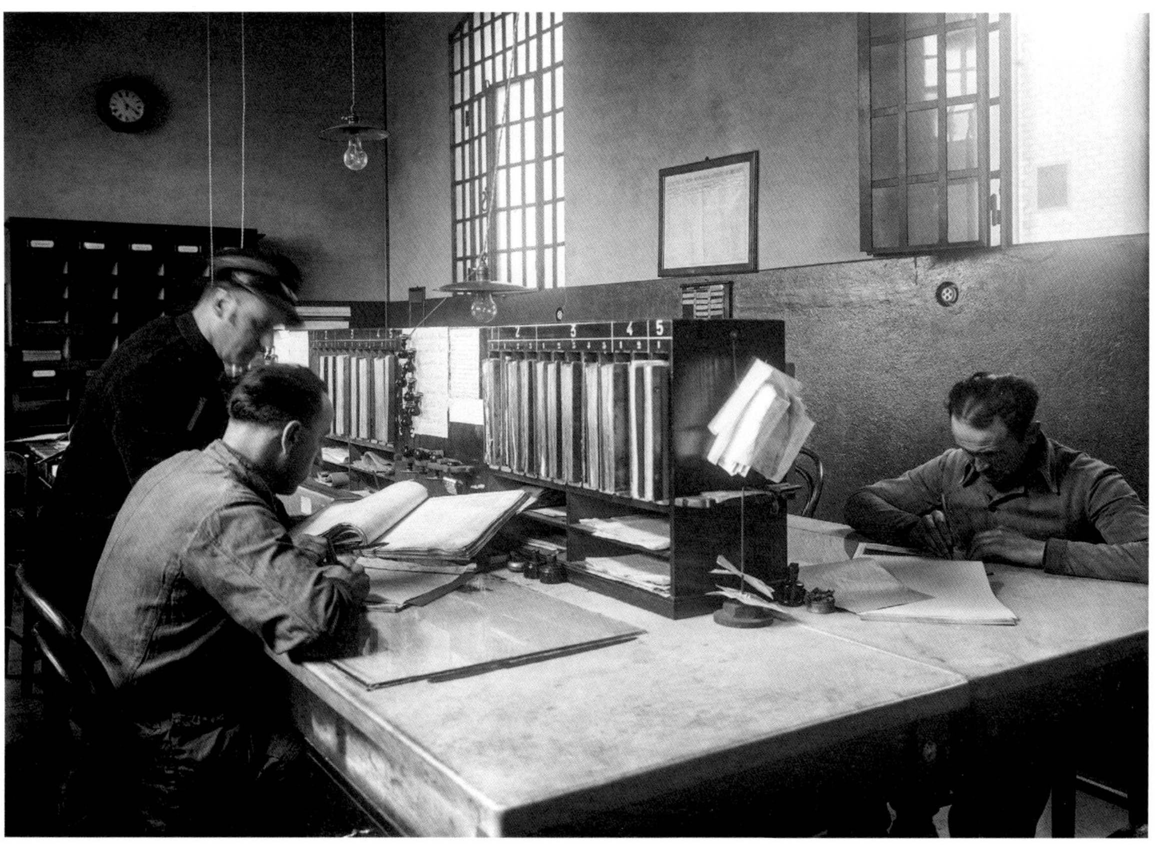

Veduta del fianco della Cabina A
dell'Apparato Centrale Elettrico /
View of the side of Cabin A
of the Electrical Interlocking
Bologna
Fondazione FS Italiane, Fondo Fototeca Centrale FS

Interno dell'ufficio centrale del lavoro
del Deposito Locomotive di Bologna /
Inside of the central working office
of the Locomotive Depot in Bologna
Bologna
Fondazione FS Italiane, Fondo Servizio Materiale
e Trazione Firenze (1905-1985)

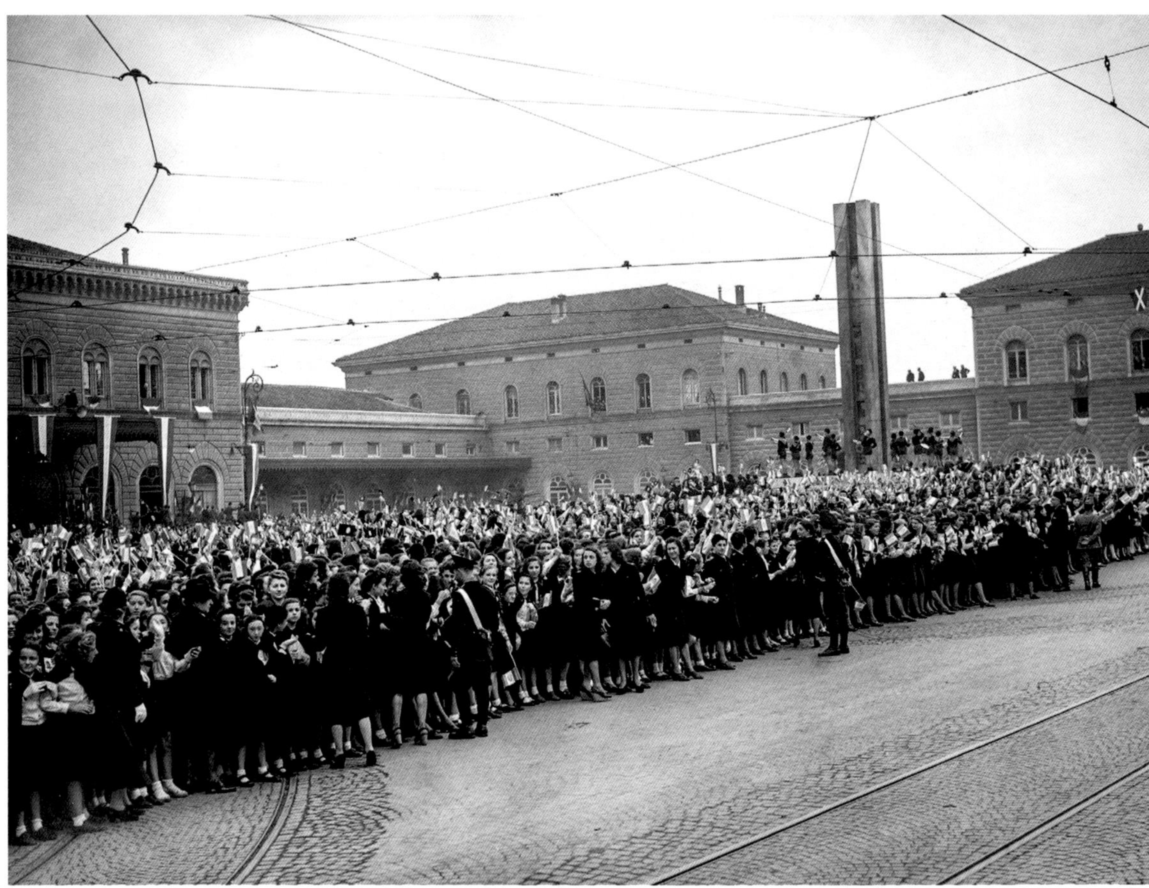

Scorcio del piazzale davanti alla stazione, gremito di folla,
soprattutto donne e ragazze dei Fasci femminili per l'arrivo del duce /
View of the square outside the station, crowded above all
with the women and girls of the female Fascist Movement
awaiting the arrival of the Duce
Bologna, 1941
Archivio Storico Luce, Fondo Attualità

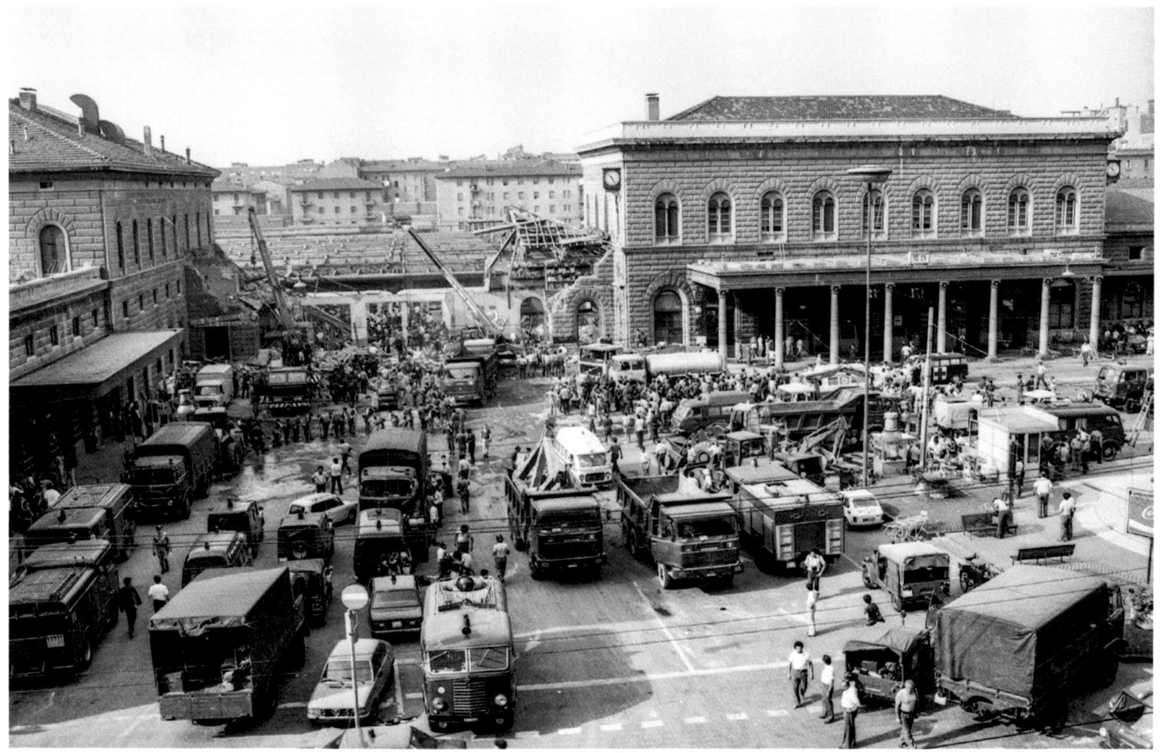

La stazione ferroviaria di Bologna dopo l'attentato /
Bologna railway station after the terrorist attack
Bologna, 1980
Archivi Farabola

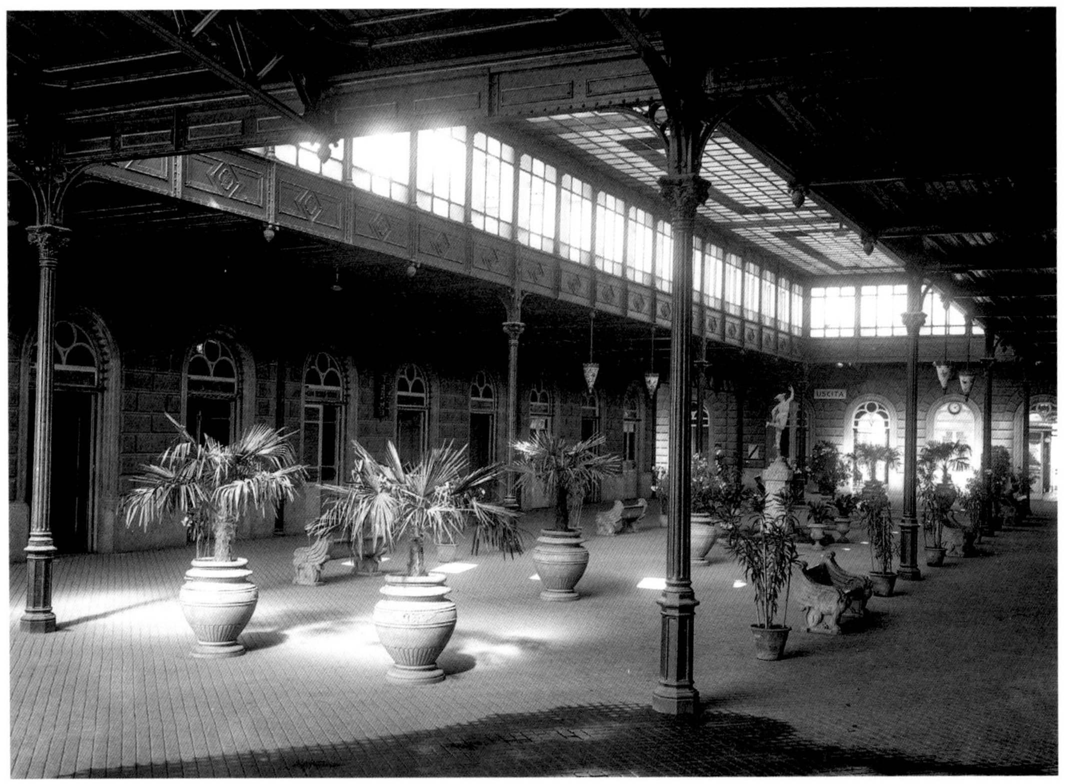
USCITA

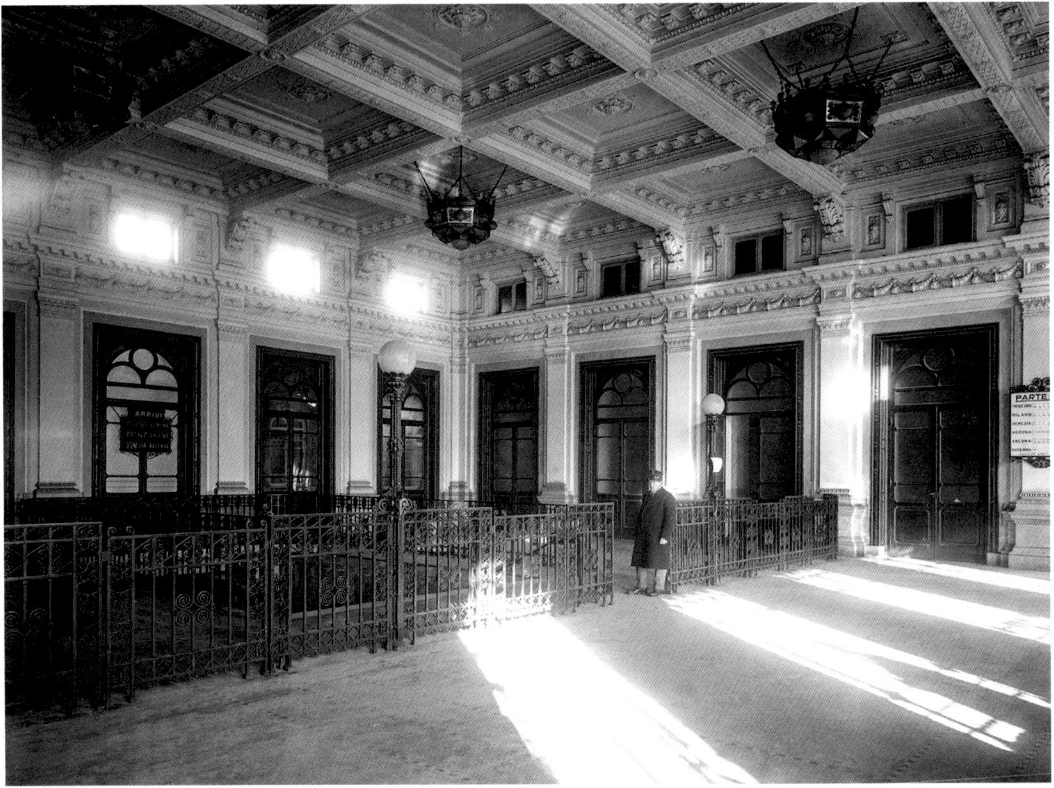
ARRIVI
PARTE
MILANO
VENEZIA
VERONA
ANCONA
RAVENNA

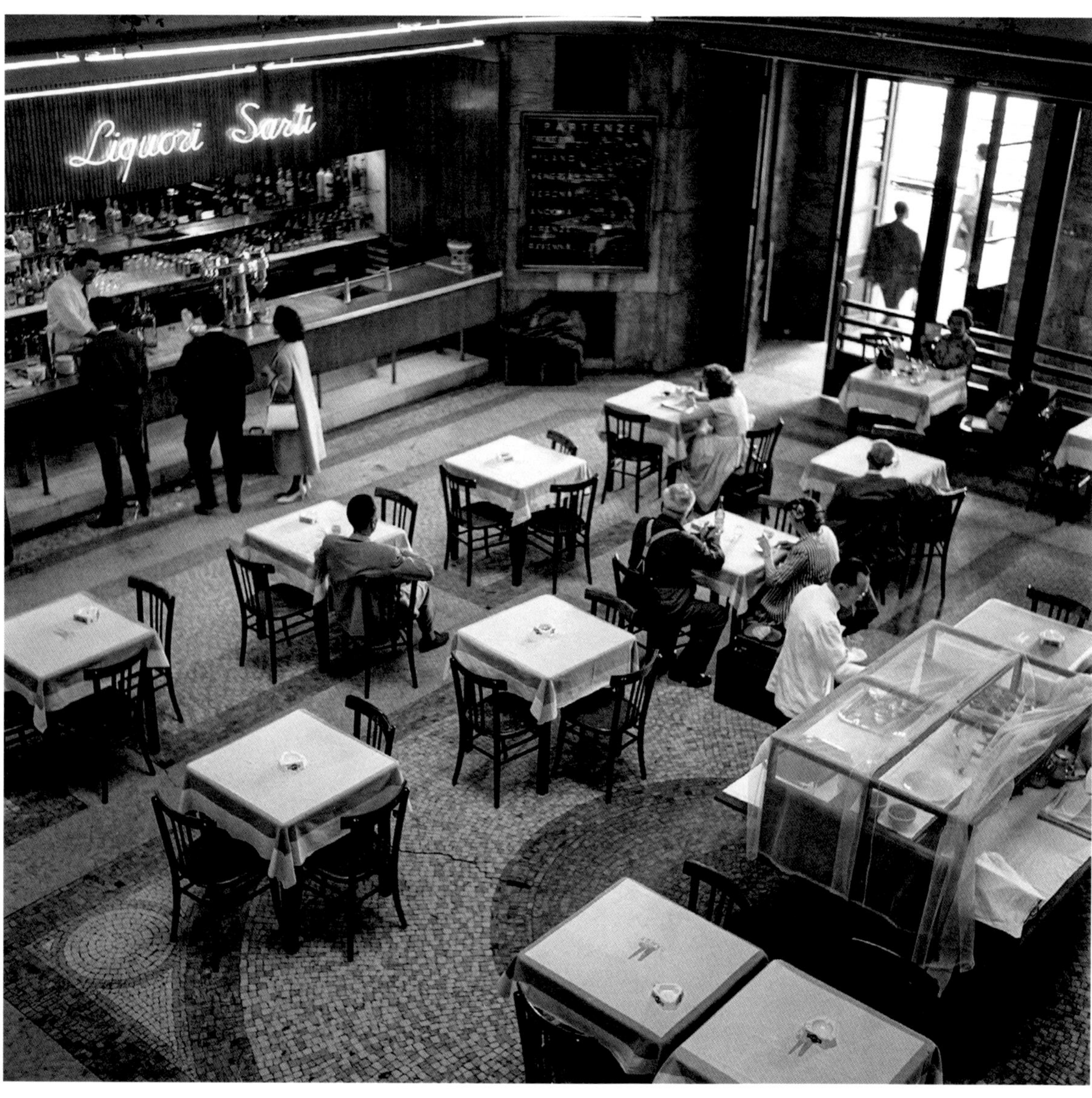

L'atrio interno con la copertura in vetro
allestito con varie piante ornamentali /
The internal atrium with glass roof decorated
with various ornamental plants
Bologna
Fondazione FS Italiane, Fondo Fototeca Centrale FS

Il fabbricato viaggiatori con il salone d'uscita /
The station building with the exit hall
Bologna
Fondazione FS Italiane, Fondo Fototeca Centrale FS

JOSIP CIGANOVIC
La sala del ristorante con i viaggiatori in piedi
al banco liquori e altri seduti ai tavoli /
The restaurant room with travellers standing
at the liqueur counter and others seated at the tables
Bologna, 1957
Fondazione FS Italiane, Fondo Fototeca Centrale FS

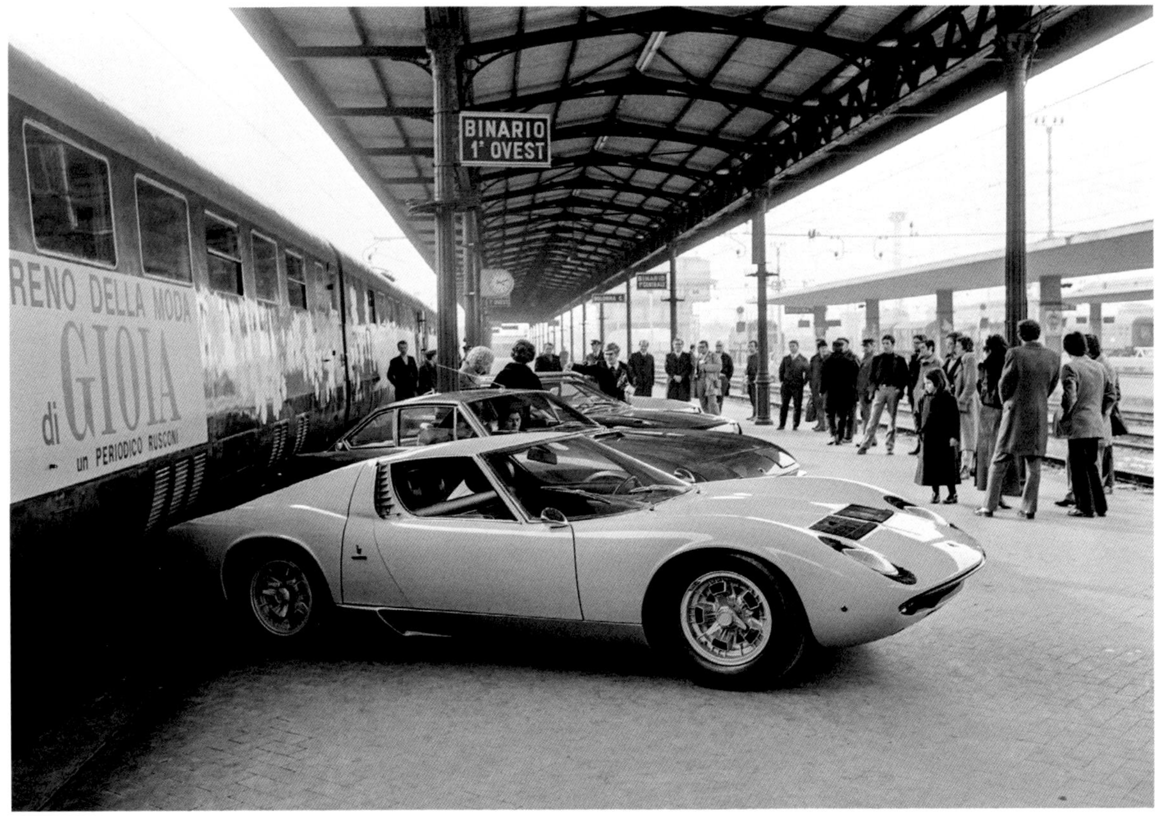

LAMBERTO CAMIRRO
Esposizione di auto al binario 1 del Piazzale Ovest.
In sosta sul binario il treno ETR 220 in livrea floreale realizzata per l'evento creato dal settimanale «Gioia» /
Exhibition of cars on Platform 1 of the West Square.
Standing at the platform, the ETR 220 train in floral livery prepared for the event created by the magazine *Gioia*
Bologna, 1971
Fondazione FS Italiane, Fondo Fototeca Centrale FS

ANASTASIO GRILLINI
Alcuni viaggiatori in attesa sul marciapiede /
Some passengers waiting on the platform
Bologna, 1982
Fondazione FS Italiane, Fondo Fototeca Centrale FS

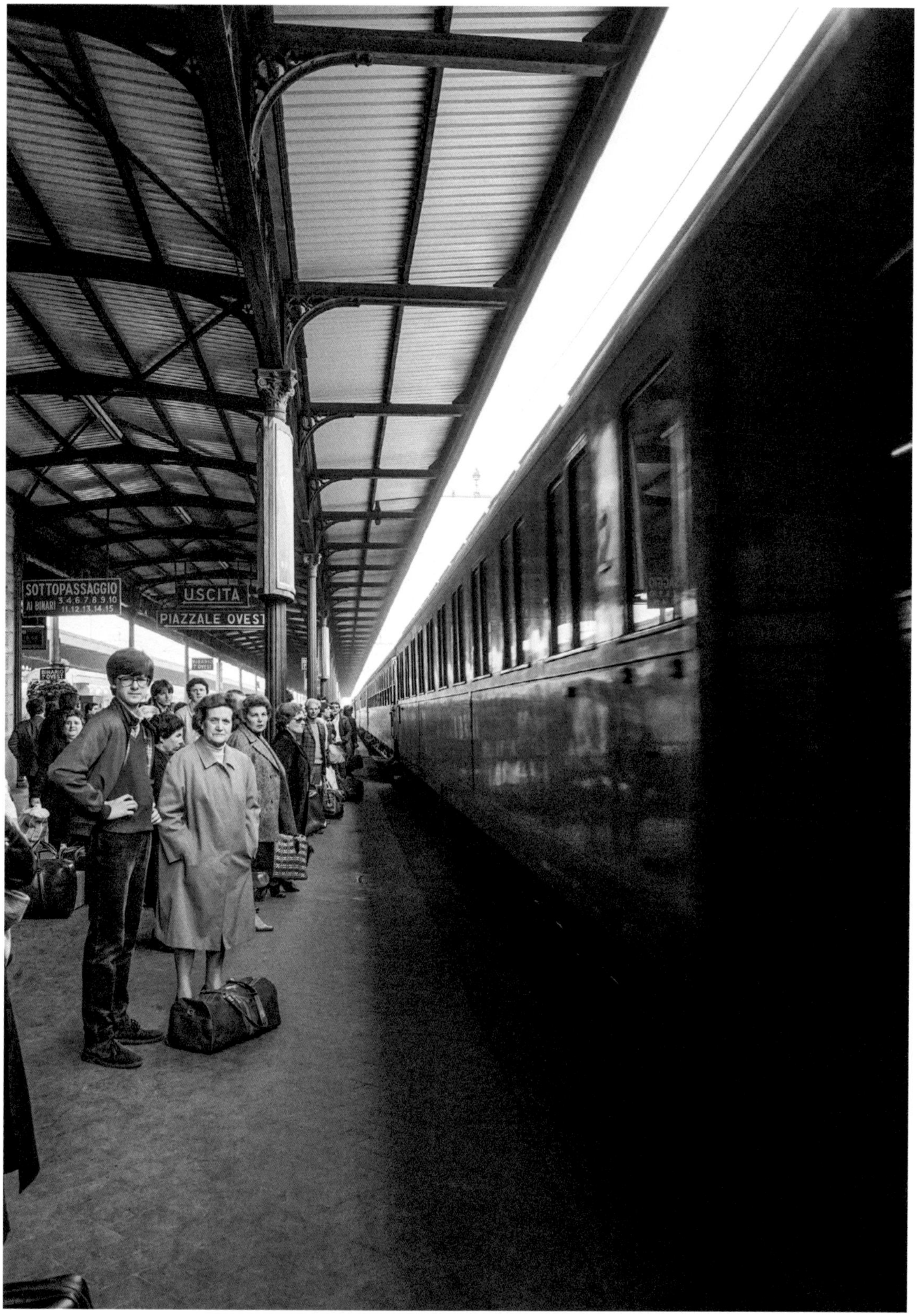

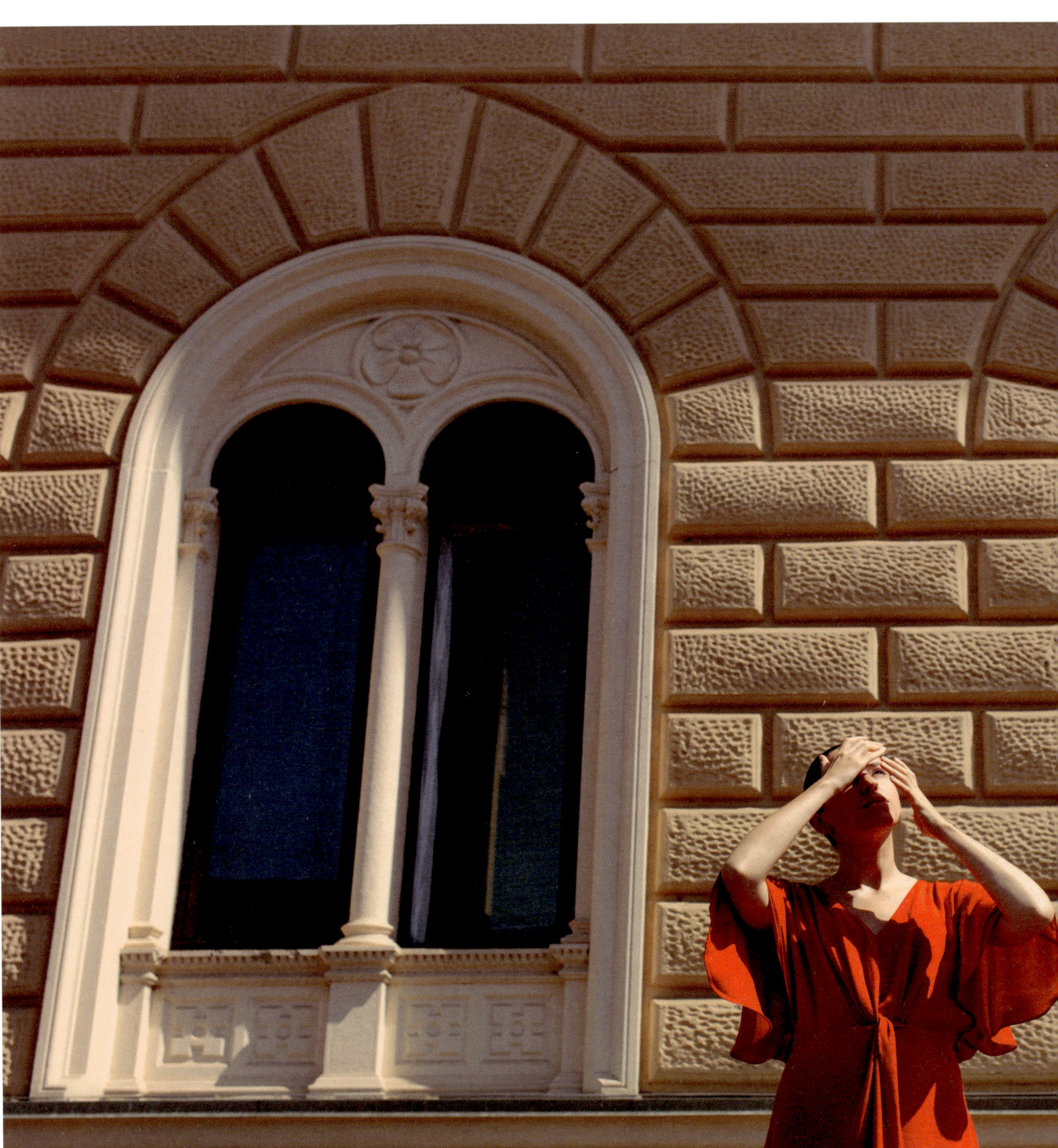

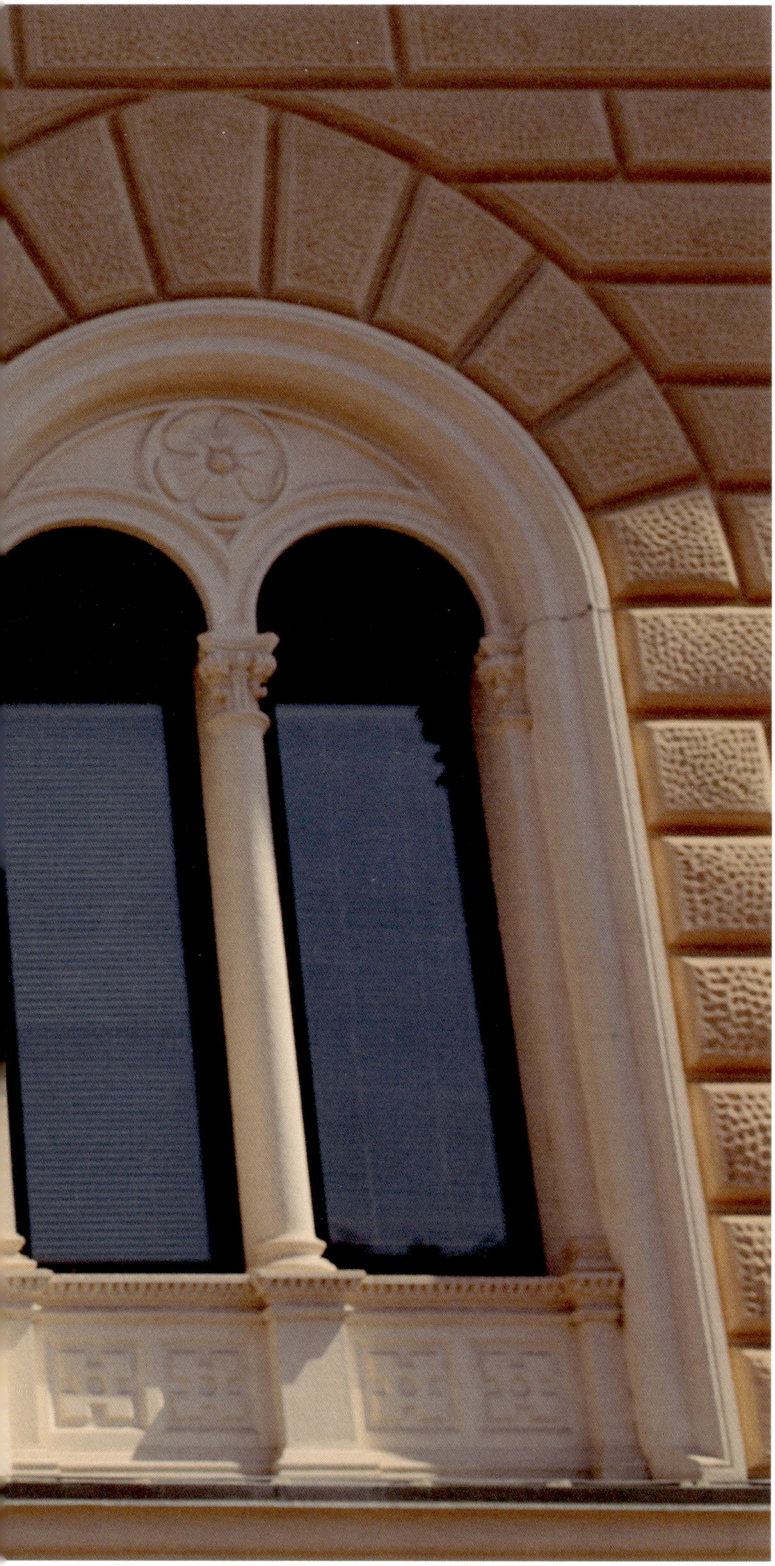

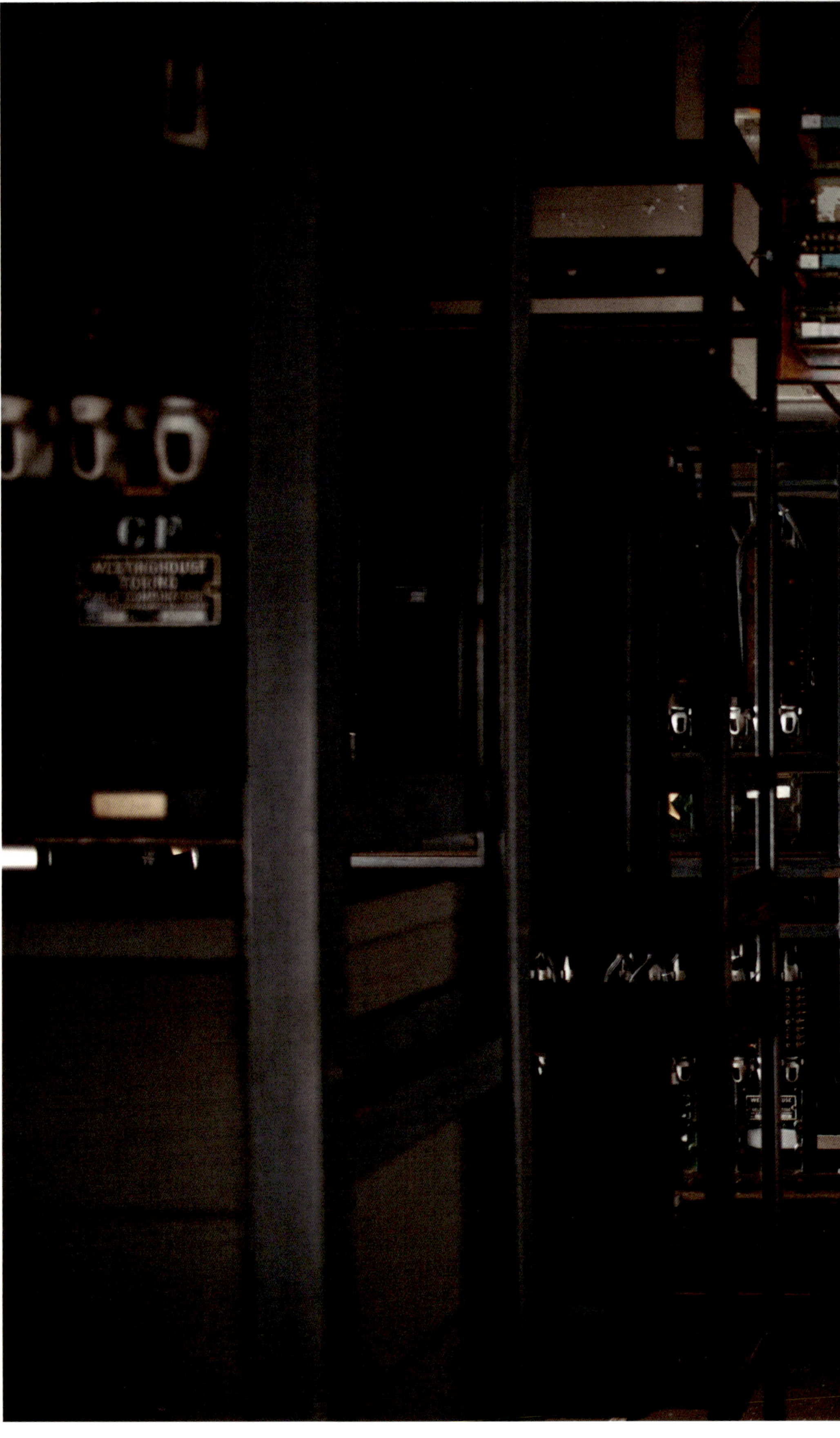
CF
WESTINGHOUSE
TORINO

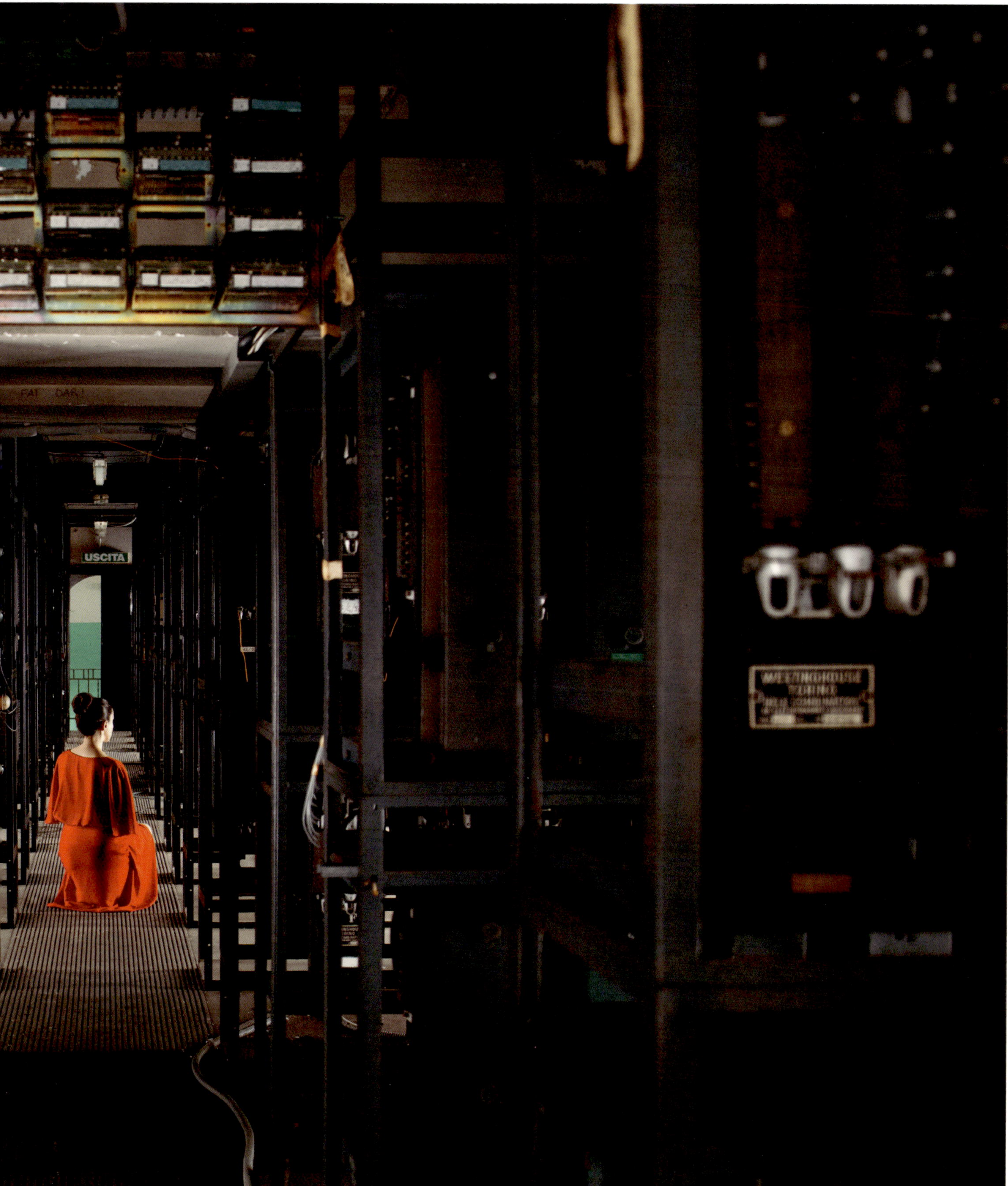
USCITA

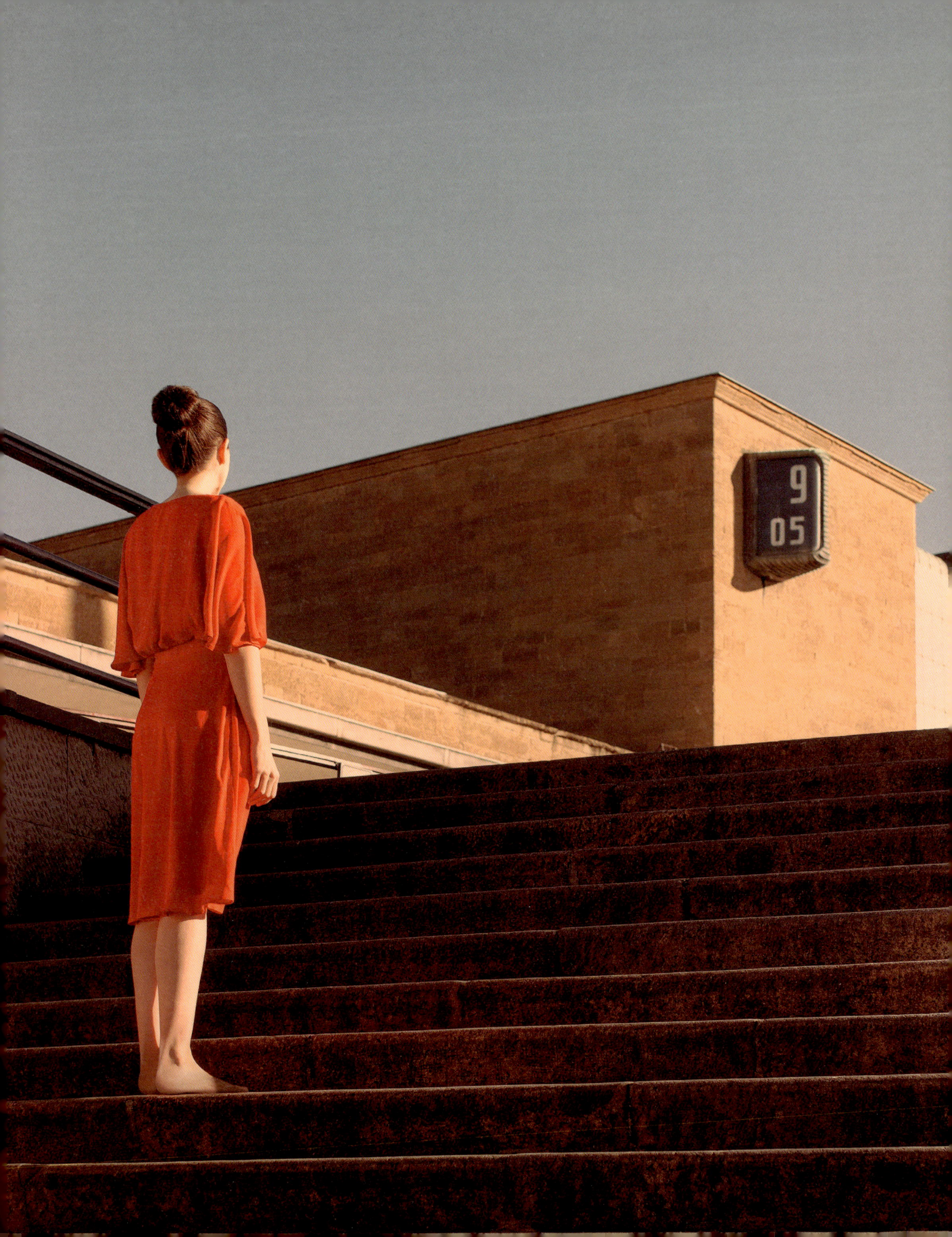
9
05

Sandro Veronesi

FIRENZE SANTA MARIA NOVELLA
/
FLORENCE SANTA MARIA NOVELLA

«È un capolavoro, punto. Ed è uno dei pochi capolavori di Firenze che ogni giorno, da quasi un secolo, venga ammirato e goduto da chi lo usa, non da chi lo visita — cosa che da sola oppone un'inesauribile energia alla deriva verso l'isterilimento museale della quale Firenze è vittima da secoli».

/

"It is a masterpiece. And it is one of the few masterpieces in Florence that every day, for almost a century, is admired and enjoyed by those who use it, not by those who visit it — something that alone sets an inexhaustible energy against the drift towards the museum-like sterilisation to which Florence has been victim for centuries."

Memory is a different form of removal, which functions according to emotional priorities. The memories associated with a strong emotion, better if shared, are implanted before the others and remain there forever, claiming to be the most important. We know well that this is not so – rather, it is the opposite; the most important memories are the *covered* ones, which we struggle to retrieve – but knowing this does not allow us to escape this mechanism. Therefore, to start to talk about Santa Maria Novella Station it is worthwhile to favour it, the mechanism, and to start from the first memory that I have, the one that goes before all others. It is a memory associated with one precise day of my nineteenth year of age, 16th March.

16th March 1978 was a Thursday. At around ten in the morning I got off the local train from Prato that took me to Florence every day to attend classes at the university, where I was enrolled on the first year of the Architecture course. That morning the famous Thursday lecture on Descriptive Geometry by Professor Ugo Saccardi, which was held from eight thirty to ten thirty at the site in Piazza Brunelleschi, had been cancelled: if that had not been the case I would have got off the train two hours earlier, like every other morning, and who knows where I would have started this text from: but it had been cancelled, I got off the train at around ten, and this text begins here. Let us briefly recall how people lived in 1978: no internet, no mobile phones, no morning TV, information in real time was all entrusted to the radio, which for two years had no longer been the monopoly of Rai Italian State Television due to the famous decision of the Constitutional Court, which had deregulated access to frequencies. At any time of the day or night, the free radios, and by reflection also the RAI, offered a scope and depth of offers that literally proved revolutionary. Radio was the first true 24/7 experience, as we say today, in the lives of Italians. There were places, however, where the radio did not enter, and the train was one of them: on trains newspapers (there were no portable devices with headphones), magazines and books still reigned supreme, so they became impenetrable by the latest news, as depicted admirably in the story by Dino Buzzati entitled *Something Happened and Other Tales*. So that morning, during the journey from Prato to Florence, I read a few pages of *The Clown* by Heinrich Böll, and again for the reason explained at the beginning I also remember well which pages: those hugely poignant ones at the end of the eighth chapter when Maria abandons Hans in the hotel room in Hanover, leaving him a note on the table with the words "I must take the path that I must take".

I therefore had these words in my head when I got off my train onto the platform of Santa Maria Novella Station, and my memories of that place found their beginning: a buzz, word of mouth, an electric background of other rambling, repeated, explicit and

La memoria è una forma diversa di rimozione, che funziona secondo priorità emotive. I ricordi legati a un'emozione forte, meglio se condivisa, si piantano davanti agli altri e lì restano per sempre, reclamando d'essere i più importanti. Sappiamo bene che non è così – anzi, è l'opposto, i ricordi più importanti sono quelli *coperti*, che fatichiamo a ripescare – ma saperlo non ci permette di sfuggire a questo meccanismo. Perciò, per cominciare a parlare della stazione di Santa Maria Novella tanto vale assecondarlo, il meccanismo, e partire dal primo ricordo che ne ho, quello che sta davanti a tutti. È un ricordo legato a un giorno preciso del mio diciannovesimo anno di età, il 16 marzo.

Il 16 marzo 1978 era un giovedì. Verso le dieci di mattina sono sceso dal treno locale che da Prato mi portava ogni giorno a Firenze per seguire le lezioni all'Università, dove ero iscritto al primo anno del corso di Architettura. Quella mattina la famosa lezione del giovedì di Geometria descrittiva del professor Ugo Saccardi, che si teneva dalle otto e mezza alle dieci e mezza nella sede di piazza Brunelleschi, era stata annullata: non fosse stato così sarei sceso dal treno due ore prima, come tutte le altre mattine, e chissà da dove avrei cominciato questo testo: ma era stata annullata, io sono sceso dal treno verso le dieci, e questo testo inizia da qui.

Ricordiamo brevemente come si viveva nel 1978: niente internet, niente telefoni cellulari, niente tv alla mattina, l'informazione in tempo reale era tutta affidata alla radio, che da due anni non era più monopolio della Rai per via della celebre sentenza della Corte Costituzionale che aveva liberalizzato l'accesso alle frequenze. A qualunque ora del giorno o della notte le radio libere, e di rimbalzo anche la Rai, offrivano un'ampiezza e una densità di offerte che risultavano letteralmente rivoluzionarie. La radio era la prima vera esperienza h24, come si dice ora, nella vita degli italiani. C'erano dei posti, però, nei quali la radio non entrava, e il treno era uno di essi: in treno trionfavano ancora i giornali (niente dispositivi portatili con le cuffiette), le riviste e i libri, per cui esso diventava impenetrabile dall'attualità, come mirabilmente rappresentato nel racconto di Dino Buzzati intitolato *Qualcosa era successo*. Dunque quella mattina, durante il tragitto da Prato a Firenze, io lessi un po' di pagine di *Opinioni di un clown*, e sempre per la ragione spiegata all'inizio ricordo bene anche quali pagine: quelle struggentissime alla fine dell'ottavo capitolo quando Maria abbandona Hans nella camera d'albergo di Hannover lasciandogli un biglietto sul tavolo con su scritto «Seguo la strada che devo seguire».

Avevo dunque in testa queste parole quando sono sceso dal mio treno sul marciapiede della stazione di Santa Maria Novella, e i miei ricordi di quel luogo hanno trovato il loro inizio: un brusio, un passaparola, un sottofondo elettrico di altre parole vaganti, ripetute, esplicite e terribili: «Moro», «Brigate Rosse», «scorta»,

terrible words: "Moro," "Red Brigades," "escort," "slaughter"... In my memory those words vibrated on every mouth but also in the cement of the pillars, in the copper and glass of the skylights, in the iron of the platform roofs and in the marble of the arcade – they became consubstantial with the station itself. That shocking event (shocking above all for a nineteen-year-old who had never experienced historic moments before) attached itself to that place and remained there forever, as if the terrorist action had been carried out right there, before my eyes. There is reciprocity: every time the station is mentioned, my mind flies to the kidnapping of Moro and every time the kidnapping of Moro is mentioned, my mind flies to that station. And there is specificity: the association is not triggered when any other terrorist act or any other railway station is mentioned. For this reason it is a truly indissoluble association. Another *railway* association – let us call it that – due to reading *Anna Karenina*, concerned *any* station, where, when I arrived, Tolstoy's heroine threw herself under the train; and, reciprocally, she made *any* railway station appear around her every time her name was mentioned: but this was, in fact, an association without specificity that was very evocative and that has therefore survived until today, yet with one sole exception, since from that Thursday onwards Anna Karenina continues to throw herself under the train in any station where I set foot *except* Santa Maria Novella in Florence: Aldo Moro was kidnapped there.

This whole preamble was necessary in order to give the proper value to the fact that, despite the emotional scope that covers it, that construction has likewise become the masterpiece of modern architecture that is dearest to me, the most tenacious material example in keeping me studying a discipline that I dreamed of *not* practising (because if we talk of my dreams, well, then those were already interrupted every morning precisely at the moment when I got down onto the platform of the station in Florence and they were revived at the moment when I left that platform, in the evening, to climb onto the train that took me home. They were the books that I read on the journey, my dream).

I would say there is no doubt that it is a masterpiece: despite the split that occurred within the judging commission for the competition that was announced in 1932 by the Municipality of Florence, which rewarded the project by the Tuscan Group headed by Giovanni Michelucci (Marinetti, Piacentini, Brasini and Bazzani voted in favour, and Ojetti and Oddone against), and despite the initial dismay expressed by a part of the population, the plan imposed itself over time thanks to its peremptory beauty and to the power of the dialogue that it has established with the basilica of the same name, the apse of which dominates the opposite side of the square. Supported first and foremost by the intellectual modernists, the renewal in-

«strage»... Nel ricordo quelle parole vibrano su ogni bocca ma anche nel cemento dei pilastri, nel rame e nel vetro dei lucernari, nel ferro delle pensiline e nei marmi della galleria – sono diventate consustanziali alla stazione stessa. Quell'evento impressionante (impressionante soprattutto per un diciannovenne che di momenti storici non ne aveva ancora mai vissuti) si è agganciato a quel luogo e vi è rimasto per sempre, come se l'azione terroristica fosse stata compiuta lì, sotto i miei occhi. C'è reciprocità: tutte le volte che quella stazione viene menzionata la mia mente vola al rapimento di Moro, e ogni volta che il rapimento di Moro viene menzionato la mia mente vola in quella stazione. E c'è specificità: l'associazione non si innesca quando viene menzionato un qualunque altro atto terroristico né quando viene menzionata una qualunque altra stazione ferroviaria. Per questo si tratta di un'associazione veramente indissolubile. Un'altra associazione *ferroviaria*, – chiamiamola così – dovuta alla lettura di *Anna Karenina*, riguardava *qualsiasi* stazione, dove, quando arrivavo io, l'eroina tolstoiana si buttava sotto al treno; e, reciprocamente, faceva comparire attorno a lei, ogni volta che il suo nome veniva menzionato, una *qualsiasi* stazione ferroviaria: ma si trattava di un'associazione appunto priva di specificità, molto suggestiva e perciò sopravvissuta fino a oggi con, però, un'unica eccezione, poiché da quel giovedì in poi Anna Karenina ha continuato a buttarsi sotto al treno in qualsiasi stazione nella quale io mettessi piede *eccetto* Santa Maria Novella a Firenze: lì viene rapito Aldo Moro.

Tutto questo preambolo era necessario per dare il giusto valore al fatto che, nonostante il portato emozionale che lo copre, quel manufatto sia ugualmente diventato il capolavoro dell'architettura moderna a me più caro, l'esempio materiale più tenace nel trattenermi a studiare una disciplina che sognavo di *non* praticare (perché se si parla dei miei sogni, beh, quelli già allora si interrompevano ogni mattina proprio nel momento in cui scendevo sul marciapiede della stazione di Firenze e si rianimavano nel momento in cui quel marciapiede lo lasciavo, a sera, per salire sul treno che mi riportava a casa. Erano i libri che leggevo nel viaggio, il mio sogno).

Che si tratti di un capolavoro direi che non sussistano dubbi: malgrado la frattura verificatasi all'interno della commissione giudicatrice del concorso bandito nel 1932 dal Comune di Firenze, che premiò il progetto del Gruppo Toscano capitanato da Giovanni Michelucci (votarono a favore Marinetti, Piacentini, Brasini e Bazzani, e contro Ojetti e Oddone), e malgrado l'iniziale sconcerto manifestato da una parte della popolazione, l'impianto si è imposto nel tempo grazie alla propria bellezza perentoria, e alla forza del dialogo che ha instaurato con l'omonima basilica, la cui abside domina il lato opposto della piazza. Sostenuto *in primis* dagli intellettuali modernisti, il rinnovamento introdotto da Michelucci nel

troduced by Michelucci into the architectural-environmental language of the city has prevailed over every conservative inactivity. It is a masterpiece. And it is one of the few masterpieces in Florence that every day, for almost a century, is admired and enjoyed by those who use it, not by those who visit it – something that alone sets an inexhaustible energy against the drift towards the museum-like sterilisation to which Florence has been victim for centuries. It is a masterpiece, but it is also a living and functioning object, used by almost 60 million passengers every year.

That among all the architectural masterpieces in the world it should be the one expressly destined for me, this too is by now demonstrated. Irrespective of that Thursday 46 years ago, Santa Maria Novella Station was in my destiny from before I was born, that is, since my father, in 1955, graduated in Engineering at the University of Bologna with Giovanni Michelucci. This name, Michelucci, resounded in my ears from my very first years of age, and his association with my father has always been an inescapable fact, like the clouds in the sky or French fries with cutlets. And if I do not remember that my father took me as a child to visit the Uffizi or the Opera del Duomo Museum, I remember very well that he took me to see the Osteria del Gambero Rosso (Red Lobster Inn) in the Pinocchio Park in Collodi, and then in turn the church on the Austostrada, Ponte alle Grazie, the Post Office building in Via Verdi, the skyscraper in Livorno, the church of the Sacred Heart in Pistoia and, most notably, Florence Station. His was a great love for Giovanni Michelucci, and he has transmitted it to me like he has done with few other passions of his – Frank Lloyd Wright, John Dos Passos, the sea, sailing, grilled sardines. The fact, therefore, that for five years, filled in that way with facts on Michelucci, I found myself frequenting his masterpiece daily, to use it and experience it and to fill my eyes with it much more than my father himself, who has never been a commuter between Prato and Florence, was able to do, I would not know what to call it if not destiny.

Indeed, in those five years, and on a number of occasions, I studied Santa Maria Novella Station. I measured it, I drew it, I photographed it at dawn when it was deserted, I read essays and monographs and magazine articles. For the Urbanism I, History of Contemporary Architecture, Ornamental Plastics and Orientations of Modern Architecture examinations. And after every bite at the apple of knowledge it appeared to me to be more grandiose, and more precious the privilege of having it in my days, in my blood, in my head, in my destiny. Once I was rebuked by a traffic policeman because I did not use the underpass to reach it, but instead crossed the piazza on foot: it was forbidden, he told me, and to overcome my perplexities (forbidden to cross a piazza, I had never heard that one), he invited me to note the total absence of pedestrian crossings

linguaggio architettonico-ambientale della città ha prevalso su ogni inerzia conservatrice. È un capolavoro, punto. Ed è uno dei pochi capolavori di Firenze che ogni giorno, da quasi un secolo, venga ammirato e goduto da chi lo usa, non da chi lo visita – cosa che da sola oppone un'inesauribile energia alla deriva verso l'isterilimento museale della quale Firenze è vittima da secoli. È un capolavoro, ma è anche un oggetto vivo e funzionante, utilizzato da quasi 60 milioni di passeggeri ogni anno.

Che tra tutti i capolavori architettonici del mondo sia quello espressamente destinato a me, anche questo è ormai dimostrato. Indipendentemente da quel giovedì di 46 anni fa, la stazione di Santa Maria Novella era nel mio destino da prima che io nascessi, cioè da quando mio padre, nel 1955, si è laureato in Ingegneria all'Università di Bologna con Giovanni Michelucci. Questo nome, Michelucci, è risuonato nelle mie orecchie fin dai miei primissimi anni di età, e la sua associazione con mio padre è sempre stata un dato di fatto ineluttabile, come le nuvole nel cielo o le patate fritte nel piatto della cotoletta. E se non ricordo che mio padre mi abbia portato da bambino a visitare gli Uffizi o l'Opera del Duomo, ricordo invece benissimo che mi ha portato a vedere l'Osteria del Gambero Rosso nel parco di Pinocchio a Collodi, e poi via via la chiesa sull'Autostrada, il Ponte alle Grazie, il palazzo delle Poste di via Verdi, il grattacielo di Livorno, la chiesa del Sacro Cuore di Pistoia e, per l'appunto, la stazione di Firenze. Era un grande amore, il suo, per Giovanni Michelucci, e me lo ha trasmesso come ha fatto con pochissime altre sue passioni – Frank Lloyd Wright, John Dos Passos, il mare, la vela, le sarde alla griglia. Il fatto dunque che per cinque anni, caricato a pallettoni in quel modo su Michelucci, io mi sia trovato a frequentare quotidianamente il suo capolavoro, a usarlo e viverlo e a riempirmene gli occhi molto più di quanto abbia mai potuto fare mio padre stesso, che non è mai stato un pendolare tra Prato e Firenze, non saprei come chiamarlo se non destino.

Tanto più che in quei cinque anni, e a più riprese, la stazione di Santa Maria Novella io l'ho studiata. L'ho misurata, l'ho disegnata, l'ho fotografata all'alba quando era deserta, ho letto saggi e monografie e articoli di rivista. Per gli esami di Urbanistica I, di Storia dell'architettura contemporanea, di Plastica ornamentale, di Indirizzi dell'architettura moderna. E dopo ogni morso alla mela della conoscenza essa mi appariva più grandiosa, e più prezioso il privilegio di averla nei miei giorni, nel mio sangue, nella mia testa, nel mio destino. Una volta fui redarguito da un vigile urbano perché per raggiungerla non utilizzavo il sottopassaggio ma attraversavo a piedi la piazza: era vietato, mi disse, e per vincere le mie perplessità (vietato attraversare una piazza non l'avevo mai sentito) mi invitò a constatare la totale assenza di strisce pedonali in tutta l'area trian-

in the entire triangular area of the piazza. In effect, there were no pedestrian crossings, and considering that the officer proved to be prepared to pass over my error without fining me, I thanked him and said nothing: but if he had only pulled out his notebook of infringements, how many reasons would I have been able to fire at him to explain the fact that I never used the underpass... The first – the most practical: the electromechanical clock by Nello Baroni that towers over the outer wall, the first digital clock in Italy (from 1935), of a beauty only approached by the *Cifra 3* table clock designed thirty years later by Gino Valle for Solari: how could you approach a train without having the right time established by its colossal figures – above the hours, larger, and below, smaller, the minutes? Not to mention the formidable impact of the horizontality, unique in all Florence, which takes your breath away every time you emerge from the mouth of Via Panzani, arising from the pure lines of the blocks of Florentine Pietra Forte stone the same tobacco brown colour as Palazzo Vecchio – just to remind ourselves of where we are –, of Palazzo Strozzi, Palazzo Pitti, the Ponte Vecchio, the church of San Lorenzo, but parallel to the ground, not perpendicular, and broken up four-fifths along by the "cascade of glass" that descends from the roof and embraces the external entrance porch. Dear officer, I would have told him, Florence is a city of foreshortened views, not of perspectives; the colossuses that make it unique in the world suddenly explode before your eyes while you are walking along its narrow medieval streets, they are never announced – and they are always explosions in height: how much genius is needed, do tell me, to conceive the same explosion, but in *lowness*, and in broadness, on the long side of a square so great and bare as to promise the presence of some mastodon throwing a shadow over us that is able to occupy it? Do you by chance see it here, this mastodon? No – yet there it is, *but it is lying down*. Are you familiar, by any chance, Mr. traffic policeman, with the Central Station in Milan by Ulisse Stacchini, contemporary to this one because it was completed in 1931 – so abundant, so redundant, so nineteenth-century, Rodomonte-like? That kind of white wall that bounces back every gaze can be reached on foot, and this one not? This, which seems like an immense *prairie house* by Wright to live our irrelevance, which seems like a sea in which to drown our hurry, we cannot approach with our gaze? The underpass can be used to leave it, Mr. traffic policeman, not to reach it, and in fact every blessed morning of the academic year I to go through it, but in the act of going away from the station, not when I approach it. It is a one-way underpass, a curse, and you should fine those who go along it the wrong way, not me, as I'm not doing that ... But, as I said, the officer did not put his hand on the notebook of infringements, he merely reproached me, and Baroni's clock said that my train was about to depart, so I said nothing to him.

golare della piazza. In effetti strisce pedonali non ce n'erano, e visto che il vigile si dimostrava disposto a passare sopra alla mia mancanza senza multarmi, io lo ringraziai e non dissi nulla: ma se solo avesse tirato fuori il suo blocchetto delle contravvenzioni, quante ragioni avrei potuto spararagli addosso per spiegare il fatto che del sottopassaggio io non mi servivo mai... La prima – la più pratica: l'orologio elettromeccanico di Nello Baroni che troneggia sulla parete esterna, primo orologio digitale in Italia (è del 1935), di una bellezza soltanto avvicinata dall'orologio da tavolo *Cifra 3* disegnato trent'anni dopo da Gino Valle per Solari: come si poteva andare verso un treno senza farsi dettare il tempo dalle sue cifre colossali – sopra le ore, più grandi, e sotto, più piccoli, i minuti? Per non parlare della formidabile botta di orizzontalità, unica in tutta Firenze, che mozza il fiato ogni volta che si esce dalla bocca di via Panzani, data dalle linee purissime dei blocchi di pietra forte fiorentina dello stesso color marrone-avana di Palazzo Vecchio – tanto per ricordarci dove ci si trova –, di Palazzo Strozzi, di Palazzo Pitti, del Ponte Vecchio, della chiesa di San Lorenzo, però parallele al terreno, non perpendicolari, e spezzate ai quattro quinti dalla "cascata di vetro" che scende dal tetto e abbraccia la pensilina esterna. Caro vigile, gli avrei detto, Firenze è una città di scorci, non di prospettive, i colossi che la rendono unica al mondo ti esplodono di colpo negli occhi mentre percorri le sue strette strade medievali, non sono mai annunciati – e si tratta sempre di esplosioni in altezza: quanto genio ci vuole, mi dica, per concepire la stessa esplosione però in *bassezza*, e in ampiezza, sul lato lungo di una piazza così grande e spoglia da promettere la presenza di un qualche mastodonte che ci getti sopra un'ombra capace di occuparla? Lei per caso lo vede, qui, questo mastodonte? No – eppure c'è, *ma è sdraiato*. Lei ha per caso in mente, signor vigile, la Stazione Centrale di Milano di Ulisse Stacchini, coeva di questa perché completata nel 1931 – così abbondante, così ridondante, così ottocentesca, rodomontesca? Quella specie di muro bianco che rimbalza indietro ogni sguardo si può raggiungerlo a piedi, e questa no? Questa, che sembra un'immensa *prairie house* di Wright dove abitare la nostra irrilevanza, che sembra un mare nel quale affogare la nostra fretta, non possiamo avvicinarla con lo sguardo? Il sottopassaggio serve *a lasciarla*, signor vigile, non a raggiungerla, e infatti ogni santa mattina dell'anno accademico lo percorro anch'io, ma nell'atto di allontanarmi dalla stazione, non quando mi ci avvicino. È un sottopassaggio a senso unico, maledizione, e lei dovrebbe multare quelli che lo percorrono contromano, non me che non lo faccio... Ma, come dicevo, il vigile non mise mano al blocchetto delle contravvenzioni, mi rimproverò soltanto, l'orologio di Baroni diceva che il mio treno stava per partire, e non gli dissi nulla.

Infine, sempre all'università, un ultimo morso alla conoscenza do-

Finally, again at the university, a last bite on the apple of knowledge due to the meeting with Gianni Pettena – the *anarchitect* –, for I no longer remember which examination, definitely delivered it to me. I in fact started to *see* what before, unaware of its existence, I had never seen: the mysterious entropic prosthesis of that station, its metaphysical protozoon, its Futurist noumenon that miraculously escaped the "breakages and restorations" – the masterpiece within the masterpiece. I am referring to the Heating Plant and Equipment Cabinet designed by Angiolo Mazzoni del Grande and constructed even before the passenger building, in 1934. For those who do not know Angiolo Mazzoni, I will only say that he was, together with Giuseppe Terragni and Antonio Sant'Elia, one of the misunderstood geniuses of 20th-century Italian architecture, with the difference that, as well as a misunderstood genius, he was also Chief Engineer of the railways, that is, a government employee, that is, ultimately, a *bureaucrat* – so that he was able to leave many traces of his genius in many public buildings constructed in the twenty-year Fascist period. So as not to dwell too long, I will cite some works of his in which these traces are still very visible: Siena Station, Littoria Station, Trento Station, the Post Office buildings in Latina and Agrigento, the Colonia Rosa Maltoni Mussolini in Calambrone (those wishing to find out more can take a look at them on the web, together with many other works of his). While those who already know Angiolo Mazzoni have reached the point that they expected from the beginning of this text – or regarding which they expected to point out my error: because the Heating Plant and Equipment Cabinet of Santa Maria Novella Station is the unprecedented, alien, sci-fi masterpiece of Angiolo Mazzoni. Here we do not have to be satisfied with traces, here the elsewhere that encumbered his visionary mind without ever finding a full outlet in material form finally finds a full and powerful outlet in material form. It is made of hoppers, this building, of tunnels, of steam ducts, of interlocking cubic blocks, cylindrical towers and helical staircases, of iron, of reinforced concrete, of brick and glass, and walkways, and accumulators, pumps, levers and pipes and coal and flaming boilers and chimneys and smoke and ash... It is an object that should not be there, the wreck of a civilisation never born, a fossil of the future, a heterocephalic mechanical jewel, an attempt at communication with, or even by, a superior arcane intelligence. And since I realise that I cannot describe it without falling into hyperbole, I will place my trust in other people's words. First of all, those of Mario Ferrari, who devoted a beautiful monograph to it (*Angiolo Mazzoni del Grande. Centrale Termica e Cabina Apparati della Stazione di Santa Maria Novella a Florence. 1932-34*, Bari 2016): "For those who arrive in Florence by train, the encounter with the brick red volume of the Heat Plant and Equipment Cabinet building is an obligatory appointment. A

vuto all'incontro con Gianni Pettena – l'*anarchitetto* –, per non ricordo più quale esame, l'ha definitivamente consegnata a me. Ho infatti cominciato a *vedere* ciò che prima, ignorandone l'esistenza, non avevo mai visto: la misteriosa protesi entropica di quella stazione, il suo protozoo metafisico, il suo noumeno futurista miracolosamente scampato a "guasti e ripristini" – il capolavoro nel capolavoro. Sto parlando della Centrale termica e Cabina apparati progettata da Angiolo Mazzoni del Grande e realizzata addirittura prima del fabbricato viaggiatori, nel 1934. Per chi non conosca Angiolo Mazzoni dirò solo che è stato, insieme a Giuseppe Terragni e ad Antonio Sant'Elia, uno dei geni incompresi dell'architettura italiana del primo Novecento, con la differenza che lui era, oltre che genio incompreso, anche Ingegnere capo delle ferrovie, cioè era un impiegato statale, cioè, alla fin fine, un *burocrate* – per cui di quel suo genio ha potuto lasciare molte tracce in molti edifici pubblici edificati nel ventennio fascista. Per non dilungarmi cito alcune sue opere nelle quali queste tracce sono ancora ben visibili: la stazione di Siena, la stazione di Littoria, la stazione di Trento, i palazzi delle Poste di Latina e di Agrigento, la Colonia Rosa Maltoni Mussolini a Calambrone (chi vuole può andare a guardarsele sul web, insieme a molte altre sue opere, per rendersi conto). Chi invece già conosce Angiolo Mazzoni è arrivato al punto che aspettava fin dall'inizio di questo testo – o sul quale aspettava di cogliermi in fallo: perché di Angiolo Mazzoni la Centrale termica e Cabina Aapparati della stazione di Santa Maria Novella è l'inaudito, alieno, fantascientifico capolavoro. Qui non dobbiamo accontentarci delle tracce, qui l'altrove che ha ingombrato la sua mente visionaria senza mai trovare pieno sfogo sulla materia, trova finalmente sfogo sulla materia – pienissimo e potentissimo. È una faccenda di tramogge, questo edificio, di cunicoli, di condotte di vapore, di blocchi cubici a incastro, torri cilindriche e scale elicoidali, di ferro, di cemento armato, di laterizio e di vetrate, e passerelle, e accumulatori, pompe, leve, e tubi e carbone e caldaie fiammeggianti, e camini e fumi e ceneri... È un oggetto che non dovrebbe esserci, relitto di una civiltà mai nata, fossile del futuro, gioiello meccanico eterocefalo, tentativo di comunicazione con, se non addirittura di, un'arcana intelligenza superiore. E poiché mi accorgo che non riesco a descriverlo senza sprofondare nelle iperboli, mi affiderò alle parole altrui. Innanzitutto a quelle di Mario Ferrari, che gli ha dedicato una bellissima monografia (*Angiolo Mazzoni del Grande. Centrale Termica e Cabina Apparati della Stazione di Santa Maria Novella a Firenze. 1932-34*, Bari 2016): «Per chi giunge a Firenze in treno l'incontro con il volume rosso mattone dell'edificio della Centrale termica e della Cabina apparati centrali è un appuntamento fisso. Poco prima della stazione di testa, sulla destra, la sua sagoma isolata e maestosa ci appare contemporaneamente familiare e nuova. Quel

little before the terminal station, on the right, its isolated and majestic shape appears to us to be both familiar and new at the same time. We seem to have seen that overhanging glazed volume mounted like a gem already, in Rome, perhaps elsewhere. Yet once you have alighted from the train, that strange building is already just a memory. Now the architecture of the station where we have arrived seems so different to us that, once we have crossed its threshold, all is forgotten." (I quote this passage because it explains the reason why, though passing beside it every day, I did not realise I had seen it and immediately afterwards I forgot I had seen it, in a disturbing analogy with the concept of *Uncanny* developed by Sigmund Freud (*Das Unheimliche*, 1919), the result of one of his most striking insights: "Uncanny is in reality nothing new or alien, but something which is familiar and old established in the mind." Then to the words of Mauro Cozzi (Gianni Isola, Mauro Cozzi, Franco Nuti, Gabriella Carapelli, *Edilizia in Toscana fra le due guerre*, Florence 1994): "undoubtedly and absolutely machine but [...] designed with the expressive awareness of an architecture" – because he succeeds in saying it without saying it, that it is a fully Futurist building, the only one that has actually been manufactured and used in Italy. And finally to those of Grazia Gobbi Sica, because I consider that her definition of this phenomenal piece of material (in *Itinerari di Firenze moderna*, Florence 1987) give us the two most appropriate words to bid it farewell: "delayed Futurism."

I have therefore given an account of the symbiosis that links me with Santa Maria Novella Station. And I say symbiosis, just as before I said destiny, precisely so as not to say memory, which, as I have explained, is still dominated today, after almost half a century, by a contingent event that claims a tragic precedence. And so we have a fine example of how memory works. It works more or less the way the concept of *seven eighths* works in female clothing: there is a dress, beneath, and over it there is a jacket covering seven eighths of it, in such a way that only the last eighth of it remains visible. We tend to judge the jacket, but what the body is actually wearing is the dress, which is almost entirely hidden.

To bring it to light it was necessary to undress, and I have undressed.

volume vetrato a sbalzo, incastonato come una gemma, ci sembra di averlo già visto a Roma, forse altrove. Scesi dal treno però quello strano edificio è già solo un ricordo. Così diversa ci sembra ora l'architettura della stazione nella quale siamo giunti che, varcata la sua soglia, tutto è dimenticato». (Questo brano lo cito perché spiega la ragione per cui, pur sfilandogli accanto ogni giorno, io non mi rendessi conto di vederlo e subito dopo di dimenticarmi d'averlo visto, in un'impressionante analogia con il concetto di *Perturbante* elaborato da Sigmund Freud (*Das Unheimliche*, 1919), frutto di una delle sue più folgoranti intuizioni: «Il Perturbante è quella sorta di spaventoso che risale a quanto ci è noto da lungo tempo, a ciò che ci è familiare»). Poi alle parole di Mauro Cozzi (Gianni Isola, Mauro Cozzi, Franco Nuti, Gabriella Carapelli, *Edilizia in Toscana fra le due guerre*, Firenze 1994): «indubbiamente e assolutamente macchina ma [...] disegnata con la consapevolezza espressiva di una architettura»— perché riesce a dire senza dirlo che si tratta di un edificio pienamente futurista, il solo che sia stato realmente fabbricato e utilizzato in Italia. E infine a quelle di Grazia Gobbi Sica, perché ritengo che la sua definizione di questo fenomenale pezzo di materia (sta in *Itinerari di Firenze moderna*, Firenze 1987) ci regali le due parole più giuste per accomiatarsene: «futurismo attardato».
Ecco dunque che ho dato conto della simbiosi che mi lega alla stazione di Santa Maria Novella. E dico simbiosi, come prima ho detto destino, proprio per non dire memoria, che come ho spiegato è dominata ancora oggi, dopo quasi mezzo secolo, da un evento contingente che reclama una tragica precedenza. Ed ecco dunque un bell'esempio su come funziona la memoria. Funziona più o meno come funziona il concetto di *sette ottavi* nell'abbigliamento femminile: c'è un abito, sotto, e sopra c'è una giacca che lo copre per i suoi sette ottavi, di modo che di esso resta visibile solo l'ultimo ottavo. Si tende a giudicare la giacca, ma ciò che il corpo indossa davvero è l'abito, che è quasi completamente nascosto.
Per portarlo alla luce bisognava spogliarsi, e io mi sono spogliato.

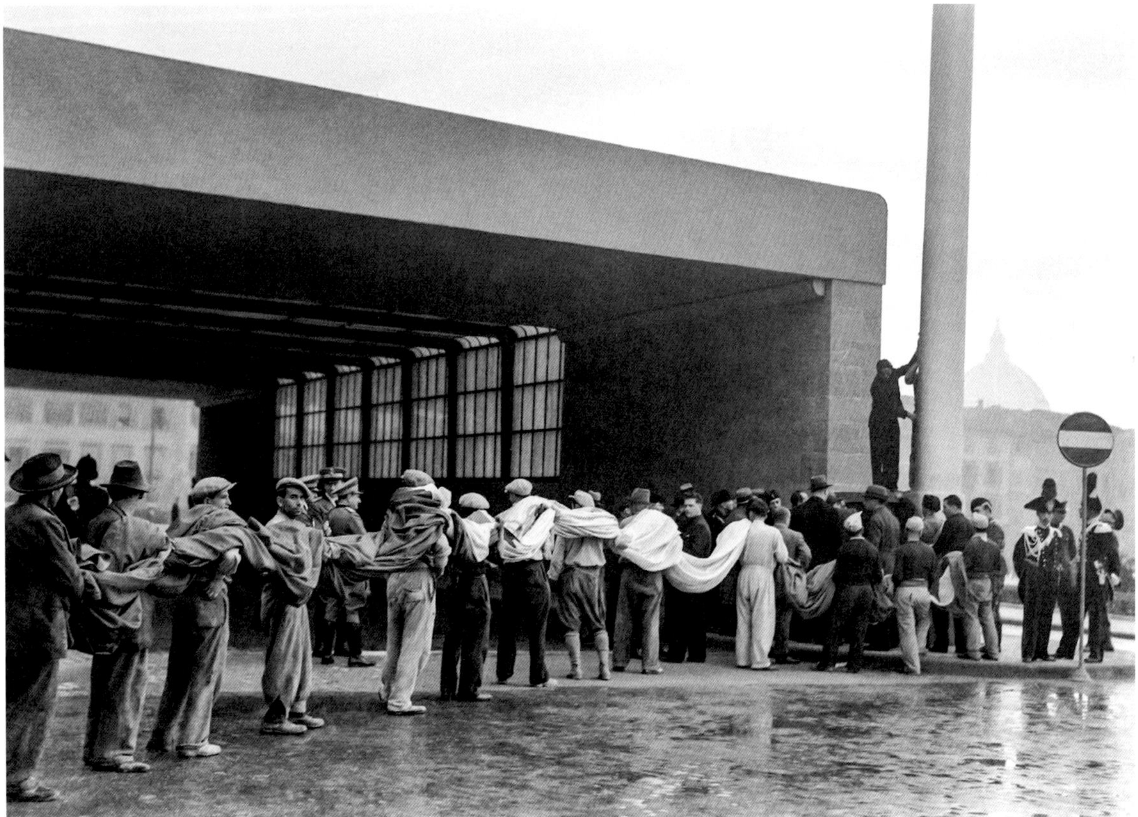

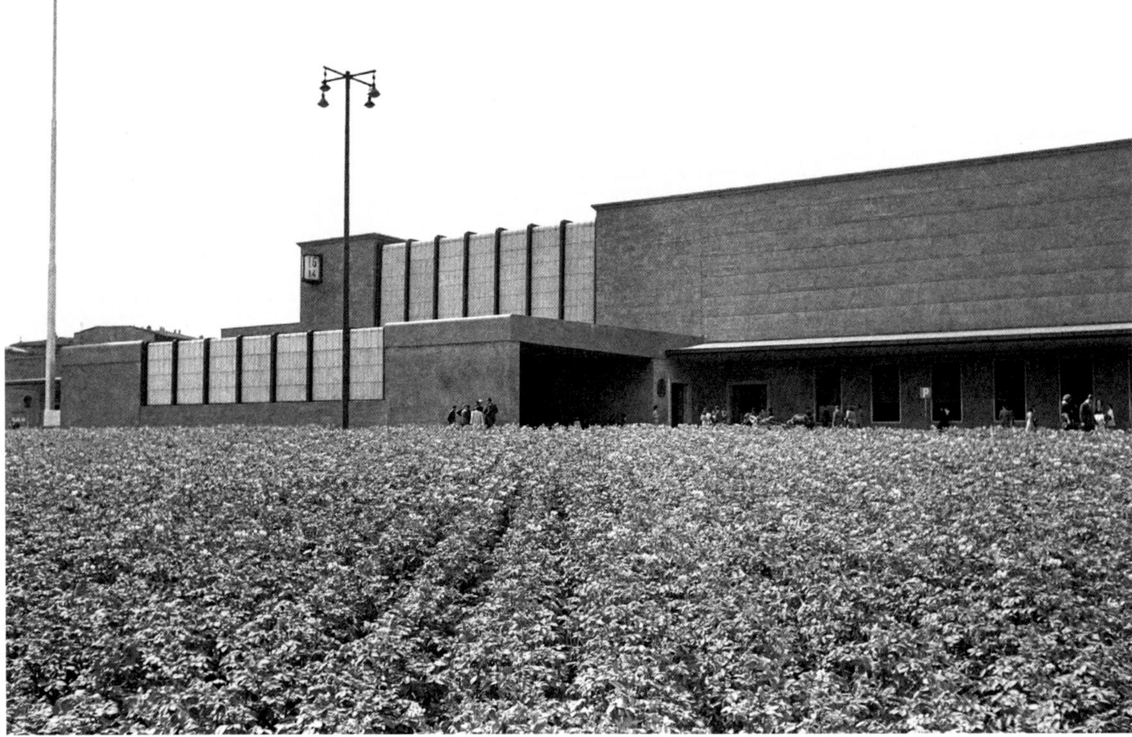

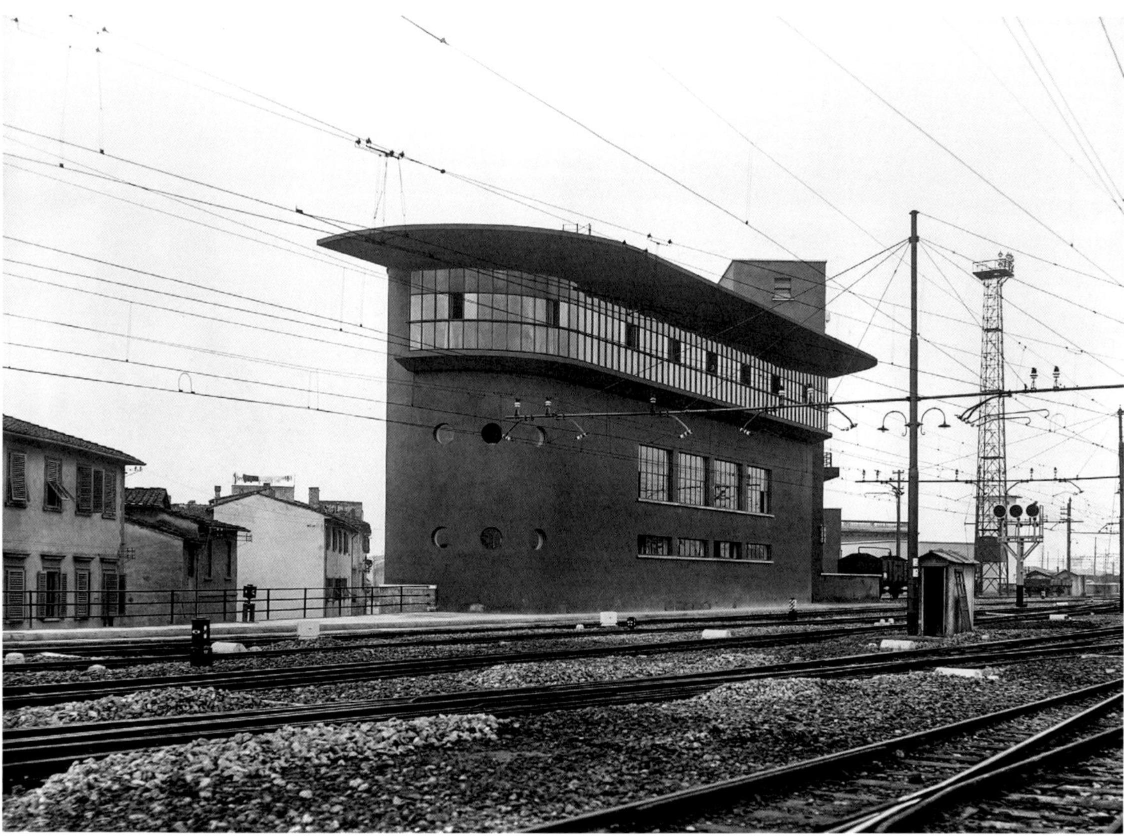

Un gruppo di operai trasporta una grande bandiera davanti alla galleria d'ingresso prima dell'inaugurazione alla presenza del re Vittorio Emanuele III /
A group of workers transports a large flag outside the entrance gallery before its inauguration in the presence of King Vittorio Emanuele III
Firenze / Florence, 1935
Archivio Storico Luce, Fondo Attualità

La distesa rigogliosa di piante nello spiazzo antistante la stazione. Sullo sfondo la facciata, con la "cascata di vetro", del moderno edificio /
The luxuriant expanse of plants in the forecourt in front of the station. In the background, the façade, with the "cascade of glass", of the modern building
Firenze / Florence, 1942
Archivio Storico Luce, Fondo Attualità

L'apparato Centrale Elettrico (ACE), l'esterno della cabina Apparati Centrali /
The Electrical Interlocking (ACE), the exterior of the Interlocking Cabin
Firenze / Florence
Fondazione FS Italiane, Fondo Fototeca Centrale FS

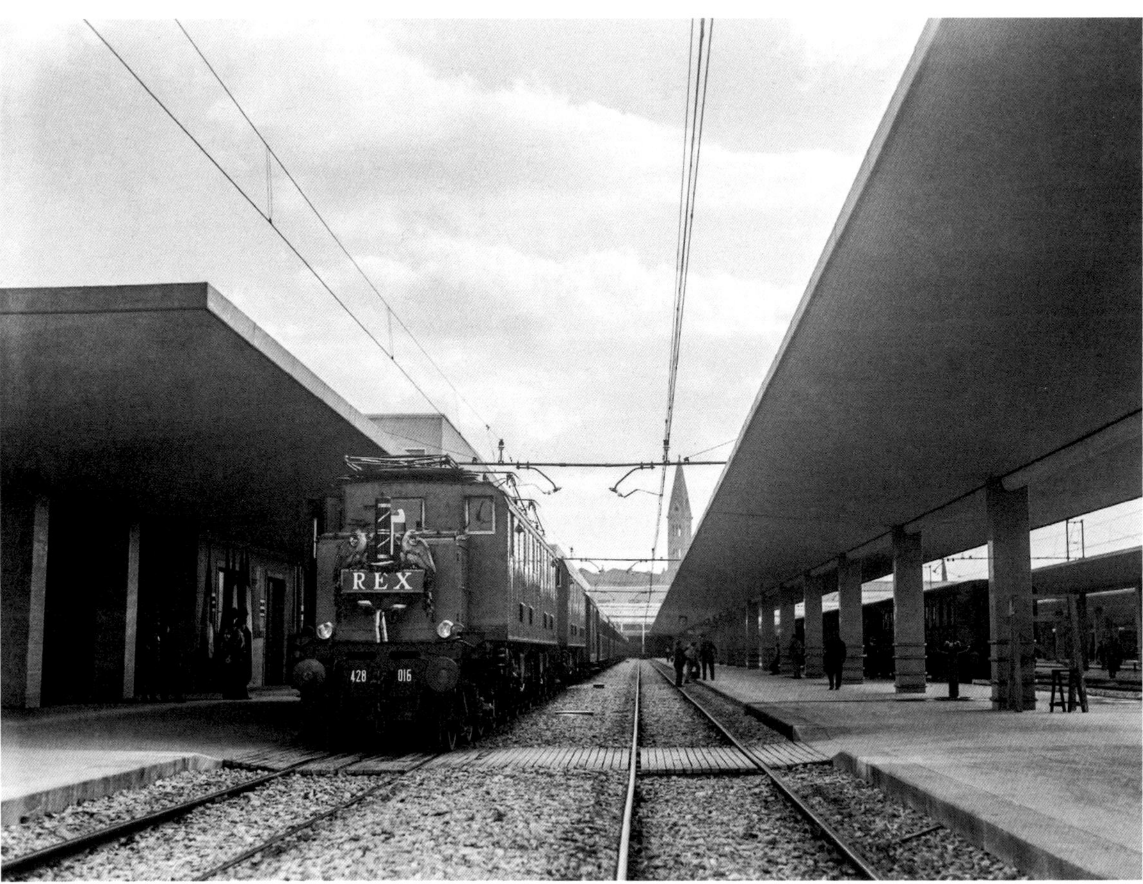

Il nuovo treno elettrico fermo su un binario della stazione
in occasione della sua inaugurazione /
The new electric train standing at a station platform
on the occasion of its inauguration
Firenze / Florence, 1935
Archivio Storico Luce, Fondo Attualità

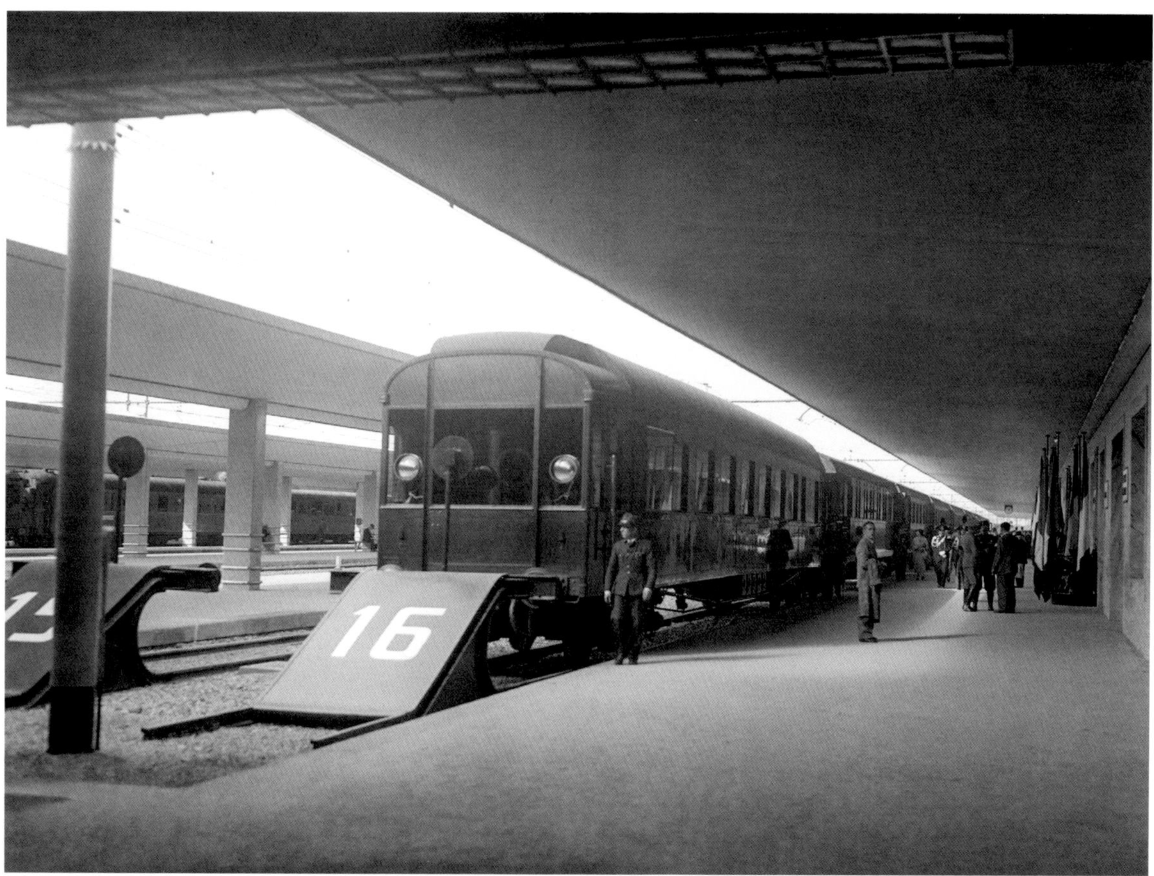

Il nuovo treno elettrico fermo al binario numero 16 della stazione in occasione della sua inaugurazione / The new electric train standing at station platform number 16 on the occasion of its inauguration
Firenze / Florence, 1935
Archivio Storico Luce, Fondo Attualità

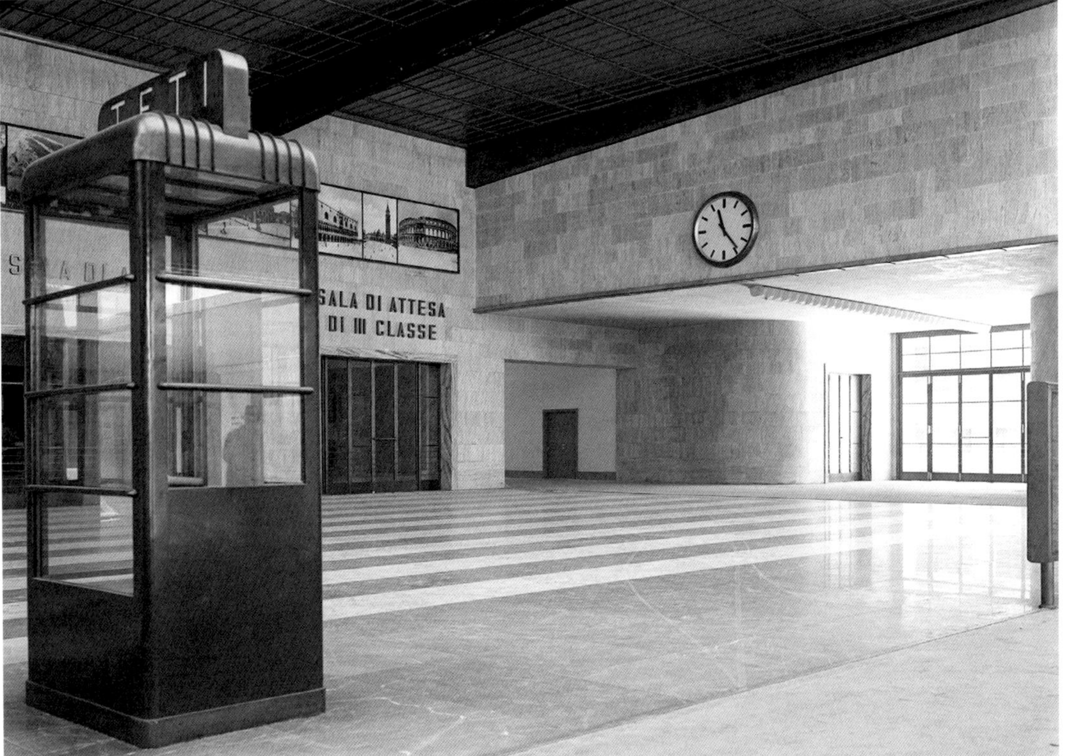
TETI
SALA DI ATTESA
DI III CLASSE

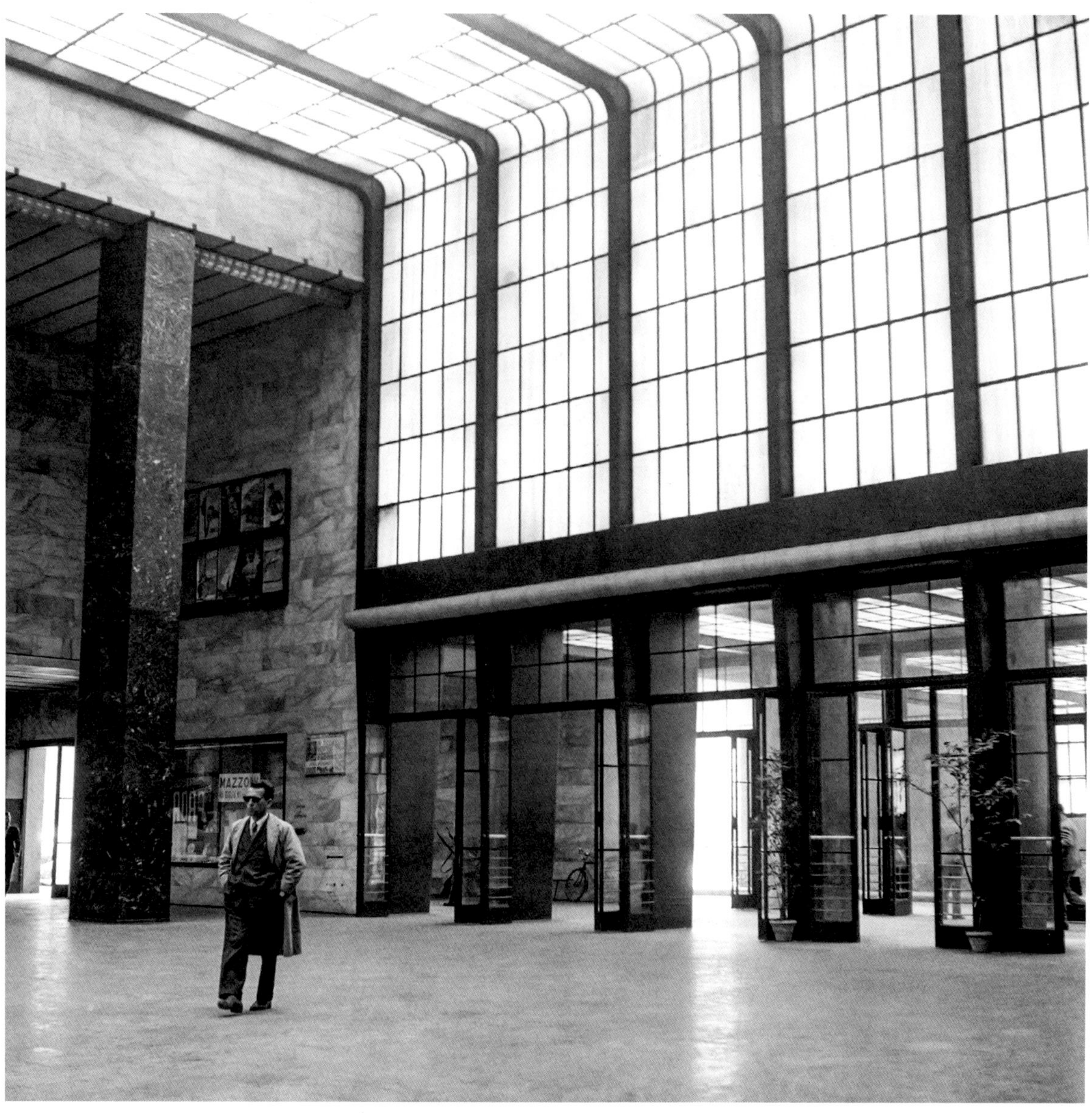

La saletta riservata del Padiglione reale /
The reserved waiting room of the Royal Pavilion
Firenze / Florence
Fondazione FS Italiane, Fondo Fototeca Centrale FS

La galleria di testa /
The main gallery
Firenze / Florence
Fondazione FS Italiane, Fondo Fototeca Centrale FS

L'atrio principale della stazione /
The main atrium of the station
Firenze / Florence, 1955
Fondazione FS Italiane, Fondo Fototeca Centrale FS

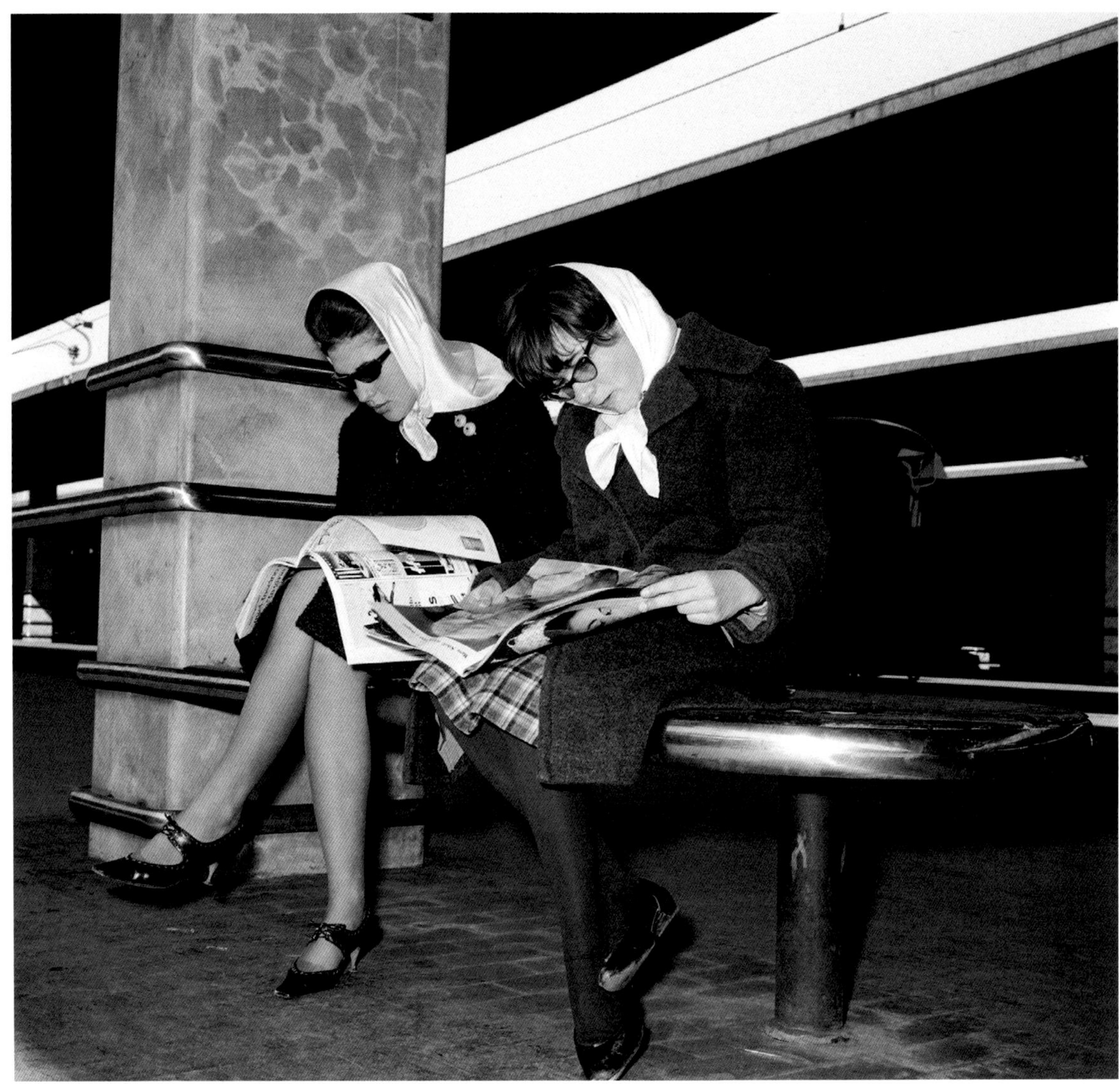

SPARTACO APPETITI
Due viaggiatrici in attesa su di una panchina
mentre leggono una rivista /
Two female passengers waiting on a bench
reading a magazine
Firenze / Florence, 1962
Fondazione FS Italiane, Fondo Fototeca Centrale FS

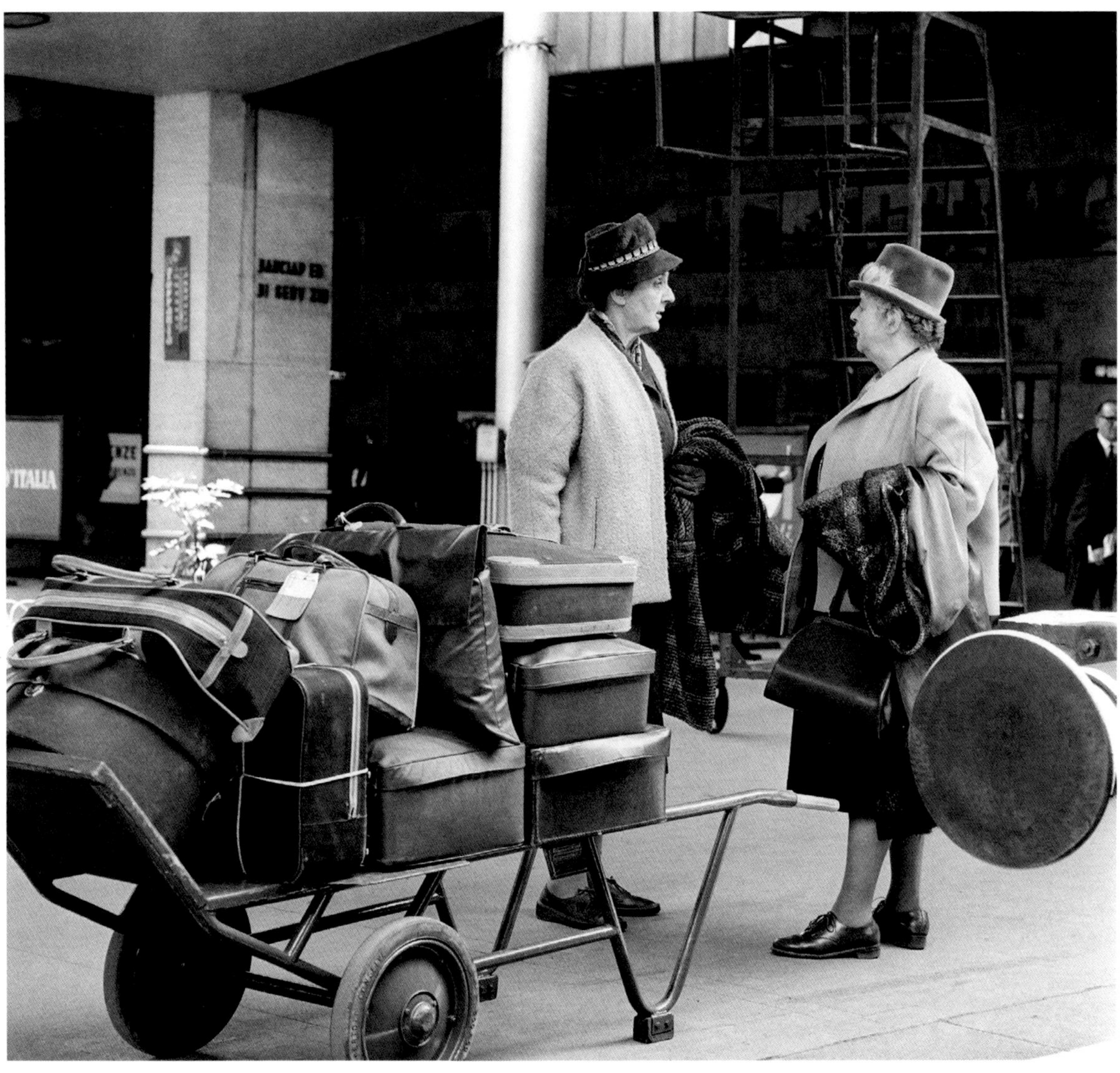

SPARTACO APPETITI
Viaggiatrici in attesa sul marciapiedi della stazione con un carrello carico di valigie in primo piano / Female passengers waiting on the station platform with a trolley loaded with suitcases in the foreground
Firenze / Florence, 1964
Fondazione FS Italiane, Fondo Fototeca Centrale FS

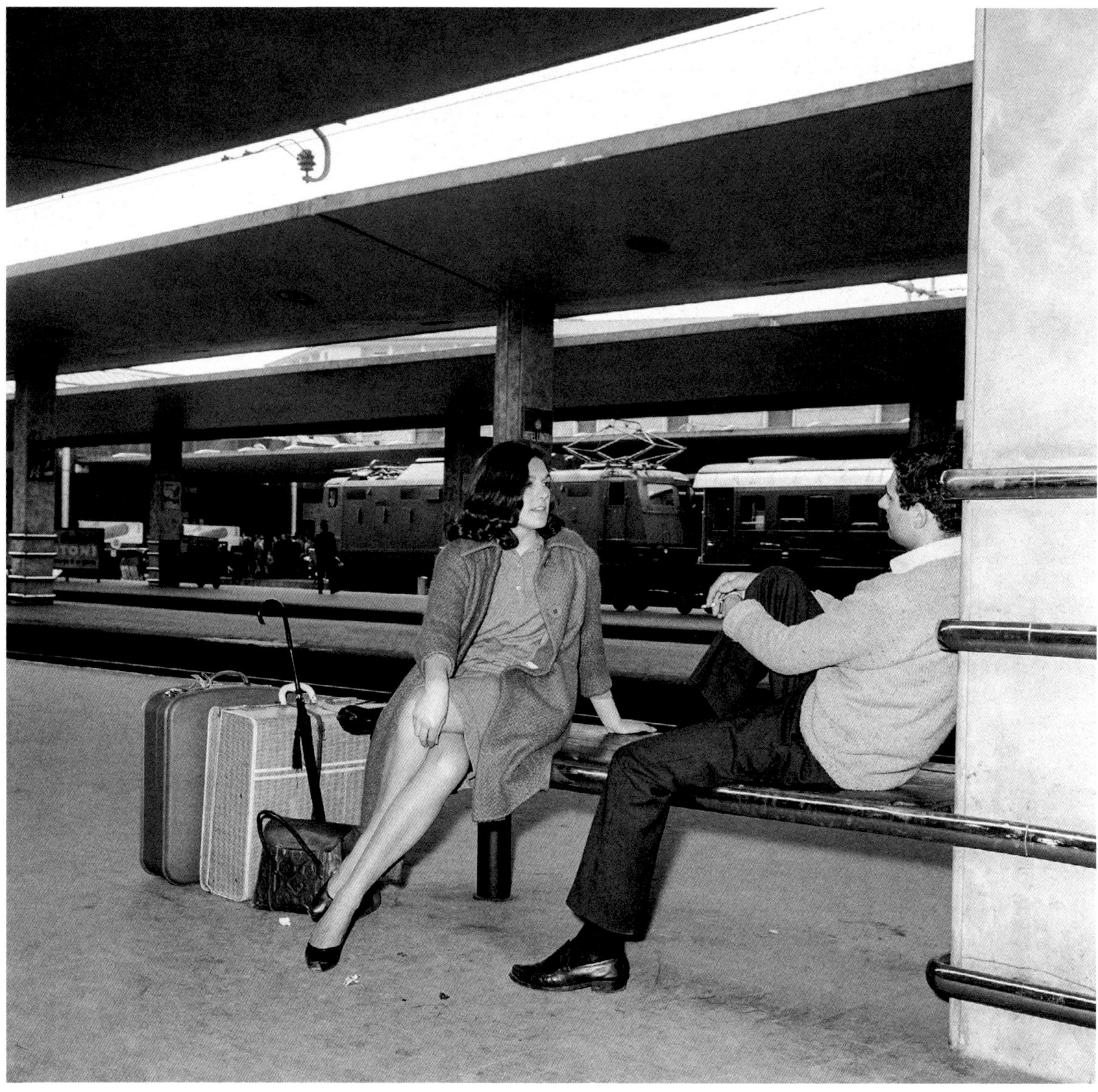

SPARTACO APPETITI
Una coppia di viaggiatori in attesa seduti su una panchina /
A couple of passengers waiting sitting on a bench
Firenze / Florence, 1964
Fondazione FS Italiane, Fondo Fototeca Centrale FS

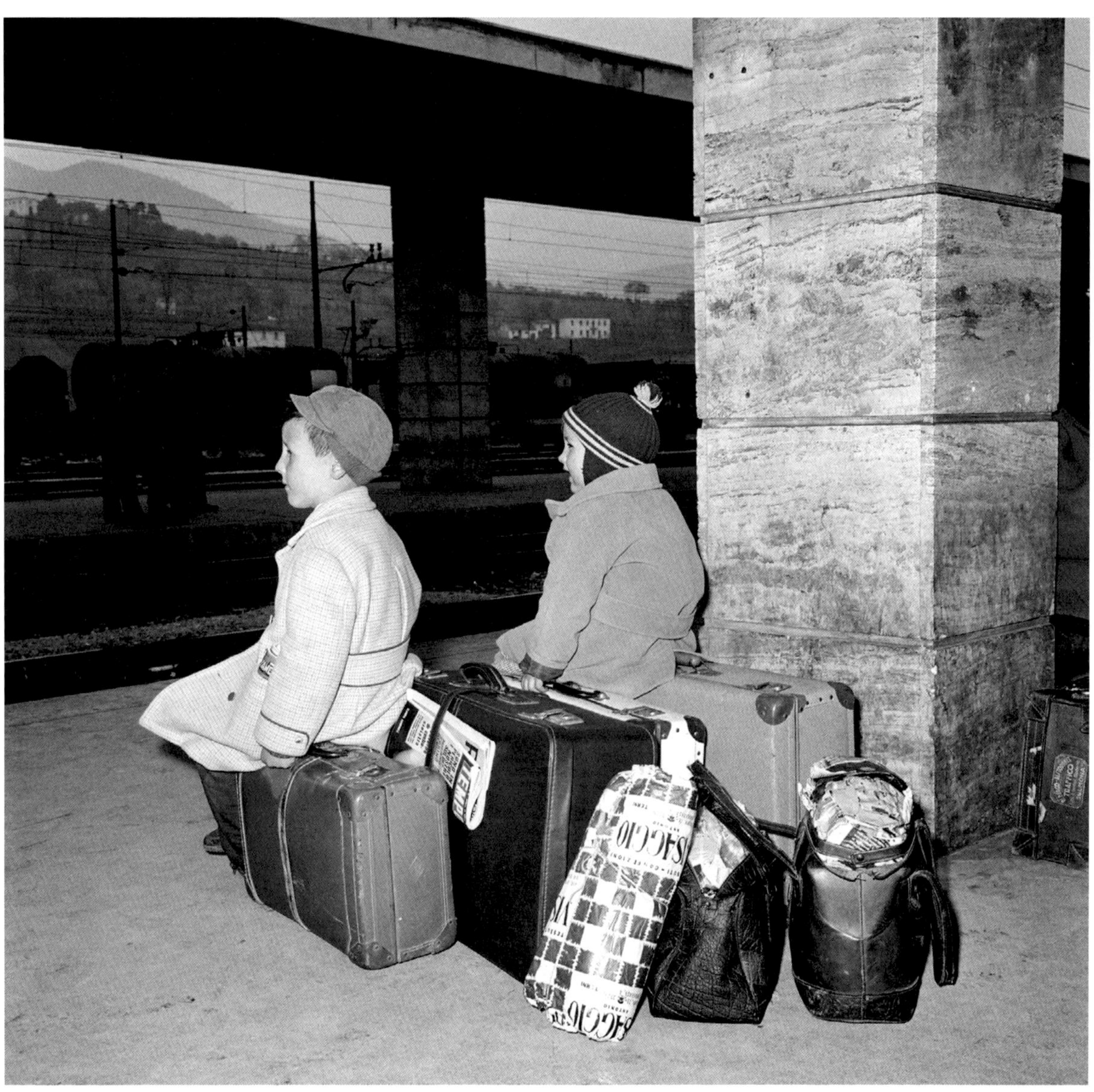

SPARTACO APPETITI
Giovani viaggiatori seduti sulle valigie in attesa sul marciapiede /
Young passengers sitting on suitcases waiting on the platform
Firenze / Florence, 1962
Fondazione FS Italiane, Fondo Fototeca Centrale FS

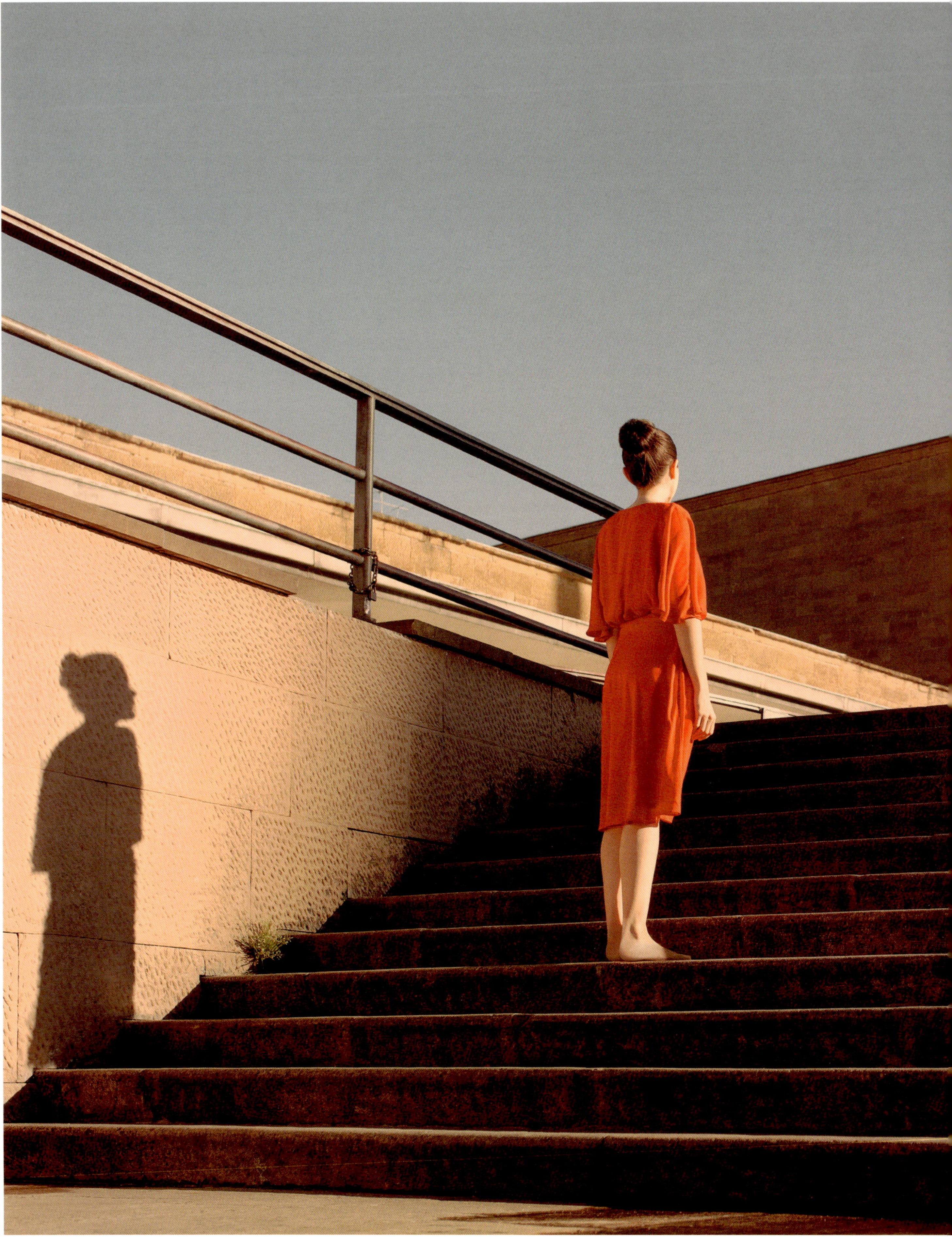

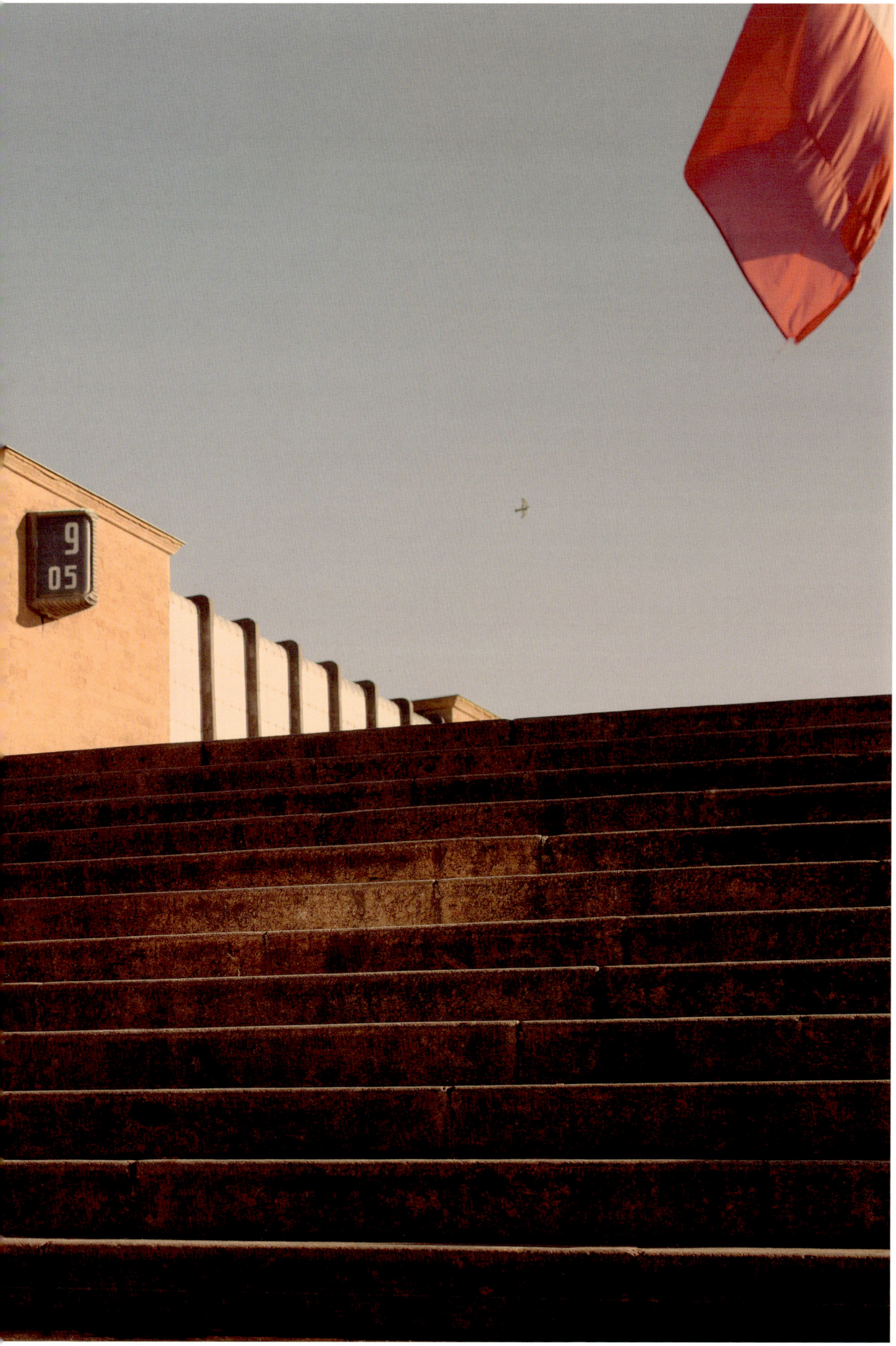

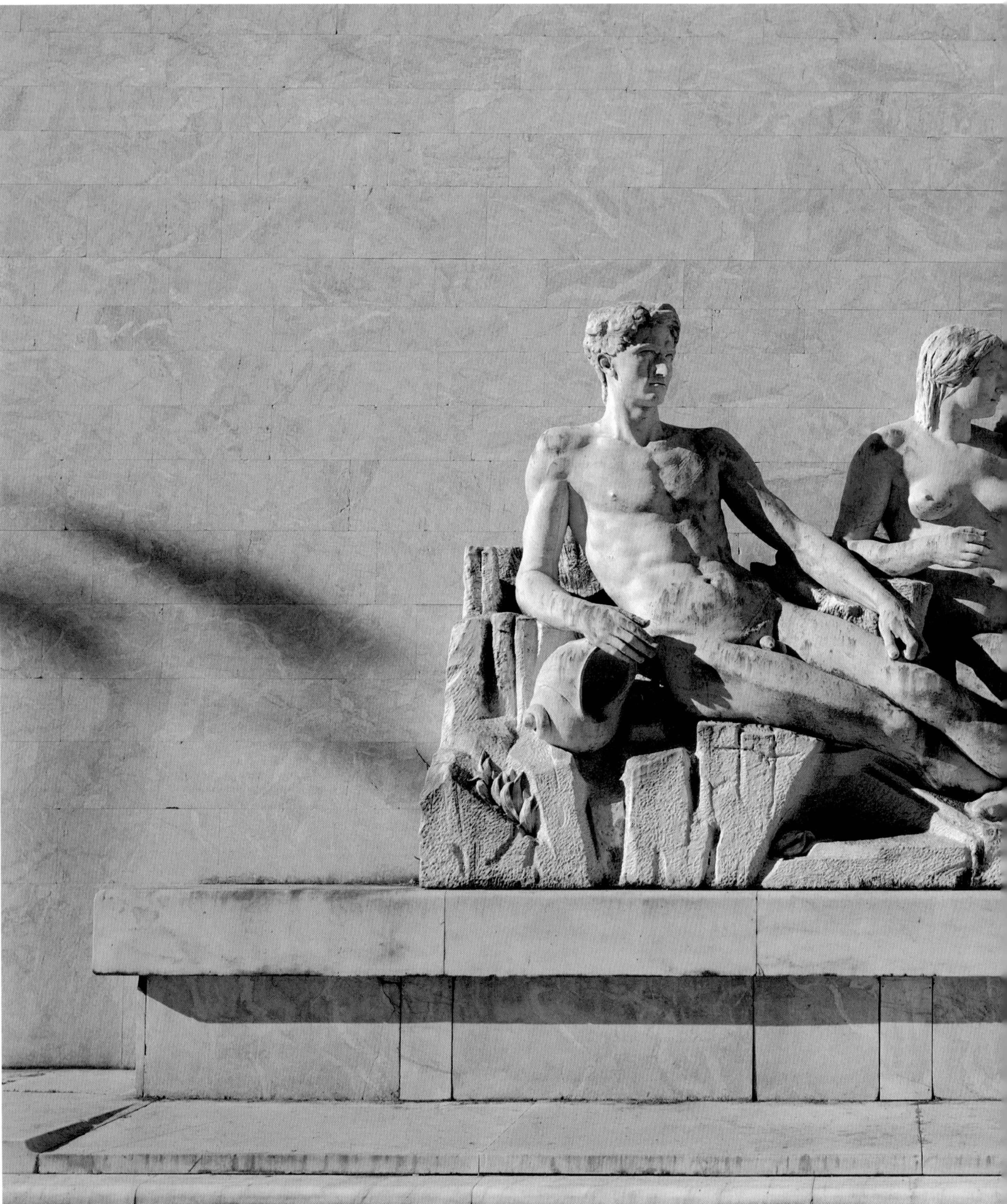

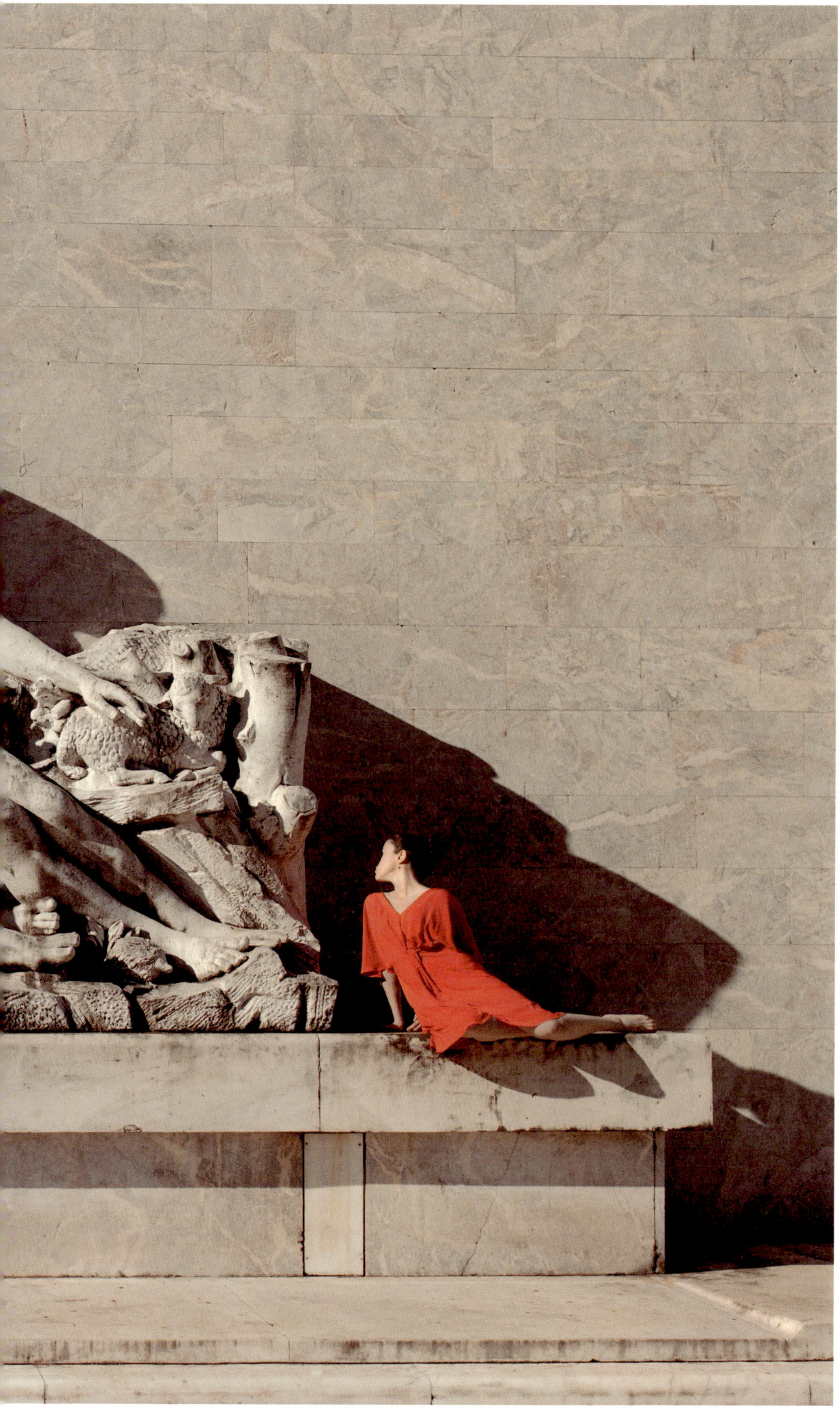

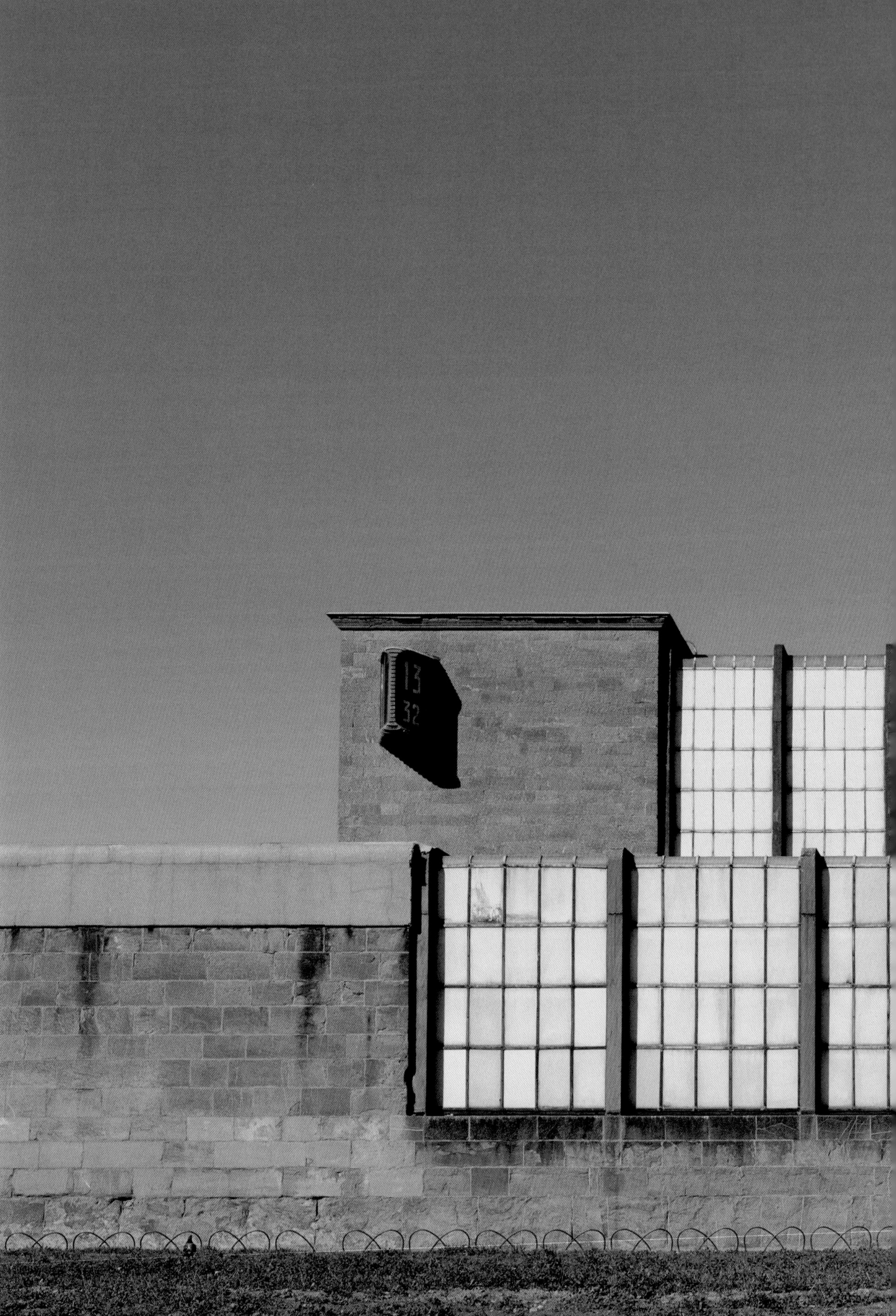
13
32

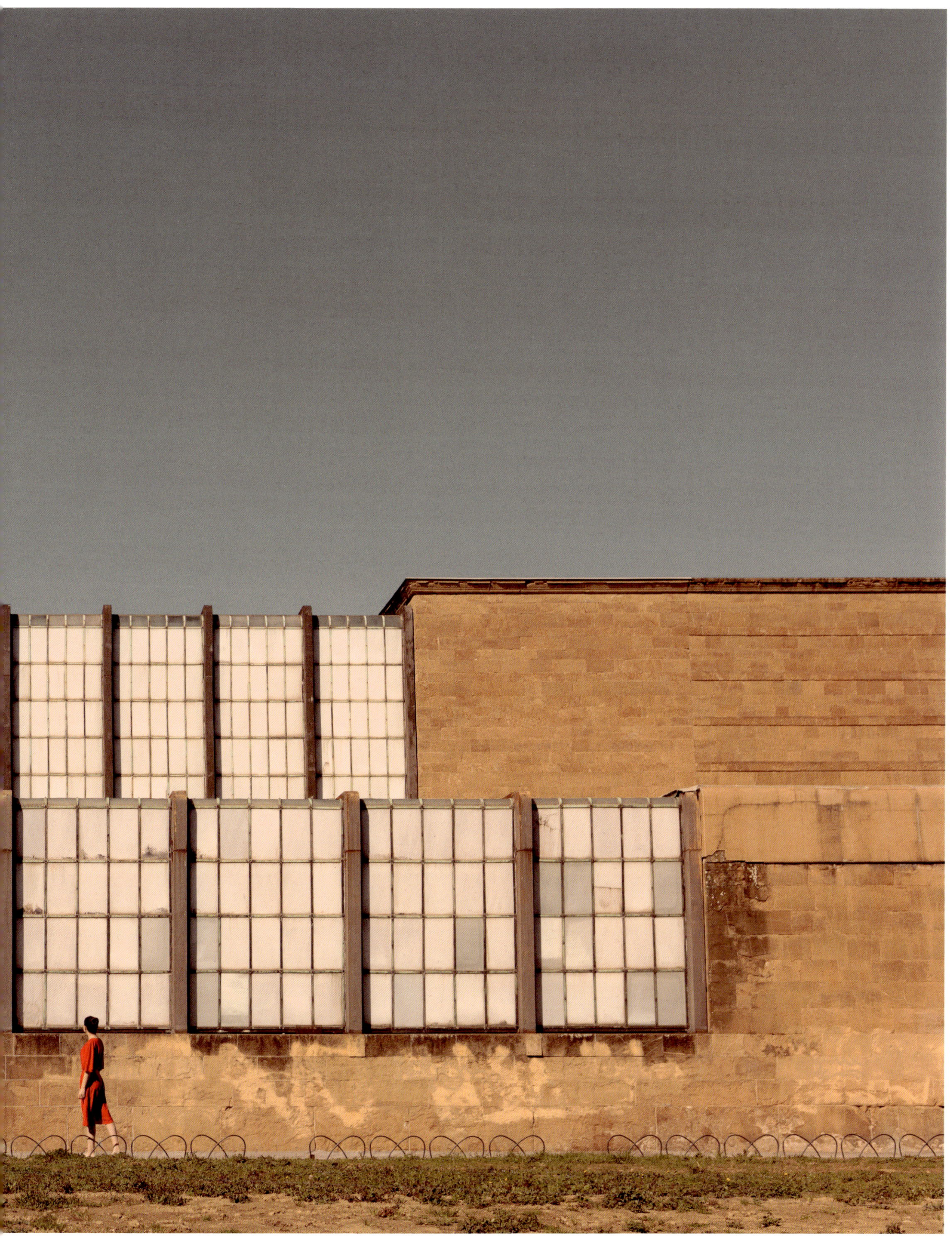

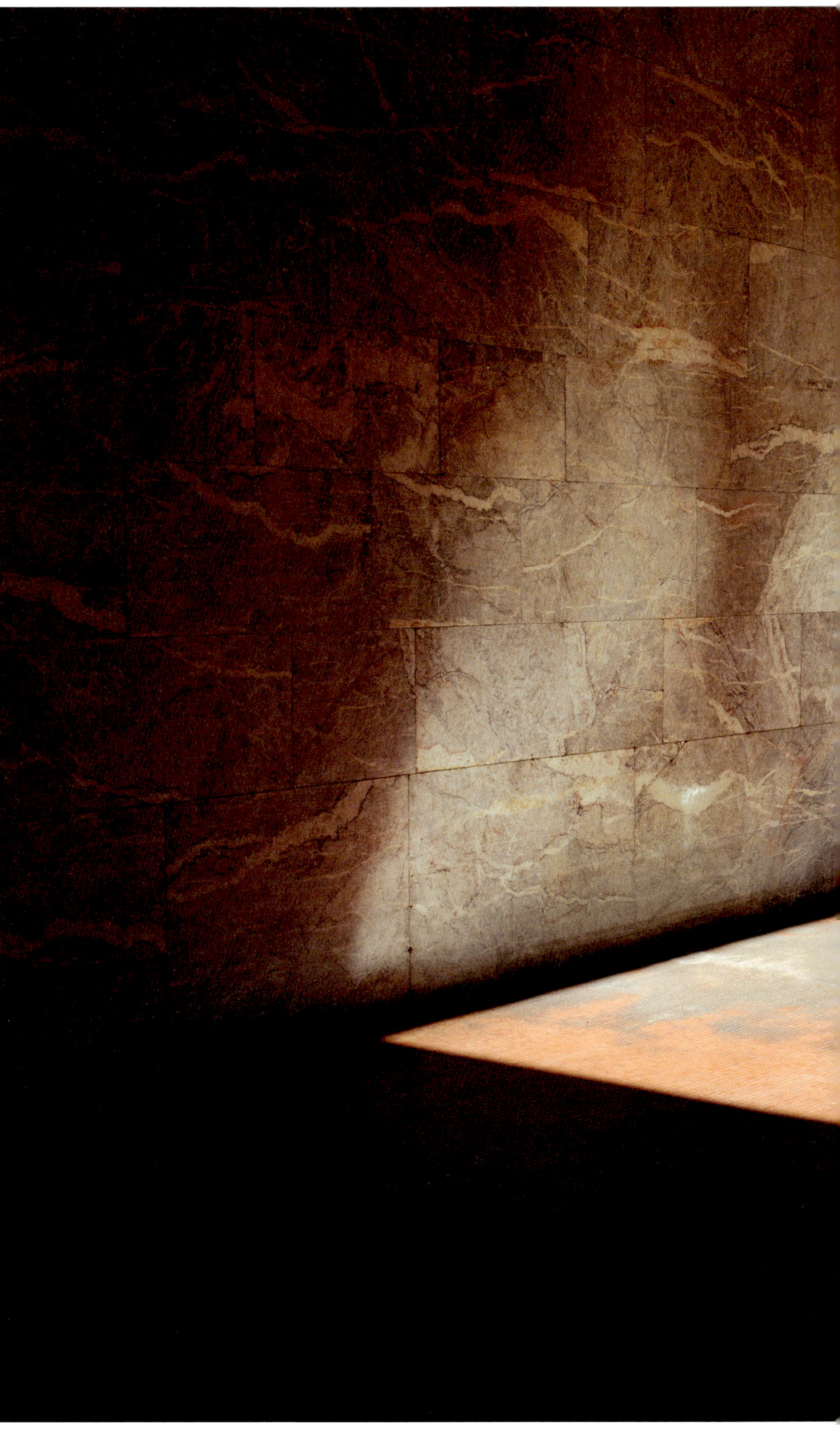

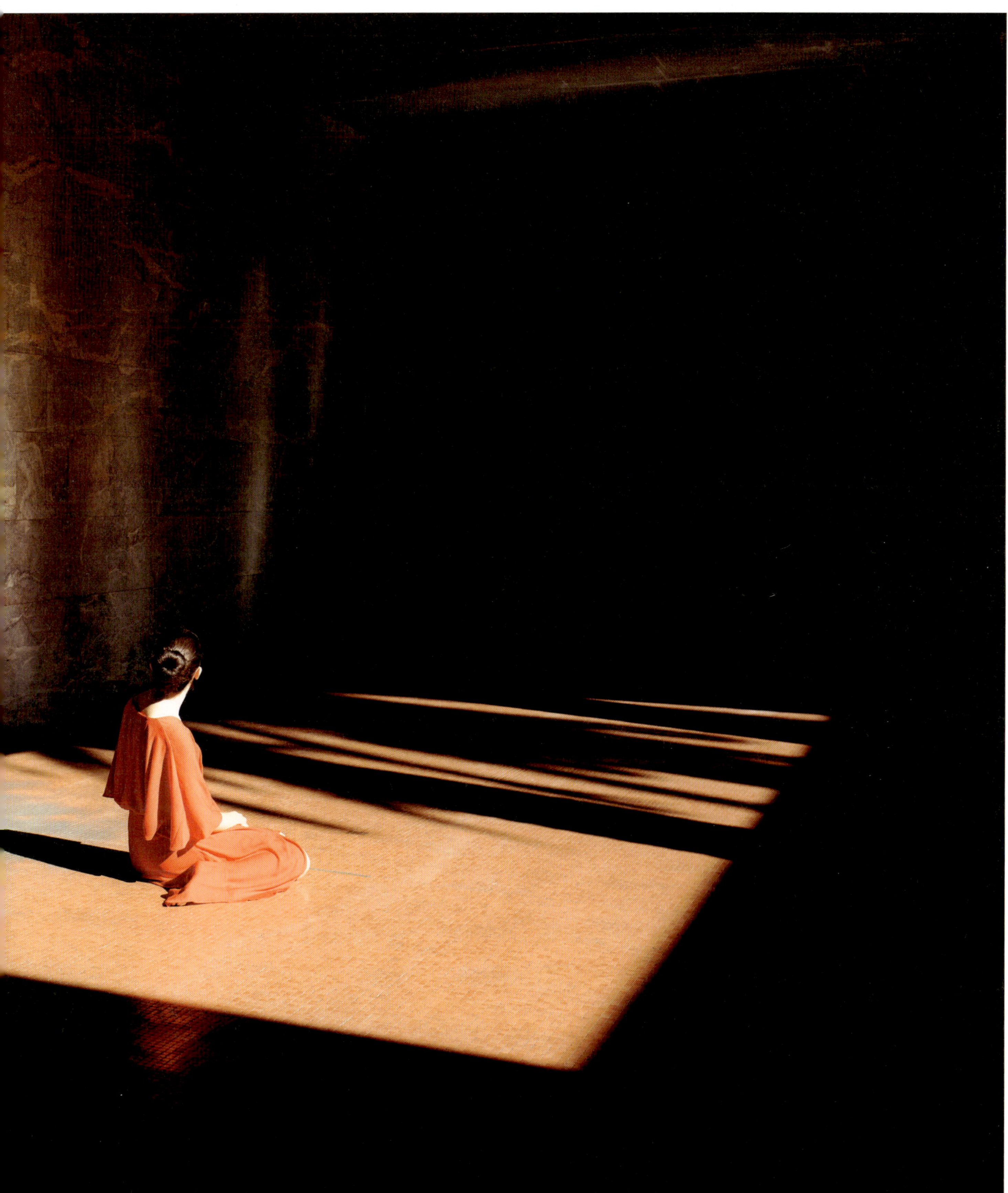

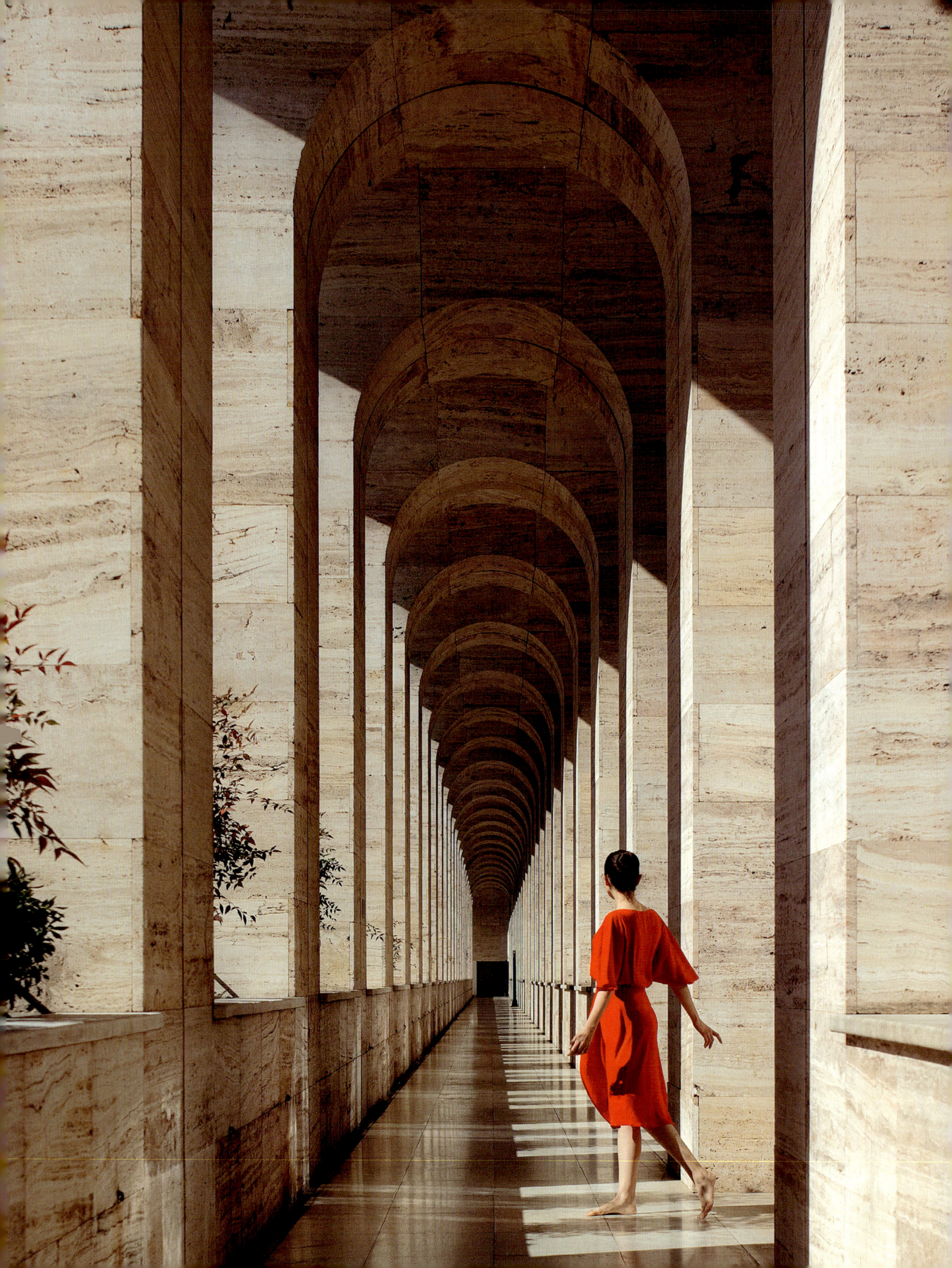

Melania G. Mazzucco

LA BEFANA DEL FERROVIERE / THE RAILWAYMEN'S EPIPHANY

«Non ho mai visto la Stazione Termini di giorno, sicché resto sbalordita dalla vastità. Nel sole, l'intrico dei binari che si estende là dove finiscono le pensiline conserva lo stesso fascino misterioso della notte. Quelle righe di ferro — parallele, ma talvolta capaci di incrociarsi, disegnando retinature enigmatiche — comunicano lo stesso messaggio. Spazio. Lontananza. Libertà».

/

"I have never seen the Termini Station in the daytime, so am stunned by its vastness. In the sunlight, the tangle of tracks that extends where the platform roofs end retains the same mysterious charm as at night. Those iron lines — parallel, but sometimes able to cross, designing enigmatic grids — communicate the same message. Space. Distance. Freedom."

For many years, my trains have been night trains. Second-class couchettes, in compartments smelling of iron, feet, old leather, salami, omelette, stale smoke. I always sleep on the top level; I am separated from my sister, who is opposite, by less than a step, but she is unreachable. Below me, my mother. My father is stretched out on the other side: he is the last to turn out the bedside light, his curly hair designs a streaked profile on the pillow. He wears it long, ruffled and uncultivated, like all men in the early 1970s. They are flecked with grey: I have already learned that early grey hair is the sole inheritance of Caterina Capranica, my Roman great-grandmother, born middle class, but vowed to poverty for love. Her hair was white at twenty-five. They have already explained to me that it was for genetic reasons. But I thought – and I still think – that her hair also wanted to challenge the conventions of the world.

Our four canvas suitcases, with leather handles (rollers have not been invented yet), form a dark mass in the space above the door. With every bump I fear that they will fall, but it never happens. The landscape is always the same. Until I can choose the itineraries, it will have the same noises and the same stops, because we will always depart at the same time, from the same station, from the same platform. As a girl, I only took the train to go to the Alps, in summer. Until my father bought a more powerful and capacious car than the Simca 1000, and we travelled up through Italy at a hundred an hour along the motorway, through hills, tunnels, valleys burnt by the sun and the dark woods of the Apennines.

So the stills of those departures all look the same. The din of the doors slammed shut, one after the other, the peremptory whistle coming from the platform, the hiss of the unlocking brakes, in the rectangle of the carriage window the shadows of relatives waving goodbye, and immediately – like a promise – the moorland of tracks has already opened up, a metal tangle dominated by the white of the railway buildings surrounding the station, then by an indecipherable ruin from Ancient Rome and by a tall cylindrical tower that seems like ivory. And all around, indistinct, buildings of unknown neighbourhoods, with windows lit up, and it is already dark. My mother extracts the table, unwraps the sandwiches and the outside world no longer exists. We are travelling, and I am always happy.

Later I walk up the narrow corridor holding her hand, avoiding the luggage of those who have found a place on the folding seats, but I never fall – I like the movement. I go with the oscillations of the train; I understand the language of the curve, the decelerations, the accelerations. My body adapts to the space that contains me. The walk is always short: my mother inevitably guides me towards the toilets. But I give myself a few minutes for play; I shelter in the interstice that connects the two carriages: a revolving dais between concertina walls that open and close like the bellows of an accordion. Beneath the feet the

Per molti anni, i miei sono treni di notte. Cuccette di seconda classe, in scompartimenti che odorano di ferro, piedi, cuoio vecchio, salame, frittata, fumo stantio. Dormo sempre all'ultimo piano; da mia sorella, sistemata di fronte, mi separa meno di un passo, ma è irraggiungibile. Sotto di me, mia madre. Mio padre è disteso dall'altra parte: spegne la lucina per ultimo, i suoi capelli ricci disegnano un profilo marezzato sul cuscino. Li porta lunghi, arruffati e incolti, come tutti gli uomini nei primi anni settanta. Sono screziati di grigio: ho già imparato che la canizie precoce è l'unica eredità di Caterina Capranica, la mia bisnonna romana, nata borghese, che si votò alla povertà per amore. Imbiancò a venticinque anni. Mi hanno già spiegato che fu per motivi genetici. Ma io pensavo – e penso ancora – che anche i suoi capelli vollero sfidare le convenzioni del mondo.

Le nostre quattro valigie, di tela, coi manici di pelle (le rotelle non le hanno ancora inventate) formano una massa oscura nel vano ricavato sopra la porta. A ogni sobbalzo temo che precipitino, ma non succederà mai. Il paesaggio è sempre lo stesso. Finché gli itinerari non potrò sceglierli, avrà gli stessi rumori e le stesse fermate, perché partiremo sempre allo stesso orario, dalla stessa stazione, dallo stesso binario. Il treno, da bambina, lo prendo solo per andare sulle Alpi, d'estate. Finché mio padre non comprerà un'automobile più potente e capiente della Simca 1000, e allora risaliremo l'Italia a cento all'ora lungo l'autostrada, attraverso colline, tunnel, vallate riarse dal sole e i boschi cupi dell'Appennino.

Così i fotogrammi di quelle partenze si somigliano tutti. Il fragore degli sportelli sbattuti, uno dopo l'altro, il fischio perentorio che proviene dalla banchina, il sibilo che sblocca i freni, nel rettangolo del finestrino le ombre di parenti che salutano, e subito già si apre – come una promessa – la landa dei binari, un intrico metallico dominato dal bianco degli edifici ferroviari che recingono la stazione, poi da un rudere indecifrabile dell'antica Roma e da una altissima torre cilindrica che pare d'avorio. E tutt'intorno, indistinti, palazzi di quartieri sconosciuti, con le finestre illuminate, ed è già buio, mia madre estrae il tavolino, scartoccia i panini, e il mondo fuori non esiste più. Siamo in viaggio, e sono sempre felice.

Più tardi risalgo il corridoio stretto tenendo la sua mano, schivando i bagagli di chi si è sistemato sullo strapuntino, ma io non cado mai – il movimento mi è congeniale. Accompagno le oscillazioni del convoglio, comprendo il linguaggio della curva, i rallentamenti, le accelerazioni. Il mio corpo si adatta allo spazio che mi contiene. La passeggiata è sempre breve: mia madre mi guida inevitabilmente verso i gabinetti. Ma io mi regalo qualche minuto di gioco, mi rifugio nell'interstizio che connette i due vagoni: una pedana girevole tra pareti a soffietto che si aprono e si chiudono come il mantice della fisarmonica. Sotto i piedi il metallo vibra e tremola. A volte il

metal vibrates and trembles. Sometimes the passageway leads to the first-class wagon-lits: I know that I cannot venture further. The toilet always contains an opaque mirror, a washbasin on which limescale has written a yellowish line, a toilet bowl with the seat always raised. I am attracted and hypnotised by the hole that is revealed when I press the pedal with the tip of my shoe. Then the toilet paper and the liquid are drawn down by an irresistible suction onto the sleepers below. I am attracted by that hole, through which for an instant I see a whirlpool of stones and wood, but I am also afraid of falling in, and I pull my foot away, frightened. We leave a wake of dirty paper and urine behind us. But not even that prosaic thought can succeed in tearing the enchantment of the railway away from me.

I sleep a light sleep, cradled by the jolts, by the wheels screeching and rattling below us, by the footsteps of the travellers climbing on board at the intermediate stations, by the impersonal voice of the loudspeaker announcing the stops, by that of the inspector checking the tickets, by the uneven breathing of my parents – we are all together, sealed inside a minuscule iron box. It never happens to us elsewhere. The train is like a nest. I have always felt at home there.

At the age of six, I will discover that I belong to the family of railway workers. It is the day of Epiphany, my father takes me to one of those white, vaguely metaphysical buildings that frame the Termini sStation like two wings and that until now I have only ever seen from the window of the night express train. On the ground floor there is a vast room crowded with children. Railway staff in uniform welcome us smiling and invite me to move towards the counter at the back – covered with hundreds of wrapped presents. Take one of them, my father exhorts me. This is the Railwaymen's Epiphany.

I do not understand why we are here, or why I too am entitled to a gift. But the other children are rushing towards the packages, and for fear of losing my opportunity, I imitate them. Perhaps they are all the same or perhaps not. I choose the square-shaped one. I pick it up, but I do not open it. My father greets some people whom he evidently knows; they exchange some distracted words, then we go out into the light. I have never seen the Termini Station in the daytime, so am stunned by its vastness. In the sunlight, the tangle of tracks that extends where the platform roofs end retains the same mysterious charm as at night. Those iron lines – parallel, but sometimes able to cross, designing enigmatic grids – communicate the same message. Space. Distance. Freedom.

Open it, my father says. I unwrap the present there and then. This must be the zone where the regional trains arrive today, those trains that I always run the risk of missing. It is a camera, the first in my life. Small, compact, automatic. Later I will have others, and photography, together with cycling and books, will become my main oc-

passaggio conduce ai wagon-lits di prima classe: so di non potermi avventurare oltre. Il gabinetto contiene sempre uno specchio opaco, un lavabo su cui il calcare ha scritto una riga giallastra, una tazza con la tavoletta sempre sollevata. Mi attrae e mi ipnotizza il buco che si svela quando con la punta della scarpa pigio il pedale. Allora la carta igienica e il liquido vengono aspirati da un risucchio irresistibile sulle traversine sottostanti. Sono attratta da quel buco attraverso il quale intravedo per un istante un vortice di sassi e legno, ma temo anche di caderci dentro, e ritraggo il piede, spaventata. Lasciamo dietro di noi una scia di carta sporca e di urina. Ma nemmeno il pensiero prosaico riesce a strapparmi l'incanto della ferrovia.

Dormo di un sonno leggero, cullata dagli scossoni, dalle ruote che sotto di noi stridono e scrocchiano, dai passi dei viaggiatori che salgono alle stazioni intermedie, dalla voce impersonale dell'altoparlante che annuncia le fermate, da quella del capotreno che controlla i biglietti, dal respiro disuguale dei miei – siamo tutti insieme, sigillati in una minuscola scatola di ferro. Non ci succede mai altrove. Il treno è una cuccia. Mi sono sempre sentita a casa.

A sei anni, scoprirò di appartenere alla famiglia dei ferrovieri. È il giorno della Befana, mio padre mi porta in uno di quegli edifici bianchi, vagamente metafisici, che incorniciano come due ali la Stazione Termini e che finora ho sempre visto solo dal finestrino dell'espresso notturno. Al pianterreno c'è un vasto locale affollato di bambini. Ferrovieri in divisa ci accolgono sorridendo e mi invitano ad avanzare verso il bancone di fondo ricoperto di centinaia di pacchetti regalo. Prendine uno, mi esorta mio padre. Questa è la Befana del ferroviere.

Non capisco perché siamo qui, né perché anche a me spetta un regalo. Ma gli altri bambini si avventano sui pacchetti, e per timore di perdere la mia occasione li imito. Forse sono tutti uguali o forse no, avrò scelto quello quadrato per la forma. Lo prendo, ma non lo apro. Mio padre saluta alcune persone che evidentemente conosce, si scambiano qualche parola distratta, e poi usciamo nella luce. Non ho mai visto la Stazione Termini di giorno, sicché resto sbalordita dalla vastità. Nel sole, l'intrico dei binari che si estende là dove finiscono le pensiline conserva lo stesso fascino misterioso della notte. Quelle righe di ferro – parallele, ma talvolta capaci di incrociarsi, disegnando retinature enigmatiche – comunicano lo stesso messaggio. Spazio. Lontananza. Libertà.

Aprilo, dice mio padre. Scartoccio il pacchetto là dove mi trovo. Deve essere la zona in cui oggi arrivano i treni regionali, quei treni che rischio sempre di perdere. È una macchina fotografica, la prima della mia vita. Piccola, compatta, automatica. Poi ne avrò altre, e la fotografia, insieme alla bicicletta e ai libri, diventerà la mia principale occupazione nel tempo che la scuola e lo sport mi lasciano

cupation during the time that school and sport leave free for me. My time, therefore. Which will be made of words, images and wheels. I will buy my first semi-professional Nikon at eighteen with my first wages. But it is through the viewfinder of the camera from the Railwaymen's Epiphany that I will take my first photograph. A network of tracks that dazzle in the January sun: looming over them is the cylindrical tower, white as a lighthouse on the sea shore.

It is a stupendous gift, and I wanted it so much. But why did the Raylwaymen's Ephiphany, the witch who brings presents to children at Epiphany, bring it to me too? Because I have worked on the railways for twenty-five years, my father explains to me. I thought you were a writer, I protest, disappointedly. Being the daughter of a writer exalts and distinguishes me. I do not have a father who is a lawyer or a notary, a merchant or a butcher, a police officer or an entrepreneur. I have a father who lives by inventing stories, words and characters, who creates the world, like a god.

In the evenings, he says. I come here in the daytime. He points to a window on the top floor of the parallelepiped that stands above the platforms. I type, on paper after paper. First acquisitions of wagons, maintenance, demolitions, then the commercial office, the licences, the food, the shops: I had to go to check, in the little provincial stations there were only a newspaper kiosk and a bar as small as a boxroom. You have to win the right to be a writer, Melania.

We walk along the platform in silence, we cross the entrance hall, pushing through the crowd of travellers. The Termini Station is swarming: only here, every time I pass, do I realise that Rome is a metropolis. My father has parked the 500 near Santa Bibiana, so we leave the station and move into an unknown territory (we always arrive in the square). I do not like the streets around the station, which are populated by a furtive and threatening humanity. I do not like the tall buildings, monotonous like prisons, the straight roads, which block the light. I walk beside my father, afraid, clutching the package with the camera. I have put it back in its box. I will not take any more photographs that day. I will only discover many years later that for the Railwaymen's Epiphany – the only one to which he will take me, because we will not return there again: seven months later Roberto Mazzucco will leave his employment and will live solely by writing – he wanted to repeat with me the walk that he did as a child, when he was my age.

In the 1930s, he lived on the fourth floor of a housing block in Via Ferruccio, built by the Piedmontese after the taking of Rome, in the district at the top of the Esquiline Hill, which they designed with rectilinear streets and perfidious right angles, as an imitation of Turin. But not the buildings destined for ministerial offices and bureaucrats. The popular, dismal and oppressive ones, for the workers. Conceived for workers who rose at dawn and returned when it was dark: no concession to convenience or to beauty. Perhaps for this reason all the tenants (they

libero. Il mio tempo, dunque. Che sarà fatto di parole, immagini e ruote. La prima Nikon semiprofessionale la comprerò a diciotto anni coi primi guadagni. Ma è attraverso il mirino della macchinetta della Befana del ferroviere che scatterò la prima fotografia. Un reticolo di binari che barbagliano al sole di gennaio: su di loro incombe la torre cilindrica, bianca come un faro sulla riva del mare.

È un dono stupendo, e lo desideravo tanto. Ma perché la Befana del ferroviere l'ha portato anche a me? Perché ho lavorato venticinque anni alle ferrovie, mi spiega mio padre. Credevo fossi uno scrittore, protesto io, delusa. Essere la figlia di uno scrittore mi esalta e mi distingue. Io non ho un padre avvocato o notaio, negoziante o macellaio, poliziotto o imprenditore. Ho un padre che vive inventando storie, parole e personaggi, che crea il mondo, come un dio.

Di sera, dice lui. Di giorno vengo qui. Mi indica una finestra all'ultimo piano del parallelepipedo che sormonta i binari. Batto a macchina, carte su carte. Prima acquisti di vagoni, manutenzione, demolizione, poi l'ufficio commerciale, le concessioni, la gastronomia, i negozi: dovevo andare a verificare, nelle stazioncine di provincia c'erano solo l'edicola e il bar piccolo come uno sgabuzzino. Bisogna conquistarselo, Melania, il diritto di essere scrittore.

Risaliamo il binario in silenzio, attraversiamo l'atrio, facendoci largo nella folla dei viaggiatori. La Stazione Termini brulica: solo qui, ogni volta che ci passo, mi rendo conto che Roma è una metropoli. Mio padre ha parcheggiato la 500 nei pressi di Santa Bibiana, quindi usciamo dalla stazione in un territorio incognito (arriviamo sempre sul piazzale). Non mi piacciono le strade intorno alla stazione, popolate di un'umanità furtiva e minacciosa. Non mi piacciono i palazzoni alti e monotoni come penitenziari, le strade dritte, che ostruiscono la luce. Cammino accanto a mio padre, intimorita, stringendo il pacchetto della macchina fotografica. L'ho rimessa nella scatola. Non scatterò altre foto, quel giorno. Scoprirò solo molti anni dopo che per la Befana del ferroviere – l'unica cui mi porterà, perché non ci torneremo più: sette mesi dopo Roberto Mazzucco lascerà l'impiego e vivrà solo di scrittura – ha voluto ripetere con me la passeggiata che faceva da bambino, quando aveva la mia età.

Negli anni trenta, abitava al quarto piano in un casamento di via Ferruccio, costruito dai piemontesi dopo la presa di Roma, nel quartiere alla sommità dell'Esquilino che disegnarono con strade rettilinee e perfidi angoli retti, a imitazione di Torino. Ma non i palazzi destinati ai ministeriali e ai burocrati. Quelli popolari, tetri e opprimenti, per gli operai. Concepiti per i lavoratori che si alzavano all'alba e rientravano col buio: nessuna concessione alla comodità o alla bellezza. Forse per questo tutti gli inquilini (erano case d'affitto) si prendevano amorevolmente cura delle piante di basilico e mentuccia che annaffiavano sui vasti ballatoi, le uniche oasi

were rented houses) took loving care of the basil and mint plants that they watered on the vast balconies, the only sunny oases. There were eight of them squashed together in the apartment: my father, his older brother and sister, their parents, maternal grandparents and a lodger, his grandfather's former colleague, whose name my father never remembered, only the smelly farts unleashed by him during the journey between the table and the toilet on the balcony, which, shared by all the inhabitants of the landing, was often occupied. The rooms were narrow, the windows faced onto the dark courtyard; the streets of the Esquiline district also seemed like arid canyons between walls of stone, always in the shade. My father only saw the sun and the horizon on Sundays.

Every Sunday in fact, his grandfather Domenico, the moustachioed husband of the sweet Caterina Capranica, took his hand and – crossing the park of Piazza Vittorio – took him to Termini Station. The restructuring and modernisation work, which envisaged the construction of a new, much larger station, had not yet even begun. The graceful nineteenth-century station had not yet been demolished. The new Rationalist Futurist project, on which Angiolo Mazzoni, engineer and executive at the Italian Railways, had worked between 1925 and 1928, would only be approved almost ten years later. And Domenico had already died when, on 16th February 1937, Mussolini wanted to solemnly inaugurate the construction site that would be on a grand scale, but at that time was still undefined, since the definitive one had not even been chosen from among the many variations hypothesised. I do not know if my father – who in 1937 was almost ten years old – participated in the ceremony: it was a Tuesday, not a Saturday of the obligatory assemblies in the *Balilla* (Youth Fascist Movement).

Neither did the two cylindrical piezometric towers covered in travertine limestone exist yet. The Romans would rechristen them the Champagne Corks, but they contained water, because they were capacious reservoirs that were to serve all the station's infrastructures. The freight terminal and the repair workshops were still in the north zone. Domenico Trulli had already retired. He struggled to drag his big, swollen body around, ruined as it was by hard work. He had to stop often, breathless. Roberto could not imagine how that coarse man could have enchanted a young girl like Caterina. Yet he too knew the story, because it was the basis of the family novel that would determine his identity – and mine too. Domenico was a foundling. Left on the threshold of the orphanage in Antrodoco a few days after being born, naked, without even a recognisable sign to enable him to be found again one day. It was never known who had abandoned him. He liked to imagine himself as the illegitimate son of a noble. He had always considered himself a prince, but he had developed an insurmountable contempt for aristocrats, the rich, the parasites. Arriving on foot from the mountains of Rieti to a Rome under construction in the decades following the transfer of the capital of the Kingdom of Italy, he had

soleggiate. Nell'appartamento si stringevano in otto: mio padre, il fratello e la sorella di lui maggiori, i genitori, i nonni materni e un pigionante, già collega del nonno, di cui mio padre non ricordò mai il nome, solo i peti puteolenti da lui sganciati nel tragitto fra il tavolo e il gabinetto sul ballatoio che, condiviso da tutti gli abitanti del pianerottolo, era spesso occupato. Le stanze erano anguste, le finestre affacciavano sul buio cortile, anche le strade dell'Esquilino sembravano aridi canyon fra pareti di pietra, sempre in ombra. Mio padre vedeva il sole e l'orizzonte solo la domenica.

Tutte le domeniche infatti, il nonno Domenico, baffuto marito della dolce Caterina Capranica, lo prendeva per mano e – attraversando il parco di piazza Vittorio – lo portava a Termini. I lavori di rifacimento e ammodernamento, che prevedevano la costruzione di una nuova e assai più ampia stazione, non erano nemmeno iniziati. L'aggraziata stazione ottocentesca non era stata ancora demolita. Il nuovo progetto futurista razionalista, cui Angiolo Mazzoni, ingegnere e dirigente delle Ferrovie, aveva lavorato fra il 1925 e il 1928, sarebbe stato approvato solo quasi dieci anni dopo. E Domenico era già morto quando, il 16 febbraio del 1937, Mussolini volle inaugurare solennemente il cantiere di un'opera che sarebbe stata grandiosa, ma in quel momento ancora indefinita, poiché tra le molte varianti ipotizzate non era ancora stata fatta una scelta. Non so se mio padre – che nel 1937 aveva quasi dieci anni – partecipò alla cerimonia: era un martedì, non un sabato di obbligate adunanze in divisa da balilla.

Né esistevano ancora le due torri piezometriche cilindriche rivestite di travertino. I romani le avrebbero ribattezzate Tappi di champagne, ma invece contenevano acqua, perché erano capienti serbatoi che dovevano servire tutte le infrastrutture della stazione. Nella zona nord c'erano ancora lo scalo merci e le officine di riparazione.

Domenico Trulli era già in pensione. Faticava a trascinare il suo corpo massiccio e gonfio, rovinato dalla fatica. Doveva fermarsi spesso, affannato. Roberto non riusciva a immaginare come quell'uomo grossolano potesse avere incantato una fanciulla come Caterina. La storia, però, la conosceva anche lui, perché fondamento del romanzo familiare che avrebbe determinato la sua identità – e la mia. Domenico era un trovatello. Lasciato sulla soglia dell'orfanotrofio di Antrodoco a poche ore dalla nascita, nudo, senza neppure un segno di riconoscimento per essere un giorno ritrovato. Chi lo avesse abbandonato non si era mai saputo. A lui piaceva immaginarsi figlio illegittimo di un nobile. Si era sempre considerato un principe ma aveva sviluppato un disprezzo invincibile per gli aristocratici, i ricchi, i parassiti. Arrivato a piedi dalle montagne del reatino nella Roma in costruzione dei decenni seguiti al trasferimento della capitale del Regno d'Italia, aveva trovato lavoro come manovale, e poi era stato assunto dal Comune come cantoniere. Raccoglieva

found work as a labourer, and then he was recruited by the Municipality as a roadman. He collected the refuse, swept the streets and then watered them with a pump mounted on a cart pulled by horses. A dirty, humble job, yet one that he carried out with zeal and with pleasure. He loved Rome. He felt part of the grandiose history that surrounded him. Keeping it clean made him feel important. He wore his plain uniform with the pride of a sailor.

For this reason, when he met the blue-eyed gaze of a young, blonde, slim girl, delicate as the figure in a postcard, leaning out of the window of a building in the historic centre, he did not look away. And he shot the jet of water at the window. She closed the shutters again, laughing. The day after Domenico returned. And then again and again, until her parents threatened to shut her away in a convent. Three months later Caterina was his wife. She left everything for him. Her parents denied her because she had chosen a beggar, the bastard son of nobody. She never saw them again.

Domenico, handsome, muscular, big as a bear, was impetuous and stubborn. Social injustice filled him with indignation. He would have set the whole world on fire. He was one of the founders of the workers' movement. His companions elected him as their representative; they also sent him to the meetings of the Camera del Lavoro (Territorial Labour Union Headquarters), even though he had never studied. He earned very little; he and Caterina always lived on the edge of poverty. They would have liked to enable their two children to study: the girl, Emma, dreamed of being a poetess, the boy, Ettore, an actor. Instead, at the age of fourteen, they had to employ her as a worker in a coat factory and him as a deliveryman. However they loved each other and Roberto was surprised that his grandfather – coarse in his ways, gestures and language – knew how to show attention and gentleness for his wife that his father, more educated, more expert in the world, did not show for his own. To the unfulfilled poetess, the worker who had removed her from the coat factory to confine her in the house in Via Ferruccio to work as a dressmaker, without any extraneous males around to inflame his jealousy, he had never even given a flower.

His grandfather took Roberto to Via Giolitti. They went down to Santa Bibiana, and they entered the garden of that small Baroque church that was now hidden among the palazzos and buildings, of which many people – although it held one of the magnificent female statues by Bernini – were unaware of the existence. Never in church: Domenico, a socialist, was an atheist. But behind Santa Bibiana the wall that separated it from the area of the station was crumbling, and the way through was open. They walked alongside the tracks till they reached a deposit of railway materials. An iron stairway led up onto the roof. They climbed, one behind the other – the old man with unexpected confidence. It had to be where the Radisson Hotel is today, the spectacular terrace of which dominates the comings and goings of the railcars. They were

l'immondizia, spazzava le strade, poi le innaffiava con la pompa, montata su un carretto a cavalli. Lavoro sordido e umilissimo che lui però eseguiva con zelo e con piacere. Amava Roma. Si sentiva parte della storia grandiosa che lo circondava. Tenerla pulita lo faceva sentire importante. Portava la sua grezza divisa con l'orgoglio di un marinaio.

Per questo, quando incontrò lo sguardo azzurrino di una fanciulla bionda, esile, delicata come la figuretta di una cartolina, affacciata alla finestra di un palazzo del centro storico, non distolse il suo. E indirizzò il getto d'acqua contro la finestra. Lei richiuse le persiane, ridendo. Il giorno dopo Domenico tornò. E poi ancora e ancora, finché i genitori minacciarono di chiuderla in convento. Tre mesi dopo Caterina era sua moglie. Lasciò tutto per lui. I genitori la rinnegarono perché aveva scelto un pezzente, bastardo figlio di nessuno. Non li vide mai più.

Domenico, prestante, muscoloso, grosso come un orso, era impetuoso e testardo. L'ingiustizia sociale lo indignava. Avrebbe dato fuoco al mondo intero. Fu uno dei fondatori del movimento operaio. I suoi compagni lo eleggevano rappresentante, lo mandavano alle assemblee della Camera del Lavoro pure se non aveva mai studiato. Guadagnava pochissimo, lui e Caterina vissero sempre sull'orlo dell'indigenza. Avrebbero voluto far studiare i due figli: la ragazza, Emma, si sognava poetessa, il maschio, Ettore, attore. Invece a quattordici anni dovettero impiegare lei come operaia in un giubbificio, e lui come fattorino. Però si amavano e Roberto si stupiva che il nonno – rozzo nei modi, nei gesti e nel linguaggio – sapesse trovare per la moglie attenzioni e delicatezze che suo padre, più istruito, più esperto del mondo, non aveva per la propria. Alla poetessa mancata, l'operaia che aveva tolto al laboratorio di giubbe per rinchiuderla nella casa di via Ferruccio a cucire come sarta, senza attorno maschi estranei che potessero attizzare la sua gelosia, non aveva donato mai neanche un fiore.

Il nonno lo portava a via Giolitti. Scendevano fino a Santa Bibiana, ed entravano nel giardino di quella piccola chiesa barocca ormai nascosta fra i palazzi e i fabbricati, di cui tanti – benché custodisse una delle magnifiche statue femminili del Bernini – ignoravano l'esistenza. Mai nella chiesa: Domenico, socialista, era ateo. Ma dietro Santa Bibiana il muretto che la separava dalla zona della stazione era sgretolato, e il passaggio aperto. Camminavano sul filo dei binari fino a raggiungere un deposito di materiale ferroviario. Una scala di ferro conduceva sul tetto. Si arrampicavano uno dietro l'altro – il vecchio con disinvoltura inattesa. Doveva essere dove oggi c'è l'Hotel Radisson, la cui terrazza spettacolare domina l'andirivieni dei vagoni. Loro più in basso, ma contemplavano lo stesso paesaggio. Se ne stavano lì, per ore. A guardare i treni che lasciavano lentamente la Stazione Termini e si allontanavano, diretti chissà dove.

further down, but they contemplated the same landscape. They would stay there for hours. Looking at the trains that slowly left the Termini Station and went off into the distance, heading who knows where.
The old man did not know geography, and ever since, at twenty, he had arrived in Rome, he had never left. He had never been able to afford to go on holiday. He spent the few days of annual leave from work in the meadows of the Via Appia or along the Tiber. Look, look, he said, and Roberto did not dare tell him that he only saw tracks and workers bending over the switching points. Carriages with wooden seats being repaired, scrap metal, an abandoned locomotive. An almost desolate urban landscape. But for Domenico it was the most moving spectacle in the world. The trains go. You too must go. When you grow up you will not be a roadman, like me, or an usher, like your father. You will be a railwayman. You will travel all around Italy. You will get to know things that I do not.
Roberto did not dare tell him that when he grew up he did not want to be a railwayman, but a writer. Because words, like trains, also take you far away, where you have never been. Besides, a train can only follow the rails, while words can go in every direction. Nevertheless, he felt the intensity of the moment, and the vision of trains growing smaller as they head towards the Tiburtine Mountains, blue in the distance, gave him a mysterious shiver. They stayed there, looking at the trains, until the cold numbed their hands or the heat bathed them in sweat.
And when, returning, they closed the door of home behind them – and the walls closed in on them like a vice – Roberto understood what his grandfather did not know how to tell him. That the train was the image of possibility. Of change. Of freedom.

At the age of fourteen the Italian State Railways issued me with a blue pass. As railwayman's daughter, until the age of eighteen, I had the right to travel free. The pass had the shape and size of an identity card: it contained my photo, followed by my anthropometric data. Curly hair, dark eyes, height 160 centimetres (the pass would never record my subsequent growth). It was my passport for the adult age.
I made good use of it. On the trains, a teenager, I learned to claim my independence. Trains at night, where I now dozed among strangers. Trains in the daytime, which took me to visit pen friends or on holidays. Trains racing north, south, east. Trains that with passing time become more comfortable and less deafening. They stink less of iron and smoke. But for many years in the toilet, under the bowl, the abyss was still open wide. Faster and longer trains, which nevertheless always depart from the Termini Station. A magical but inappropriate name. Because for all us, Domenico's children, children of nobody and princes of ourselves, Rome Station has never been a terminus of anything, not an arrival, but a point of departure. The beginning and the seal of every freedom.

Il vecchio non conosceva la geografia, e da quando, a vent'anni, era arrivato a Roma, non l'aveva mai lasciata. Non si era mai potuto permettere la villeggiatura. I pochi giorni di vacanza dal lavoro li trascorreva nei prati dell'Appia o lungo il Tevere. Guarda, guarda, gli diceva, e Roberto non aveva il coraggio di dirgli che vedeva solo binari, e operai chini sugli scambi. Vagoni coi sedili di legno in riparazione, rottami, una locomotiva abbandonata. Un paesaggio urbano, quasi desolato. Ma per Domenico era lo spettacolo più commovente del mondo. I treni vanno. Tu pure devi andare. Tu da grande non farai il cantoniere, come me, o l'usciere, come tuo padre. Tu farai il ferroviere. Girerai l'Italia. Conoscerai cose che io non so.

Roberto non osava dirgli che da grande non voleva fare il ferroviere, ma lo scrittore. Perché pure le parole, come i treni, ti portano lontano, dove non sei mai stato. Inoltre il treno può seguire solo le rotaie, le parole invece possono andare in ogni direzione. Tuttavia sentiva l'intensità del momento, e la visione dei treni che impiccolivano verso i monti tiburtini, azzurri nella distanza, gli iniettava un brivido misterioso. Stavano lì, a guardare i treni, finché il freddo non gli intirizziva le mani, o il caldo li squagliava di sudore.
E quando, al ritorno, accostavano alle loro spalle la porta di casa – e i muri si chiudevano su di loro come una morsa – Roberto capiva ciò che il nonno non sapeva dirgli. Che il treno era l'immagine della possibilità. Del cambiamento. Della libertà.

A quattordici anni le FS mi rilasciano una tessera azzurra. In quanto figlia di ferroviere, fino ai diciotto ho diritto a viaggiare gratis. La tessera ha la forma e la misura di una carta di identità: contiene la mia fotografia, seguita dai miei dati antropometrici. Capelli ricci, occhi neri, altezza 160 centimetri (la tessera non registrerà mai la mia successiva crescita). È il mio passaporto per l'età adulta.
Ne faccio buon uso. Sui treni, adolescente, imparo a rivendicare la mia indipendenza. Treni di notte, dove adesso sonnecchio fra estranei. Treni di giorno, che mi portano da amici di penna o di vacanze. Treni che corrono verso nord, verso sud, verso est. Treni che col passare del tempo diventano più comodi e meno assordanti. Puzzano meno di ferro e di fumo. Ma per molti anni nel gabinetto, sotto la tazza, si spalanca ancora l'abisso. Treni più rapidi e più lunghi, che sempre tuttavia partono dalla Stazione Termini. Nome magico, ma inappropriato. Perché per tutti noi, figli di Domenico, figli di nessuno e principi di noi stessi, la stazione di Roma non è stata mai termine di niente, non arrivo ma punto di partenza. Inizio e suggello di ogni libertà.

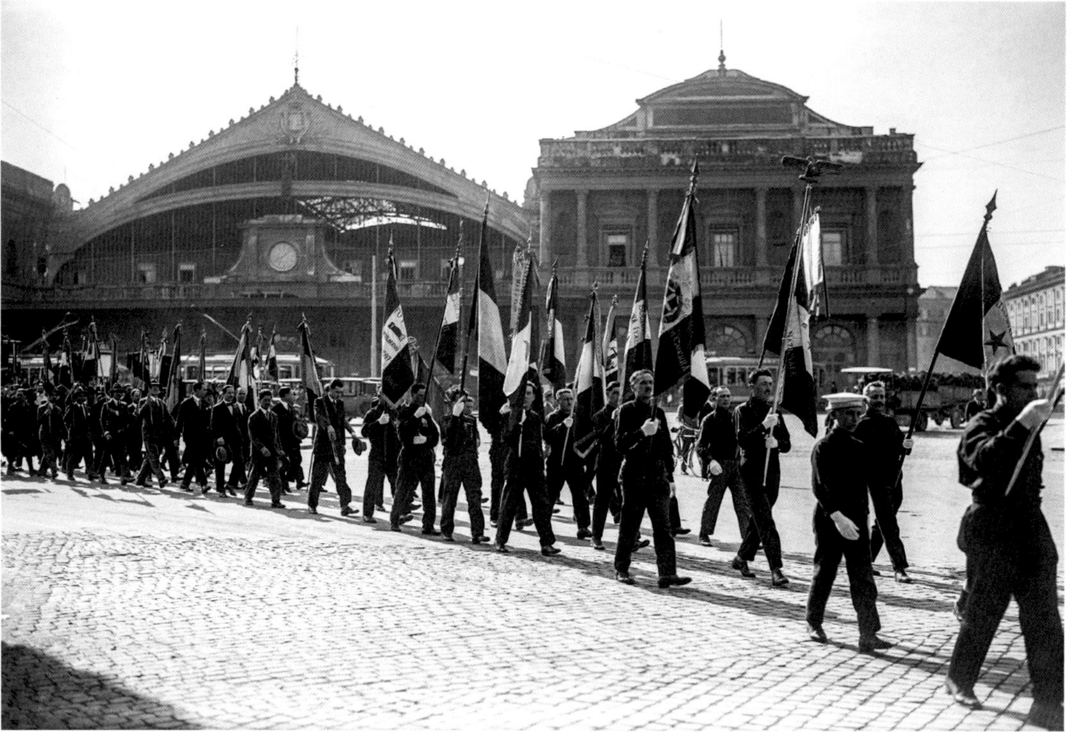

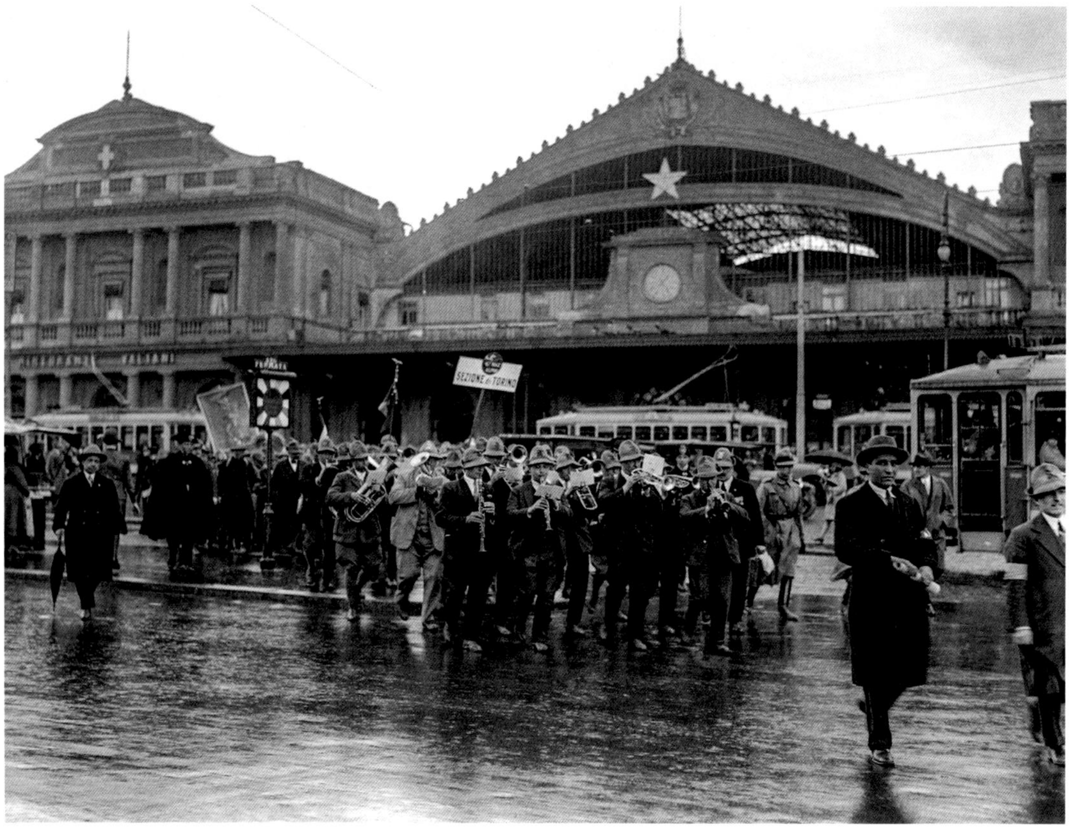
SEZIONE di TORINO

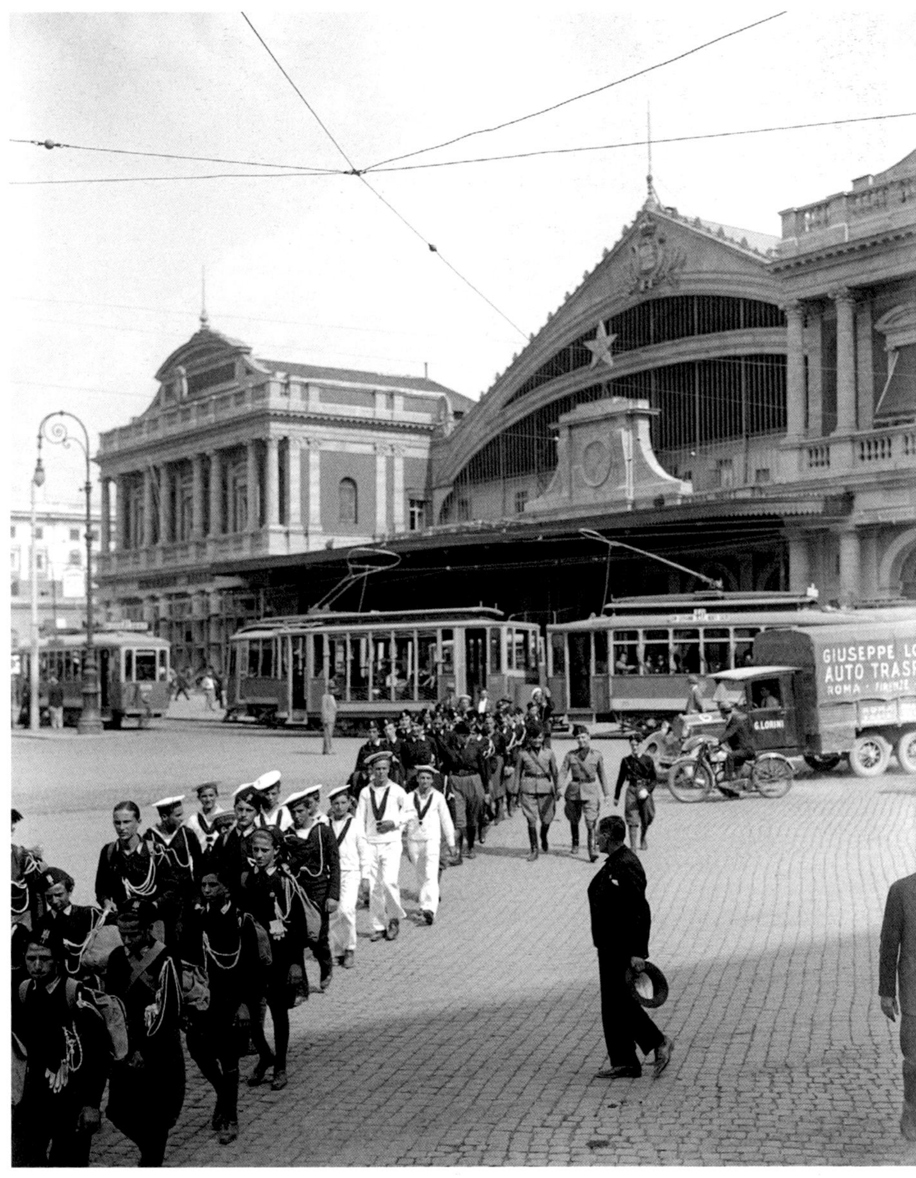

Rappresentanti del Fascio di Marsiglia sfilano all'uscita della Stazione Termini portando bandiere tricolori / Representatives of the Fascist Movement of Marseille parade at the exit of the Termini Station carrying tricolour flags
Roma / Rome, 1928
Archivio Storico Luce, Fondo Attualità

L'arrivo degli Alpini della Sezione di Teramo / The arrival of the Alpine Troops of the Teramo Division
Roma / Rome, 1929
Archivio Storico Luce, Fondo Attualità

Avanguardisti e avanguardisti marinaretti reduci dalla Crociera mediterranea percorrono piazza dei Cinquecento / Avanguardisti and Avanguardisti Marinaretti returning from the Mediterranean Cruise Ship cross Piazza dei Cinquecento
Roma / Rome, 1929
Archivio Storico Luce, Fondo Attualità

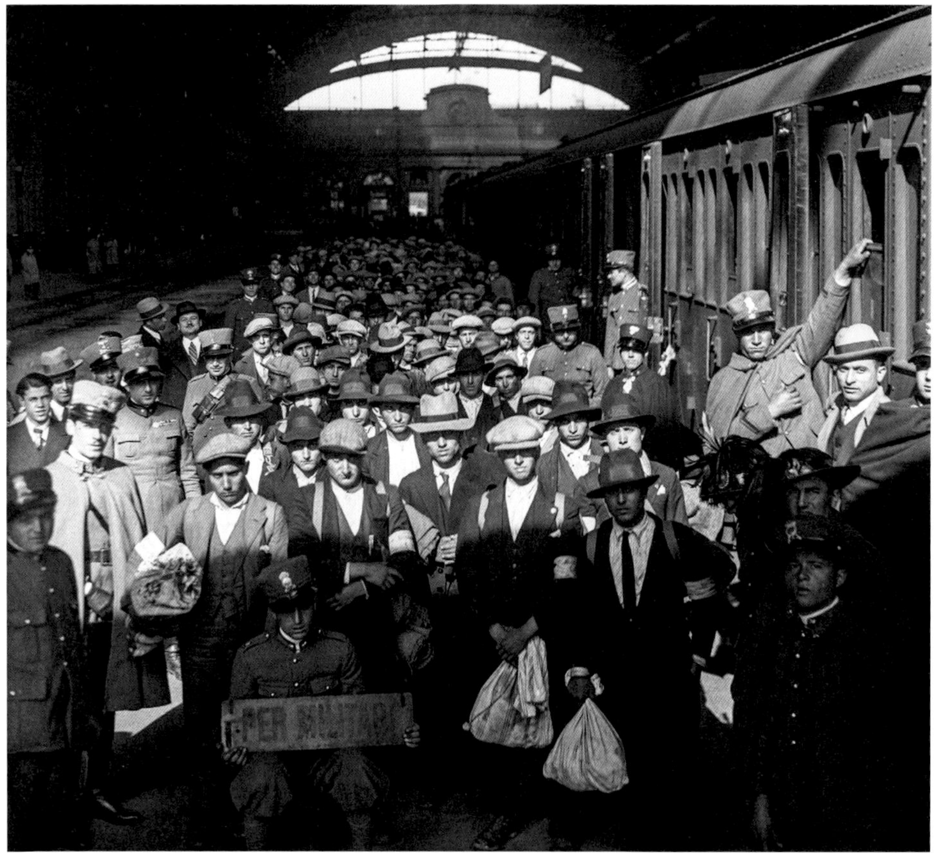

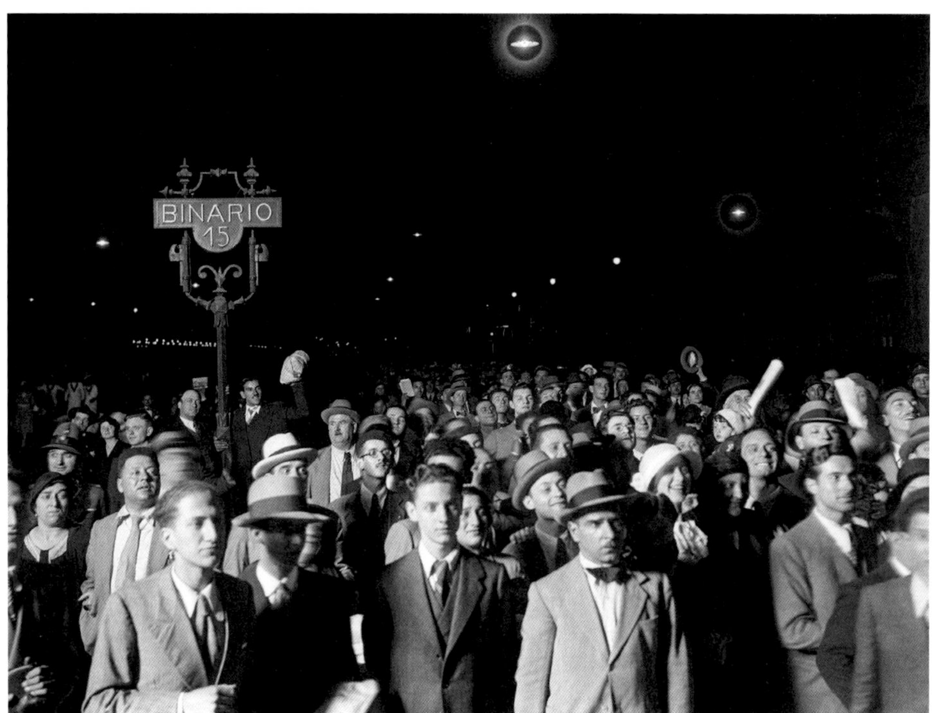
BINARIO
15

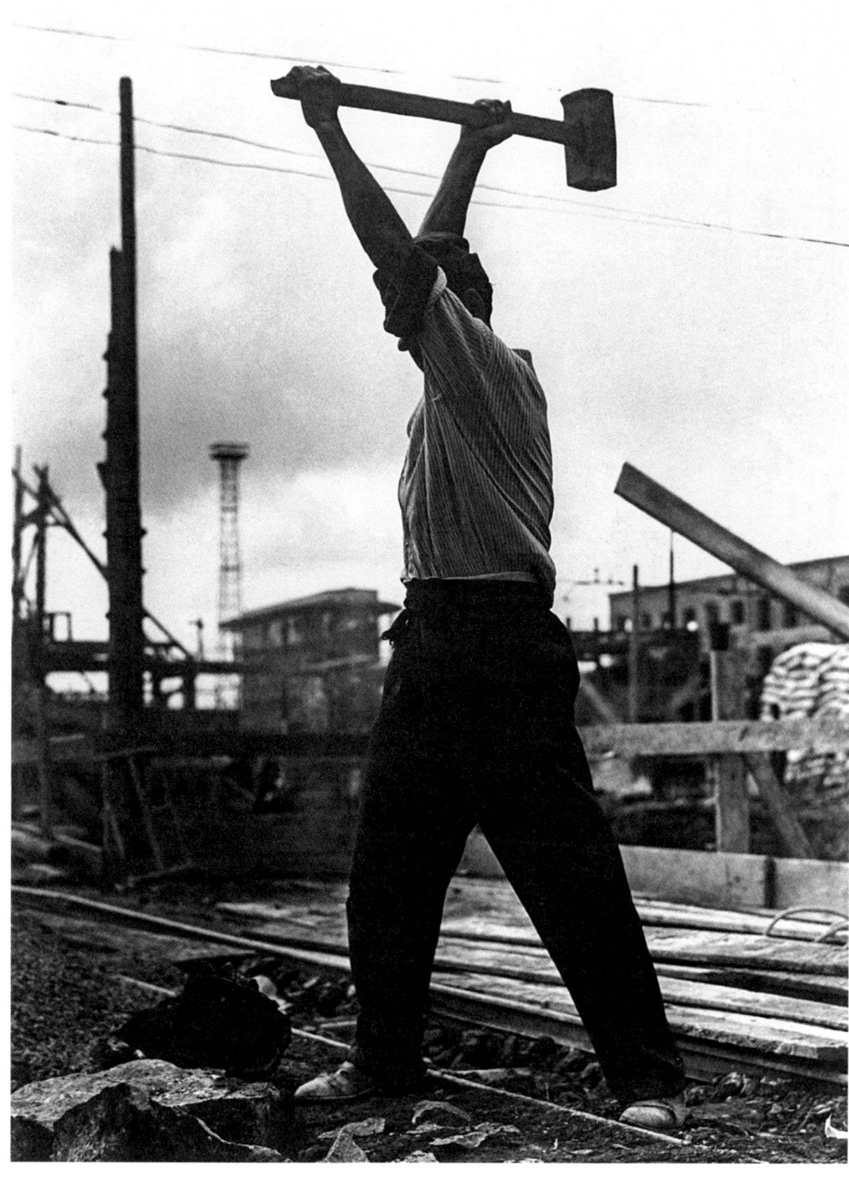

Folla di reclute della classe 1911 in arrivo sulle banchine /
Crowd of recruits from the class of 1911 arriving at the platforms
Roma / Rome, 1932
Archivio Storico Luce, Fondo Attualità

Banchina del binario numero 15 ripresa di notte e gremita di passeggeri in occasione dell'arrivo a Roma dei treni popolari /
Platform number 15 photographed at night crowded with passengers on the occasion of the arrival of the third class trains in Rome
Roma / Rome, 1932
Archivio Storico Luce, Fondo Attualità

Un operaio al lavoro con la mazza /
A labourer working with a sledgehammer
Roma / Rome, 1940
Archivio Storico Luce, Fondo Attualità

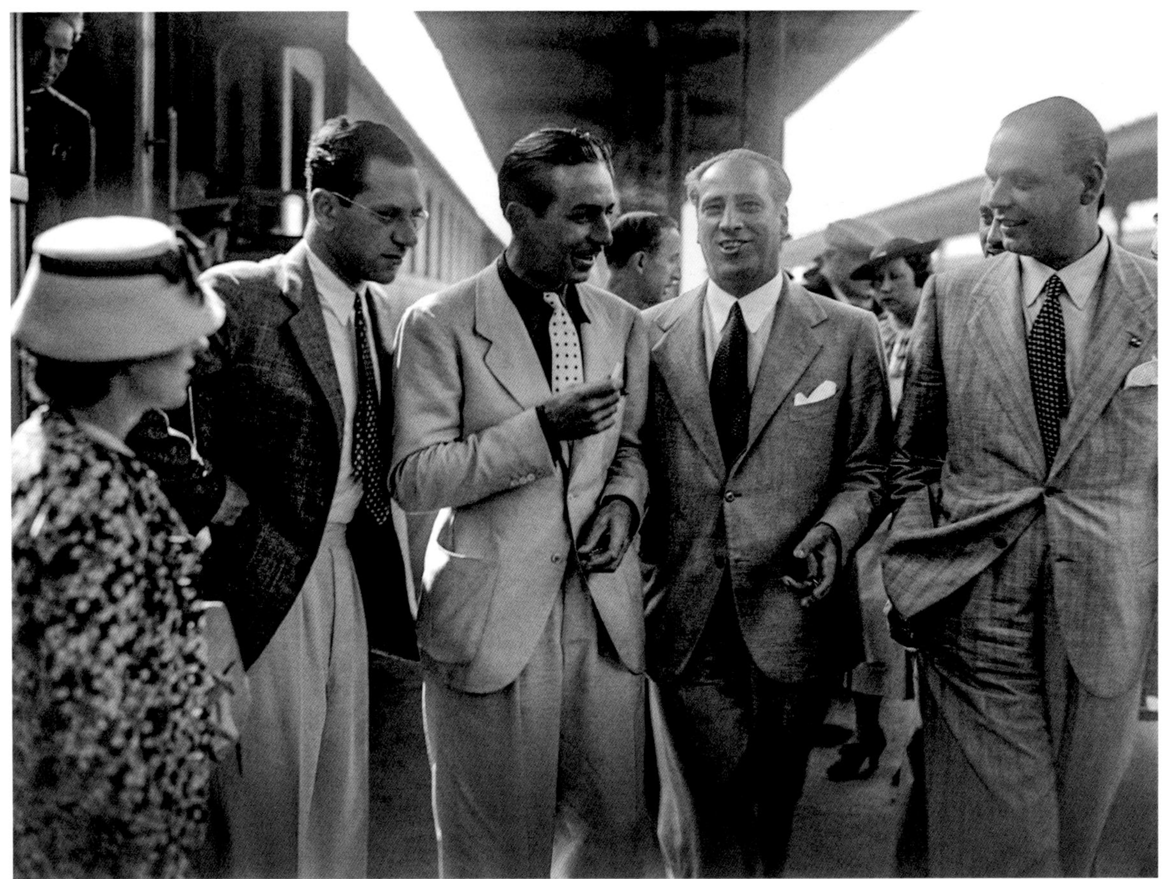

Walt Disney sulla banchina conversa con alcuni uomini.
Sulla destra, sua moglie Lillian Bounds Disney /
Walt Disney on the platform chats with some men.
On the right, his wife Lillian Bounds Disney
Roma / Rome, 1935
Archivio Storico Luce, Fondo Attualità

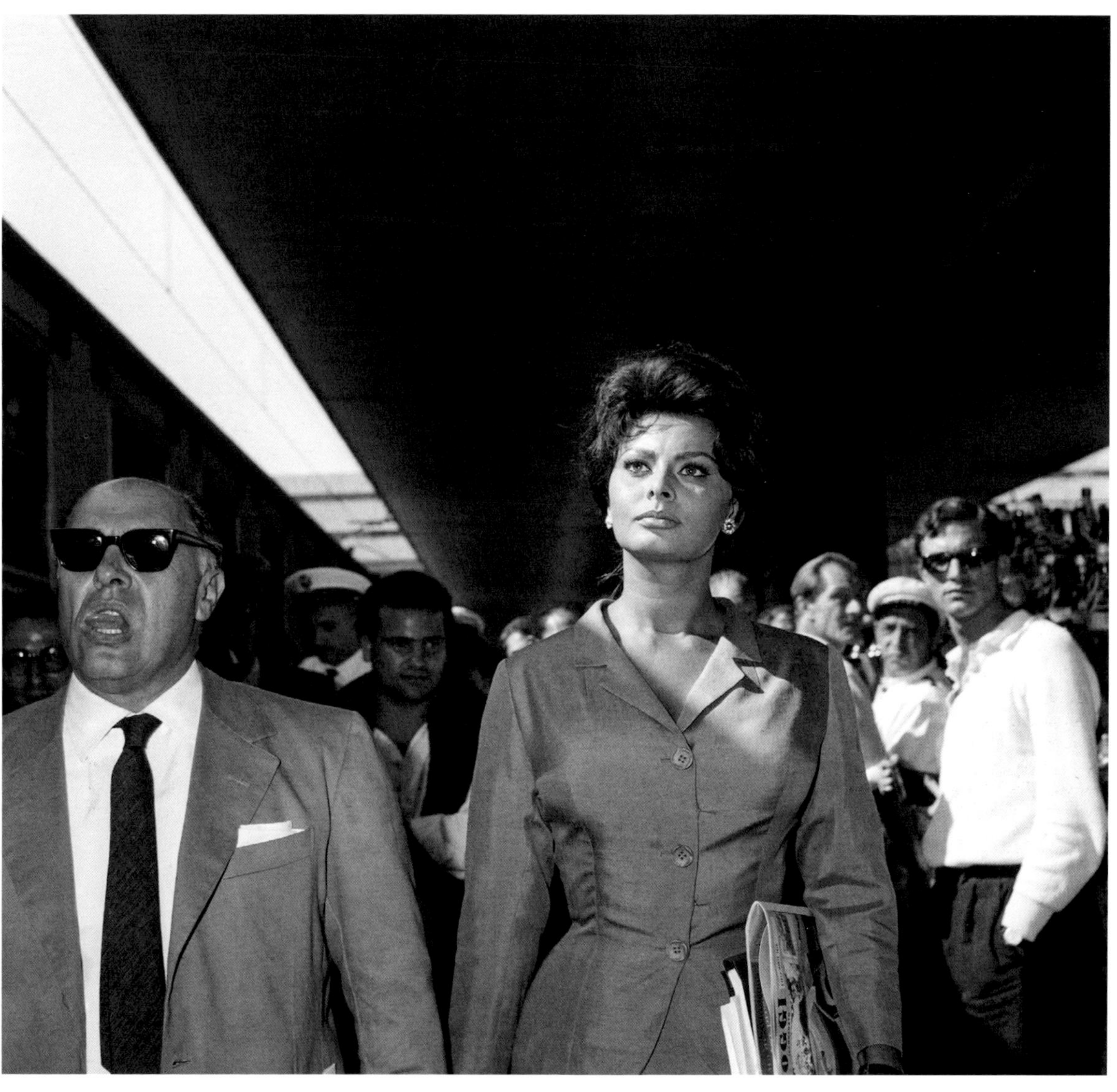

Sophia Loren con il marito Carlo Ponti in partenza per Lugo di Romagna mentre passeggiano lungo la banchina del binario / Sophia Loren with her husband Carlo Ponti departing for Lugo di Romagna walking along the platform
Roma / Rome, 1961
Archivio Storico Luce, Fondo Vedo

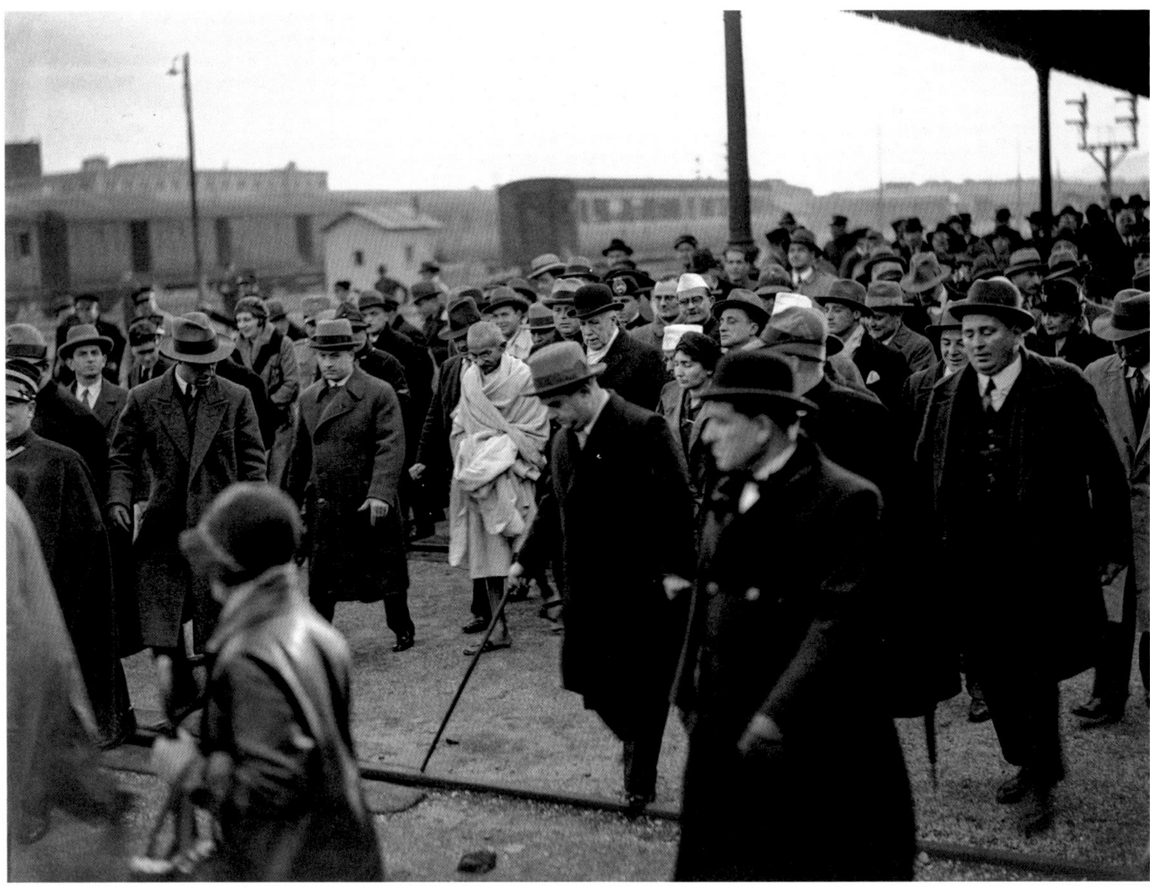

Il mahatma Gandhi, accompagnato da un gruppo di personalità e seguito da una folla di persone, attraversa la stazione / Mahatma Gandhi, accompanied by a group of dignitaries and followed by a crowd of people, walks through the station
Roma / Rome, 1931
Archivio Storico Luce, Fondo Attualità

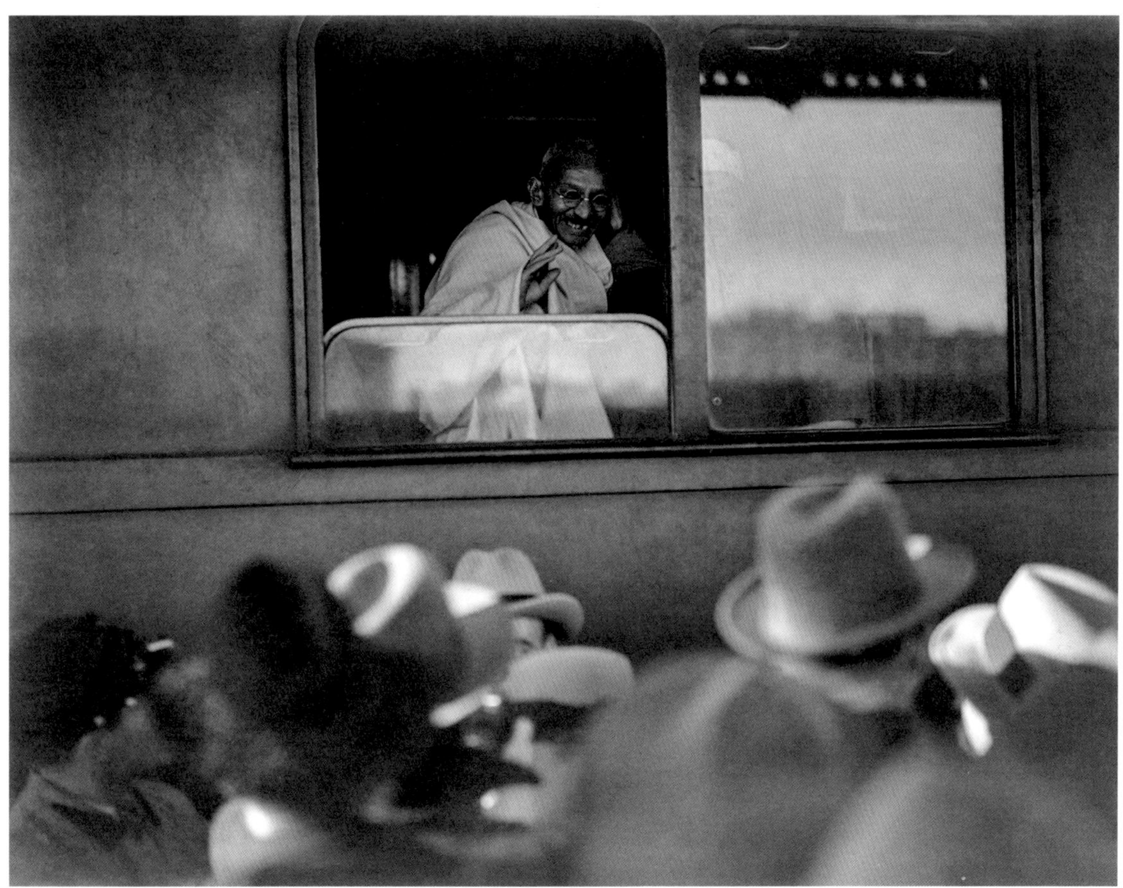

Il mahatma Gandhi visto al di là del finestrino aperto del treno, agita una mano sorridendo per salutare la folla in primo piano / Mahatma Gandhi seen through the open window of the train, waving and smiling to greet the crowd in the foreground
Roma / Rome, 1931
Archivio Storico Luce, Fondo Attualità

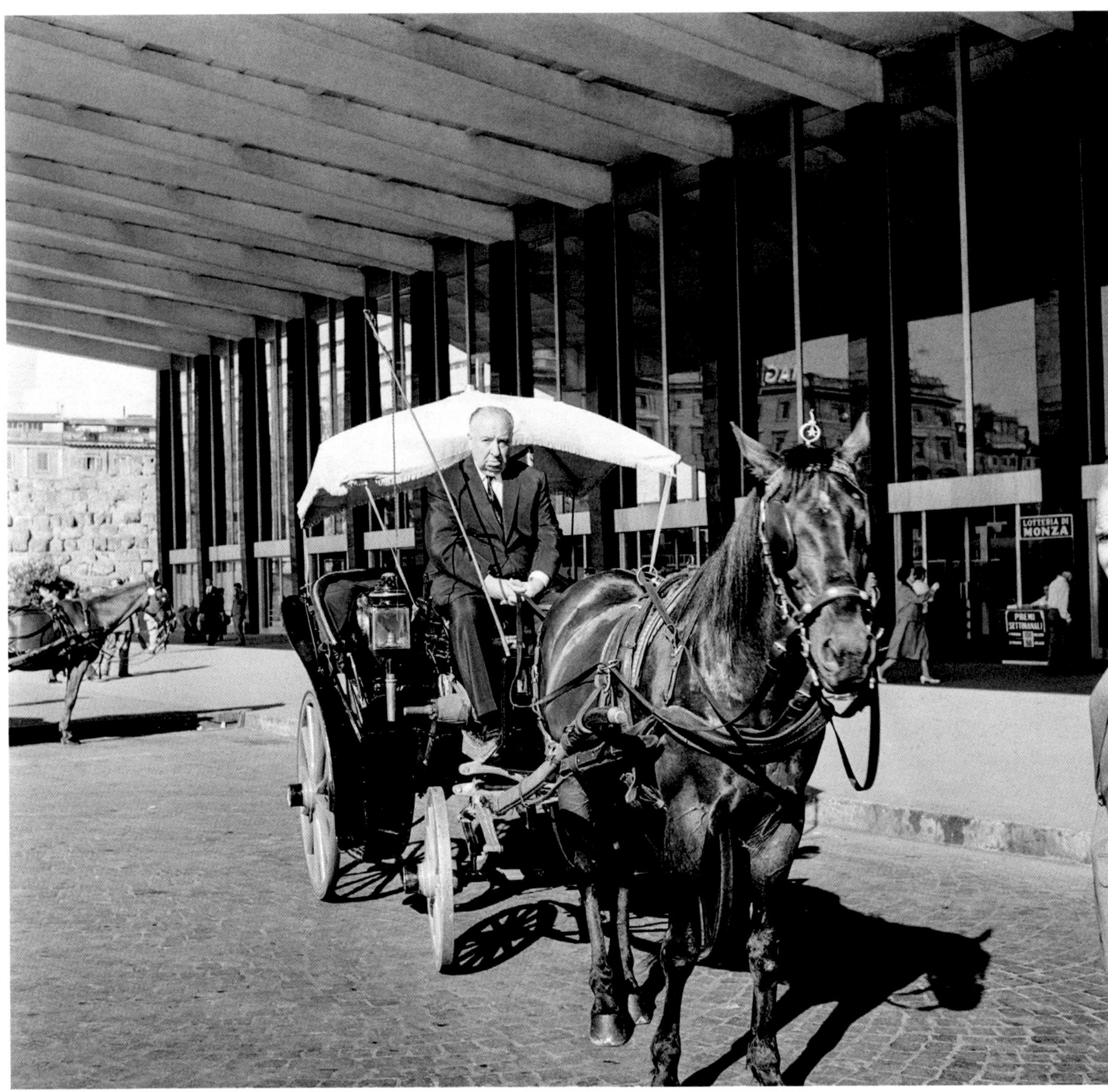

Il regista Alfred Hitchcock in carrozzella davanti all'entrata principale della stazione / The director Alfred Hitchcock in a carriage outside the main entrance of the station
Roma / Rome, 1960
Archivio Storico Luce, Fondo Dial

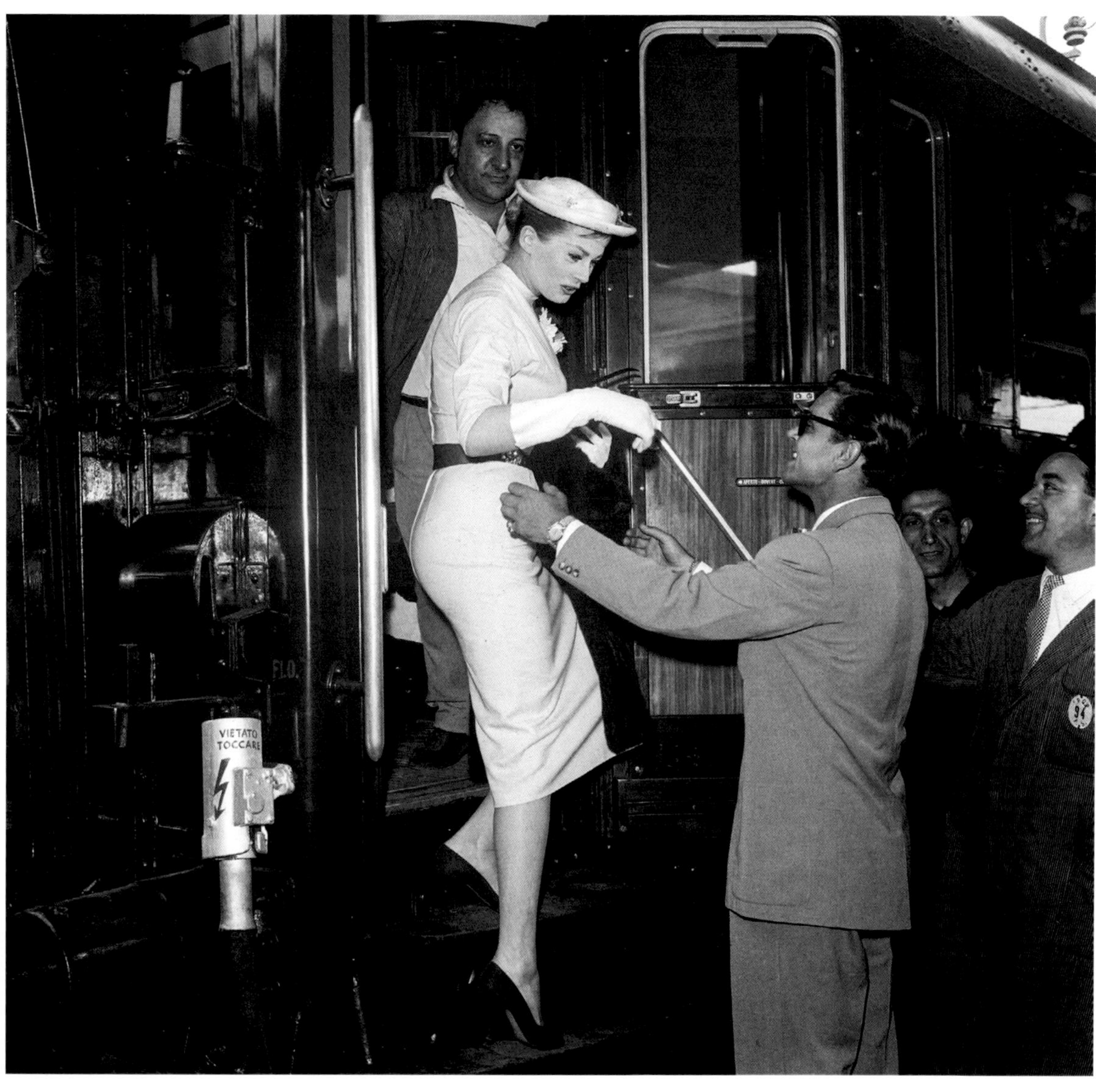

Anita Ekberg scende dal treno accolta da Anthony Steel,
che le sorride pronto ad abbracciarla /
Anita Ekberg alighting from the train welcomed
by Anthony Steel, smiling at her and ready to embrace her
Roma / Rome, 1956
Archivio Storico Luce, Fondo Dial

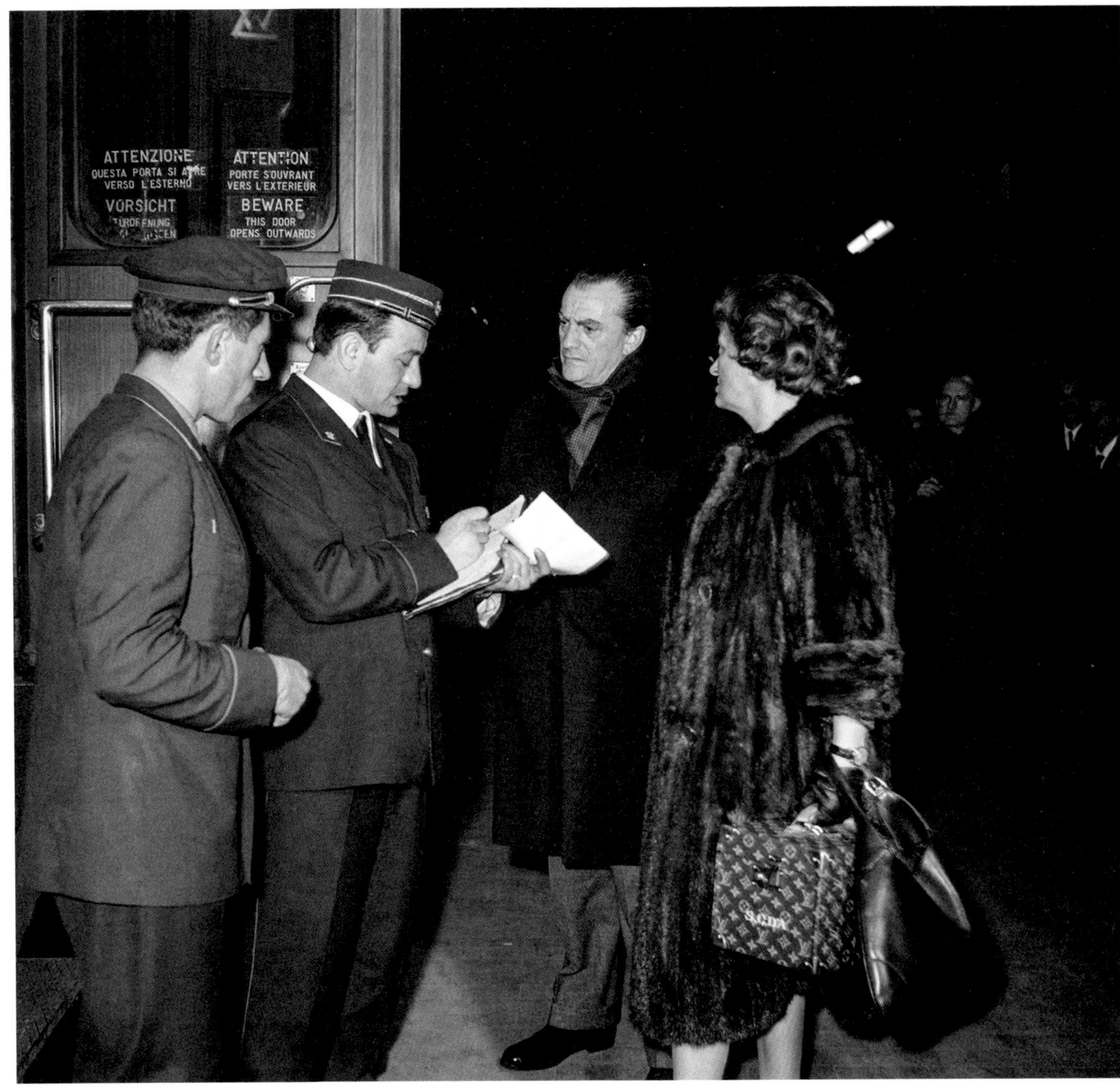

Luchino Visconti e Suso Cecchi D'Amico alla Stazione Termini in partenza per Milano per la prima del film *Boccaccio '70* / Luchino Visconti and Suso Cecchi D'Amico at Termini Station departing for Milan for the première of the film *Boccaccio '70*
Roma / Rome, 1961
Archivio Storico Luce, Fondo Dial

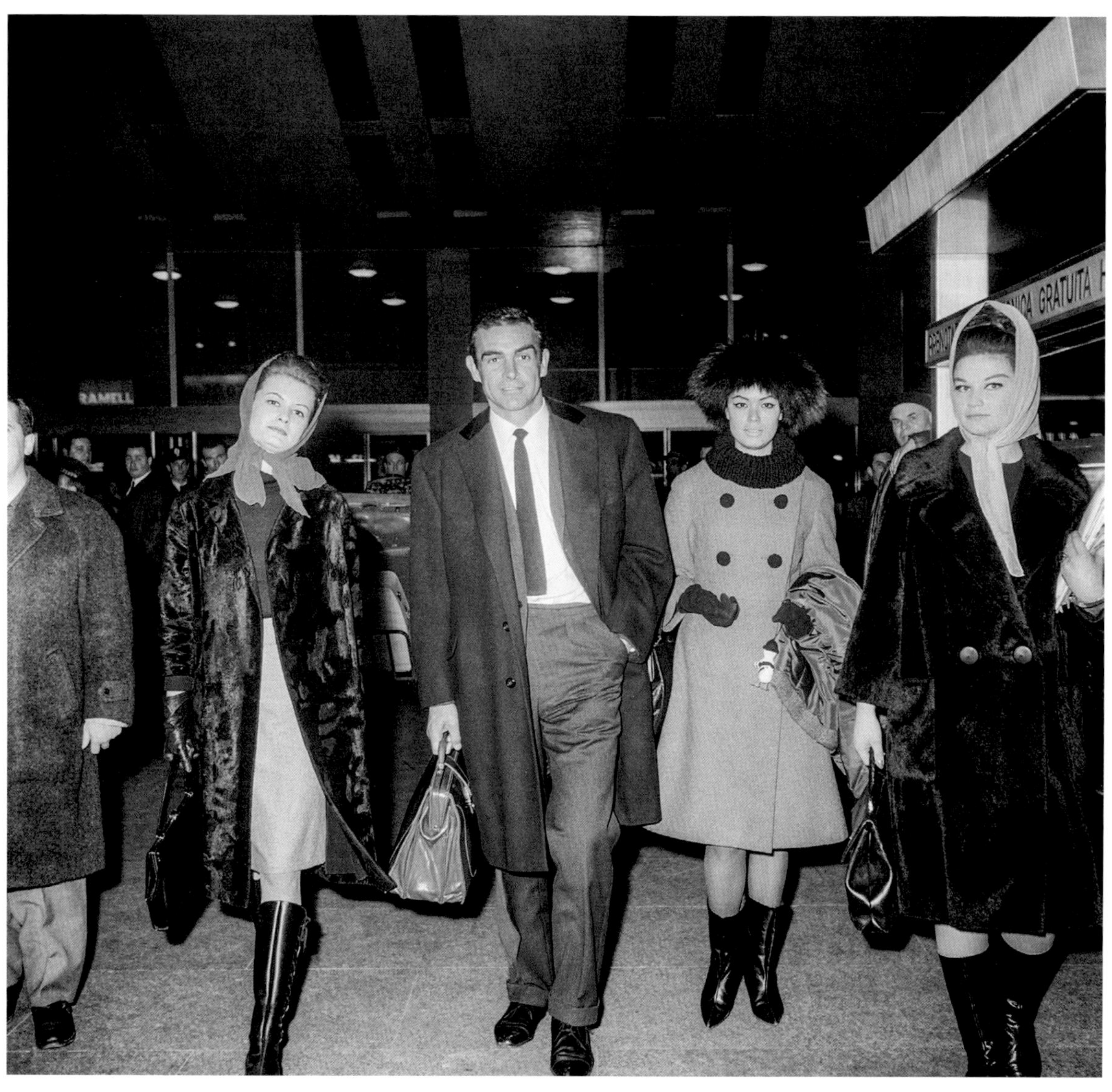

Sean Connery a Roma per presentare il film
Agente 007, dalla Russia con amore /
Sean Connery in Rome to present the film
From Russia with Love
Roma / Rome, 1963
Archivio Storico Luce, Fondo Dial

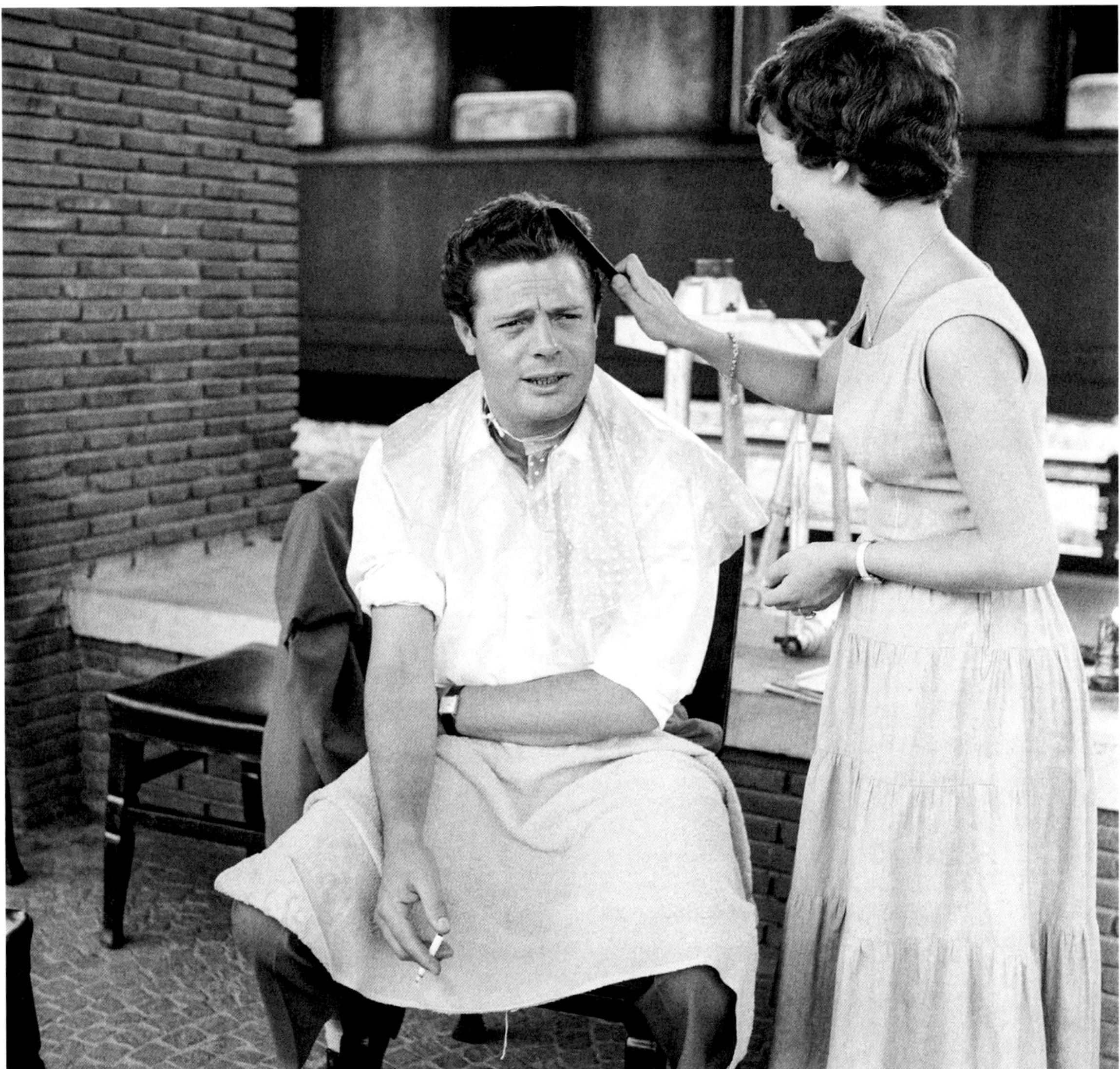

Marcello Mastroianni, viene pettinato
da una parrucchiera della troupe durante
le riprese del film *I Fidanzati* /
Marcello Mastroianni has his hair combed
by a hairdresser of the crew during the filming
of the movie *I Fidanzati* (*The Fiancés*)
Roma / Rome, 1955
Archivio Storico Luce, Fondo Vedo

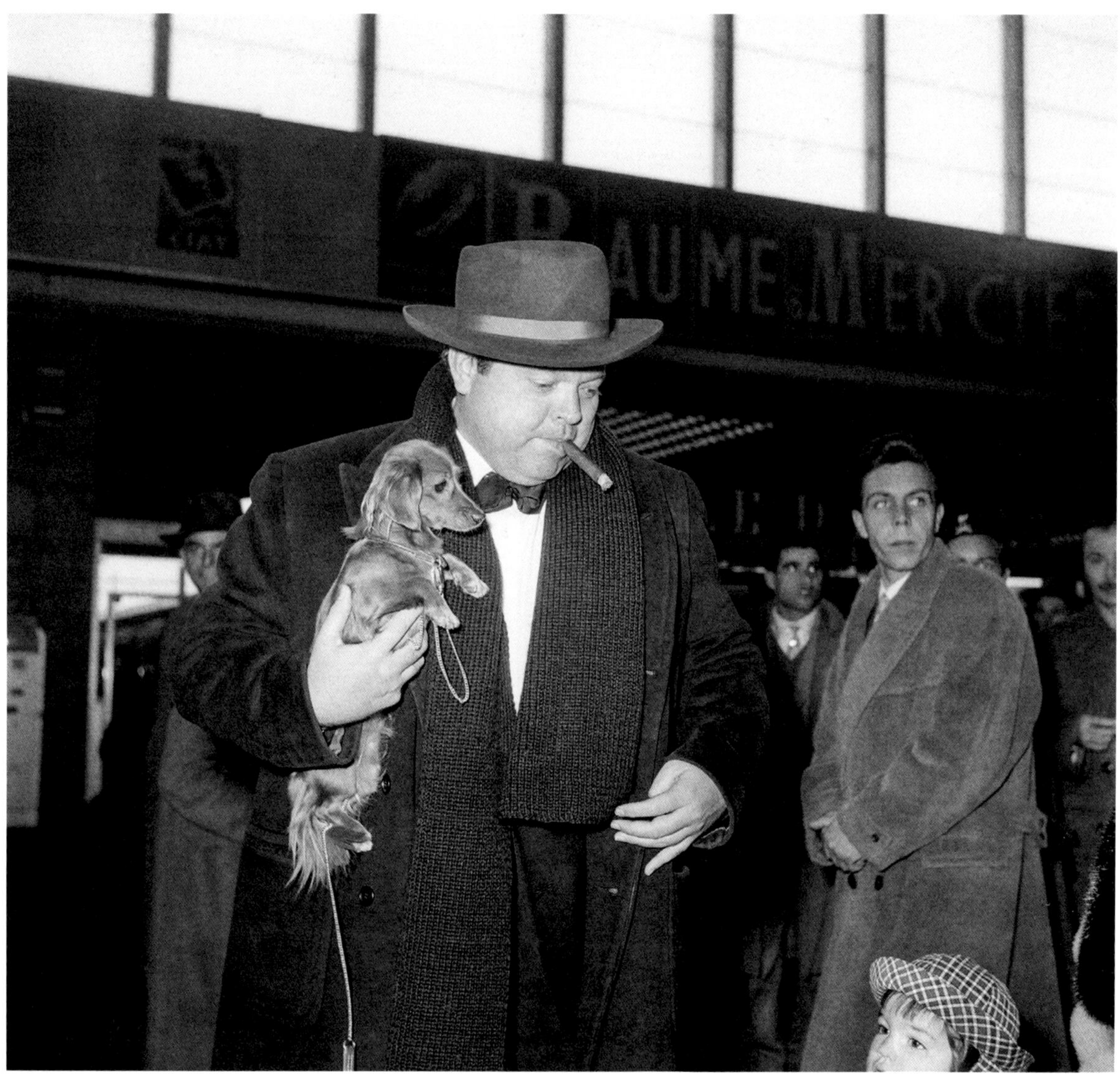

Orson Welles con un cagnetto in braccio
e la piccola figlia accanto /
Orson Welles with a little dog in his arms
and his young daughter beside him
Roma / Rome, 1958
Archivio Storico Luce, Fondo Vedo

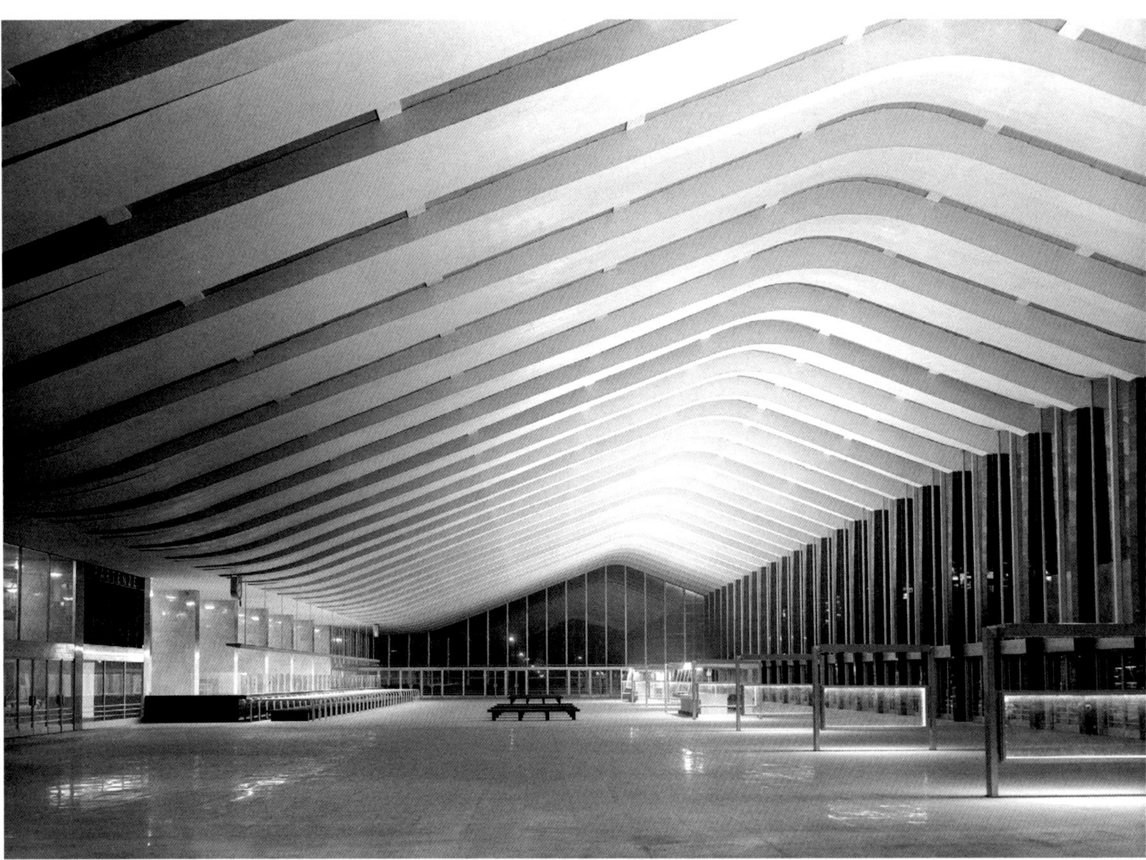

La costruzione della nuova stazione:
l'atrio del fabbricato viaggiatori con la biglietteria /
The construction of the new station:
the atrium of the station building with the ticket office
Roma / Rome, 1950
Fondazione FS Italiane, Fondo Fototeca Centrale FS

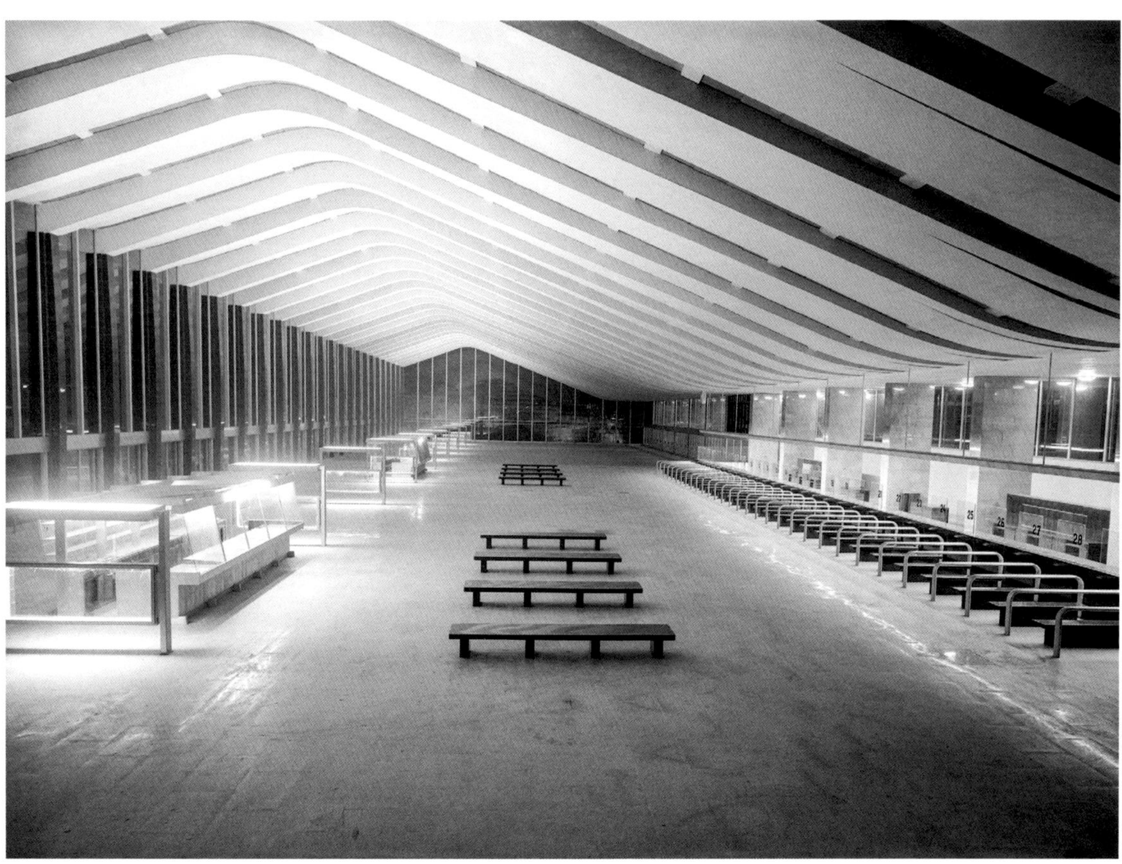

L'atrio del fabbricato viaggiatori con la biglietteria /
The atrium of the station building with the ticket office
Roma / Rome, 1950
Fondazione FS Italiane, Fondo Fototeca Centrale FS

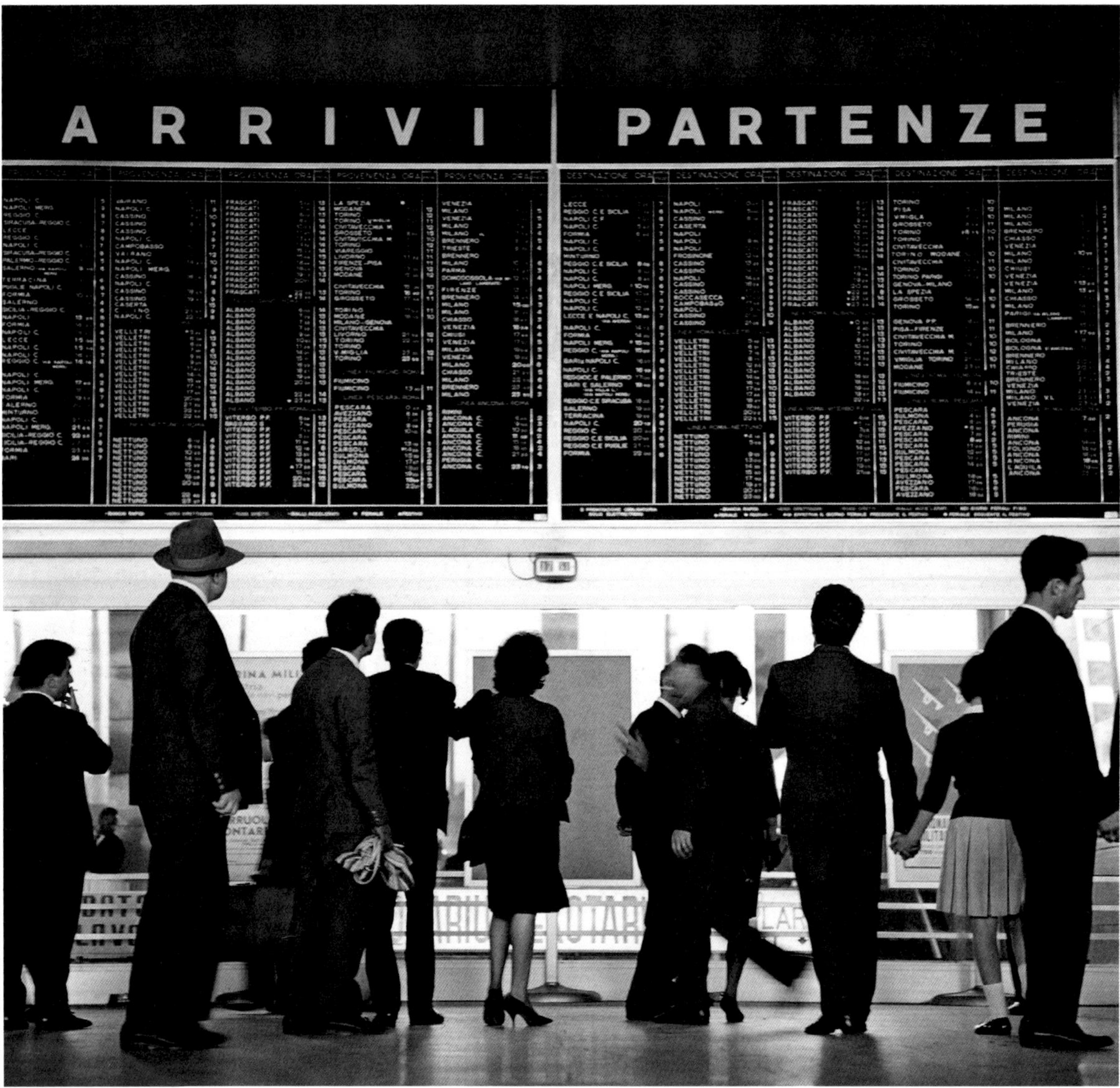

Alcuni viaggiatori consultano i tabelloni orari
nell'atrio biglietti /
Some travellers consult the timetable notice-boards
in the ticket atrium
Roma / Rome, 1963
Fondazione FS Italiane, Fondo Fototeca Centrale FS

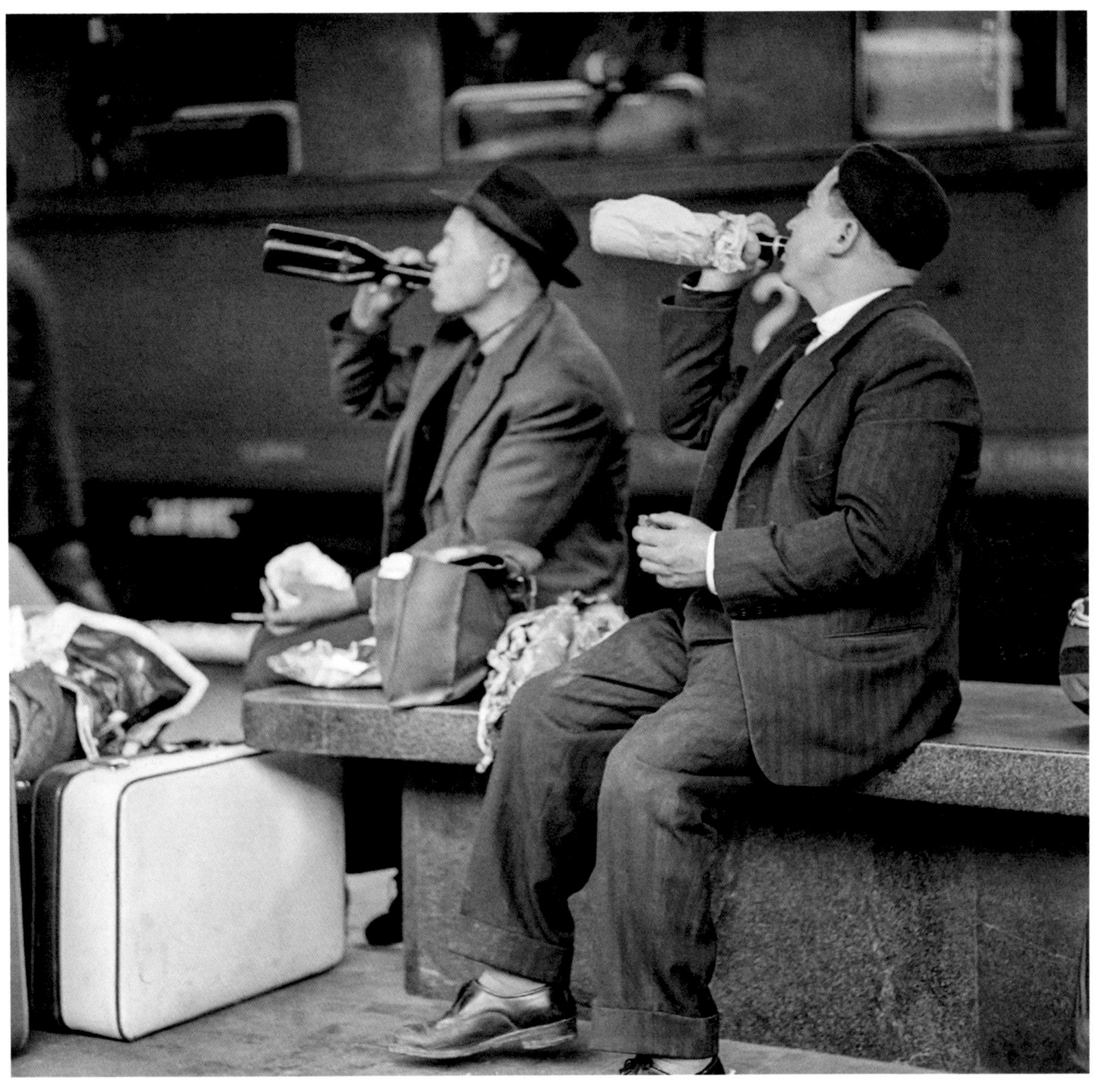

Il pasto di due viaggiatori consumato
su di una panchina della stazione /
Two travellers have a meal on a bench
at the station
Roma / Rome, 1963
Fondazione FS Italiane, Fondo Fototeca Centrale FS

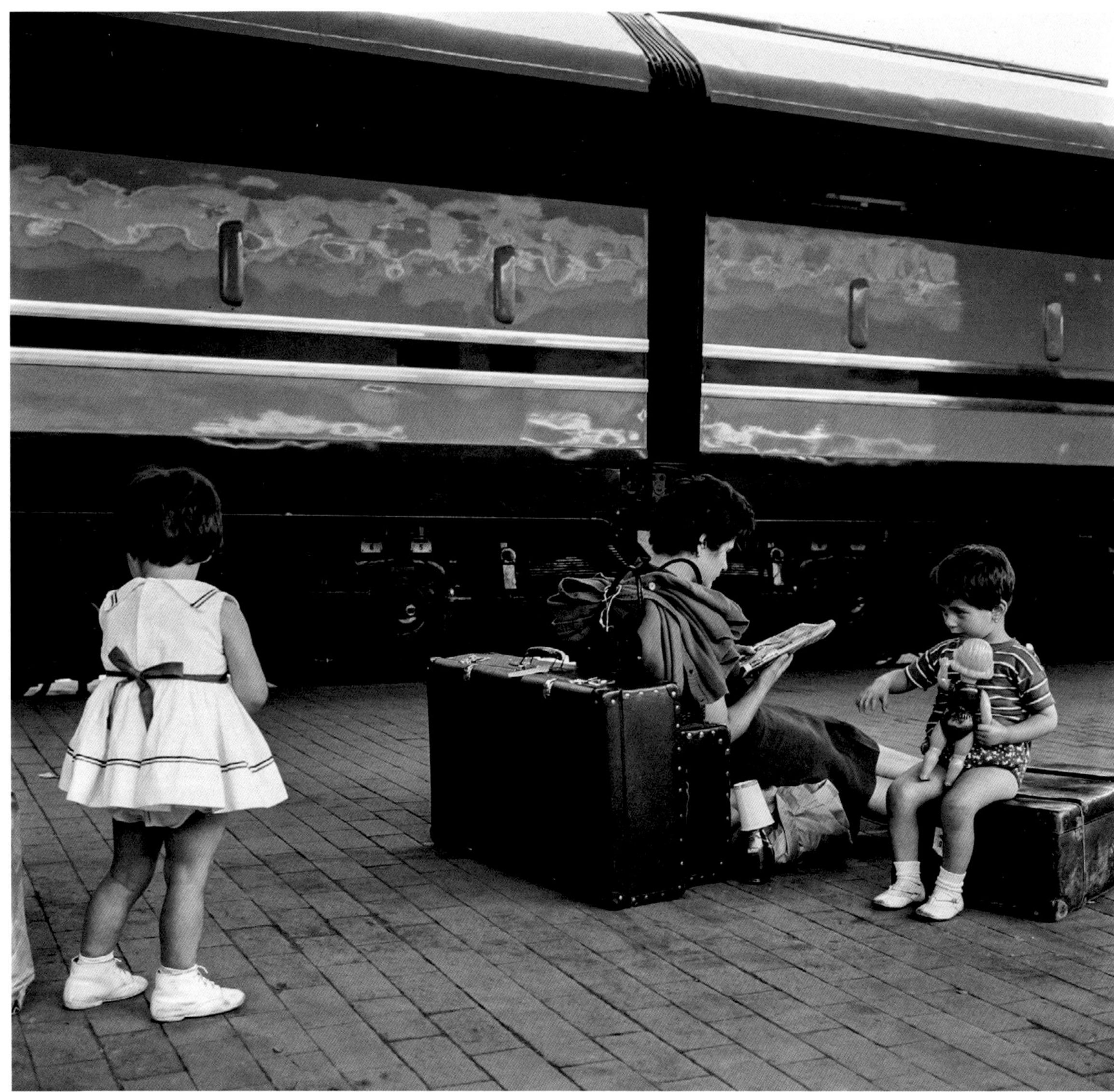

GINO MARINELLI
Una viaggiatrice con bambine attende seduta accanto alle valigie sul marciapiede della stazione /
A female passenger with her girls waits sitting beside her suitcases on the station platform
Roma / Rome, 1962
Fondazione FS Italiane, Fondo Fototeca Centrale FS

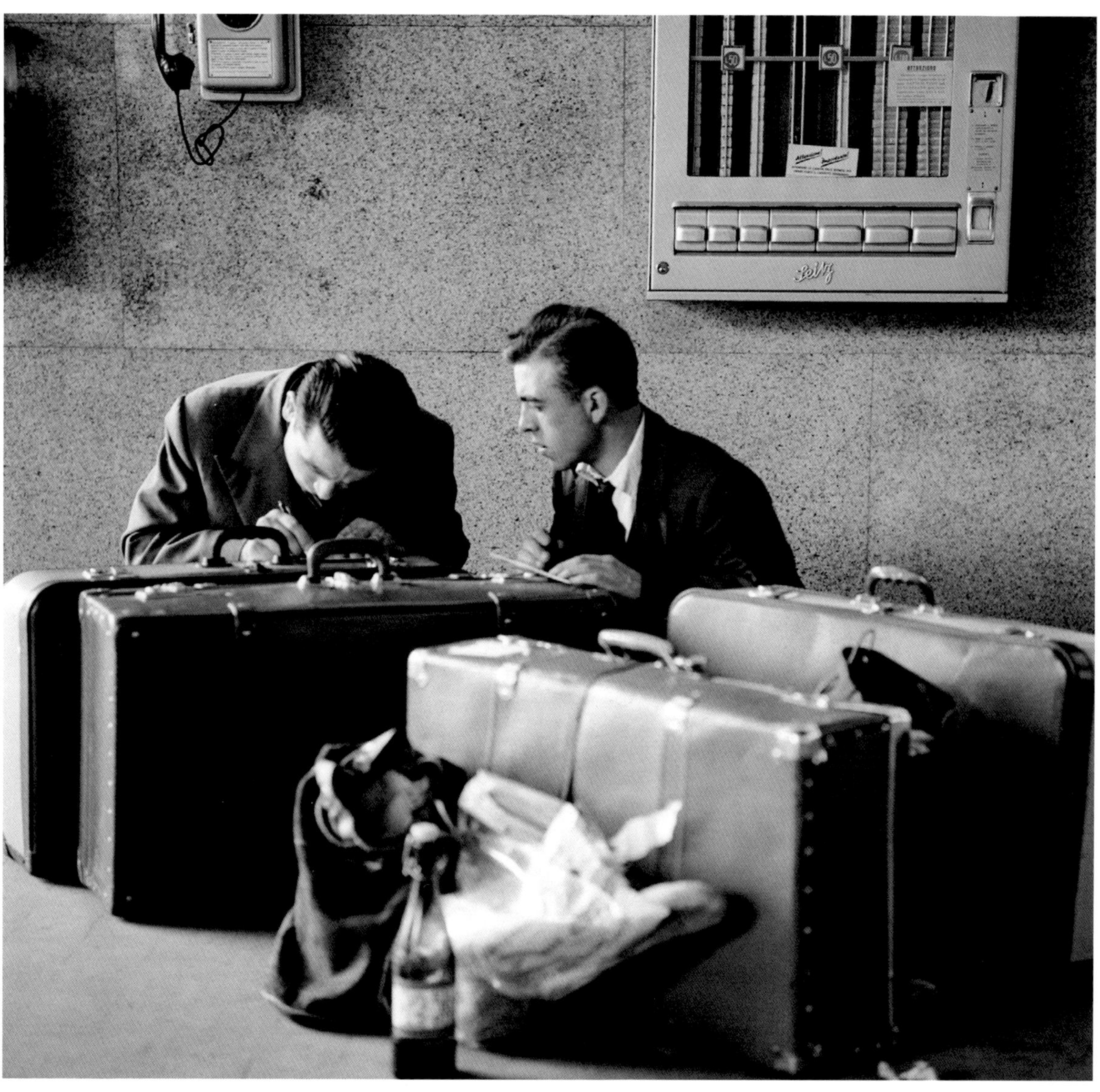

Viaggiatori seduti sul marciapiede della stazione
con alcune valigie /
Passengers sitting on the platform of the station
with some suitcases
Roma / Rome, 1963
Fondazione FS Italiane, Fondo Fototeca Centrale FS

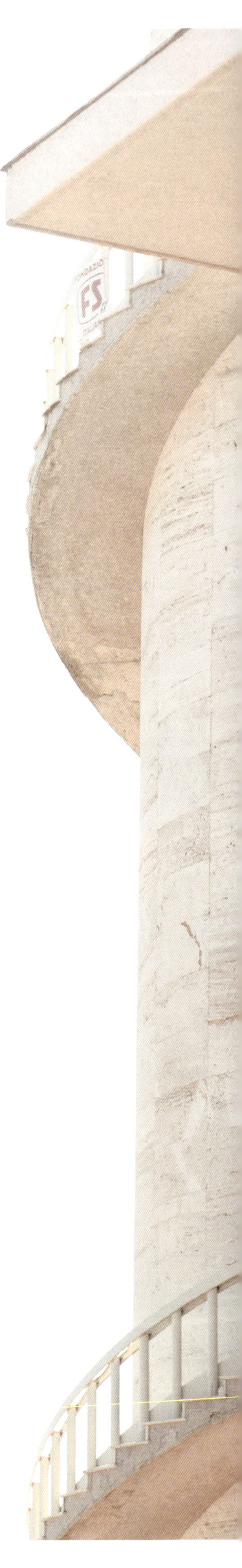

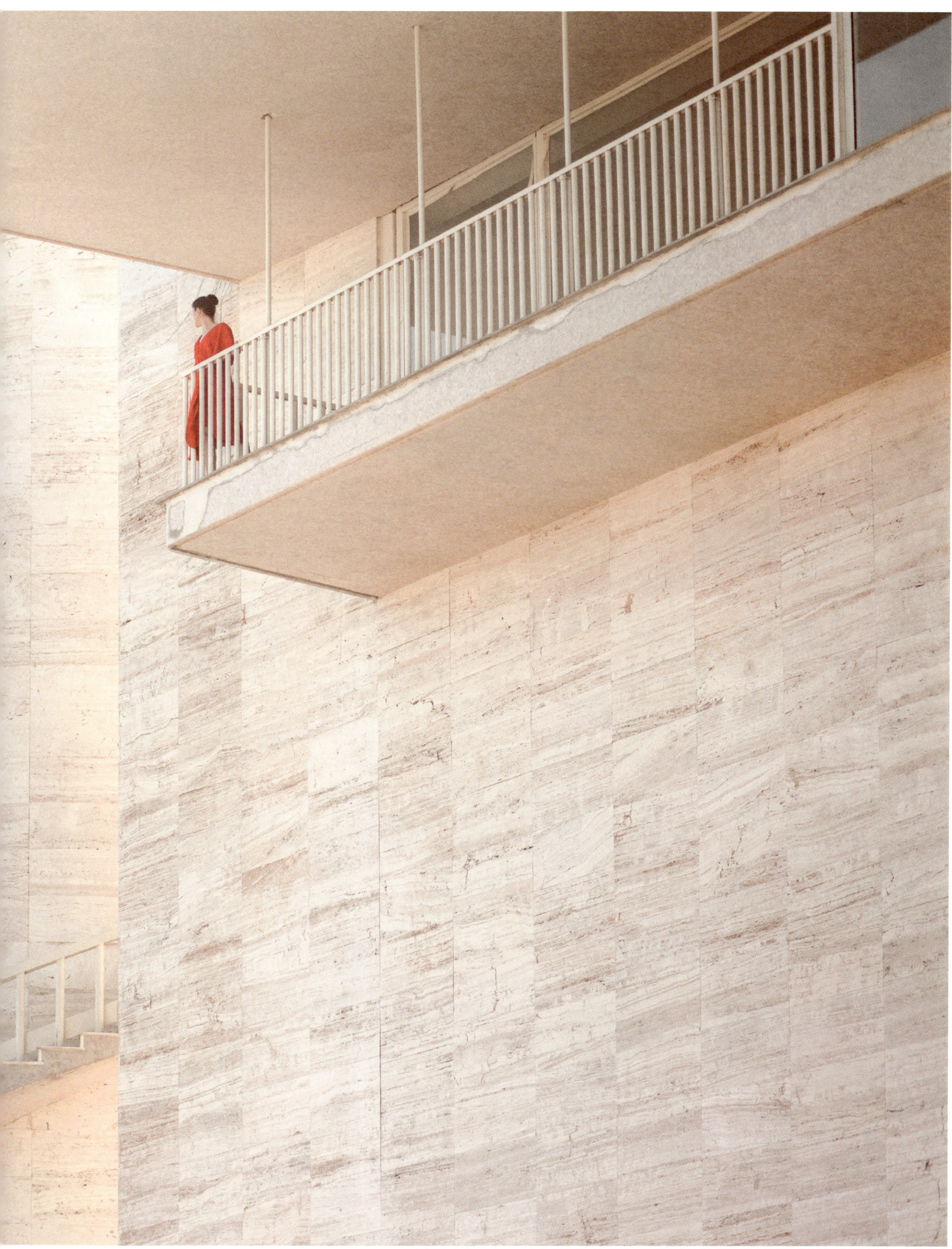

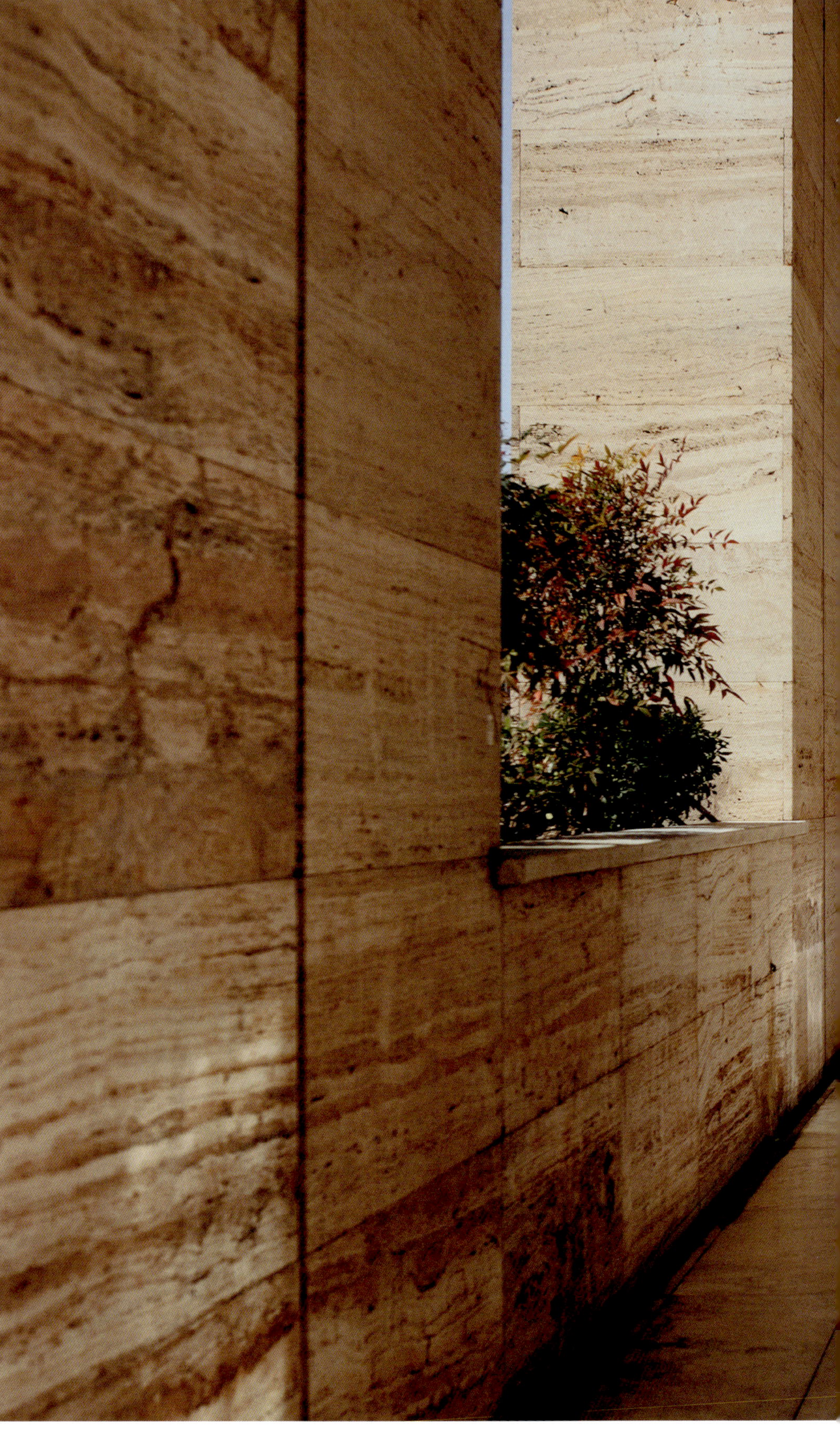

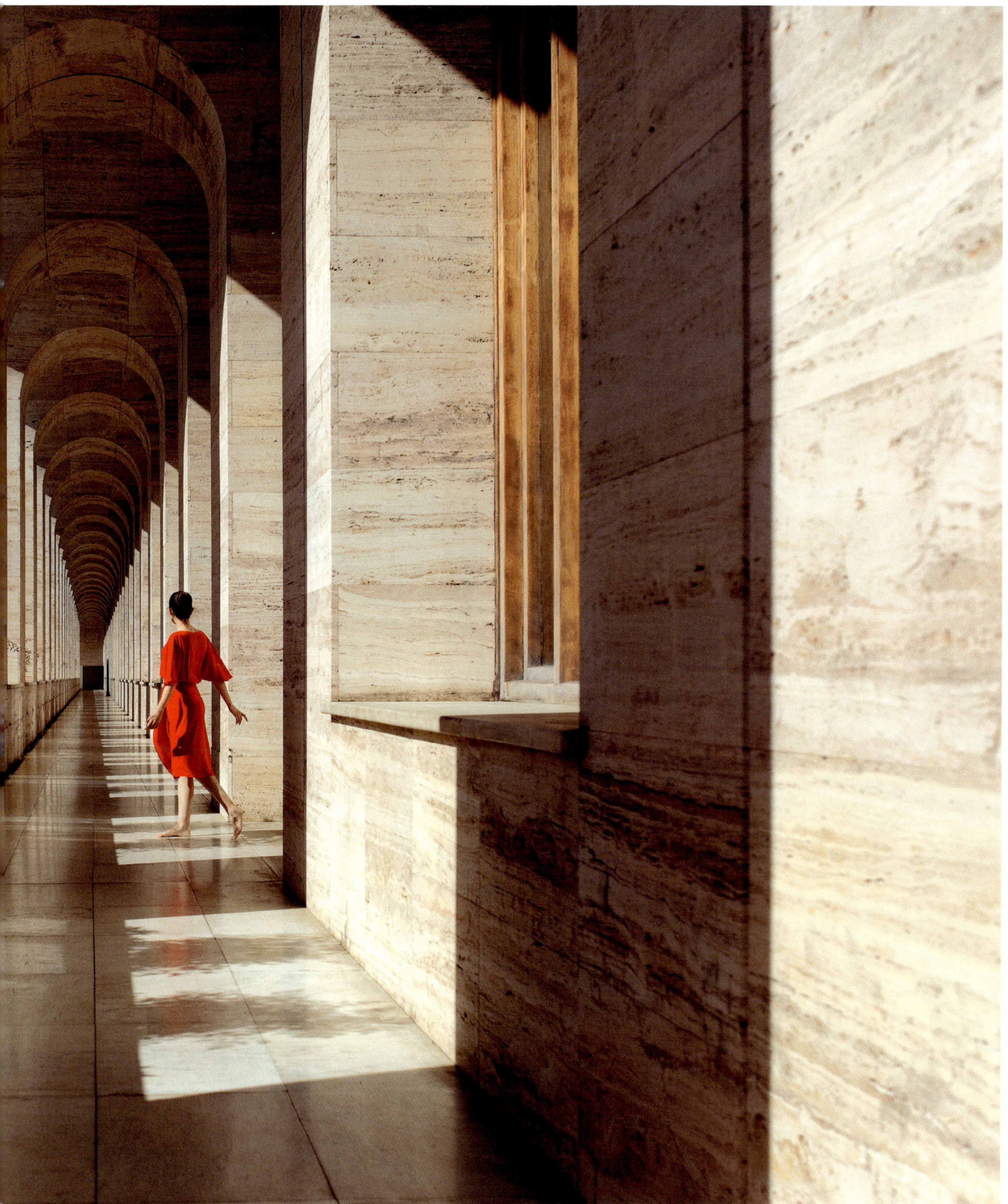

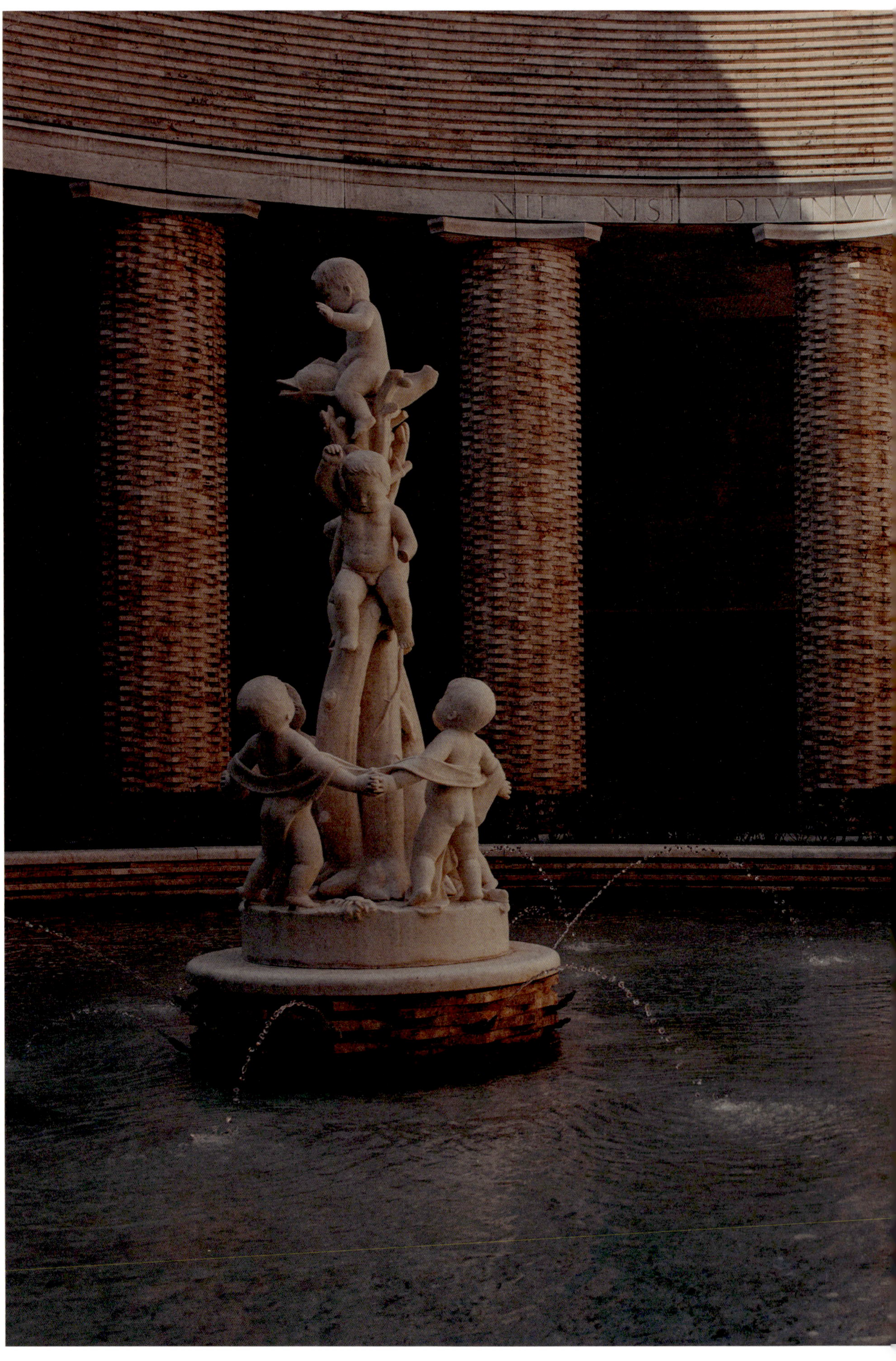
NIL NISI DIVINVM

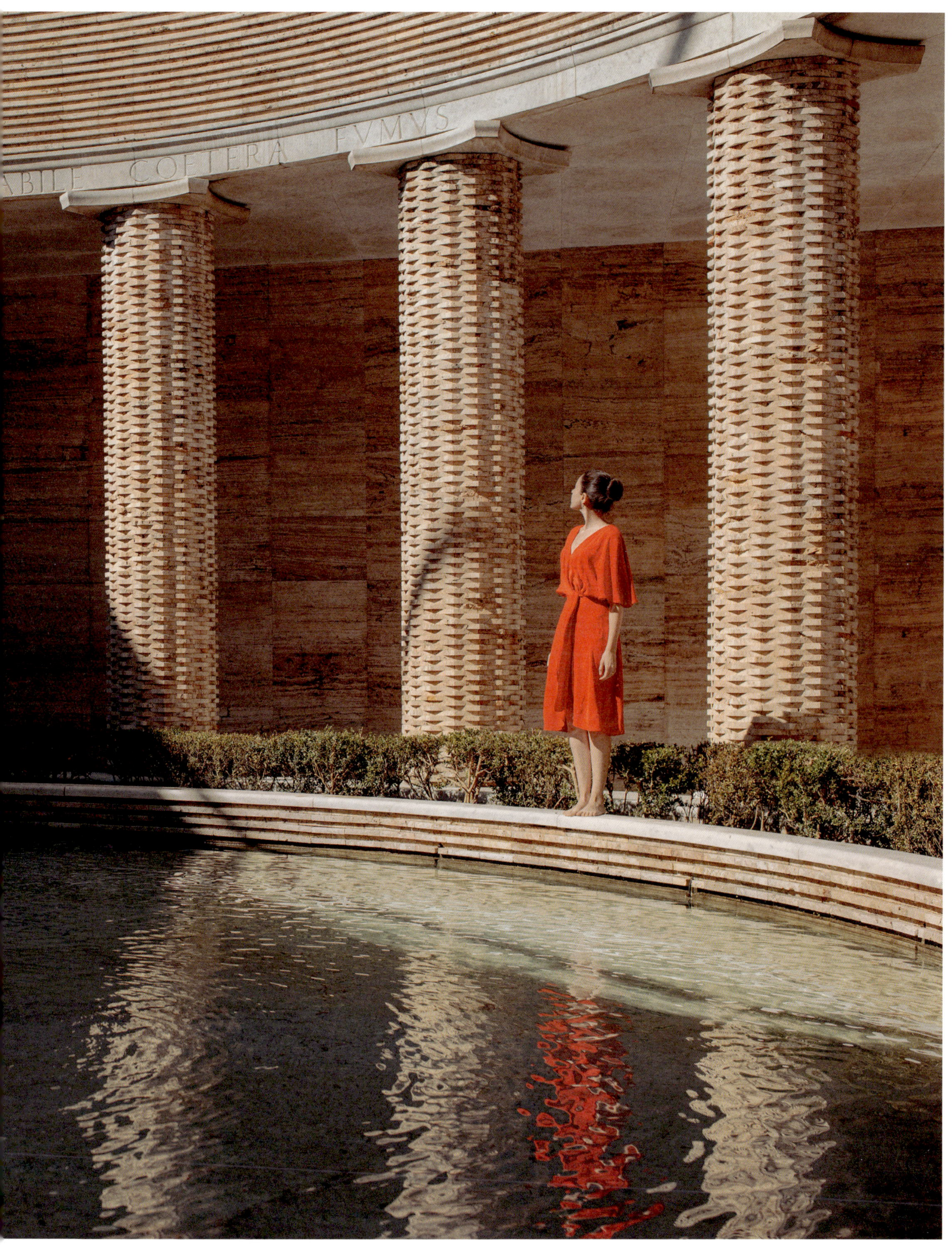
ABILE COETERA FVMVS

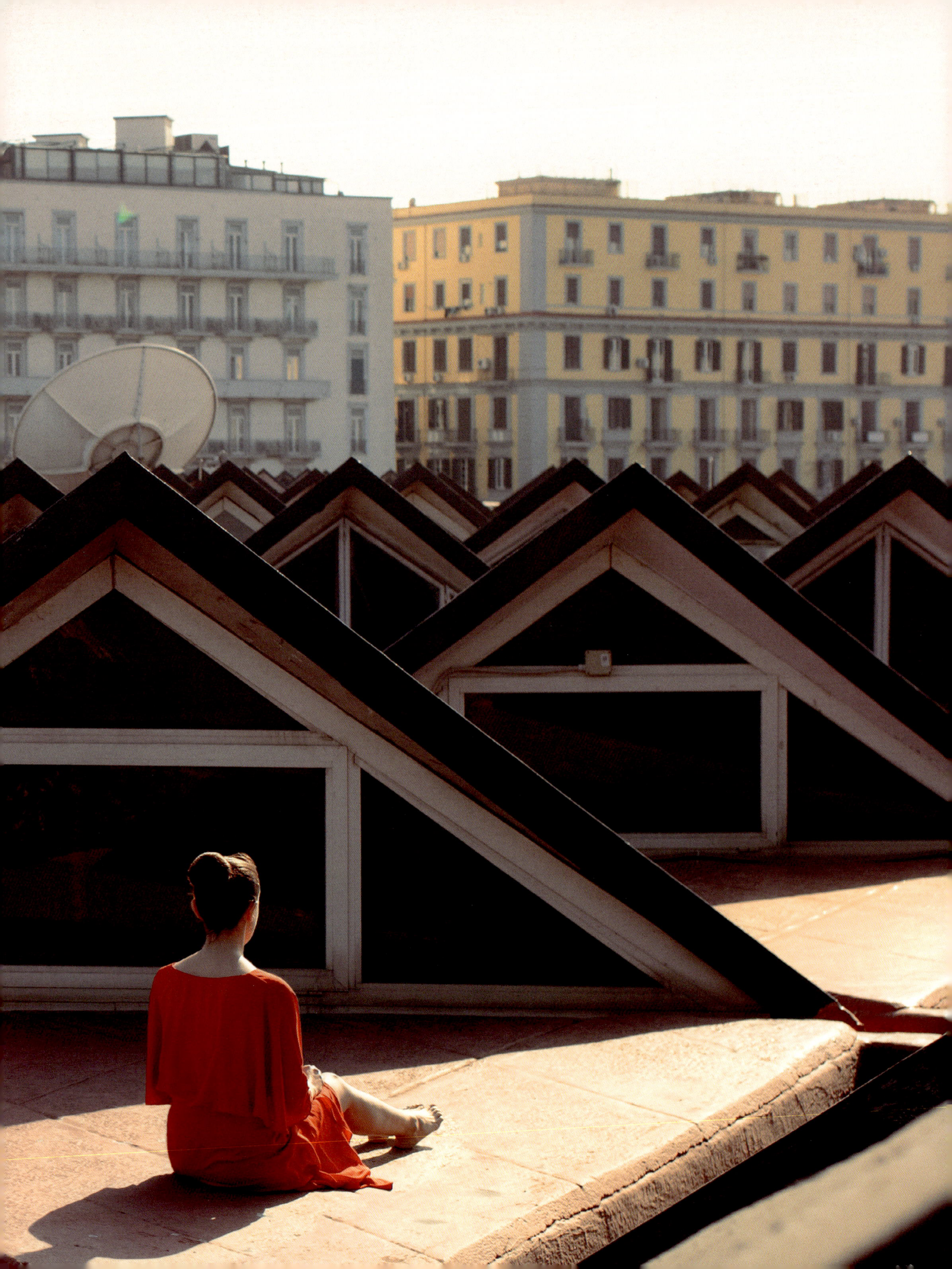

Valeria Parrella

NAPOLI CENTRALE
/
NAPLES
CENTRAL STATION

«Perché se Napoli è un mondo,
la stazione è l'anticamera
a quel mondo».
/
"Because if Naples is a world,
the station is the antechamber
to that world."

The memory of stations seems to be an oxymoron, indeed for us stations are places of impermanence, of rapid passage. We wonder, on the other hand, what memory they have, if all those exchanged kisses, those last goodbyes, but also those hurried arrivals in Naples at dawn to go north, are held inside something, if they know how to find a physical space that is not only the individual memory, and in fact they become memory.
Or else we need to wonder, if memory is not a fact that is indeed personal, and therefore private, but when it is repeated in so many individuals, whether it takes shape precisely there. And I would say that this is the case of stations, of Naples Station. I believe this is the case because there is one thing, ever since the train has existed, and ever since the station in Piazza Garibaldi has existed, that is the sign for those who go away and for those who arrive; there is one thing that no traveller can avoid, blur or miss out, that no urban planning intervention can cancel out and that goes far beyond the transformations that one hundred and fifty years of history of the train can bring to the station in Naples.
And that is: you can see Vesuvius.
It stands out forcefully in the blue sky: it is violet, Vesuvius is violet with dried lava and with time; it is a violet mountain with an unmistakable profile and when you arrive in Naples you see it first; it is the station gate, it is the arrival traffic light, for you to enter Naples Station. At a certain point, on the left, he appears, Vesuvius the exterminator.
Even before the loudspeaker says that you are about to arrive, the travellers in the carriage stand up, but not only those who have recognised the arrival home, no, also the tourists, the students – who knows? – the Japanese, for example, all stand up. I ask, "Is it the first time?" "Yes! We're coming from Rome." And so, how have they understood? Vesuvius is our station; it is its silent and imposing announcement that says: welcome to the city.
But the opposite is also true: it is towards Vesuvius that we go when we go to catch the train, and since Naples has been a place of emigration, Vesuvius was the last thing you saw when going away. It is now too, but it is a more joyful emigration now, made of exchanges among students or intellectual engagements; it is above all the service sector that uses the train, so the kisses you see on departure are the kisses of people who will see each other again soon, or who are moving in party mode, and the party is represented by what they buy, in the space of the station itself, when departing: *sfogliatelle*, *mozzarella*. Food that must be consumed fast, in company. The station is a cornerstone of feelings, it gives us joy or sadness and we Neapolitans give the same name to the entire neighbourhood that surrounds it, to the whole square and the streets emanating from it, which have the names of all the cities of Italy: Via Milano, Via

La memoria delle stazioni pare essere un ossimoro, tanto che le stazioni sono per noi i luoghi dell'impermanenza, del passaggio rapido. Ci si chiede invece che memoria abbiano, se tutti quei baci scambiati, quegli ultimi saluti ma pure quegli arrivi frettolosi all'alba di Napoli per andare verso nord si fermino dentro qualcosa, se sappiano trovare uno spazio fisico che non sia solo il singolo ricordo, e si facciano appunto memoria.
Oppure bisogna chiedersi se la memoria non sia un fatto sì personale, dunque privato, ma che quando esso sia reiterato in tanti e tanti individui non si sostanzi proprio lì. E direi che è questo il caso delle stazioni, della stazione di Napoli. Credo sia questo il caso perché c'è una cosa che da quando esiste il treno, e da quando esiste la stazione di piazza Garibaldi, è il segno per chi va via e per chi arriva, c'è una cosa che nessun viaggiatore può evitare, sfocare od omettere, che nessun intervento urbanistico può cancellare e che va ben oltre le trasformazioni che centocinquanta anni di storia del treno possono apportare alla stazione di Napoli.

E cioè: si vede il Vesuvio.
Esso si staglia con decisione nel cielo azzurro: è viola, il Vesuvio è viola di lava rappresa e di tempo, è una montagna viola dal profilo inconfondibile e quando arrivi a Napoli lo vedi come prima cosa, è la porta della stazione, è il semaforo dell'arrivo, per entrare nella stazione di Napoli a un certo punto, a sinistra, compare lui, il Vesuvio sterminatore.
Prima ancora che l'altoparlante dica che si sta per arrivare, si vedono alzarsi i viaggiatori sui convogli, ma non solo quelli che riconoscerebbero comunque l'arrivo a casa, no, anche i turisti, gli studenti, chessò, i giapponesi per esempio, si alzano. Io chiedo «è la prima volta?» «sì! veniamo da Roma» E allora come hanno capito? Il Vesuvio è la nostra stazione, è il suo annuncio silenzioso e imponente che dice: benvenuti in città.
Ma è vero anche il contrario: è verso il Vesuvio che si va quando si va a prendere il treno, e poiché Napoli è stata luogo di emigrazione, il Vesuvio era l'ultima cosa che vedevi andando. Anche adesso lo è, ma ora è un'emigrazione più gioiosa, fatta di scambi tra studenti, o di ingaggi intellettuali, è il terziario soprattutto che usa il treno, così quei baci che vedi andando sono baci di persone che si ritroveranno presto, o che si muovono in festa, e la festa è rappresentata da ciò che comprano, nello spazio stesso della stazione, andando: sfogliatelle, mozzarella. Alimenti che vanno consumati presto, in compagnia. La stazione è un cardine di sentimenti, mette gioia o tristezza e noi napoletani diamo lo stesso nome a tutto il quartiere che la circonda, a tutta la piazza e alle strade che da essa si diramano, e che hanno il nome di tutte le città d'Italia: via Milano, via Padova, via Firenze, via Bologna. Tutto questo quartiere si chiama Napoli Ferrovia. Noi quando diciamo al taxi di portarci alla

Padova, Via Firenze, Via Bologna. This entire neighbourhood is called Napoli Ferrovia. When we ask the taxi driver to take us to the station, we say, "To the railway." Because it is an ancient thing that has been ultramodern, one of the first and most modern, and with its tracks it crosses part of the old and new city, becoming an underground line, an iron road, that is, that immediately connects inside and outside. It has been that way for a hundred years. And it is for this reason that, like other magnificent European cities that have ancient underground railways, we have monumental stations, with wrought iron platform roofs, Liberty-style windows and magnificent Belle Époque lanterns.

We call it "Ferrovia" (Railway), all of it, and *Napoli Ferrovia* is the name of a magnificent novel by the late lamented Ermanno Rea, who tells of how life always gathers around that neighbourhood. A critic has said that it is "a total book that materialises the incorporeal dimensions of the city." That is what Domenico Starnone also says, a man who grew up in the Ferrovia neighbourhood, before moving to the districts higher up, to Via Gemito. That crossroads of worlds that the station represents, with its intersections, its traffic lights and the people moving in surges, in rivers, who flow in a continuous magnificent osmosis between inside and outside.

There is another artist, much loved by Neapolitans and by the world of Neapolitans worldwide, who is Nino D'Angelo, who has devoted a magnificent, touching song of his to the Ferrovia, a song that tells of a migrant girl forced into prostitution. Because if Naples is a world, the station is the antechamber to that world: in Naples Station, which luckily is supportive and inclusive, benevolent and never fascistic, during the night another city rises from the pallets, from the cardboard, from the underworld, you could say, which is the one that Anna Maria Ortese knew how to tell of well in *Neapolitan Chronicles*. It is a Neorealist city made of the last in line, of dreams, of those who have no place to stay. Naples welcomes as best it can: the arches of the station of the 1960s give shelter from the rain and the cold and the volunteers of the Community of Sant'Egidio go there to take meals and water. And then there is the "Binario della Solidarietà" [Solidarity Track], a full-blown association that distributes clothes or information, medicines, and gives assistance to those who need it.

The station is Naples just as Naples is its station. In fact, even in the spatial location there is the same division that applies to the whole city, the aerial one, which stretches to the sky with its soaring tufa castles, and the underground one, that of the catacombs, the Bourbon tunnels, the air-raid shelters. And so the new project for the station and the beautiful square in front of it have also respected this its essence as a gate for the metropolis of the south: when you are in the underground part, where the shops and the escalators are

stazione, diciamo «Alla ferrovia». Perché è una cosa antichissima che è stata modernissima, una delle prime e più moderne, e attraversa con i binari parte della città vecchia e nuova diventando una linea di metropolitana, una strada di ferro cioè che collega subito il dentro e il fuori. È così da cento anni. E per questo che, al pari di altre città magnifiche europee che hanno metropolitane antiche, abbiamo delle stazioni monumentali, con pensiline in ferro battuto, e vetrate liberty e magnifici lampioncini Belle Époque.

La chiamiamo Ferrovia, tutta, e *Napoli Ferrovia* è un magnifico romanzo del compianto Ermanno Rea che racconta come la vita si raccogliesse sempre intorno a quel quartiere, disse un critico che è «un libro totale che materializza le dimensioni incorporee della città». Cosa che racconta anche Domenico Starnone, che alla Ferrovia era cresciuto, prima di trasferirsi sui quartieri alti, a via Gemito. Quel crocevia di mondi che la stazione rappresenta, con i suoi incroci, i suoi semafori, e le persone a fiotti, a fiumi, che si riversano in una continua magnifica osmosi tra dentro e fuori.

C'è un altro artista, molto amato dai napoletani, e dal mondo dei napoletani nel mondo, che è Nino D'Angelo, che alla Ferrovia ha dedicato una sua canzone magnifica, commoventissima, che racconta di una ragazza migrante costretta a prostituirsi. Perché se Napoli è un mondo, la stazione è l'anticamera a quel mondo: nella stazione di Napoli, per fortuna solidale e inclusiva, caritatevole e mai fascista, durante la notte sorge dai giacigli, dai cartoni, dagli inferi si può dire, un'altra città, che è quella che anche Anna Maria Ortese sapeva raccontare bene ne *Il mare non bagna Napoli*. È una città neorealista fatta degli ultimi, dei sogni, di chi non ha un posto dove stare. Napoli accoglie come può: le arcate della stazione anni sessanta danno riparo dalla pioggia e dal freddo, e i volontari della Comunità di Sant'Egidio vanno lì a portare pasti e acqua. E poi c'è il "Binario della solidarietà", una vera e propria associazione che si occupa di distribuire abiti o informazioni, medicinali, e dare assistenza a chi ha bisogno.

La stazione è Napoli così come Napoli è la sua stazione. Vi è infatti, anche nella collocazione spaziale, la stessa divisione che vige per tutta la città, quella aerea, che tende al cielo con i suoi svettanti castelli di tufo e quella sotterranea, delle catacombe, dei tunnel borbonici, dei rifugi antiaerei. E così anche il nuovo progetto della stazione e della bellissima piazza antistante hanno rispettato questo suo essere porta della metropoli del sud: quando si è nella parte sotterranea, dove sono i negozi e le scale mobili che portano alle linee di metropolitana, guardando all'insù ci sono delle velature che lasciano vedere il cielo.

Così gli scenarii cambiano, le quinte, le prospettive: a guardare le antiche fotografie si notano i segni del tempo, dall'orologio alle statue traslate, la crescita del centro direzionale proprio lì dietro,

that take you to the underground lines, if you look upwards there are grilles that allow you to see the sky.
So the settings, the backgrounds, the perspectives change: looking at the old photographs we notice the signs of the time, from the clock to the moved statues, the growth of the management centre right behind it, a centre that has been anything but managed. And finally, today, the changing square: the whole space they have made now, with the basketball court, with the amphitheatre, has immediately been experienced as a meeting point. Some fixed points still remain: the Bar Mexico, offering one of the best coffees in the city, a little place in the corner where the *sfogliatelle* come straight out of the oven without ever being put on display in the shop window, and the old Hotel Terminus, with its evocative name. The rest has changed; it is no longer the eternal gridlock that it was in the 1980s, but is a flowing, vital space, made-to-measure more for human beings than for cars. You go through it and you are in Forcella, in the heart of Naples, which is so-called because it represents a Y, a fork in the road where Hercules stopped. The station road takes you, that is, to a choice, to an esoteric, magical junction. But there is also the ancient hospital of the Annunziata with the Ruota degli Esposti (a foundling wheel or baby hatch), which is an umpteenth example of welcoming, a testimony of openness, never of closure. And the people theater, the Trianon, which immediately reminds you that Naples is the most theatrical of Italian cities. That's it, the Grande Stazione has this that is beautiful: that you leave and yet always remain Neapolitan, that you arrive and immediately become part of the world city. As soon as you emerge from Naples Station you are already part of this polysemy.

che di direzionale non ha mai avuto nulla. E infine, oggi, la piazza che cambia: tutto lo spazio che hanno fatto adesso, con il campo di basket, con l'anfiteatro, è stata subito vissuta come un punto di ritrovo. Restano dei punti fermi: il Bar Mexico con uno dei migliori caffè della città, un posticino all'angolo dove le sfogliatelle escono solo dal forno senza passar mai per la vetrina, e l'antico Hotel Terminus, dal nome evocativo. Il resto è cambiato, non è più l'eterno ingorgo degli anni ottanta, è uno spazio scorrevole e vitale, a misura più di essere umano che di automobile. L'attraversi e sei a Forcella, nel cuore di Napoli, che si chiama così perché rappresenta una ypsilon, un bivio a cui Ercole si ferma. La strada della stazione ti porta cioè già a una scelta, a un bivio esoterico, magico. Ma c'è anche l'antichissimo ospedale dell'Annunziata con la ruota degli Esposti, che è un ennesimo esempio di accoglienza, la testimonianza dell'apertura, mai della chiusura. E il teatro del popolo, il Trianon, che ricorda subito che Napoli è la più teatrale delle città italiane. Ecco, la Grande Stazione ha questo di bello: che parti e resti sempre napoletano, che arrivi e subito diventi parte della città mondo, appena ti affacci dalla stazione di Napoli sei già parte di questa polisemia.

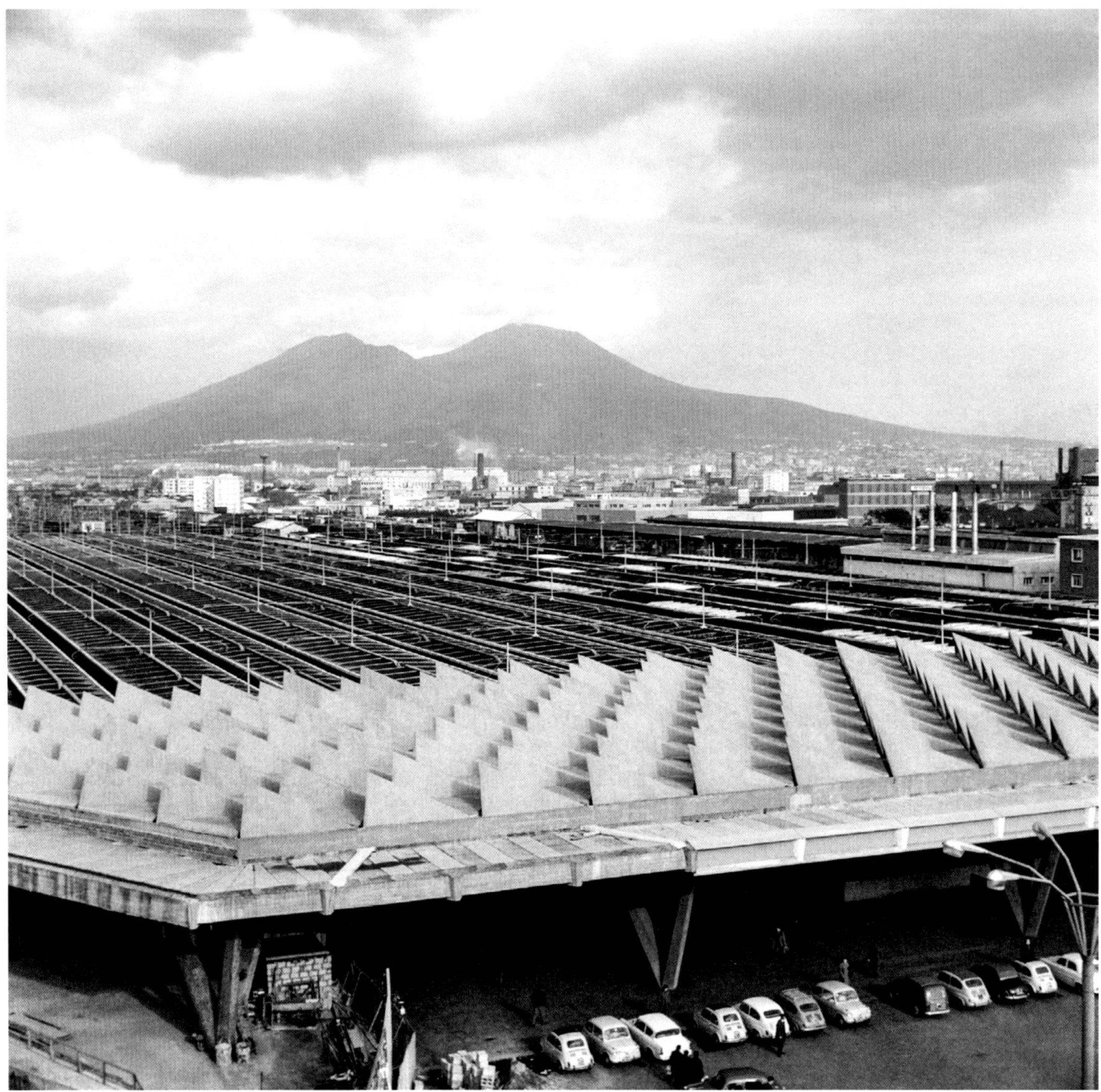

GINO MICACCHI
Panoramica sulla stazione con un fascio di binari e particolare della copertura del nuovo fabbricato viaggiatori caratterizzato da una modulazione geometrica basata su una matrice compositiva triangolare / Panoramic view of the station with a series of tracks and detail of the roof of the new station building, characterised by a geometrical modulation based on a triangular compositional pattern
Napoli / Naples, 1962
Fondazione FS Italiane, Fondo Fototeca Centrale FS

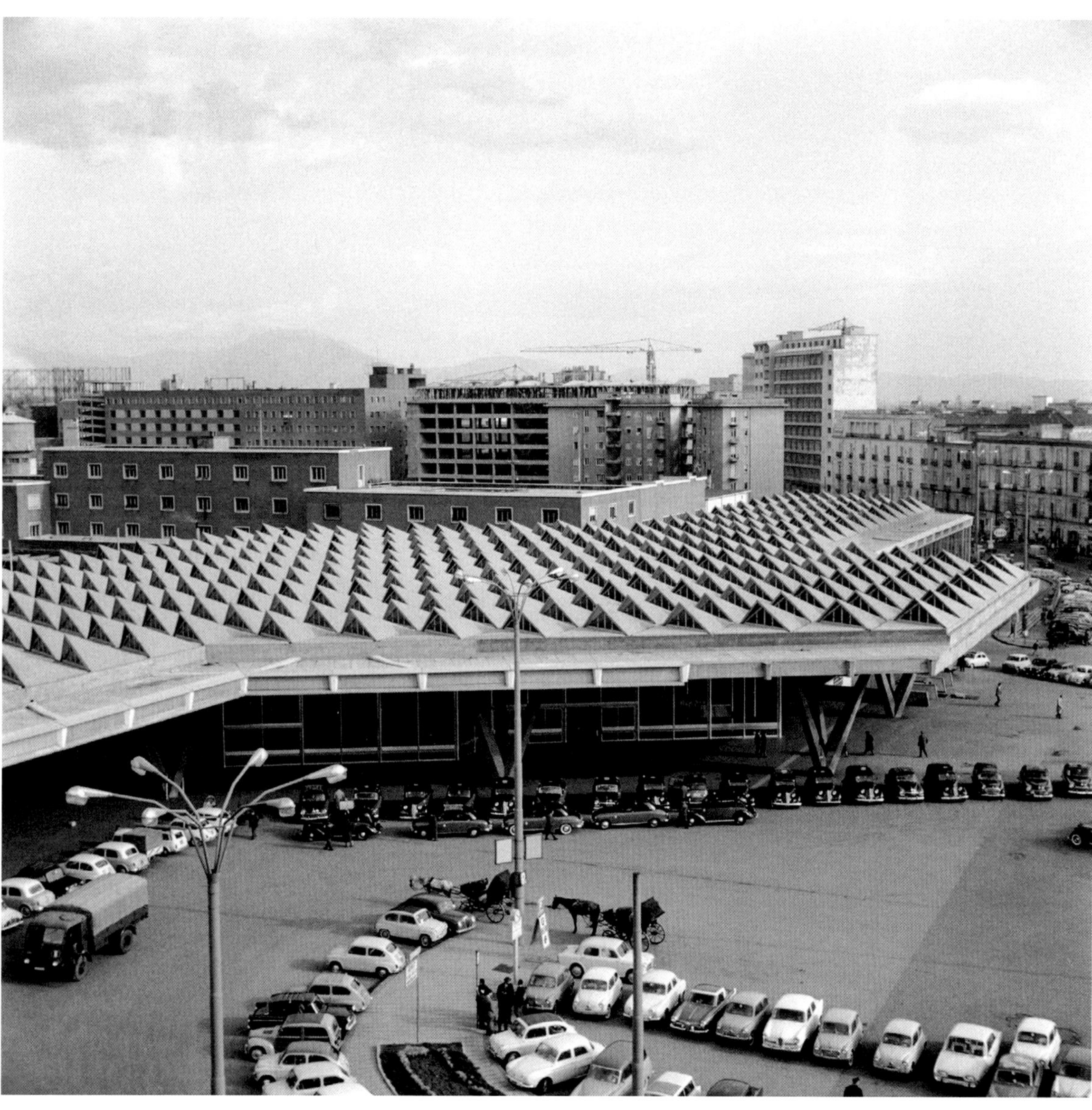

GINO MICACCHI
Il piazzale esterno della stazione /
The external square of the station
Napoli / Naples, 1962
Fondazione FS Italiane, Fondo Fototeca Centrale FS

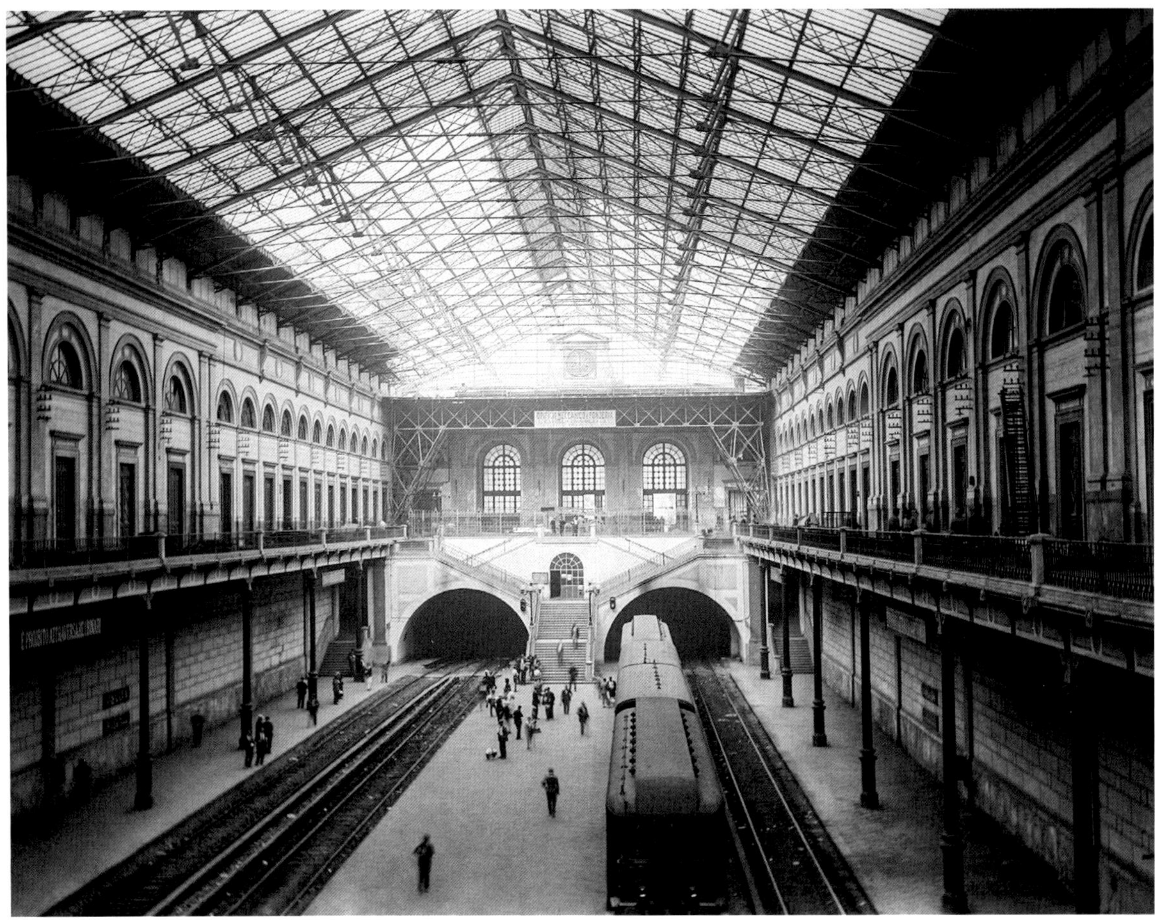

Panoramica sull'interno della stazione /
Panoramic view of the interior of the station
Napoli / Naples
Fondazione FS Italiane, Fondo Fototeca Centrale FS

Passanti e automobili lungo il viale della stazione di Mergellina /
Passers-by and cars along the avenue of Mergellina station
Napoli / Naples, 1928
Archivio Storico Luce, Fondo Serie L

FRANCESCO CIRILLO
Il fabbricato viaggiatori, pensilina esterna con soffitto caratterizzato da motivi geometrici triangolari /
The station building, external platform roof with ceiling characterised by triangular geometrical motifs
Napoli / Naples, 1984
Fondazione FS Italiane, Fondo Fototeca Centrale FS

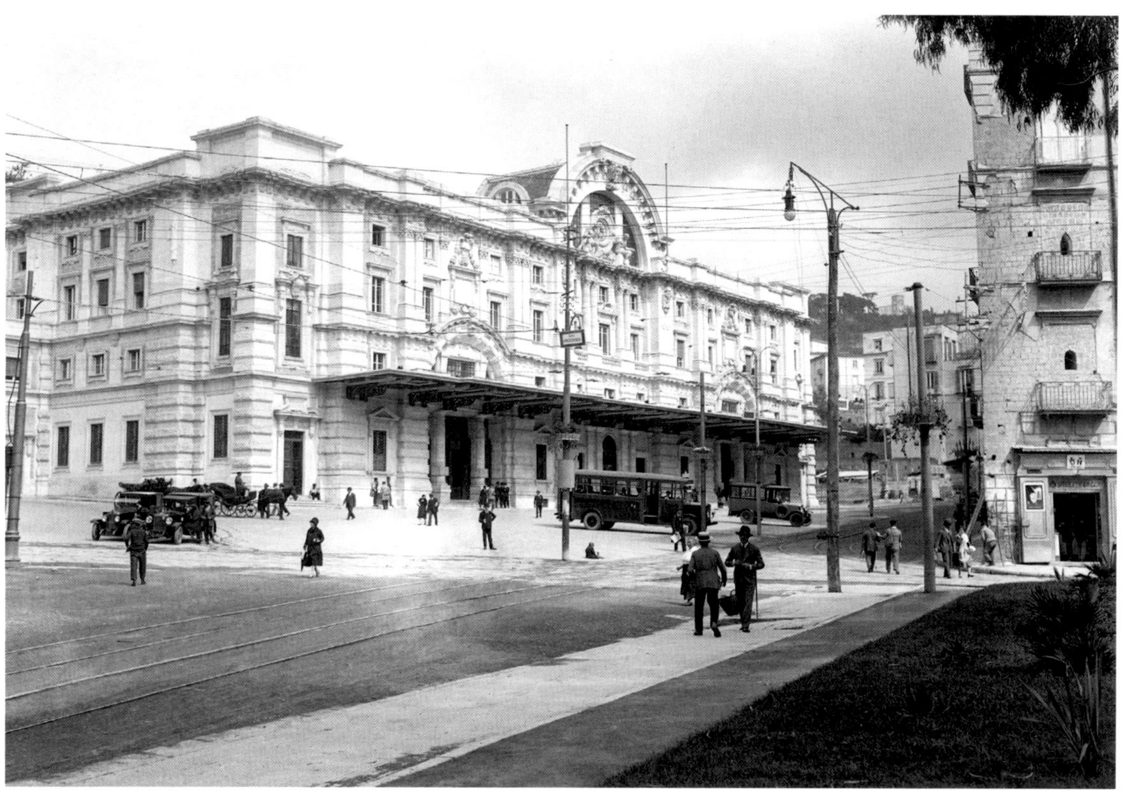

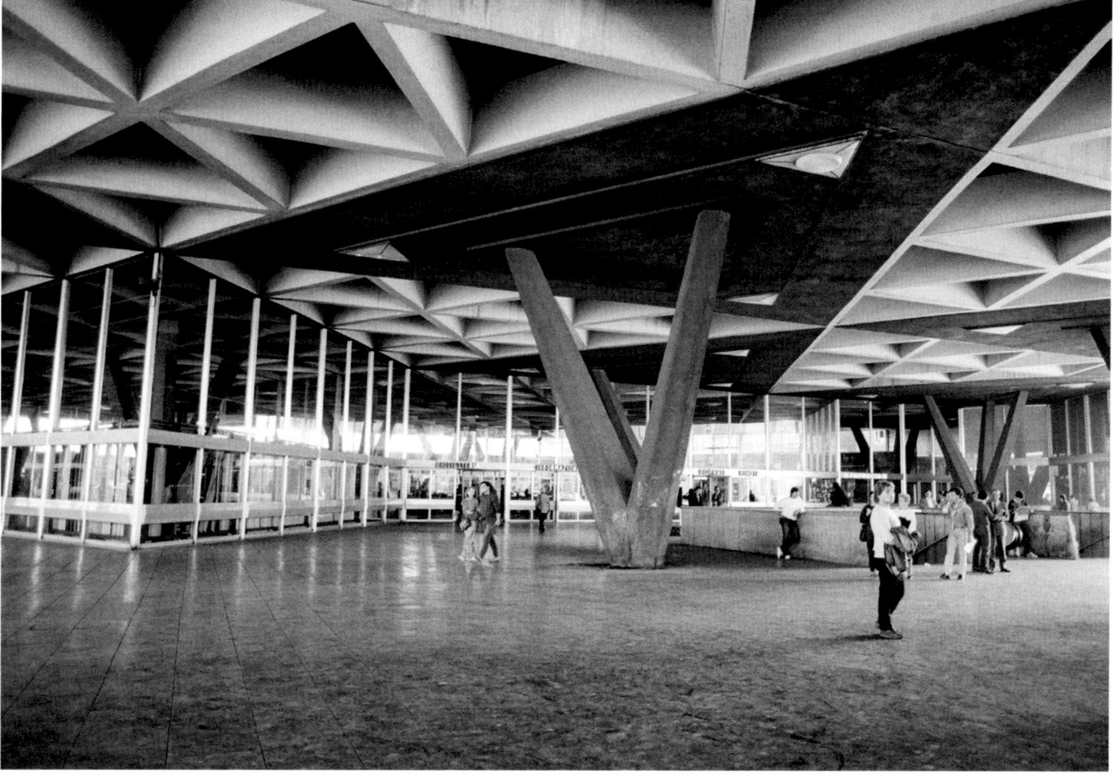

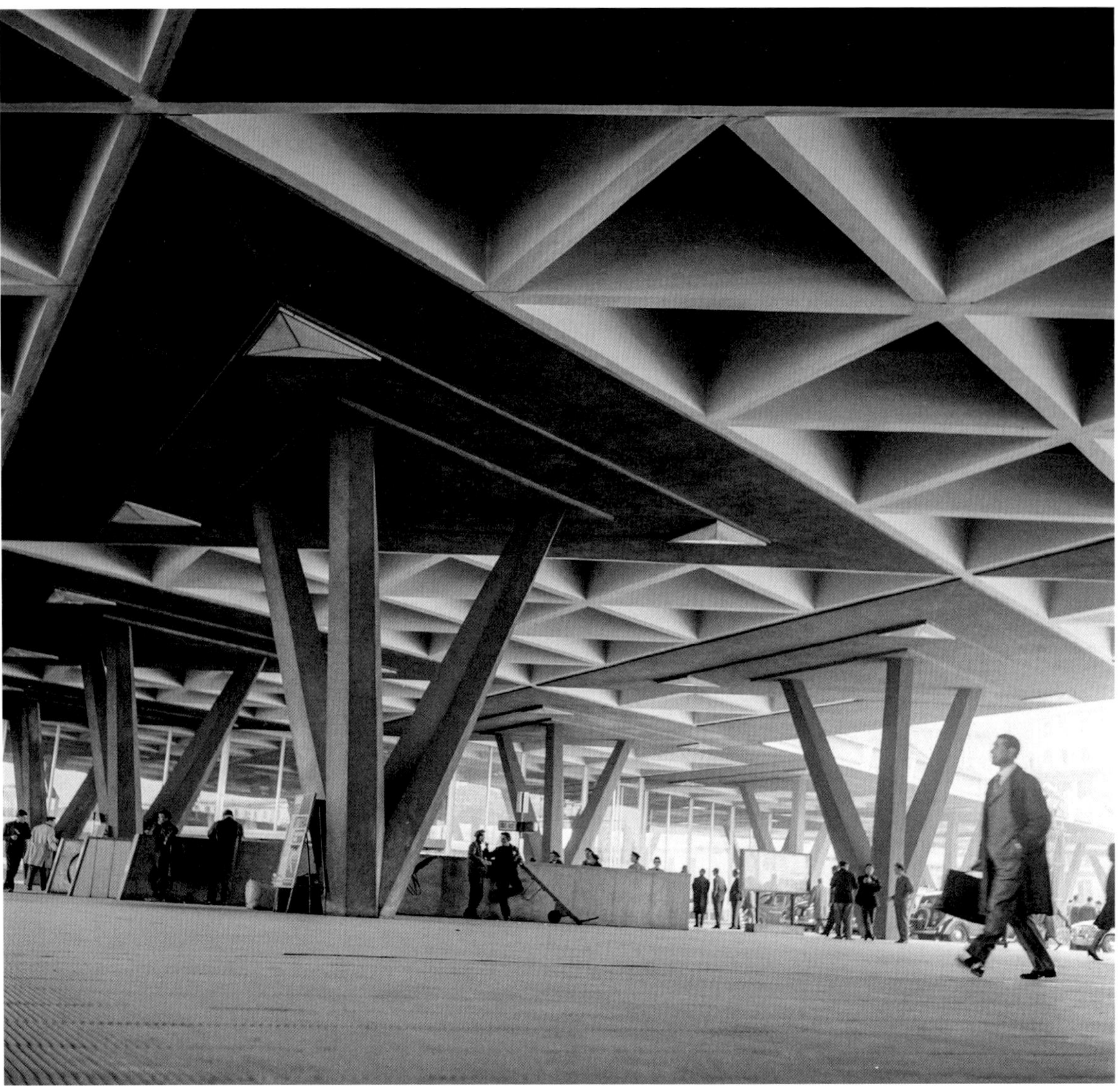

CESARE TUCCI
Pensilina esterna con alcuni viaggiatori /
External platform roof with some passengers
Napoli / Naples, 1963
Fondazione FS Italiane, Fondo Fototeca Centrale FS

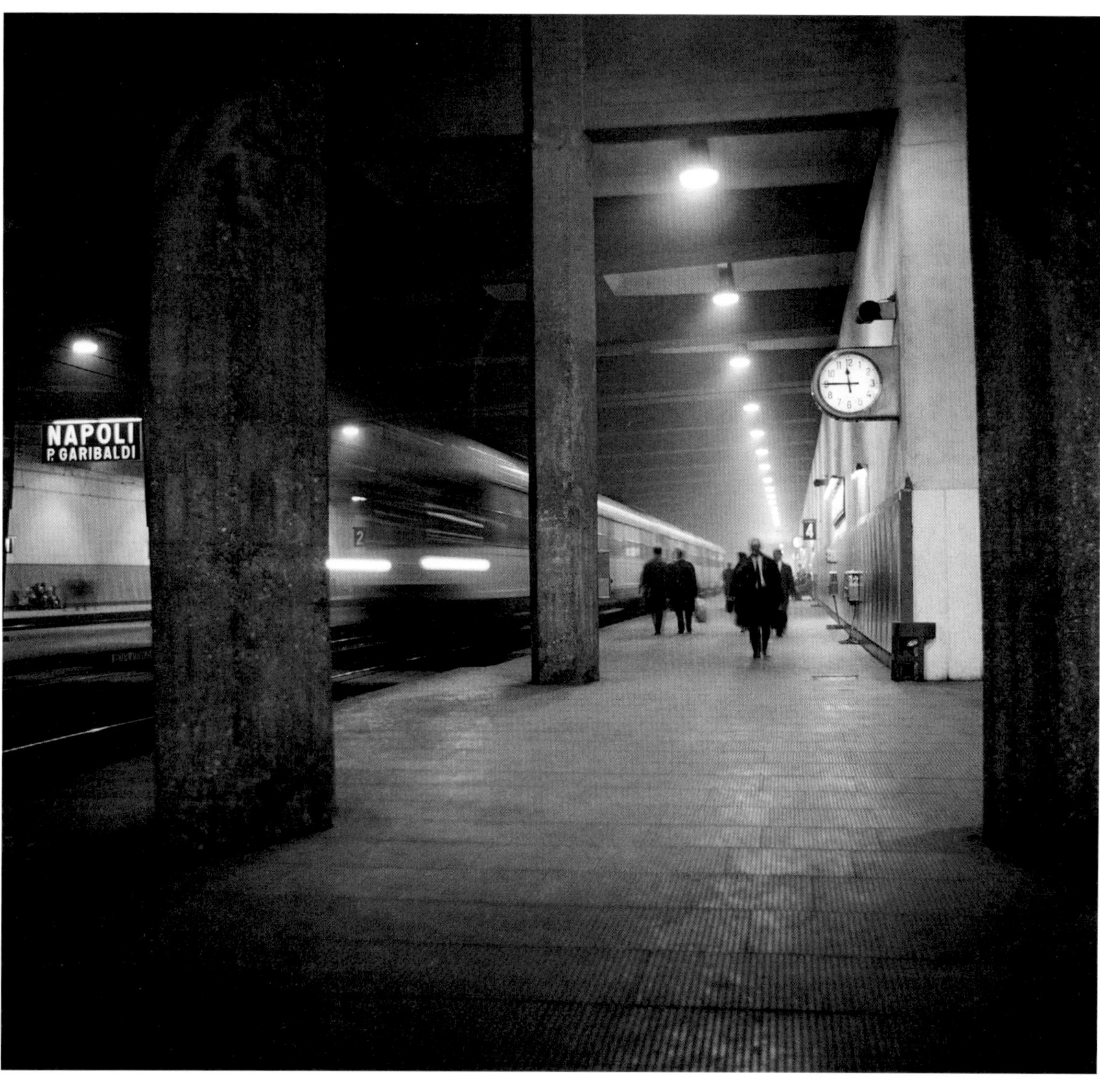

GINO MICACCHI
Una nuova stazione della metropolitana /
A new underground station
Napoli / Naples, 1964
Fondazione FS Italiane, Fondo Fototeca Centrale FS

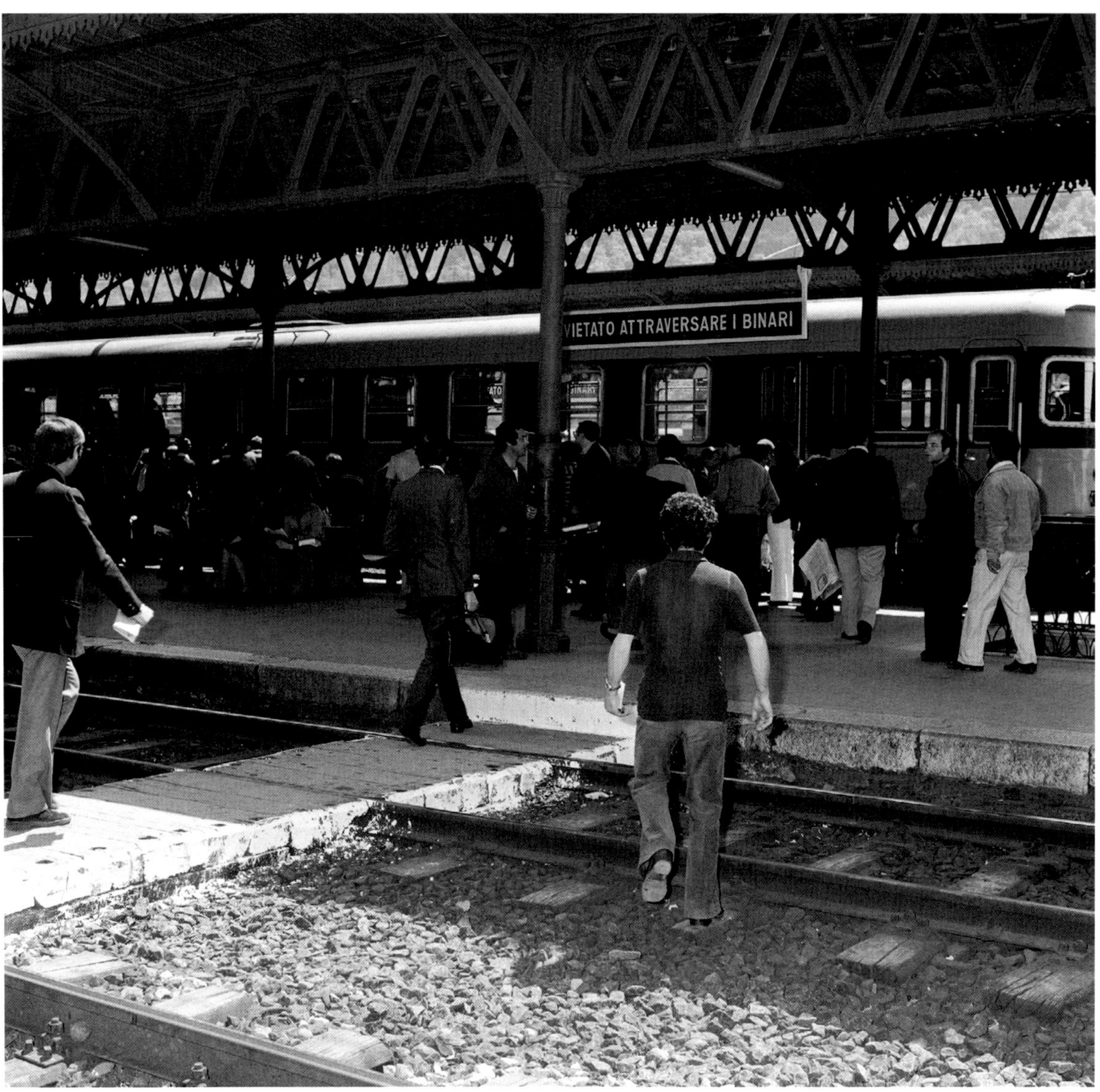

GINO MICACCHI
Alcuni viaggiatori in stazione con un treno fermo sui binari /
Some passengers at the station with a train standing
at the platform
Napoli / Naples, 1977
Fondazione FS Italiane, Fondo Fototeca Centrale FS

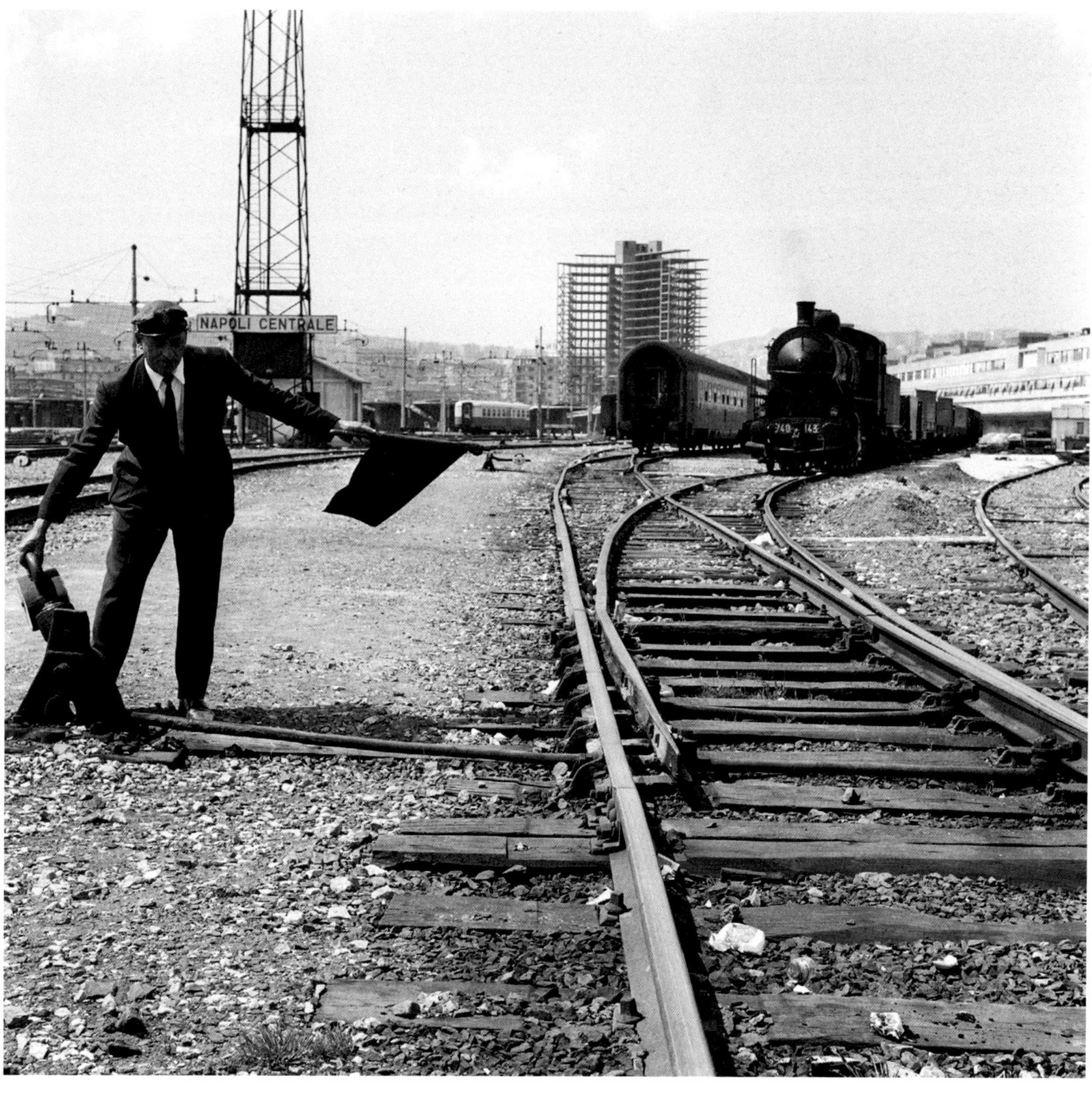

Deviatore durante le manovre
con la bandiera per la segnalazione /
Switchman during manoeuvres
with a flag for signalling
Napoli / Naples, 1966
Fondazione FS Italiane, Fondo Fototeca Centrale FS

SPARTACO APPETITI
Alcuni viaggiatori in attesa su di un marciapiede della stazione con bagagli caricati sopra un carrello / Some passengers waiting on a platform of the station with luggage loaded onto a trolley
Napoli / Naples, 1964
Fondazione FS Italiane, Fondo Fototeca Centrale FS

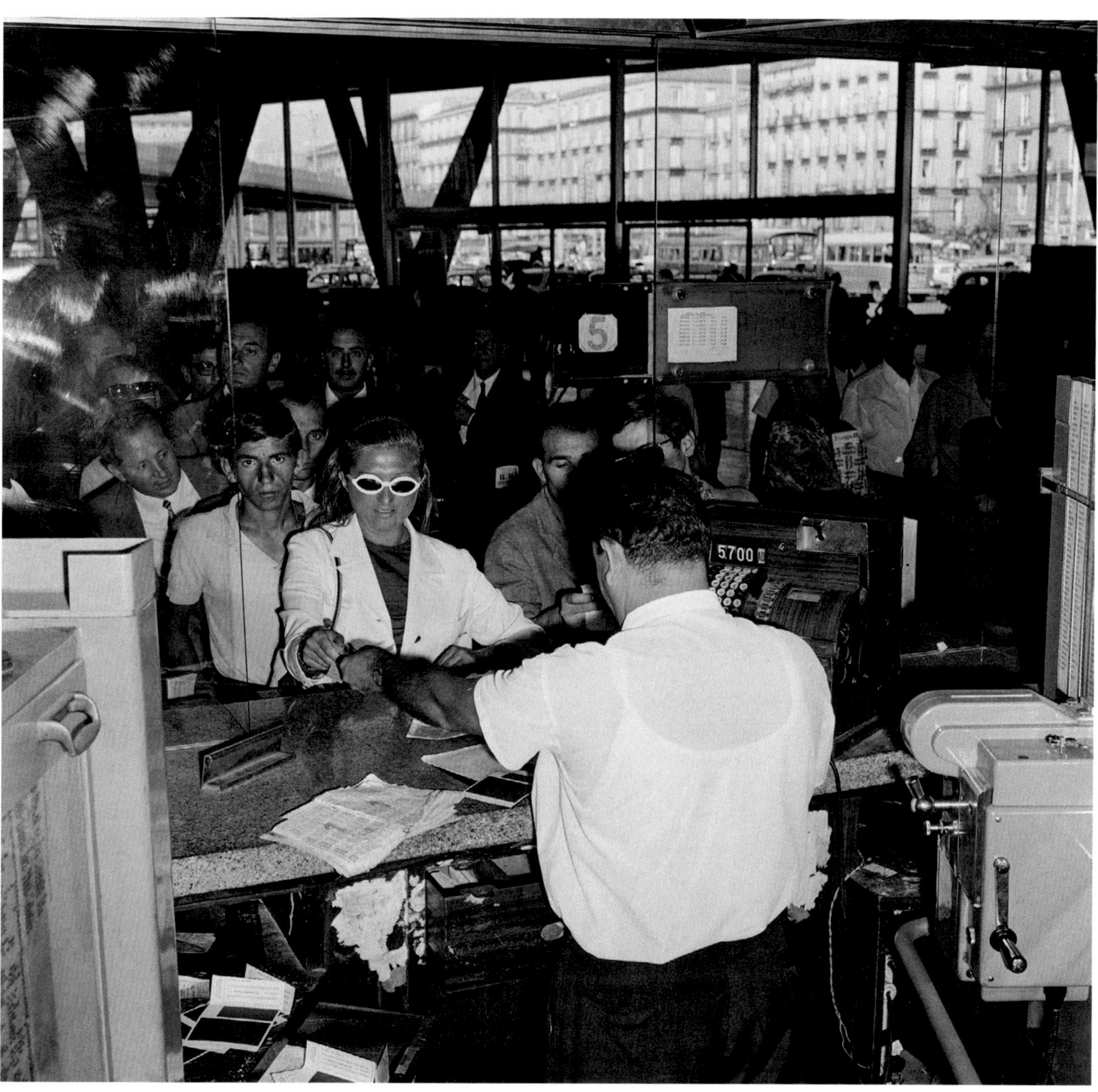

GINO MICACCHI
Uno sportello della biglietteria con viaggiatori in fila
e personale di stazione /
A counter of the ticket office with passengers queuing
and station personnel
Napoli / Naples, 1967
Fondazione FS Italiane, Fondo Fototeca Centrale FS

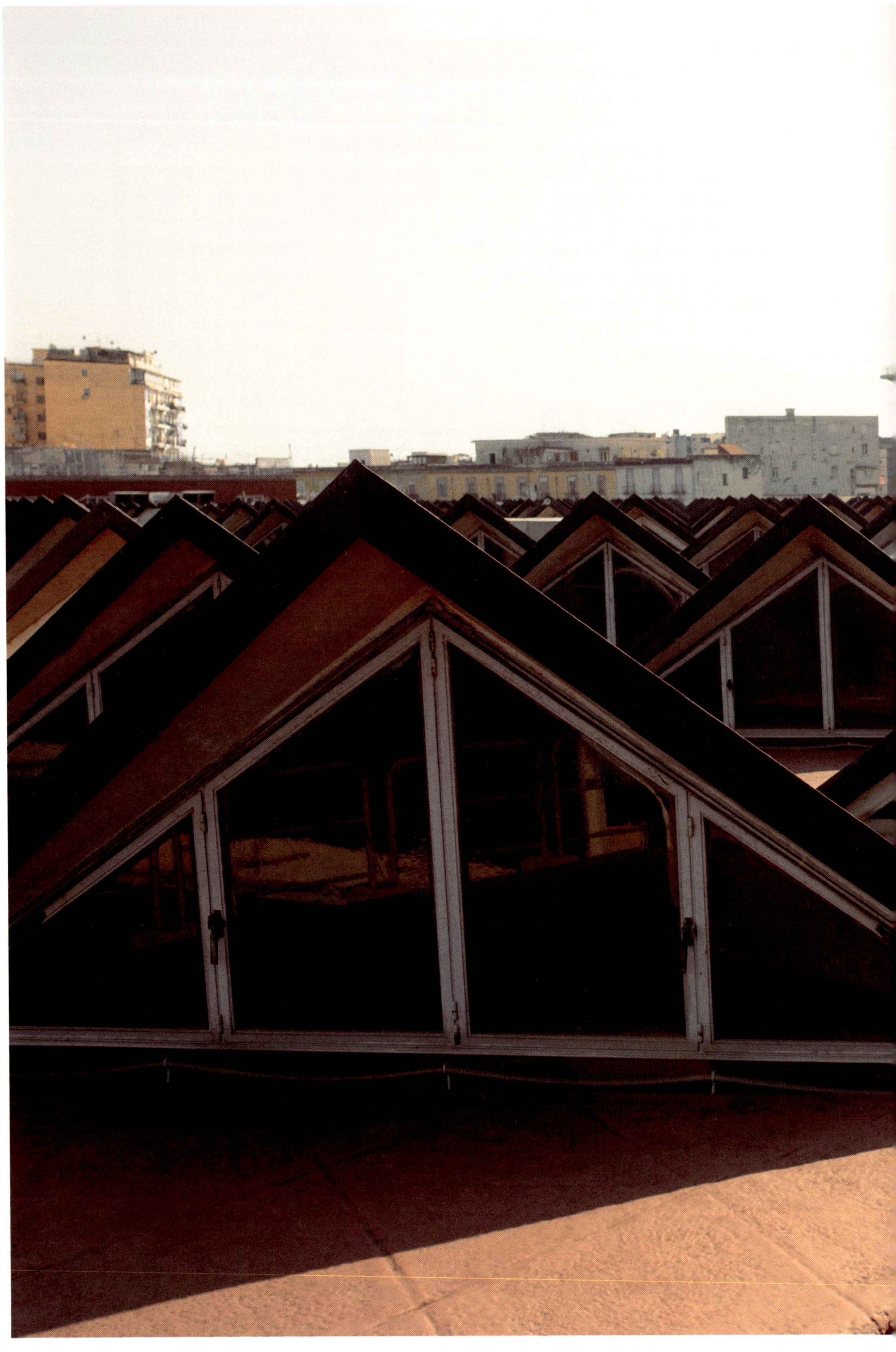

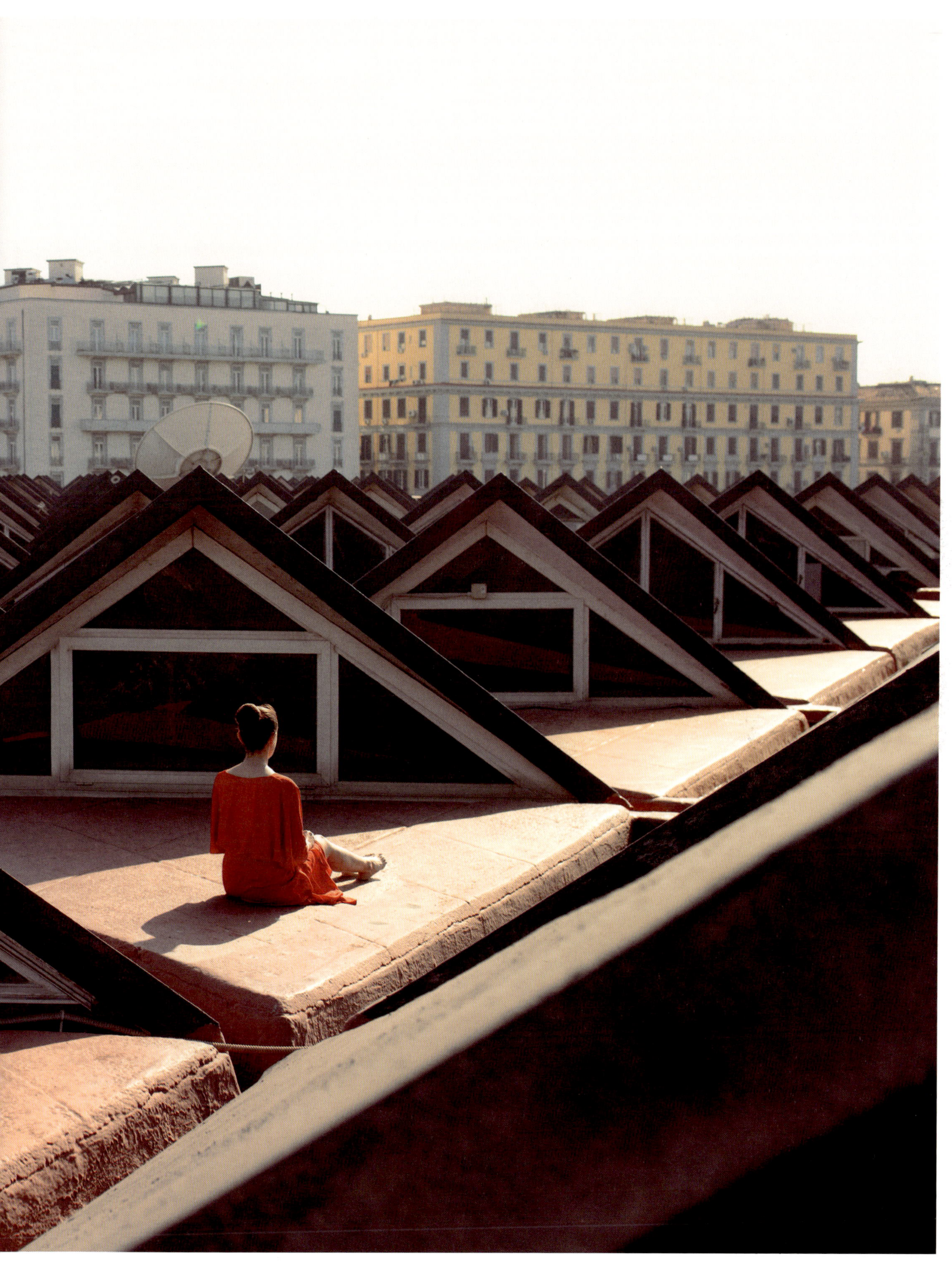

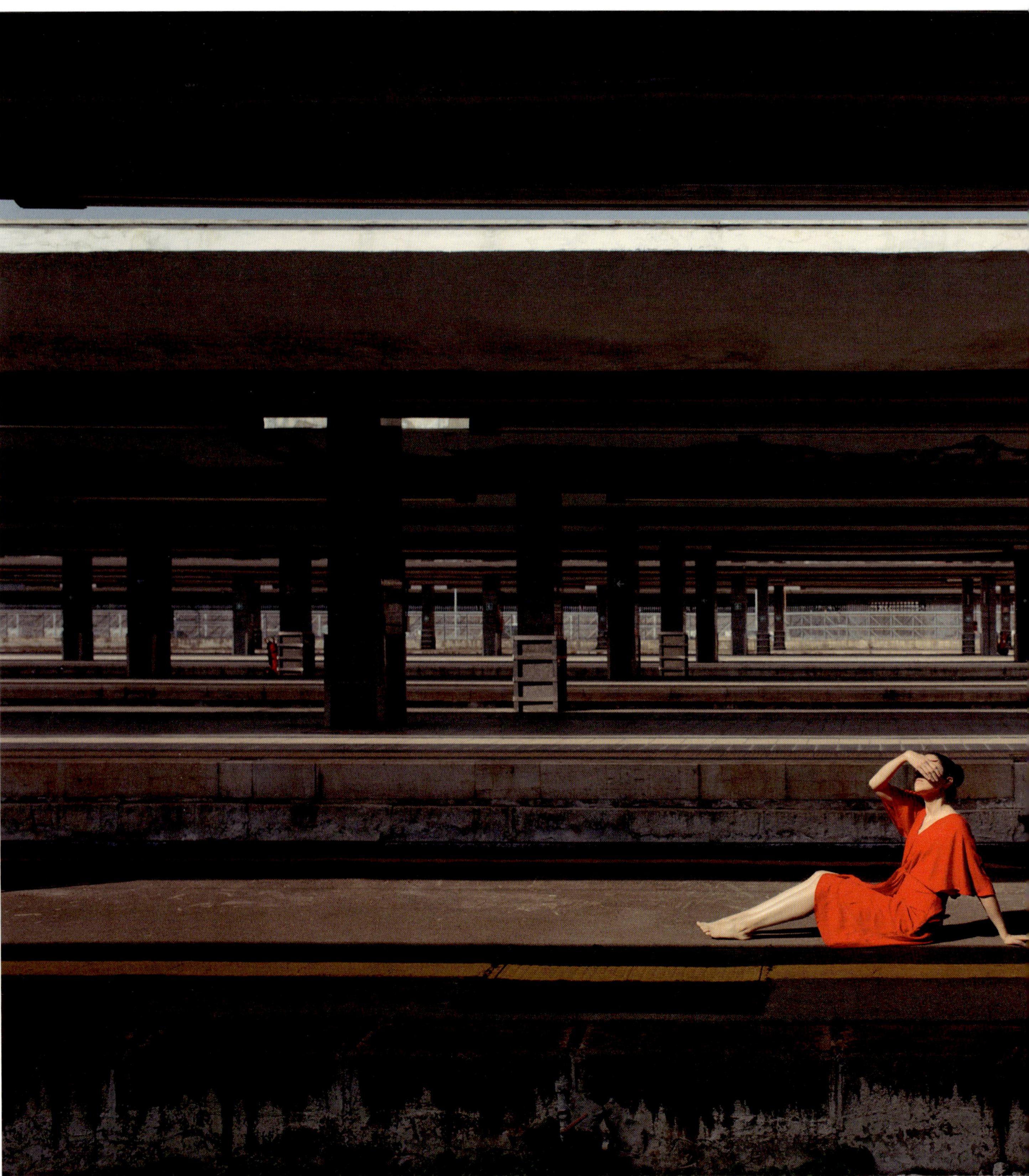

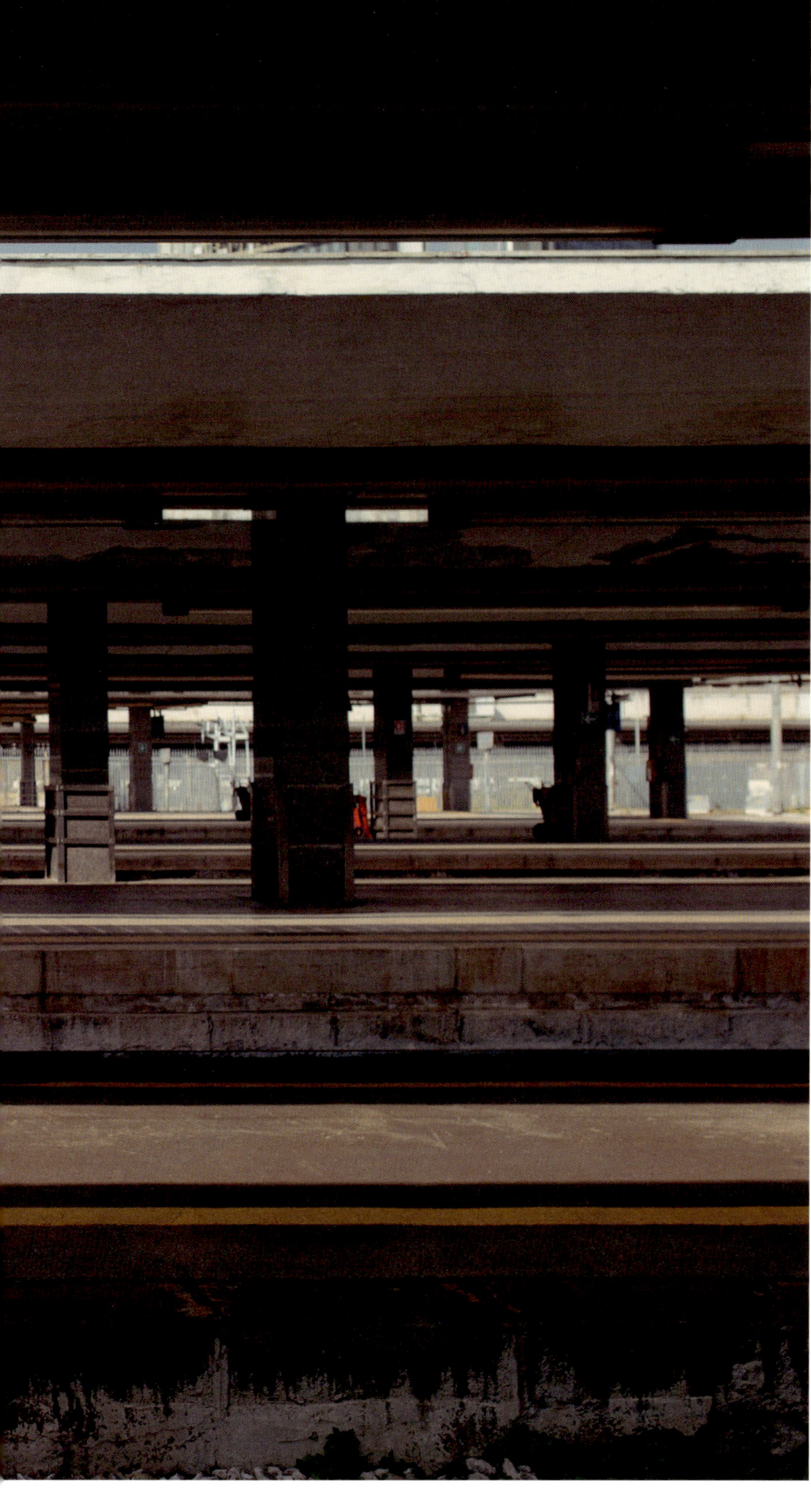

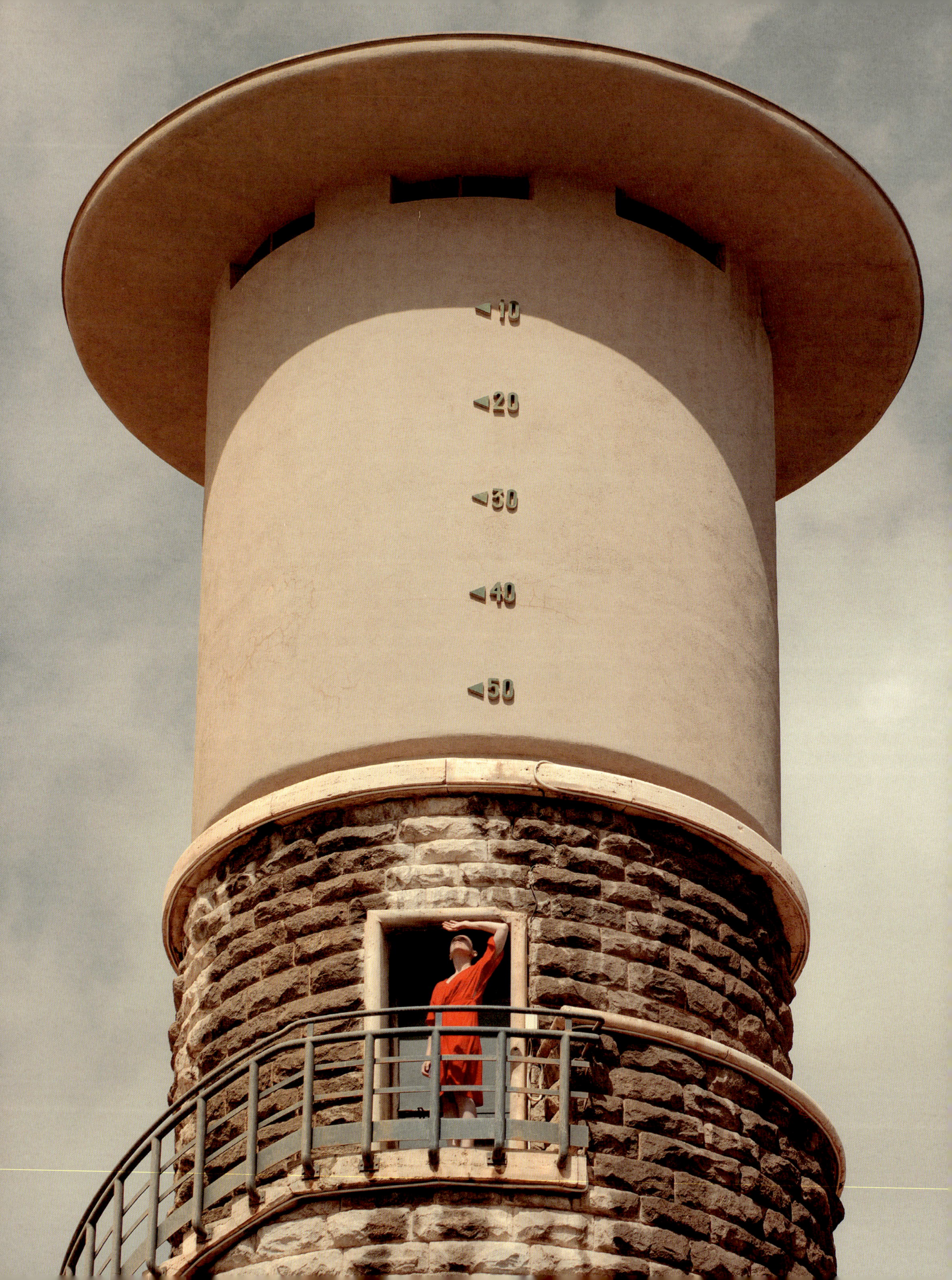
10
20
30
40
50

Nadia Terranova

DUE BAMBINI
/
TWO CHILDREN

*«Porterò mia figlia alla stazione di Messina,
una stazione di treni che non vanno da nessuna parte.
Ce la porterò senza motivo e siederemo insieme
a dare la schiena ai vagoni, aspettando che da
qualche anfratto del tempo venga fuori il piccolo
Quasimodo. Come tutti i bambini incastrati
nel tempo, avrà solo voglia di giocare».*

/

*"I will take my daughter to Messina Station, a station
of trains that do not go anywhere. I will go there
without a reason and we will sit together, turning our
backs on the wagons, waiting for the little Quasimodo
to come out from some crack in time. Like all children
stuck in time, he will just want to play."*

"Where Messina lay
violet upon the waters, among the mangled wires
and rubble, you walk along the rails
and switches in your islanders'
cock-of-the-walk beret. For three days now,
the earthquake boils, it's hurricane December
and a poisoned sea."
Salvatore Quasimodo, *To My Father*

My daughter was born a month ago, she was born in Rome – I cannot write this without experiencing a contradictory feeling, a mixture of envy and sorrow – and she has not yet ever been to my city, Messina; the first time she arrives there will be by sea, in the ship called Caronte. She will cross the Strait and will perhaps ask herself the question that we others who are used to the comings and goings have never stopped asking ourselves: on that transportation that is called by the name of the ferryman of Hell, is Hell behind us or in front of our eyes; is Hell the island or mainland?
My daughter will arrive in Sicily by sea, as I do every time I return home, and since I often imagine her as a little mermaid, it seems to me to be the most natural condition in the world, to float above the water skimming the tides, with a procession of dolphins celebrating around her and the noise of the motor to cover her tears. Or, perhaps, I have only created her arrival by sea in my mind so as not to confuse her, to ensure that she is the only girl possible, because before her the arrival of a boy in Messina was another story, another landing, and not by sea but by land.
In 1908, after the most devastating earthquake in the history of Europe had destroyed Messina, Reggio Calabria and the towns along both coasts, the Salvatore Quasimodo's father, a railway employee, was called upon to sort out the chaos that reigned at Messina Station, or rather among its ruins, where it was necessary to pile the rubble to one side, to start a sort of patchwork reconstruction, to establish the incoming and outgoing traffic. The latter presented itself in the form of an unstoppable coming and going; many escaped, some arrived, some fleeing, leaving the end of their lives from before behind them and not looking in the faces of those who were stepping onto the destroyed land seeking a place in the sun among the rebuilders. The two arrows passed close by each other in parallel, the goodbyes on one hand and no welcome on the other – no welcome was possible, only escapes. Attracted by the magnetic force that places have the instant after their surface has disappeared, the rescuers nevertheless continued to disembark, mobilising themselves from all over the world, from all over Italy and from all over Sicily. Among the latter was Gaetano Quasimodo with his wife Clotilde and their children Vincenzo, Salvatore, Ettore and Rosa. The Quasimodo family set-

«Dove sull'acque viola
era Messina, tra fili spezzati
e macerie tu vai lungo binari
e scambi col tuo berretto di gallo
isolano. Il terremoto ribolle
da due giorni, è dicembre d'uragani
e mare avvelenato.»
Salvatore Quasimodo, *Al padre*

Mia figlia è nata da un mese, è nata a Roma – non riesco a scriverlo senza provare un sentimento contraddittorio misto di invidia e dispiacere – e non è ancora mai stata nella mia città, Messina; la prima volta che ci arriverà sarà per mare, con la nave chiamata Caronte. Varcherà lo Stretto e forse si farà la domanda che noialtri abituati all'andirivieni non abbiamo mai smesso di farci: su quel mezzo che si chiama come il traghettatore dell'inferno, l'inferno sta alle spalle o davanti agli occhi, l'inferno è l'isola o la terraferma? Mia figlia arriverà in Sicilia per mare, come me ogni volta che torno a casa, e poiché me la figuro spesso come una piccola sirena mi sembra la più naturale condizione al mondo, fluttuare sopra l'acqua a filo delle correnti, con un corteo di delfini intorno a farle festa e il rumore del motore a coprirne i pianti. Oppure, forse, il suo arrivo per mare l'ho creato nella mia mente solo per non confonderla, per far sì che sia l'unica bambina possibile, perché prima di lei l'arrivo di un bambino a Messina era un'altra storia, un altro approdo, e non per mare ma per terra.

Nel 1908, dopo che il più devastante terremoto della storia d'Europa aveva distrutto Messina, Reggio Calabria e i paesi limitrofi di entrambe le coste, il padre di Salvatore Quasimodo, ferroviere, fu chiamato a occuparsi della gran confusione che regnava nella stazione di Messina, o meglio tra i suoi ruderi, dove bisognava arginare le macerie, avviare una forma di rattoppante ricostruzione, dirimere il traffico in uscita e in entrata. Quest'ultimo si presentava in forma di inarrestabile viavai, molti scappavano, qualcuno arrivava, chi fuggiva lasciandosi alle spalle la fine della propria vita di prima non guardava in faccia chi metteva piede in terra distrutta cercando un posto al sole fra i ricostruttori. Le due frecce si sfioravano parallele, gli addii da un lato e nessuna accoglienza dall'altro – nessuna accoglienza era possibile, solo fughe. Attratti dalla forza magnetica che hanno i luoghi l'attimo dopo che la loro superficie è scomparsa, i soccorritori continuavano comunque a sbarcare, mobilitandosi da tutto il mondo, da tutta Italia e da tutta la Sicilia. Fra questi ultimi c'era Gaetano Quasimodo con la moglie Clotilde e i figli Vincenzo, Salvatore, Ettore, Rosa. La famiglia Quasimodo si sistemò in un carro merci parcheggiato su un binario morto della stazione.

Salvatore, che allora aveva sette anni, spalancò gli occhi su un mondo

tled into a goods wagon parked at an unused platform of the station. Salvatore, who was seven years old at the time, opened his eyes wide onto a world destroyed and to be rebuilt. It was the last day of December 1908, a new year was about to begin, but before recomposing things it was necessary to train in the exercise of burying an old life.

There will be no reason to take my daughter to Messina Station. If I want to take her there, I will have to invent one.

When we arrive together by boat in the city where I was born, and of which I secretly hope she bears a trace, then I will have to randomly choose a reason to go together.

It will not be a memorable episode, because Messina Station is not a memorable place. It will not be scenic, because there is nothing theatrical there. It will be mixed with contaminated, lying memories, crippled by a deaf and stupid nostalgia, the nostalgia for when we were too small to drive and we took the train, which never works in Sicily, taking double the time to reach nearby places and avoiding the motorways, such as the one to Catania with its fuchsia-coloured oleanders. When travelling by car, I have always imagined the smell of those flowers; I like the smell of oleander flowers very much, yet on the regional trains you could smell nothing else but the stink of the toilets through the doors that opened shakily and closed badly, never entirely. The whole of Sicily is like a large, poorly connected city, in which to do anything you need to drive and to be happy you need imagination. Therefore, more than travel back along old roads, I can invent a story, a tale for my daughter, choosing it from what has not yet happened and arranging it in the cosmic space of impossible events.

It is a morning in January 1909, the year has begun between ashes and dust. Messina is destroyed; it no longer exists. The voices of the station are a single voice, they almost all say they are the sole survivors of their family; some weep, but most do not show emotion. Those who survive a cataclysm do not feel like exhibiting themselves, the theatricality of pain belongs to those who fake it, not to those who have to hide it away and keep it for themselves, otherwise they would explode. Salvatore's eyes and ears are invaded by the others, by the frenzy of the grown-ups. In the air there are elusive urgencies and many adult voices; his father is busy with an impossible enterprise, to return a soul to a station the soul of which has been blown up; his mother cannot be seen, his brothers and sister are gathered together in a little group, from which he is excluded. He finds himself in what he will one day call "the inimitable land," but he does not know that yet. He is a child and does not know the future, not even his own, above all his own.

It is a morning in January 1909 and in the midst of that crowd of the displaced and the wretched, from those who have lost everything to those who have come to see what the situation is, if Messina really stinks, as the journalists, the envoys, say, if the city really resembles an enormous mouth with heavy breath; in the midst of all those people it

distrutto e da rifare. Era l'ultimo giorno del dicembre 1908, stava per cominciare un nuovo anno, ma prima di ricomporre bisognava allenarsi nell'esercizio di seppellire una vecchia vita.
Non ci saranno motivi per portare mia figlia alla stazione di Messina. Se vorrò portarcela, me ne dovrò inventare uno. Quando arriveremo insieme in nave nella città dove sono nata, e di cui spero segretamente lei porti traccia, allora dovrò scegliere a caso una ragione per andarci assieme.
Non sarà un episodio memorabile, perché la stazione di Messina non è un posto memorabile. Non sarà scenografico, perché lì non c'è più nulla di teatrale. Si mescolerà a ricordi inquinati, bugiardi, storpiati da una nostalgia sorda e stupida, la nostalgia di quando eravamo troppo piccoli per guidare e prendevamo il treno che in Sicilia non funziona mai, raddoppiando il tempo per raggiungere posti vicini ed evitando le autostrade, come quella per Catania con i suoi oleandri fucsia. In macchina, di quei fiori ho sempre immaginato l'odore, mi piace molto l'odore dei fiori di oleandro, però nei treni regionali non si sentiva nient'altro che la puzza di gabinetti dalle porte che si aprivano traballando e si chiudevano male, mai del tutto. La Sicilia intera è come una grande città mal collegata, in cui per fare tutto bisogna prendere la macchina e per essere felici serve tantissima immaginazione. Perciò, più che ripercorrere vecchie strade, posso inventare per mia figlia una storia, un racconto, scegliendolo tra ciò che non è ancora accaduto e sistemandolo nello spazio cosmico degli avvenimenti impossibili.
È una mattina di gennaio del 1909, l'anno è iniziato tra ceneri e polveri, Messina è distrutta, non esiste più. Le voci della stazione sono una voce sola, quasi tutti dicono di essere gli unici sopravvissuti della loro famiglia, alcuni piangono, ma la maggior parte non mostra emozioni. Chi sopravvive a un cataclisma non ha voglia di esibirsi, la platealità del dolore appartiene a chi lo finge, non a chi deve nasconderlo e tenerselo per sé, altrimenti esplode. Gli occhi e le orecchie di Salvatore sono invase dagli altri, dalla frenesia dei grandi. Nell'aria ci sono urgenze inafferrabili e molte voci adulte, il padre è indaffarato in un'impresa impossibile, restituire un'anima a una stazione cui l'anima è saltata, la madre non si vede, i fratelli sono riuniti in un gruppetto da cui lui è escluso. Si trova in quella che un giorno chiamerà «la terra impareggiabile», ma ancora non lo sa, è un bambino e non conosce il futuro, nemmeno il suo, soprattutto il suo.
È una mattina di gennaio del 1909 e in mezzo a quella folla di sfollati e miserabili, tra chi ha perso tutto e chi arriva a vedere com'è la situazione, se davvero Messina puzza come dicono i giornalisti, gli inviati, se davvero la città somiglia a un'enorme bocca dal fiato pesante, in mezzo a tutta quella gente bisogna trovare un senso. Ma come si può azionare un meccanismo di causa-effetto in relazione a

is necessary to find a meaning. But how can you apply a mechanism of cause and effect in relation to a cataclysm? The cause instigates a war, provokes an accident. There are no causes for natural phenomena, not even when they raze two cities to the ground and kill a hundred thousand inhabitants. Another poet, Giovanni Pascoli, has written that on the Strait between Messina and Reggio Calabria, where history is almost destroyed, "poetry remains."

It is a morning in January 1909 and in those places, inside a goods train, there lives a child who will be poet.

I will take my daughter to Messina Station, a station of trains that do not go anywhere. I will go there without a reason and we will sit together, turning our backs on the wagons, waiting for the little Quasimodo to come out from some crack in time. Like all children stuck in time, he will just want to play.

I can imagine his eyes, his voice. I like to imagine the voices of people who no longer exist, and I like even more to give a voice to ghosts. If I say *voice* referring to a poet, that word takes on meaning as it splits in two. Who knows how Salvatore Quasimodo spoke, what his physical voice was like, buried by that other one that later ended up in the anthologies, and what sounds that boy had around him in the cold mornings of childhood, while all around the grown-ups buried the bodies and looked for the survivors?

Today Messina is a sleepy city full of subterranean violence. The anger that I felt as a teenager, that I thought would be enough to change it, has made way for the awareness that I will go away from this land leaving the city where I was born just the same as before.

When we go to station without any reason, to do nothing, my daughter and I will not speak very much, or at least that is what I like to imagine. She will look around with those eyes that do not resemble those of any other member of our family, those astral eyes with which she always sees something that is not there.

There are many times when I do not know with whom she is speaking, what trajectories she is following, what ghosts or unknown creatures make her pupils move in an invisible space. We will not catch any train. Why ever should we travel by train in Sicily? Much better to take a car and drive along the motorway of pink oleanders in the direction of Catania or the other in the direction of Palermo.

I do not know if my daughter's wandering eyes will really intercept those of Salvatore from the past, in the invisible space of a time in which all children are alive at the same time. I like to think and to invent such a moment, and perhaps I am wrong to attribute it to her, who will think what she wants about the station, and perhaps will not think anything. I, on the other hand, will smile for her who will arrive by sea and for him who arrived by earth, for their meeting that will never happen outside of my head, where both, outside of time at Messina Station, are the only possible children.

un cataclisma? La causa scatena una guerra, provoca un incidente. Non ci sono cause per i fenomeni naturali, nemmeno quando radono al suolo due città e fanno fuori centomila abitanti. Ha scritto un altro poeta, Giovanni Pascoli, che sullo Stretto tra Messina e Reggio Calabria, dove è quasi distrutta la storia, «resta la poesia».
È una mattina di gennaio del 1909 e in quei luoghi, dentro un treno merci, vive un bambino che sarà poeta.
Porterò mia figlia alla stazione di Messina, una stazione di treni che non vanno da nessuna parte. Ce la porterò senza motivo e sederemo insieme a dare la schiena ai vagoni, aspettando che da qualche anfratto del tempo venga fuori il piccolo Quasimodo. Come tutti i bambini incastrati nel tempo, avrà solo voglia di giocare.
Posso immaginarne gli occhi, la voce. Mi piace immaginare la voce delle persone che non esistono più, e mi piace ancora di più darne una ai fantasmi. Se dico *voce* riferito a un poeta, quella parola prende senso mentre si biforca. Chissà come parlava Salvatore Quasimodo, com'era la sua voce fisica seppellita da quell'altra che poi è finita nelle antologie, e che suoni aveva intorno quel bambino nelle mattine fredde dell'infanzia, mentre intorno i grandi seppellivano i morti e cercavano i sopravvissuti.
Oggi Messina è una città sonnolenta piena di violenza sotterranea. La rabbia che provavo da adolescente, quella che pensavo sarebbe bastata a cambiarla, ha lasciato spazio alla consapevolezza che me ne andrò da questa terra lasciando la città in cui sono nata uguale a prima.
Quando andremo in stazione senza nessun motivo, per non fare nulla, mia figlia e io non parleremo molto, o almeno così mi piace immaginare. Lei si guarderà intorno con quegli occhi che non somigliano a quelli di nessun altro in famiglia, quegli occhi astrali con cui vede sempre qualcosa che non c'è.
Sono tante le volte in cui non so con chi stia parlando, che traiettorie stia seguendo, quali spettri o creature sconosciute facciano muovere le sue pupille in uno spazio invisibile. Non prenderemo nessun treno. Perché mai dovremmo viaggiare in treno in Sicilia? Molto meglio prendere una macchina e l'autostrada dagli oleandri rosa in direzione Catania, oppure quell'altra in direzione Palermo. Non so se gli occhi mobili di mia figlia intercetteranno davvero dal passato quelli di Salvatore, nello spazio invisibile di un tempo in cui tutti i bambini sono vivi contemporaneamente. Mi piace pensare e inventare un momento così, e forse sbaglio ad attribuirlo a lei, che penserà della stazione quello che vuole, e forse non ne penserà niente. A me, invece, viene da sorridere per lei che arriverà per mare e per lui che è arrivato per terra, per il loro incontro che non avverrà mai fuori dalla mia testa, dove entrambi, fuori dal tempo alla stazione di Messina, sono gli unici bambini possibili.

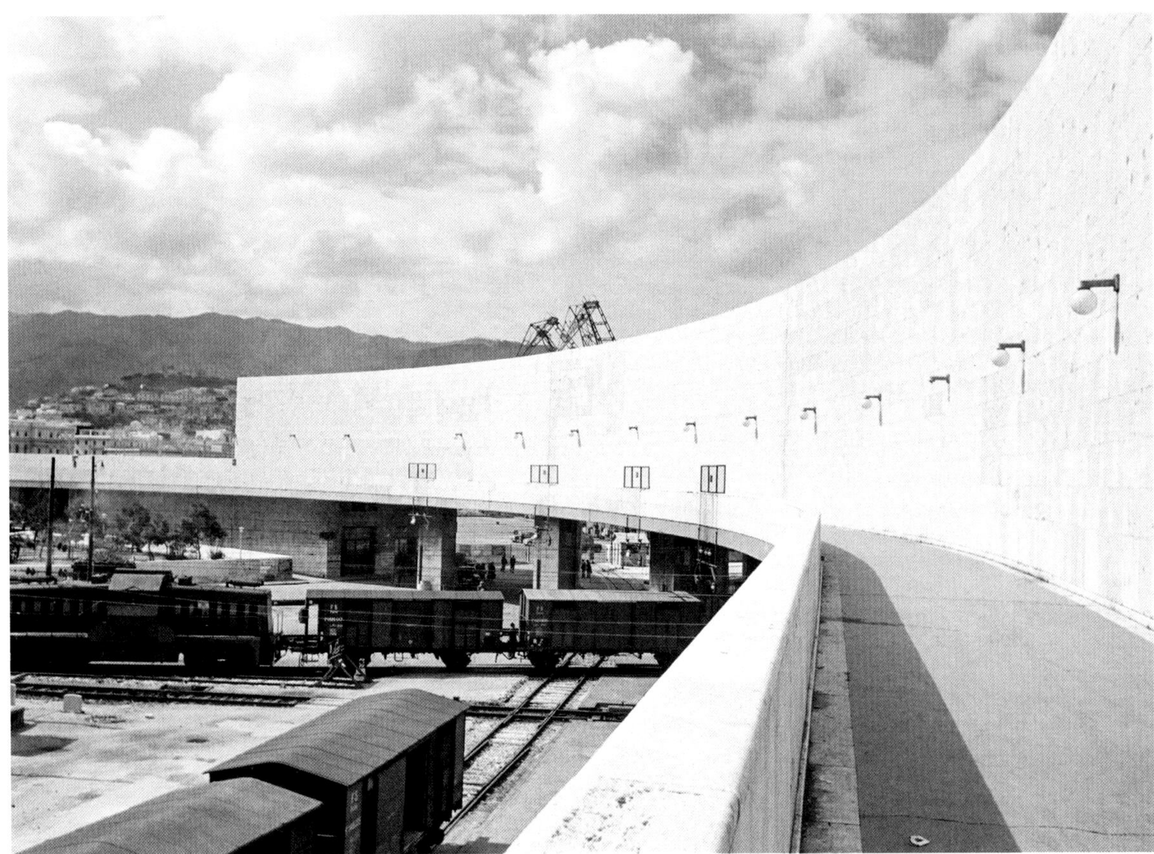

Corridoio esterno della galleria sopraelevata
della Stazione Marittima e fascio binari per gli imbarchi
con carri merci movimentati da una locomotiva da manovra /
External corridor of the raised gallery of Marittima Station
and set of tracks for embarkations with freight wagons moved
by a shunting engine
Messina, 1955
Fondazione FS Italiane, Fondo Fototeca Centrale FS

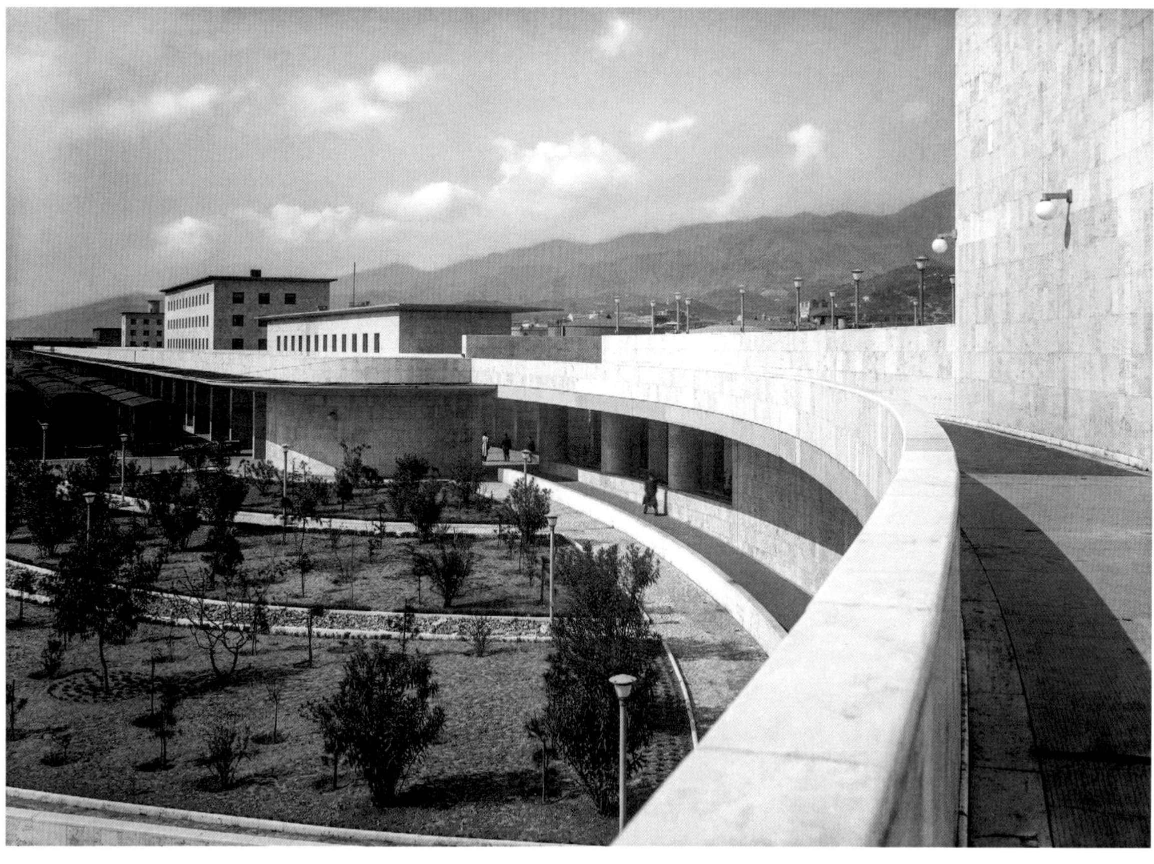

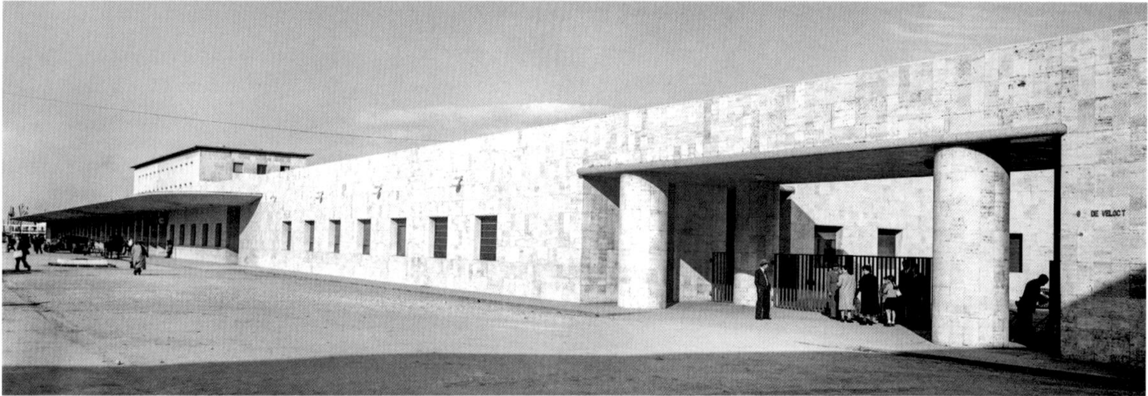

Il fabbricato viaggiatori, il camminamento esterno e il giardino. Sullo sfondo il fabbricato viaggiatori della Stazione Centrale /
The station building, the external walkway and garden. In the background, the station building of the Central Station
Messina
Fondazione FS Italiane, Fondo Fototeca Centrale FS

Il fabbricato viaggiatori e piazzale adiacente la Stazione di Messina Marittina /
The station building and square adjacent to Messina Marittina Station
Messina, 1949
Fondazione FS Italiane, Fondo Fototeca Centrale FS

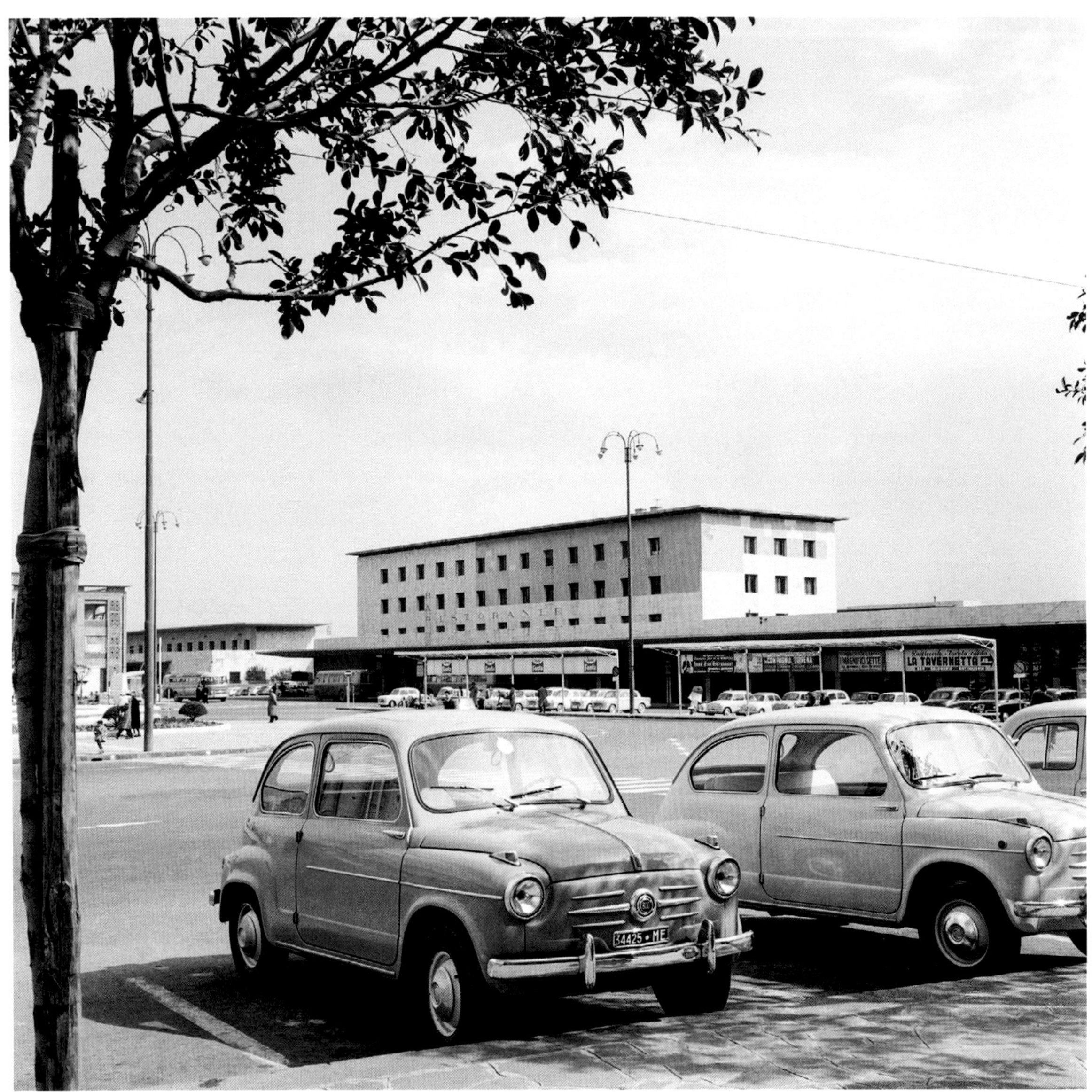

GINO MARINELLI
Il prospetto esterno del fabbricato viaggiatori della Stazione Centrale e veduta del piazzale con parcheggio per le automobili e capolinea degli autobus /
External view of the station building of the Central Station and view of the square with car park and bus terminal
Messina, 1961
Fondazione FS Italiane, Fondo Fototeca Centrale FS

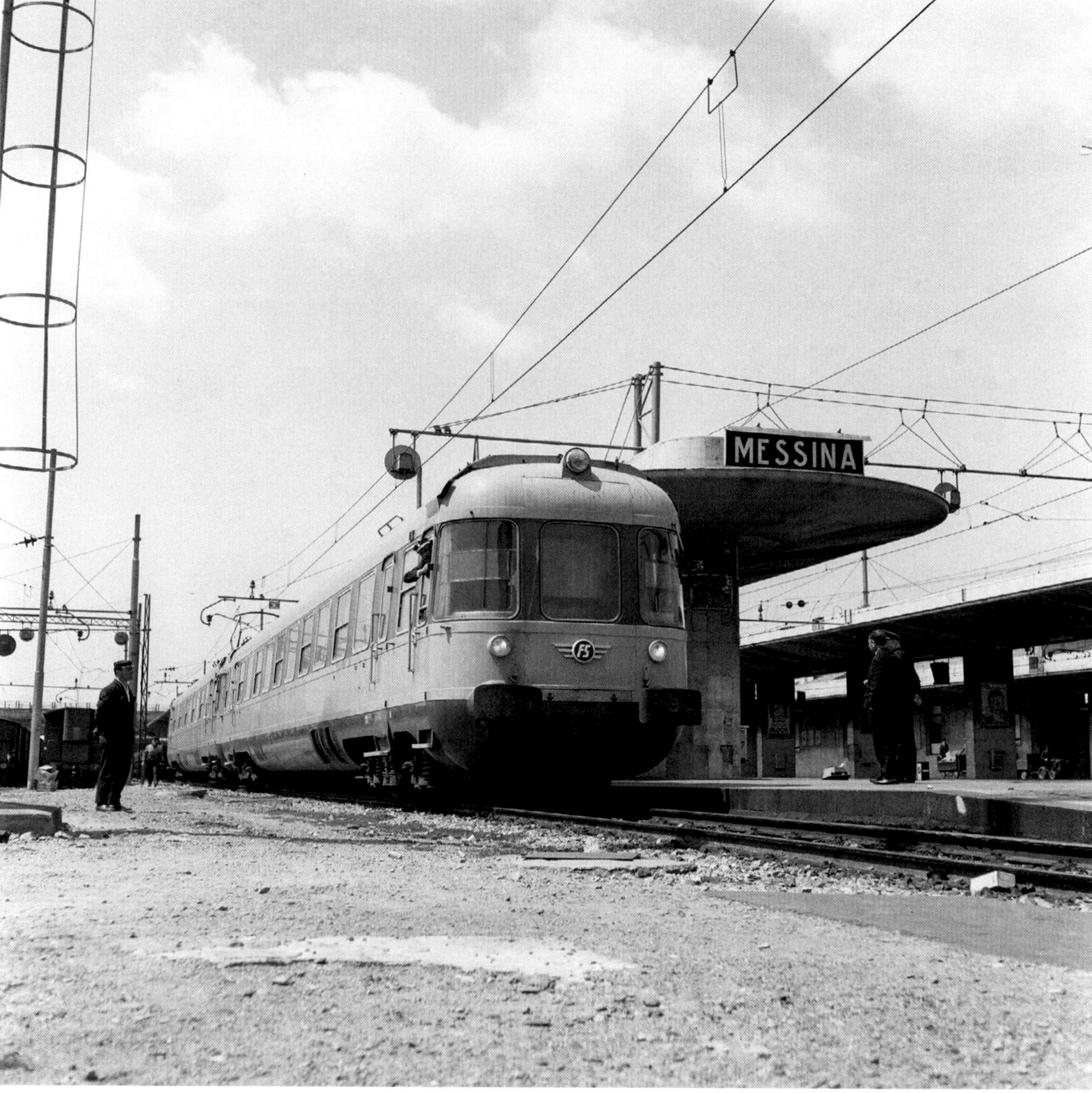

DEMETRIO MAFRICA
Treno rapido Peloritano, in composizione con ALe 601 e rimorchiata, fermo nella stazione di Messina per il servizio di collegamento Roma-Palermo / Peloritano fast train, in composition with ALe 601 and towed, standing in Messina station for connection service between Rome and Palermo
Messina, 1965
Fondazione FS Italiane, Fondo Fototeca Centrale FS

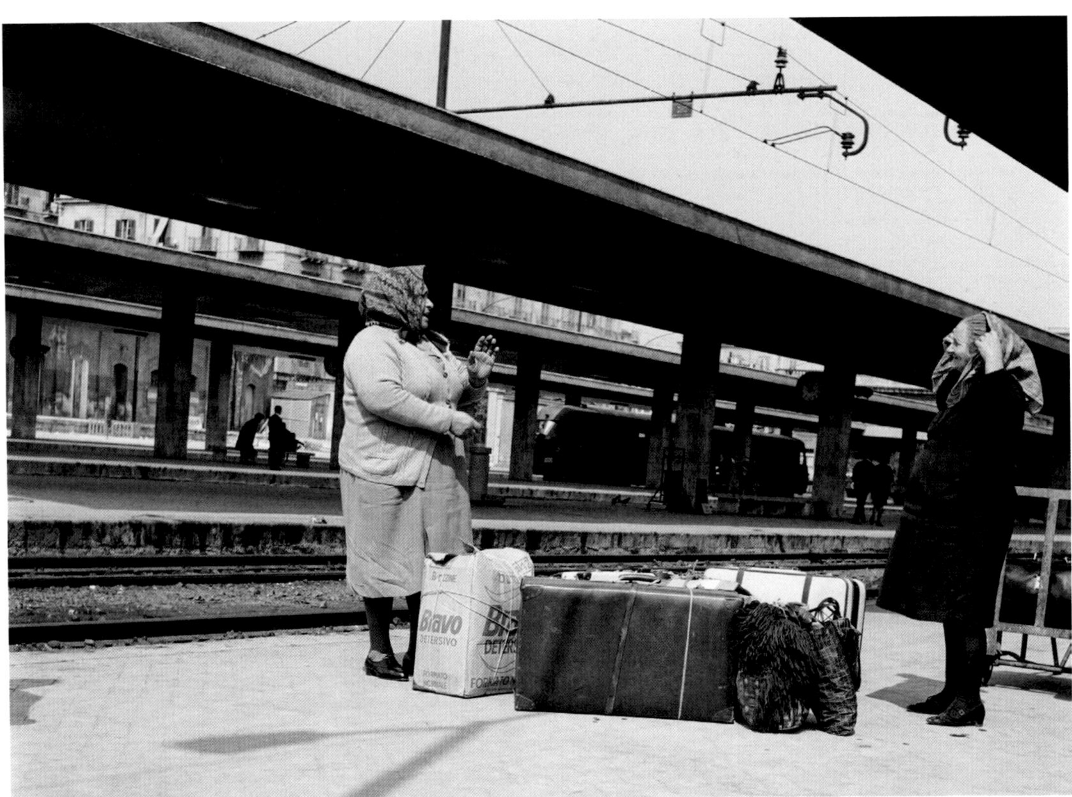

VINCENZO DI CARA
Viaggiatori con bagaglio in attesa al marciapiedi della stazione /
Passengers with luggage waiting on the station platform
Messina, 1968
Fondazione FS Italiane, Fondo Fototeca Centrale FS

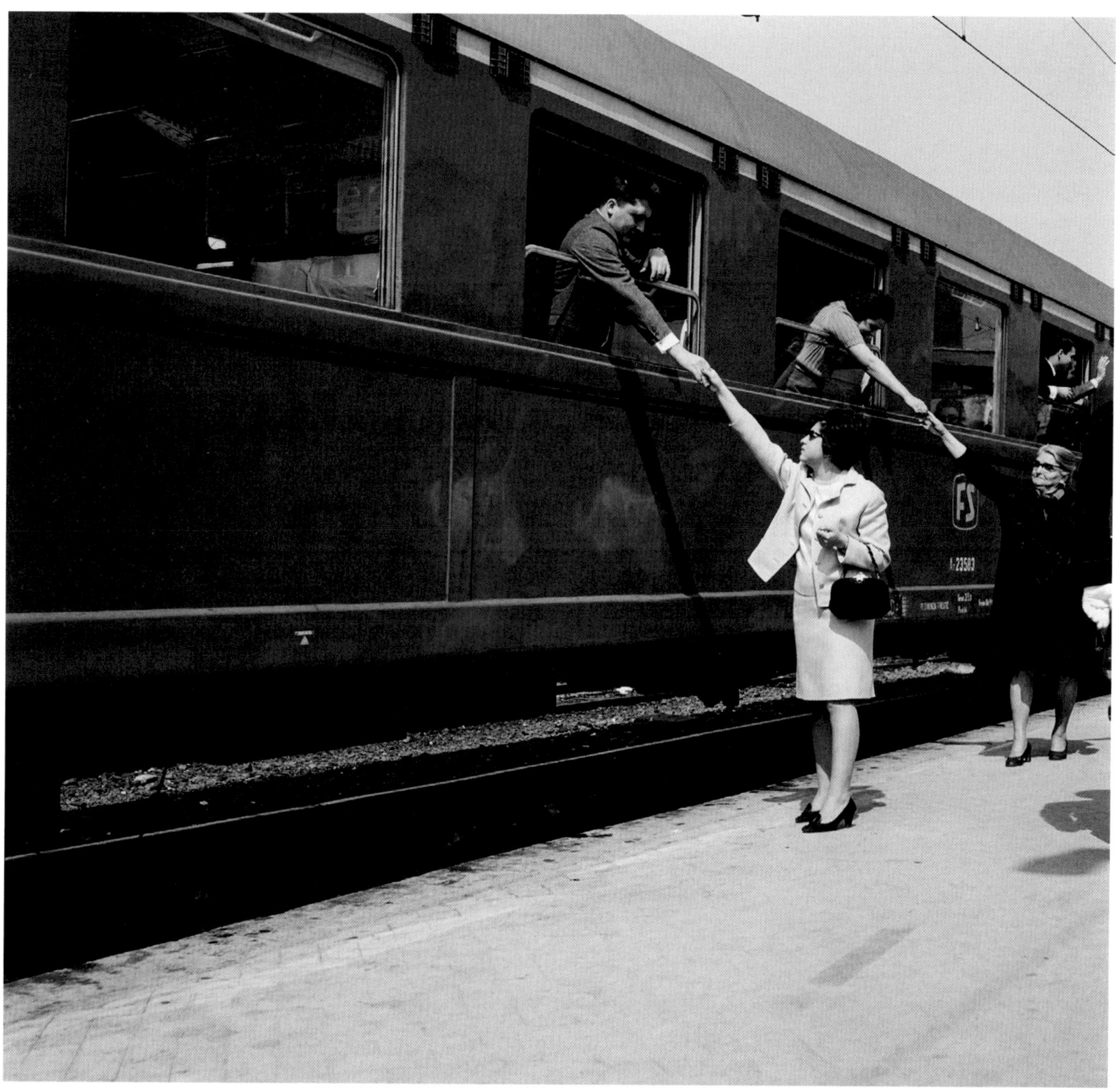

VINCENZO DI CARA
Treno in partenza al binario della stazione con viaggiatori e accompagnatori che si salutano attraverso il finestrino / Train departing at the station platform with passengers and their companions saying goodbye through the carriage windows
Messina, 1968
Fondazione FS Italiane, Fondo Fototeca Centrale FS

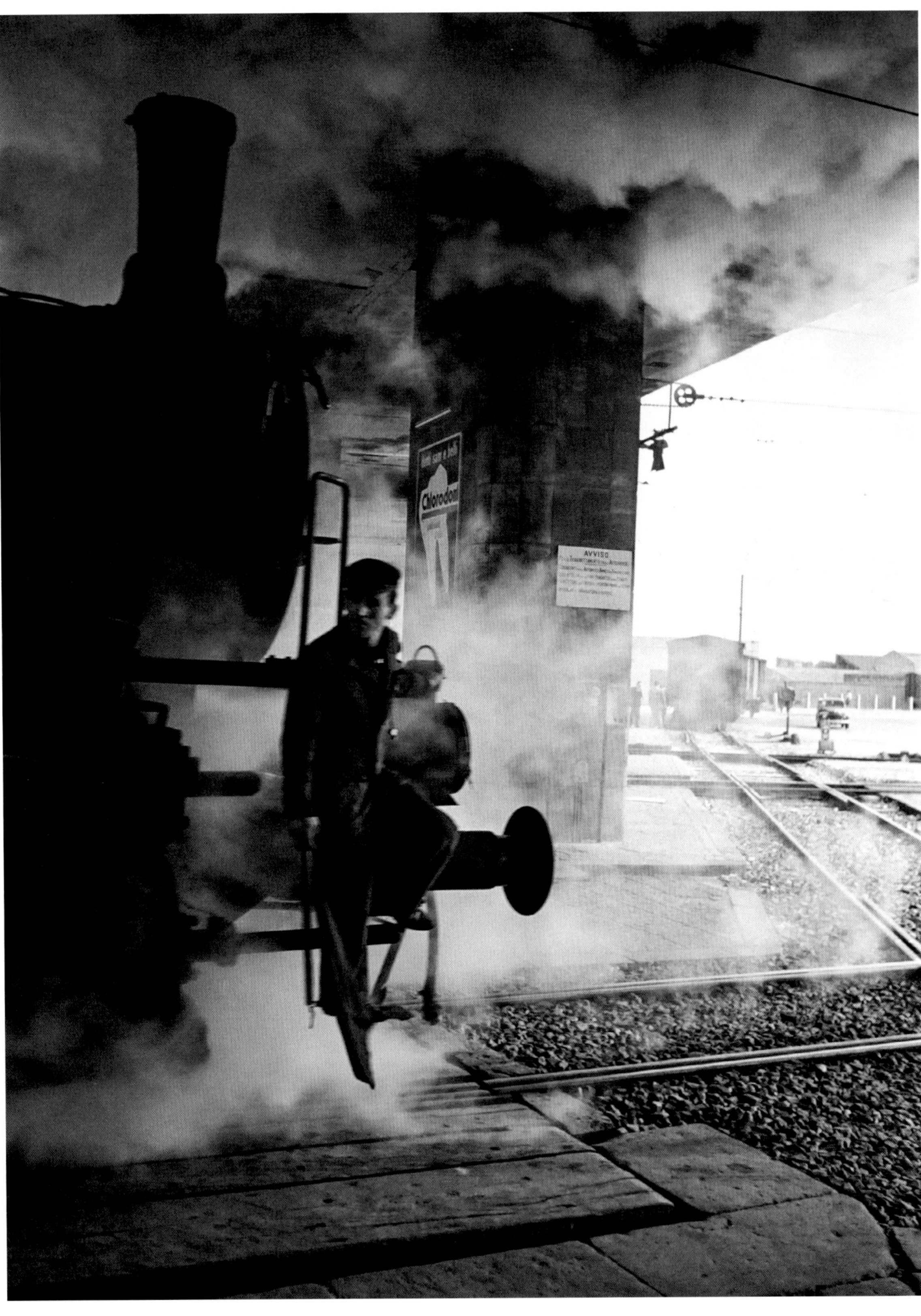
Chlorodont
AVVISO

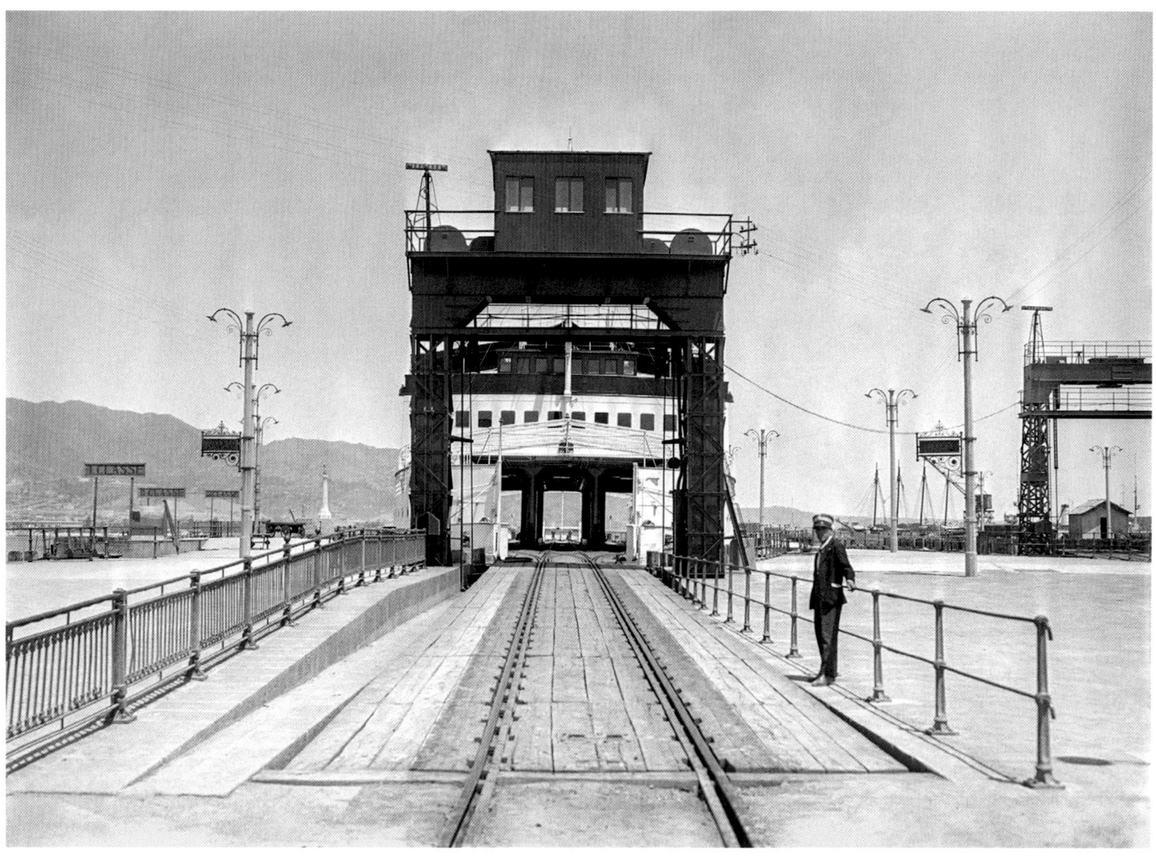

Manovratore con bandiera di segnalamento
durante lo spostamento /
Shunter with signalling flag during train moving
Messina, 1955
Fondazione FS Italiane, Fondo Fototeca Centrale FS

La nuova invasatura con ponte ferroviario mobile
e la nave traghetto Cariddi attraccata /
The new cradle with mobile railway bridge
and the berthed Cariddi ferry boat
Messina, 1937
Fondazione FS Italiane, Fondo Fototeca Centrale FS

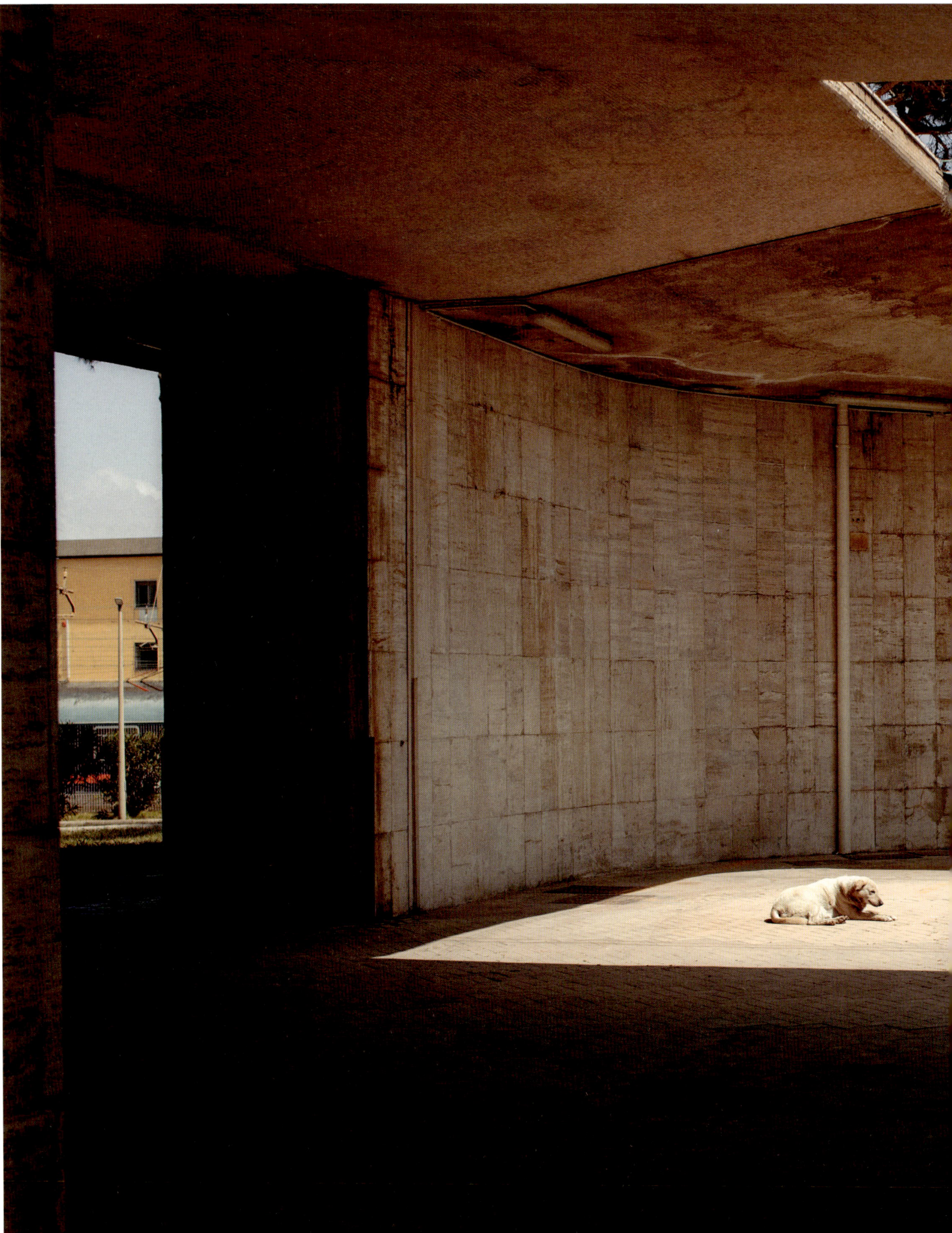

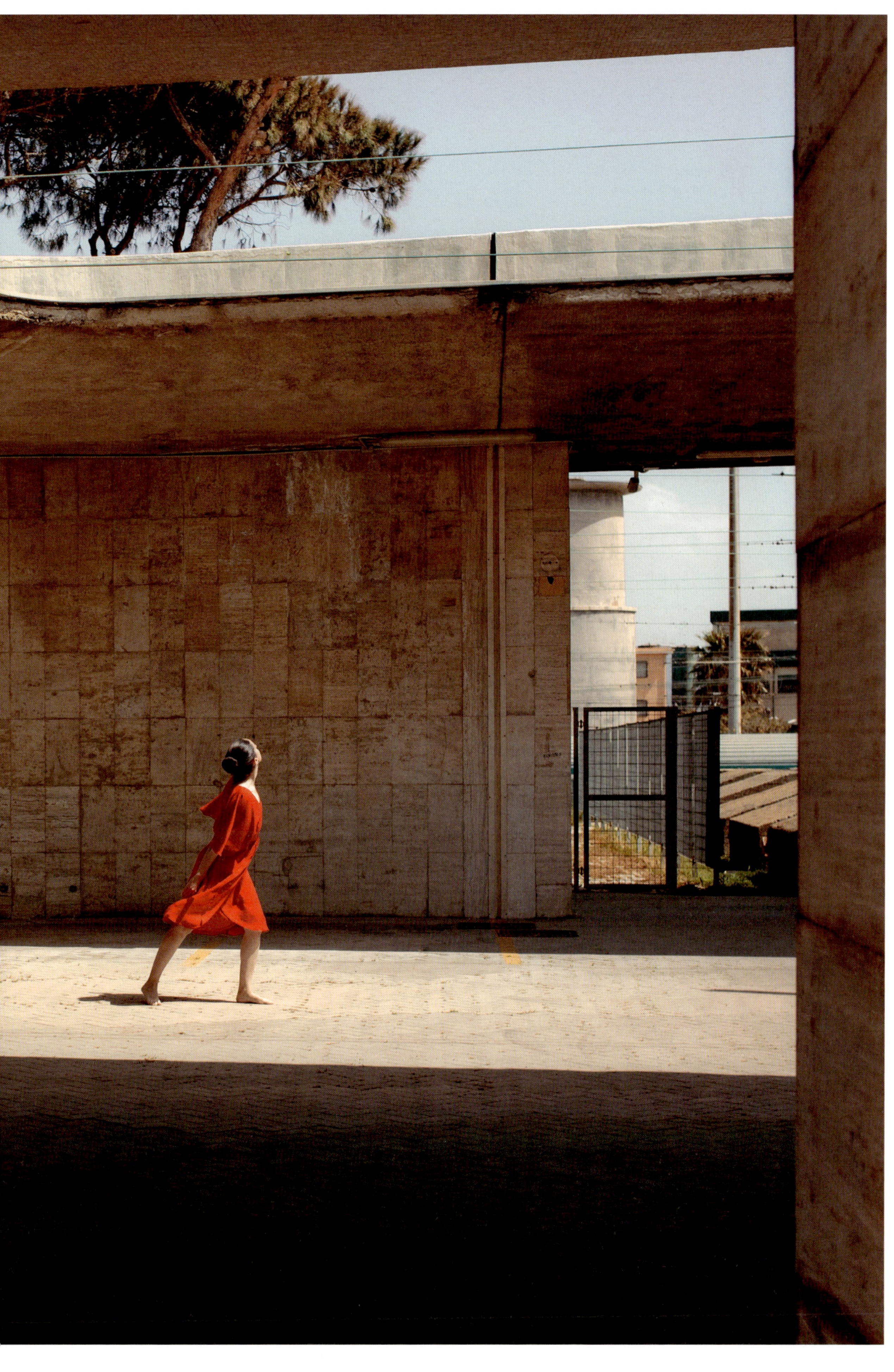

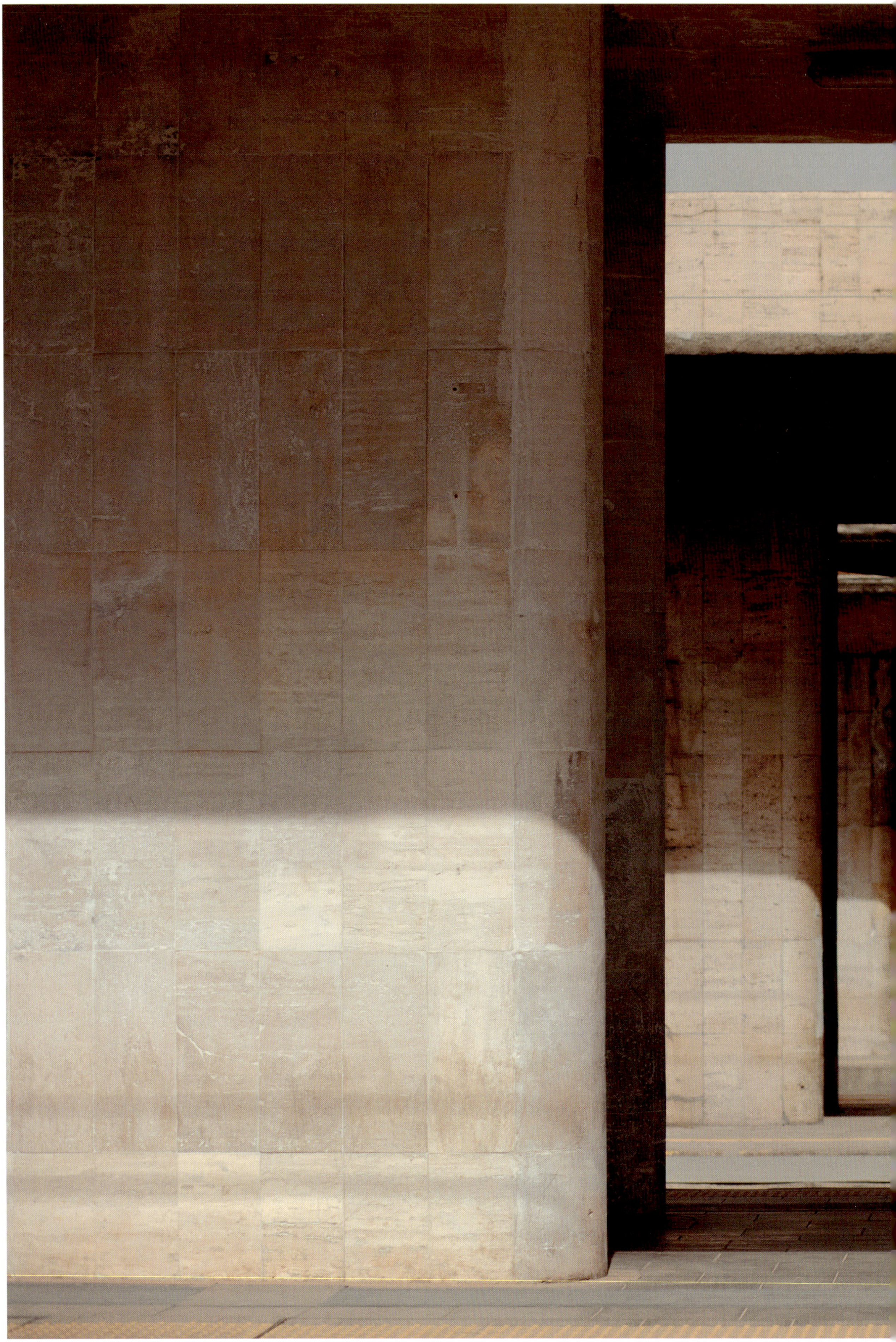

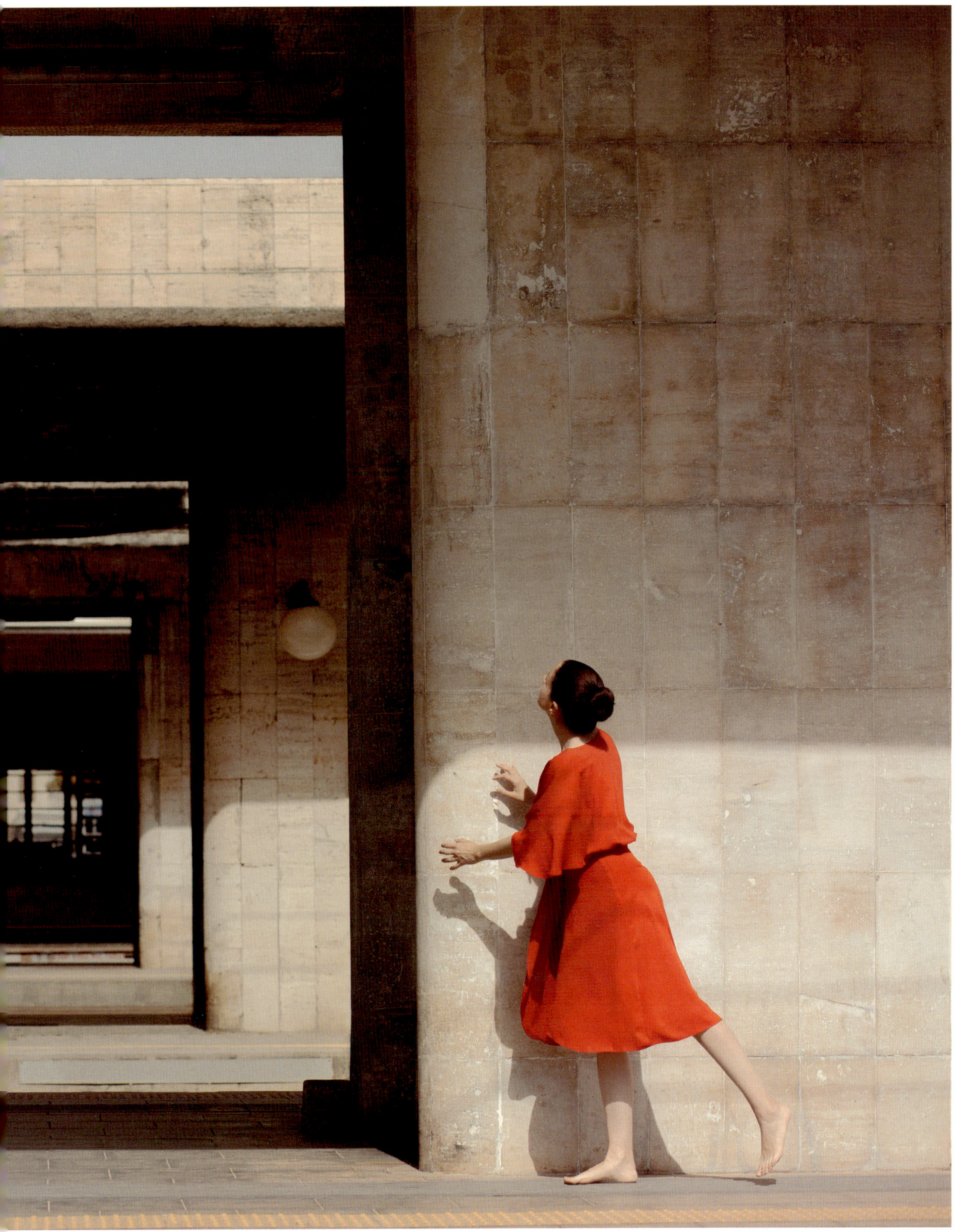

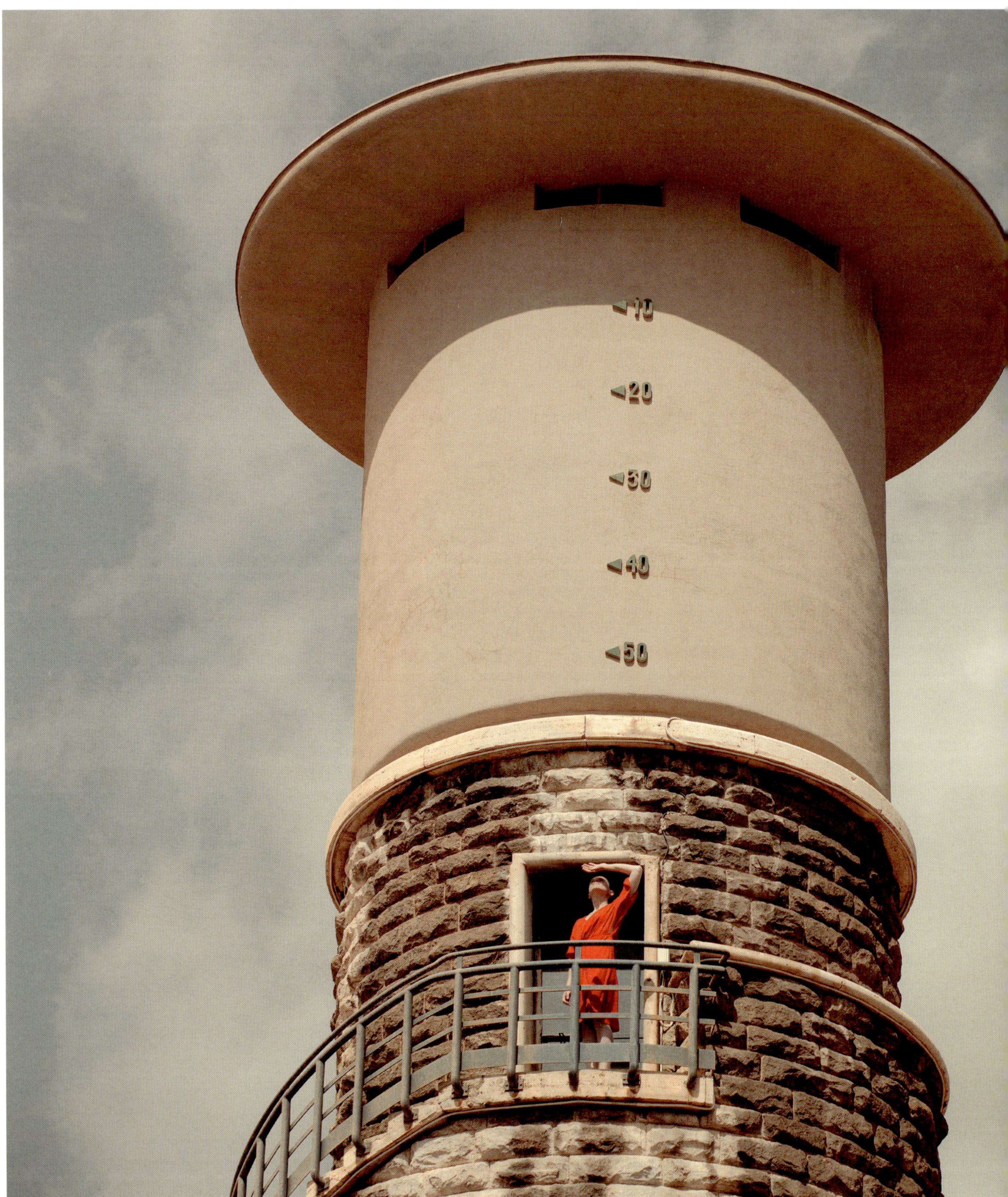
10
20
30
40
50

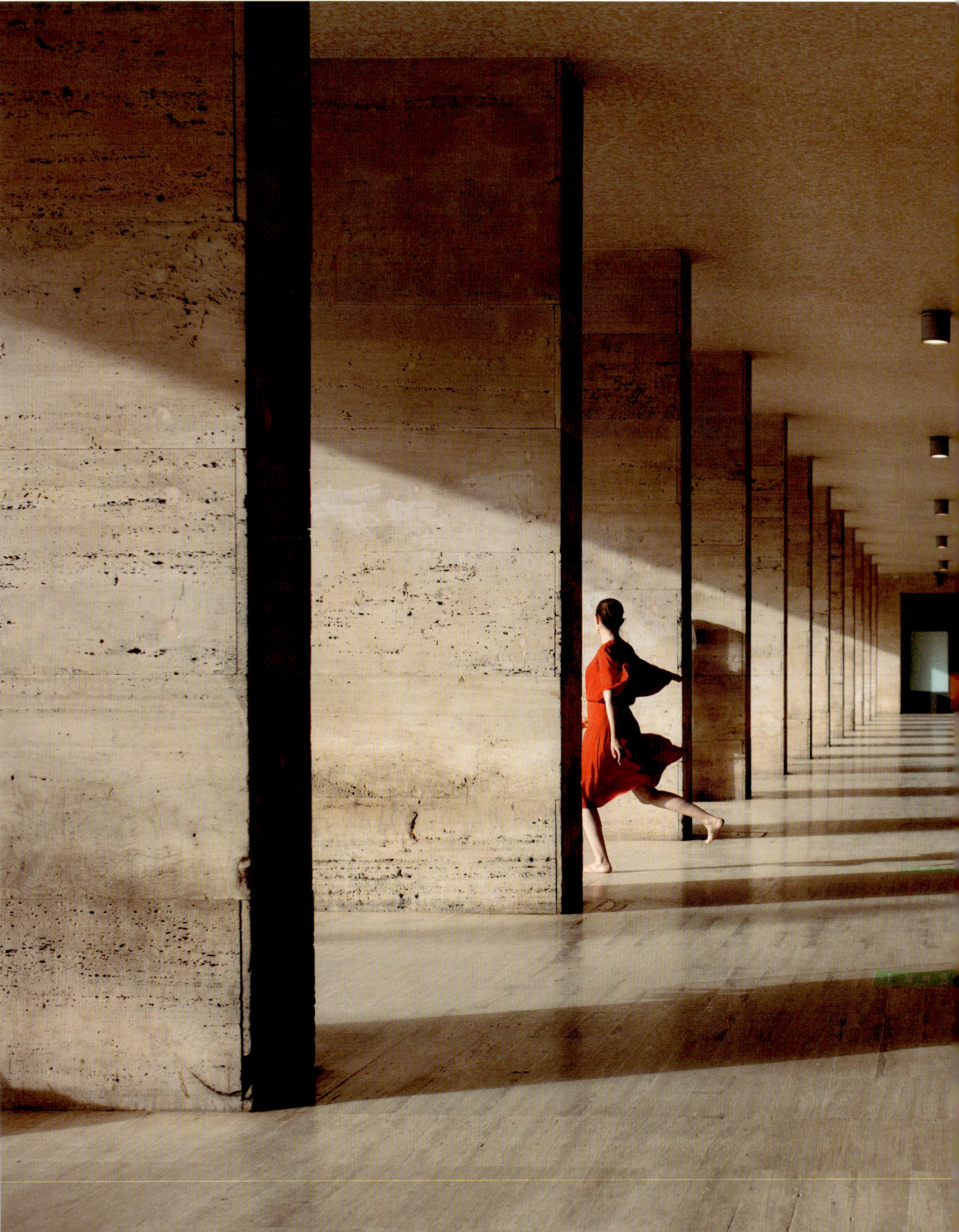

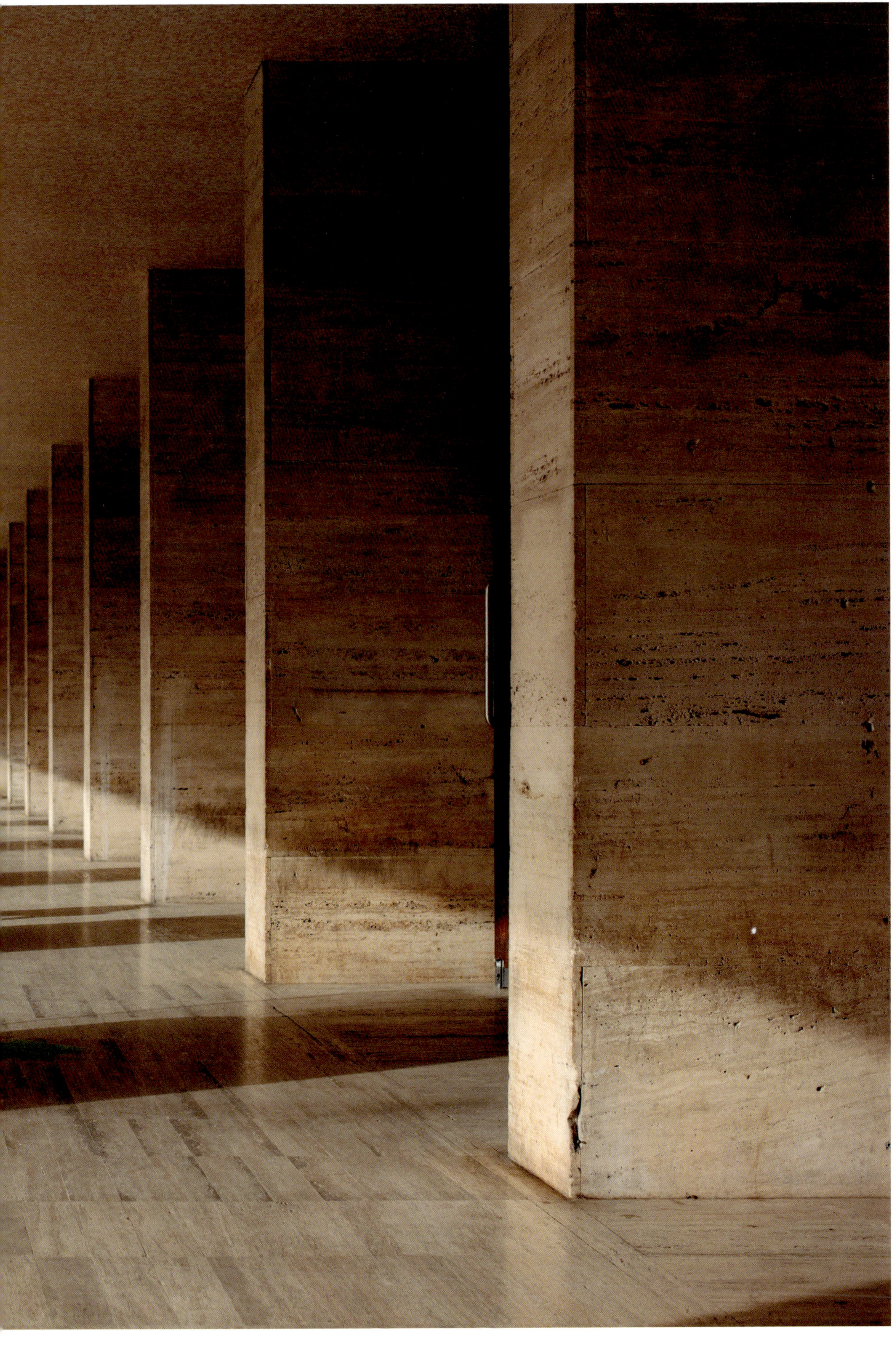

LA MEMORIA DELLE STAZIONI /
THE MEMORY OF STATIONS

16 settembre – 1 novembre 2022 /
16 September – 1 November 2022
Roma / Rome, Auditorium Parco Della Musica
Auditoriumgarage

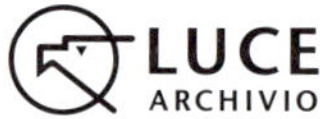

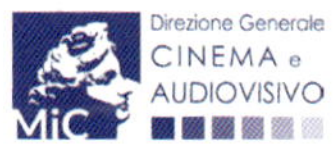

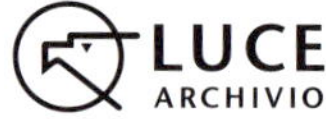

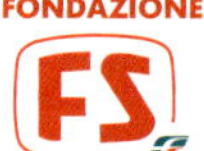

Una mostra di /
An exhibition by
ARCHIVIO LUCE CINECITTÀ

In collaborazione con /
In collaboration with
FONDAZIONE FS ITALIANE

MOSTRA E CATALOGO /
EXHIBITION AND CATALOGUE

Ideazione e curatela /
Conceived and curated by
Chiara Sbarigia

Fotografie / Photographs
Anna Di Prospero

Autori / Authors
Enrico Brizzi
Mauro Covacich
Gaia Manzini
Melania Gaia Mazzucco
Valeria Parrella
Tiziano Scarpa
Nadia Terranova
Sandro Veronesi

Rapporti con i media / Media Relations
Zebaki di Pamela Maffioli
e / and Giada Giordano

Direzione Archivio Storico Luce /
Director of the Archivio Storico Luce
Enrico Bufalini

Direzione Comunicazione
e Attività Editoriali /
Director of Communication
and Editorial Activities
Marcello Giannotti

Responsabile del progetto /
Project Manager
Maria Gabriella Macchiarulo

Restauro fotografico digitale
e controllo qualità /
Digital photographic restoration
and quality control
Paola Angelucci

Ricerche immagini fotografiche /
Photographic image research
Emiliano Guidi

Ricerche filmiche e realizzazione video /
Film research and video realisation
Nathalie Giacobino

Montaggio video / Video editing
Patrizia Penzo

Media Planning
Ester Brioschi

Supporto restauro fotografico e digitale /
Photographic and digital restoration support
Alessandra Egidi

Supporto organizzativo /
Organisational support
Giulia Cavalli
Maria Lepre
Marianna Russo
Fabrizio Zanoni

Progetto di allestimento /
Exhibition design and layout
Tommaso Avellino
e / and Laura De Pasquale
per / for BLOWUP

Realizzazione dell'allestimento /
Layout design realisation
A&A 2009 srl

Creatività e immagine coordinata /
Creativity and coordinated image
DMTEAM di Mario Cavallo

Realizzazione modelli 3D /
Realisation of 3D models
Massimo Di Giulio

Ricerche fotografiche e documentali /
Photographic and document research
Stefano Ciavatta

Stampe fotografiche
di Anna Di Prospero /
Photographic prints
of Anna Di Prospero
Matteo Del Vecchio

Stampe fotografiche archivi /
Photographic print archives
Rosini Cornici srl

Immagini fotografiche e documentali /
Photographic and document images
Archivio Luce Cinecittà
Fondazione FS Italiane
Archivi Farabola
Getty Images
Contrasto

CINECITTÀ

CONSIGLIO DI AMMINISTRAZIONE /
BOARD OF DIRECTORS

Presidente / President
Chiara Sbarigia

Amministratore Delegato /
Managing Director
Nicola Maccanico

Consiglieri / Board members
Federico Bagnoli Rossi
Goffredo Maria Bettini
Annalisa De Simone

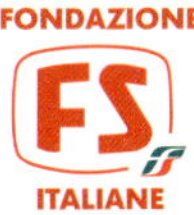

Direttore Generale / Director General
Luigi Cantamessa

Servizio Archivi, Editoria e Prodotti digitali /
Archive, Publishing and Digital Products
Service
Raffaella Picconi, *Manager*

Rapporti con i Media e Attività Redazionali /
Media Relations and Publishing Activities
Pietro Fattori, *Manager*

Coordinamento / Coordination
Beatrice Alessandra Plateo

Fotolito e stampa / Reproduction and Printing
Grafiche Antiga S.p.A.,
Crocetta del Montello (TV)

per conto di / for
Marsilio Editori® S.p.A.,
Venezia / Venice

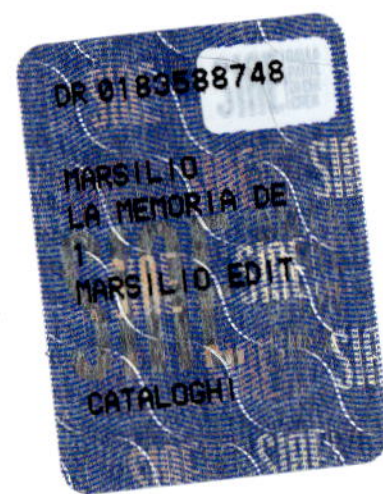